Jeanne Marie Laskas

Briefe an Obama

GOLDMANN
Lesen erleben

Buch

Was tut ein US-Präsident, wenn er wissen will, wie es um sein Land steht? Er liest. Während der Amtszeit des Hoffnungsträgers Barack Obama (2009–2016) gingen täglich Zehntausende Briefe im Oval Office ein. Jeden Abend las Präsident Obama zehn ausgewählte Schreiben, einige davon beantwortete er sogar persönlich. Jeanne Marie Laskas beleuchtet in »Briefe an Obama« den Austausch des mächtigsten Mannes in den Vereinigten Staaten mit amerikanischen Bürgern. Zu Wort kommen Obama-Anhänger ebenso wie politische Gegner, vom Schulkind bis zum Kriegsveteranen. Ein Republikaner etwa, dessen Haltung zur Einwanderungsreform sich grundlegend änderte, als er einen aus El Salvador geflüchteten Jungen kennenlernte, ein syrisches Flüchtlingsmädchen, das den Tag vergessen möchte, an dem die Panzer in ihr Dorf rollten, eine Frau, die mit rassistischen Vorurteilen kämpfte, die sie plötzlich bei sich selbst entdeckte, oder die Familie, die vor der Wahl zwischen Hillary Clinton und Donald Trump unversöhnlich zerbrach. Wie diese persönlichen Mitteilungen auf Präsident Obama, seine Politik und die Mitarbeiter im Weißen Haus wirkten, erzählt dieses Buch. Erstaunlich, authentisch, kraftvoll und berührend.

Autorin

Jeanne Marie Laskas ist Journalistin und Autorin mehrerer Sachbücher. Sie schreibt regelmäßig für *The New York Times Magazine* und *GQ* und veröffentlicht Beiträge u.a. in *The New Yorker*, *The Atlantic* und *Esquire*. Laskas ist Professorin für Englisch und Gründungsvorstand des Center of Creativity an der Universität von Pittsburgh. Sie lebt mit ihrem Mann und zwei Kindern auf einer Farm in Pennsylvania.

Mehr Informationen auf der englischsprachigen Homepage:
www.jeannemarielaskas.com

Jeanne Marie Laskas

Briefe an Obama

Das Porträt einer Nation

Aus dem amerikanischen Englisch von
Nathalie Lemmens und Thorsten Schmidt

GOLDMANN

MIX
Papier aus verantwortungsvollen Quellen
FSC® C014496

Penguin Random House Verlagsgruppe FSC® N001967

1. Auflage
Vollständige Taschenbuchausgabe Februar 2022

Originalverlag: Random House, ein Imprint der
Verlagsgruppe Penguin Random House LLC, New York.
Originaltitel: To Obama
Umschlaggestaltung: UNO Werbeagentur, München,
nach einer Gestaltung von Anna Bauer Carr
(based on the original design by David Mann)
Umschlagfoto: Callie Shell/Aurora Photos
Redaktion: Antje Steinhäuser
Satz: Uhl + Massopust, Aalen
Druck und Bindung: GGP Media GmbH, Pößneck
Printed in Germany
KF · CB
ISBN 978-3-442-15961-1
www.goldmann-verlag.de

Besuchen Sie den Goldmann Verlag im Netz

Für Anna und Sasha

INHALT

Briefauswahl
2008–2009

Gold Hill, OR
10. November 2008

An den designierten Präsidenten Barack Obama
Senat der Vereinigten Staaten von Amerika
713 Hart Senate Office Building
Washington DC 20510

Sehr geehrter Herr designierter Präsident,

mein Name ist Benjamin Durrett. Ich bin achtzehn Jahre alt. Ich habe dieses Jahr zum ersten Mal gewählt, und glauben Sie mir, das war keine angenehme Erfahrung. Ich habe mich mit meinem Vater so sehr über diese Wahl gestritten, dass ich den Stimmzettel erst am Morgen des Wahltags ausgefüllt habe. Und erst als sich abends abzeichnete, dass die Demokraten sechzig Senatssitze erobern könnten, wurde mir so manches klar von dem, was mein Vater die ganze Zeit gesagt hatte. Er erklärte mir, dass die Demokratische Partei nun die Mehrheit in allen Zweigen der Regierung innehat. Er ging sogar so weit zu behaupten, dass es 2012 womöglich gar keine Wahlen mehr geben würde. Nachdem er seine Tirade beendet hatte, sah er mich an und sagte: »Ich bete, dass du recht hast und ich nicht.« Bei dieser Wahl für Sie zu stimmen war das Erste, was ich je in meinem Leben wirklich gegen den Willen meines Vaters getan habe. Ich glaube, das war ein wichtiger Schritt in meiner Entwicklung hin zu dem Menschen, der ich einmal werden soll. Ich bin der festen Überzeugung, dass Sie derjenige sind, der dieses Land, unsere Heimat, wieder groß machen kann. Und wenn wir untergehen sollen, dann ist es eben so. Dann werde ich vor all meinen Freunden wie ein Idiot dastehen, und mein Vater wird zu mir sagen, dass es schon okay sei und ich das niemals hätte voraussehen können. Ich weiß nicht, was Sie tun müssen, um dieses Land, in dem wir leben, wieder in Ordnung zu bringen. Ich weiß nicht einmal, ob Sie dazu überhaupt in der Lage sind. Das Einzige, worum ich Sie bitte, ist, sich mit aller Kraft dafür einzusetzen.

Wenn Sie das tun, werde ich wissen, dass ich die richtige Entscheidung getroffen habe.

Mit freundlichen Grüßen

Benjamin Durrett

38/AUSWAHL
MK

3. Juni 2009

Sehr geehrter Herr Präsident Obama,

ich habe einen Bericht gesehen, demzufolge Sie jeden Tag zehn zufällig ausgewählte Briefe lesen und diese dann auch beantworten. Ich hoffe, meiner gehört dazu, denn ich brauche dringend eine Antwort von Ihnen.

Das Land, das ich gekannt und von ganzem Herzen geliebt habe, verschwindet immer mehr. Das Kapital, das ich und Generationen vor mir angesammelt haben, wird verschleudert. Ich habe mich immer an die Regeln gehalten und dachte, meine Familie und ich brauchten uns keine Sorgen zu machen. Ich dachte, unsere Altersvorsorge wäre sicher in einem Land, das auch weiterhin Werte wie Integrität (man steht zu seinem Wort), Fairness (jeder erntet, was er sät), Eigenverantwortung und Disziplin (Verzicht auf kurzfristige Gewinne zugunsten von langfristigem Ertrag) hochhält. Doch all das geht verloren. Diese Entwicklung hat schon vor Ihrem Amtsantritt begonnen, aber unter Ihrer Regierung beschleunigt sie sich. Und das macht mich traurig.

Lassen Sie mich Ihnen erklären, warum ich das so sehe. Genau wie Sie wurde ich von einer alleinerziehenden Mutter in sehr bescheidenen finanziellen Verhältnissen aufgezogen. Mein Vater starb bei einem Flugzeugabsturz, als ich elf war. Meine Mutter hatte genug gespart, um mir die erste Zeit auf dem College zu finanzieren. Den größten Teil davon habe ich jedoch selbst bezahlt, genau wie mein gesamtes MBA-Studium, das ich abschloss, nachdem ich als Offizier in der US Army gedient hatte. Ich habe achtundzwanzig Jahre bei AT&T/Lucent gearbeitet, mit viel Disziplin (siehe Definition oben) das Bachelorstudium zweier Töchter finanziert und sie auch bei ihrem Master in Sozialer Arbeit unterstützt. Ich bin seit vierzig Jahren verheiratet. Ich habe keine Schulden, abgesehen von einer Hypothek. Ich habe ein Amt in unserer Kirchengemeinde bekleidet, war Vorsitzender meiner nationalen Studentenverbindung und bin jetzt Tutor, ich führe ein Unternehmen, berate als SCORE-Mentor unentgeltlich Kleinunternehmer und sitze im Vorstand einer gemeinnützigen Organisation. Kurzum, ich habe meine Pflicht als patriotischer Amerikaner erfüllt und gleichzeitig für mein Alter vorgesorgt, ohne meinen Landsleuten zur Last zu fallen. All das ohne jede Unterstützung durch den Staat, abgesehen von dem Wenigen, was mir nach meinem Ausscheiden aus der Army für eine Übergangszeit zustand.

Leider stellt sich jetzt heraus, dass ich ein Trottel gewesen bin. Ich könnte staatliche Beihilfen beziehen, weil ich verantwortungslos war, d.h. zu hohe Kredite aufgenommen hätte, um mir luxuriöse Annehmlichkeiten und extravagante Urlaube zu leisten, oder weil ich schwache Menschen dahingehend manipuliert hätte, dass sie Verpflichtungen eingehen, die ihre Möglichkeiten übersteigen. Ich hätte mich vor der Army drücken können. Ich hätte das College-Geld meiner Kinder für mich selbst ausgeben können. Stattdessen belohne ich solches Verhalten heute durch meine Steuergelder und Ihre Entscheidungen. Darüber hinaus glaube ich, dass der Dollar durch Ihre verschwenderische Ausgabenpolitik und die Transferzahlungen an die unproduktivsten Mitglieder unserer Gesellschaft einbrechen wird. Meine Ersparnisse werden wertlos sein. Meine ganzen Mühen und Opfer waren umsonst. Das gesamte über Generationen aufgebaute (moralische und finanzielle) amerikanische Kapital wird aufgezehrt.

Und das Schlimmste ist, dass Sie all diese Entscheidungen in dem Wissen treffen, dass Sie selbst und Ihre Familie niemals davon betroffen sein werden. Sie werden Schutz genießen, wenn soziale Unruhen und Niedergang uns andere in den Abgrund reißen.

Hier meine Bitte an Sie: Belohnen Sie Integrität (Menschen, die zu ihrem Wort stehen), lassen Sie jeden ernten, was er gesät hat (sowohl das Gute als auch das Schmerzliche), erkennen Sie an, wenn Bürger sich eigenverantwortlich verhalten haben, und bewahren Sie das System, das ihnen dies ermöglicht hat, beweisen Sie Disziplin und verlangen Sie diese auch von anderen.

Und zuletzt noch ein persönlicher Rat: Hüten Sie sich vor Hybris. Mensch zu sein bedeutet, anfällig zu sein für diesen Wesenszug. In

Brian Williams' Reportage über das Weiße Haus und Ihrer Entscheidung, von meinen Steuergeldern einen privaten Ausflug nach New York zu machen, erkenne ich Anzeichen dafür, dass Sie bereits von ihr erfasst wurden. Ich halte Sie für einen anständigen Menschen, aber sogar Sie können durch Hybris zerstört werden.

Ich verbleibe als loyaler Amerikaner, der zumindest einen Brief geschrieben hat.

Beantworten

Richard A Dexter

Dover, NH

ARCHIV-
KOPIE

THE WHITE HOUSE

WASHINGTON

Lieber Richard,

vielen Dank für Ihren Brief und Ihren Dienst an unserem Land. Ich zolle Ihrem verantwortungsvollen Leben höchste Anerkennung, aber ich bin offen gestanden verwirrt darüber, dass Sie glauben, ich würde diese Werte nicht teilen. Die einzigen Transferzahlungen, die wir eingeführt haben, gingen an Bundesstaaten, um Massenentlassungen von Lehrern, Polizisten, Feuerwehrleuten usw. infolge der Finanzkrise zu vermeiden. Darüber hinaus haben wir kurzfristige Maßnahmen ergriffen, um den Zusammenbruch des Banken- und Automobilsektors zu verhindern. (b.w.)

Sie mögen mit einigen dieser Entscheidungen nicht einverstanden sein, aber seien Sie versichert, dass ich nichts anderes möchte, als die harte Arbeit von Menschen wie Ihnen belohnt zu sehen.

Noch einmal vielen Dank für Ihren wohldurchdachten Brief.

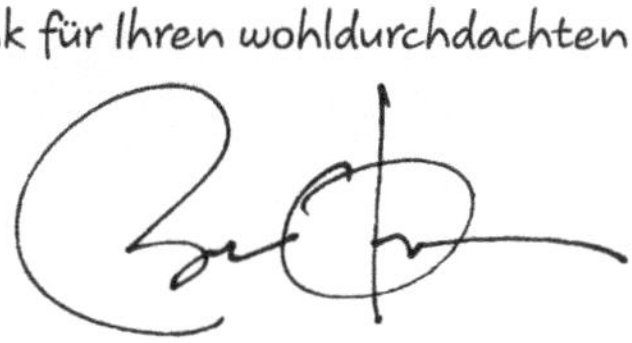

Richard A. Dexter

Dover, New Hampshire

22. JUN 2009

Jeri LeAnne Harris [redacted]
[redacted] *Alger, MI* [redacted]

5. November 2008 Beantworten

An den designierten Präsidenten Barack Obama
John C. Kluczynski Federal Building
230 South Dearborn St.
Suite 3900 (39. Etage)
Chicago, Illinois 60604

Sehr geehrter Herr designierter Präsident Obama,

ich weiß nicht genau, wieso ich Ihnen schreibe, aber irgendwie habe ich das Gefühl, ich müsste es tun – also los! Ich bin eine »waschechte« Republikanerin. Ich habe Sie nicht gewählt, und ich war aus tiefstem Herzen davon überzeugt, dass Sie diese Wahl verlieren sollten (nicht gerade der beste Einstieg für einen Brief – grins).

ABER mein Land war anderer Meinung, und darum werden Sie der 44. Präsident ... mein Präsident dieser großartigen Vereinigten Staaten sein. Seit gestern Nacht um zwölf Uhr haben sich meine Gefühle geändert. Ich möchte Ihnen sagen, dass ich Ihnen, obwohl ich nicht für Sie gestimmt habe, Respekt zolle für den Wahlkampf, den Sie geführt haben, dass ich mich von heute an zu Ihnen bekenne und dass ich jeden einzelnen Tag für Sie und Ihre Präsidentschaft beten werde.

Ich wähle seit meinem achtzehnten Lebensjahr (die letzten acht Wahlen), und in all den Jahren habe ich nie so etwas versprochen oder gar einen Brief an einen Präsidenten geschrieben, aber – wie gesagt – irgendwie habe ich diesmal das Gefühl, ich müsste es tun. Die Rede, die Sie nach Ihrem Wahlsieg gehalten haben, war großherzig und zeigt, dass Sie das Zeug zu einem wahren Anführer haben. Ich bin wie so viele andere Teil dieses Landes, und als solche werden Sie mich vertreten. Ich bin jeden einzelnen Tag stolz darauf, Amerikanerin zu sein, und ich bin stolz darauf, dass wir ein ordentliches Verfahren haben, das unmissverständlich deutlich gemacht hat, dass Amerika Senator Barack Obama als unseren neuen Präsidenten haben will.

Mir ist klar, dass Sie diesen Brief vielleicht nie bekommen werden, aber ich hoffe es trotzdem. Ich hoffe, Sie wissen, dass es Wähler gibt, die, wie Sie letzte Nacht sagten, »nicht für Sie gestimmt haben – aber Sie werden auch unser Präsident sein«. Ich habe keine Millionen für Ihren Wahlkampf gespendet, ich habe Sie vorher nicht unterstützt, aber von heute an verpflichte ich mich, Ihnen als Bürgerin zu dienen und jeden Tag für Sie zu beten. Ich kann nur hoffen, dass es Millionen andere gibt wie mich – die Ihnen dieses Versprechen geben.

Danke für Ihren ehrlichen Wahlkampf, und wie Sie gestern Nacht sagten: Gott schütze die Vereinigten Staaten von Amerika.

Mit freundlichen Grüßen

Jeri L. Harris

ARCHIV-
KOPIE

THE WHITE HOUSE

WASHINGTON

Liebe Jeri,

vielen Dank für Ihren wunderbaren Brief. Er ist überaus großherzig, und bitte beten Sie auch weiterhin für mich, meine Familie und vor allem für unser Land!

Jeri L. Harris
[illegible]
Alger, Michigan [illegible]

02. FEB 2009

4.11.2008

Sehr geehrter
Herr designierter Präsident,

ich werde Sie unterstützen,
solange ich lebe.

Gott segne Sie und die Jhren.

Hochachtungsvoll

J. MARTIN BALL
RICHTON PARK IL
USA

1. Gruppe

MK

6. April 2009

Peggy

Spring, TX

Sehr geehrter Herr Präsident,

ich bin eine ganz normale Amerikanerin. Ich bin fünfundfünfzig Jahre alt, Ehefrau, Mutter und Großmutter von zwei hübschen kleinen Mädchen von sieben und elf Jahren. Ich liebe meine Heimat (die Vereinigten Staaten von Amerika) und das, wofür sie steht.

Mein Mann und ich arbeiten beide sehr hart für unseren Lebensunterhalt. Jeden Monat bezahlen wir unsere Hypothekenraten, Rechnungen, STEUERN, kaufen unser Essen und kümmern uns um unsere eigenen Angelegenheiten. Wir sind gesegnet, denn darüber hinaus sind wir auch noch in der Lage, unsere örtliche Kirche und verschiedene andere Organisationen zu unterstützen, die die Hungrigen speisen, den Dürstenden zu trinken geben und die Nackten kleiden (jene einfachen Dinge, die Gott von uns erwartet). Bitte machen Sie uns das nicht schwerer, indem Sie unsere Steuerabzüge erhöhen.

Sie sollen wissen, dass das Leben für mich nicht immer so einfach war. Ich war einige Jahre alleinerziehend. In dieser Zeit war es oft schwer, aber Gott hat für mich gesorgt, sodass ich immer hatte, was ich brauchte, und der Staat mir nie »aus der Klemme helfen« musste.

Herr Präsident, Sie sollen die Menschen dieses Landes vertreten. Und ich kann aus tiefstem Herzen sagen, dass ich mich von Ihnen NICHT vertreten fühle. Ich bin so enttäuscht und wütend darüber, dass Sie und viele der aktuellen Mitglieder des Repräsentantenhauses versuchen, unsere Nation in den Sozialismus zu treiben. Das Beispiel anderer Länder mit sozialistischen Regierungen sollte Ihnen gezeigt haben, dass das nicht funktioniert und in den Vereinigten Staaten nicht funktionieren wird.

Als Teil des »WIR« in »WIR, DAS VOLK« sage ich Ihnen: HÖREN SIE AUF mit diesen entsetzlichen Schulden, die wir Ihnen zufolge anhäufen sollen. Das ist nicht die Zukunft, die ich meinen Kindern und Enkeln hinterlassen möchte.

Herr Präsident, als ganz normale Bürgerin der Vereinigten Staaten von Amerika fordere ich Sie auf, UNVERZÜGLICH AUFZUHÖREN mit dem, was Sie tun. Gestehen Sie ein, dass Sie auf dem falschen Weg sind, und regieren Sie unser Land von nun an in seinem ursprünglichen Sinn und auf gottgefällige Weise.

Ich weiß, dass Sie sehr beschäftigt sind, Sir, aber wenn Sie seit Längerem nicht mehr dazu gekommen sind, sollten Sie noch einmal die Verfassung der Vereinigten Staaten von Amerika und die ersten zehn Zusatzartikel lesen, wie mir scheint. Bitte vergessen Sie nicht, dass dies eine Regierung für das Volk und durch das Volk sein soll.

Danke, dass Sie meinen Brief gelesen haben.

Mit freundlichen Grüßen

Peggy

Beantworten

Mögen wir nie vergessen, welchen Preis es gekostet hat – welche Opfer erbracht wurden, um Freiheit für unser Land zu erlangen!!

THE WHITE HOUSE

WASHINGTON

Liebe Peggy,

vielen Dank für Ihren Brief. Ich möchte Ihnen gerne kurz darauf antworten. Erstens: Niemand rückt das Land in Richtung Sozialismus. Ich habe versucht, einer beispiellosen ökonomischen Krise entgegenzuwirken, indem ich die staatlichen Investitionen in Straßen, Brücken, Schulen und sonstige Infrastruktur erhöht habe, um die Schaffung neuer Arbeitsplätze anzukurbeln, bis die Unternehmen im privaten Sektor sich wieder gefangen haben.

Zweitens: Statt die Steuern zu erhöhen, wie Sie sagen, habe ich in Wirklichkeit für 95 Prozent der arbeitenden Familien die Steuern gesenkt.

Ich habe vorgeschlagen, die Steuern auf Einkommen über 250 000$ pro Jahr zu erhöhen, um so die Steuererleichterungen für alle anderen zu finanzieren, aber diese Erhöhungen treten erst 2010 in Kraft, und selbst dann werden die Steuersätze immer noch niedriger sein als unter Ronald Reagan.

Langfristig müssen wir die Staatsausgaben unter Kontrolle bekommen, und ich habe alle meine Mitarbeiter angewiesen herauszufinden, wo wir Verschwendung, Betrug und Missbrauch abstellen können. Und bitte seien Sie versichert, dass ich meinen Eid, die Verfassung zu schützen, ernst nehme.

Mit freundlichen Grüßen

KAPITEL 1

Die Briefe

Es klang beinahe wie ein Geheimnis, als Shailagh mir von den Briefen erzählte. Ich sollte begreifen, wie wichtig sie waren, und sie wirkte frustriert oder vielleicht auch nur erschöpft, wie ein Soldat, der in einem letzten Akt der Kapitulation die Schlüssel zum Königreich wegwirft, kurz bevor das Dorf in die Luft fliegt.

Das war im Oktober 2016. Der Hurrikan Matthew war gerade wieder aufs Meer hinausgezogen, Samsung-Handys fingen unversehens Feuer, der republikanische Präsidentschaftskandidat Donald Trump twitterte – »Mit keiner dieser Frauen ist je etwas gewesen. Alles Unsinn, der erfunden wurde, um uns die Wahl zu stehlen. Niemand respektiert Frauen mehr als ich!« –, und ich vermute, Shailagh war ebenso wehmütig gestimmt wie alle anderen, die sich mehr und mehr des radikalen kulturellen Wandels in den Vereinigten Staaten bewusst wurden.

Seit sechs Jahren arbeitete sie für die Regierung Obama, in den beiden letzten Jahren als hochrangige Beraterin, und wir saßen in ihrem Büro im Westflügel des Weißen Hauses. Sie griff in ein Regal, das mit dicken Aktenordnern gefüllt war. Diese Ordner enthielten Briefe an Obama, von denen die ersten noch aus den Anfängen seiner Regierungszeit stammten. Die Absender waren Wähler. Ganz gewöhnliche Amerikaner, die ihrem Präsidenten schrieben. »Mit der Zeit sind sie hier zu einer Art Leben spendender Kraft geworden«, sagte Shailagh. Sie hatte ihre Schuhe ausgezogen und sich einen Wollpullover um die Schultern gelegt, und mit ihrer rauen Stimme und ihrer bodenständigen irischen Art würde man diese Frau eher hinter der Theke eines Dubliner

Pubs erwarten als in einem bequemen Büro gleich gegenüber dem Oval Office.

Zu diesem Zeitpunkt hatte Hillary Clinton in den landesweiten Umfragen noch einen zweistelligen Vorsprung vor ihrem Konkurrenten, und das Undenkbare war nach wie vor undenkbar. Doch während Clintons Wahlkampfmitarbeiter sich für einen Posten in der sich abzeichnenden neuen Regierung in Stellung brachten, hegte Shailagh keinerlei Absicht, ein Teil davon zu werden – zwei Amtszeiten im Weißen Haus waren genug. Ihre Aufgabe in der Kommunikationsstrategie der Regierung bestand darin, als Türwächterin zwischen Obama und den Journalisten zu fungieren, die über ihn schrieben, und diese Arbeit schien ihren Tribut gefordert zu haben. »Ich werde die Jungs nicht vermissen«, sagte sie. Wenige Monate vor dem Ende von Obamas zweiter Amtszeit kannte die Dreistigkeit der Reporter keine Grenzen mehr. Sie wollten Abschiedsinterviews, sie wollten sie jetzt, jeder wollte der Erste, der Größte, der Lauteste sein. Shailagh war diese aufgeblasenen Egos leid, die immer gleichen Fragen, die Fantasielosigkeit. Und Trump twitterte, und es schien, als drehte die Welt allmählich durch.

Die Briefe böten ihr eine Atempause in dem ganzen Trubel, sagte sie und fragte, ob ich ein paar davon lesen wolle. Sie entschied sich für einen marineblauen Ordner, zog ihn aus dem Regal, öffnete ihn und blätterte in den Briefen. Manche davon waren in Schreibschrift auf persönlichem Briefpapier geschrieben, andere in Blockbuchstaben auf Notizzetteln und mit Stickern verziert; es gab Geschäftsbriefe, E-Mails, Faxe und Schnappschüsse von Familien, Soldaten und Haustieren. »Die Leute haben keine Ahnung von diesem Dialog, den er mit dem Land führt, weißt du«, sagte sie und meinte damit Obamas acht Jahre währende Gewohnheit, per Brief mit der amerikanischen Öffentlichkeit zu kommunizieren. »Zusammengenommen ergeben diese Briefe praktisch ein Gesamtbild der amerikanischen Gesellschaft.«

Bei seinem Amtsantritt hatte Obama sich vorgenommen, jeden Tag zehn Briefe zu lesen, wodurch er zum ersten Präsidenten wurde, der sich derart bewusst mit den Briefen seiner Wähler auseinandersetzte. Jeden Nachmittag wurde gegen siebzehn Uhr eine Auswahl aus dem Lektüreraum ins Oval Office geschickt. Die »10LADs«, wie sie mit der Zeit genannt wurden – für *ten letters a day* oder »zehn Briefe pro Tag« –, machten unter hochrangigen Mitarbeitern die Runde, bis der Stapel schließlich hinten in die Briefing-Mappe gelegt wurde, die der Präsident jeden Abend mit in seine Privaträume nahm. Einige der Briefe beantwortete er handschriftlich selbst, auf andere notierte er Anweisungen für das Schreibteam, das sie beantworten sollte, und auf manche kritzelte er »AUFBEWAHREN«.

Alle leitenden Mitarbeiter des Präsidenten wussten um die Bedeutung der Briefe, aber Shailagh interessierte sich vor allem für das große Panorama, für das, was sie in ihrer Gesamtheit über das Land und ihren Chef aussagten. Manchmal, erzählte sie mir, lege sie einfach die Füße hoch und vertiefe sich in die Briefe, als seien sie Teil eines Geschichtsprojekts und sie eine Studentin, die sich einen Überblick über das Thema verschaffen wollte.

»Der hier ist vom 23. Januar 2009, gleich nach Obamas Amtsantritt«, sagte sie, wobei sie aufs Geratewohl einen Brief aus dem Ordner nahm. »Ich bin dreiundsiebzig Jahre alt und Inhaberin eines Fabrikationsbetriebes. Mein Mann und ich haben mit nichts angefangen ... jeden Cent wieder in das Geschäft gesteckt. Seit drei Monaten hatten wir keine Bestellungen oder Anfragen mehr ... immer noch nicht wieder ganz auf den Beinen nach einer Operation am offenen Herzen ... Wir haben ein Haus. Die Kreditrate beträgt neunhundertneunundsiebzig Dollar und einundsiebzig Cent. Wir haben immer noch einhundertzwanzigtausend Dollar Schulden. Was sollen wir tun? ... Das meine ich«, fuhr sie fort. »Diese ersten Anzeichen. Denn damals war es ja noch nicht so offensichtlich. Der Abbau von Arbeitsplätzen hatte noch nicht in dem Maße eingesetzt. In diesen Briefen findest du unzählige Menschen, die ihrem Ärger über die Großbanken Luft machen. Und das ist der andere Aspekt, weißt du? Du siehst die Wut. Die Angst. Die Verwundbarkeit dieser Menschen, die weit über das hinausging, was die allgemeine Stimmung zu jener Zeit erkennen ließ. Und so hörte Obama gleich nach seinem Einzug ins Weiße Haus schon alle möglichen Stimmen – er hörte Leute wie Larry Summers zum Beispiel, den Vorsitzenden seines Nationalen Wirtschaftsrats, und dann, weißt du, hörte er direkt im Anschluss Francis und seine Frau Collette aus Idaho. Es ist so eine Art ununterbrochener Dialog mit dem amerikanischen Volk, weißt du?«

»Weißt du?« Shailagh sagte es beinahe beschwörend, als wollte sie, dass ich wirklich begriff, was sie meinte.

Ja, das täte ich, antwortete ich, zumindest versuchte ich es.

»Habe ich dir schon von diesem Brief von dem Mann aus Mississippi erzählt?«, fragte sie.

Nein, hatte sie nicht.

»O mein Gott...«

Sie stand auf, ging zurück an das Bücherregal und nahm einen anderen Ordner heraus. »Warte, bis du den gelesen hast.«

Im Lauf der Jahre haben die verschiedenen Präsidenten ihren jeweils eigenen Umgang mit der Wählerpost entwickelt. Anfangs war alles noch recht einfach: George Washington öffnete seine Briefe und beantwortete sie. Damals wurde die Post noch zu Fuß, auf dem Pferderücken oder per Postkutsche befördert, und er erhielt etwa fünf Briefe pro Tag – nicht gerade gewaltige Mengen. Dann kamen die Dampfschiffe, danach die Eisenbahn und ein modernisiertes Postsystem, und am Ende des neunzehnten Jahrhunderts schließlich sah sich Präsident William McKinley außerstande, der Flut noch Herr zu werden. Einhundert Briefe *pro Tag*? Er stellte jemanden ein, der ihm dabei helfen sollte, diesen Ansturm zu bewältigen, und das war der Ursprung des *Office of Presidential Correspondence*, der Korrespondenzabteilung des Präsidenten. Doch erst während der großen Depression lief die Sache wirklich aus dem Ruder. Mit seinen Radioansprachen, den sogenannten »Kamingesprächen«, begründete Franklin D. Roosevelt die Tradition, sich direkt an die Bevölkerung zu wenden, und er forderte die Menschen auf, ihm zu schreiben und ihm von ihren Problemen zu berichten. Innerhalb einer Woche trafen etwa eine halbe Million Briefe ein, und in der Poststelle des Weißen Hauses herrschte akute Brandgefahr. Seit jener Zeit schwoll der Umfang der Wählerpost kontinuierlich an, und jeder Präsident pflegte eine andere Beziehung dazu. Nixon beispielsweise weigerte sich am Ende seiner Präsidentschaft, irgendetwas Negatives über sich zu lesen. Reagan beantwortete an den Wochenenden Dutzende Schreiben, schaute hin und wieder in der Poststelle vorbei und las gern die Briefe von Kindern. Clinton ließ sich alle paar Wochen eine repräsentative Auswahl zeigen. Und George W. Bush legte man gelegentlich einen Stapel mit zehn bereits beantworteten Schreiben vor. Doch das sind bloß Anekdoten, Erinnerungen von ehemaligen Mitarbeitern des Weißen Hauses. Es gibt kaum belastbare Informationen über den Umgang früherer Regierungen mit der Wählerpost. Historiker interessieren sich nicht dafür, Präsidentenbibliotheken sammeln sie nicht, und der weitaus größte Teil davon wurde längst vernichtet.

Obama war der erste Präsident, der systematisch zehn Briefe pro Tag lesen wollte. Wann immer er zu Hause im Weißen Haus war, las er Wählerbriefe (auf Reisen sah er keine Post durch), jeder wusste das, und es wurden Mechanismen geschaffen, um sicherzustellen, dass sie ihn tatsächlich erreichten. Die Briefe zirkulierten unter den Mitarbeitern. Einige nannten sie »das konspirative Briefnetzwerk«. Ab 2010 wurden alle per Post eingegangenen Schreiben eingescannt und gespeichert. Ab 2011 floss jedes Wort aus jeder E-Mail in die Erstellung einer täglichen Schlagwort-Wolke ein, die anschließend im Weißen Haus verteilt wurde, sodass politische Entscheider und Mitarbeiter anhand dieser Darstellung eine Vorstellung davon bekamen, welche Themen und Gedanken die Bürger bewegten.

2009 schrieb Natoma Canfield aus Medina, Ohio, die eine Krebserkrankung überstanden hatte, von ihren schwindelerregenden Krankenversicherungsprämien. Obama ließ ihren Brief einrahmen und in einem Flur zwischen seinem privaten Arbeitszimmer und dem Oval Office aufhängen: »Ich brauche Ihre Gesundheitsreform so dringend!!! Ich kann mir meine Gesundheitsversorgung nicht mehr länger leisten!!« Dieser Brief stand beispielhaft für Zehntausende weitere, die ihn allein zum Thema Gesundheitsversorgung erreichten. Nach einschneidenden Ereignissen wie den Amokläufen in Newton, Connecticut, und Charleston, South Carolina, den Terroranschlägen in Paris, dem *government shutdown* oder dem Anschlag auf das amerikanische Konsulat in Bengasi kamen überdurchschnittlich viele Briefe zu bestimmten Themen. Solche Ausschläge nach oben waren auch aus den Schlagwort-Wolken abzulesen. Eine Zeitlang nahmen darin beispielsweise Begriffe wie »Arbeitsplätze«, »Syrien« oder »Trayvon« immer größere Dimensionen an oder auch Muster wie »Familie-Kinder-Angst«, »Arbeit-Studium-Kredit« oder »ISIS-Geld-Krieg«. Und all das gruppierte sich um ein riesiges »HILFE« – jenes Wort, das in sämtlichen Briefen am häufigsten vorkam. Nachdem ein Schütze 2016 in Dallas das Feuer auf Polizeibeamte eröffnet hatte, schwoll das Wort »Polizei« an, umringt von »Gott-Waffen-Schwarzes Amerika«, dazu ein winziges »Frieden« und ein noch winzigeres »Kongress«.

Irgendwann während meines Besuchs in Shailaghs Büro an jenem Tag hörten wir draußen im Flur einen Tumult, und ich folgte ihr zur Bürotür, um zu sehen, was los war.

»Hallo! Wie geht's?«

»Hey, Junge!«

»*Jetzt schaut euch den an!* Wie läuft's denn so?«

»Da sind Sie ja! *Wie geht es Ihnen?*«

Es war Biden. Flankiert von ernst dreinblickenden Männern in schwarzen Anzügen, rauschte der Vizepräsident durch den Westflügel des Weißen Hauses auf uns zu. »Hey, wie geht es Ihnen?«, begrüßte er mich auf seine typische Joe-Biden-Art. Er schüttelte mir die Hand auf seine typische Joe-Biden-Art, die jedes Mal so wirkt, als sei man ein Nachbar, der gerade ein wichtiges Bowling-Turnier gewonnen habe, und er freue sich ja *so unglaublich* darüber. Er umarmte Shailagh kurz und rauschte weiter.

»Ja, ich weiß«, sagte Shailagh, als wir wieder in ihrem Büro waren. Keine von uns brauchte es auszusprechen. Biden mochte sich zwar verhalten haben wie ... Biden, aber er sah nicht mehr aus wie der Mann, den wir kannten. Er wirkte abgemagert. Zerbrechlich. Blass und müde. Ich fragte mich, ob dieses Aussehen vielleicht normal war für einen Dreiundsiebzigjährigen, der beschlossen hatte, seinen großen Traum vom Präsidentenamt endgültig zu begraben.

»Ich würde sagen, es ist komplizierter«, entgegnete Shailagh, und für einen Moment versanken wir beide in Erinnerungen.

Biden war der Anlass dafür gewesen, dass Shailagh und ich uns angefreundet hatten. Als ich 2013 für ein Magazin ein Porträt über ihn schrieb, war sie seine Kommunikationsleiterin und stellvertretende Stabschefin. Sie lud mich ein, ihn an Bord der Air Force Two zum Amtsantritt des Papstes nach Rom zu begleiten, wo sie, ich und eine Schar geduldiger Reporter Biden dabei zusahen, wie er, seine verspiegelte Pilotenbrille auf der Nase, mit den Mächtigen der Welt plauderte. Ich war dankbar für diese Gelegenheit, aber im Nachhinein erzählte ich Shailagh, dass ich eigentlich nichts anderes darüber zu schreiben hätte als: So fühlt es sich an, inmitten einer Schar geduldiger Reporter Biden dabei zuzusehen, wie er, seine Pilotenbrille auf der Nase, mit den Mächtigen der Welt plaudert. Denn so funktionieren diese Pressereisen. Ein Seil trennt die Mächtigen auf der einen von den Neugierigen auf der anderen Seite, und alle lächeln und winken. Man gewinnt keinen Zugang zu ihren Gedanken, erfährt nicht, was ihnen Albträume bereitet, welche privaten Momente sie schätzen, auf welche sie besonderen Wert legen. Man kommt ihnen nicht nahe.

Shailagh dachte darüber nach. »Wir sollten nach Wilmington fahren«, sagte sie schließlich. »Ich frage den Vizepräsidenten.«

Und genau das taten wir dann: Zu dritt streiften wir fröhlich durch Bidens Heimatstadt in Delaware, wo er in Kindheitserinnerungen schwelgte. »Ziemlich matschig hier draußen«, sagte er, als er auf der Suche nach dem Teich, in dem er früher immer schwimmen war, durch den Wald stapfte, während sich die Männer vom Secret Service bemühten, mit uns Schritt zu halten. »Shailagh, das glaubst du nicht.« – »Shailagh, komm her. Davon habe ich dir doch erzählt, oder?« Er zeigte uns, wo seine erste Freundin gewohnt hatte, wo seine zweite Freundin gewohnt hatte, wo seine *Lieblingsfreundin* gewohnt hatte, wir machten halt in seiner alten Highschool und an seinem geliebten Sandwichladen, und wir saßen nebeneinander auf dem Bordstein, wo er sich als Kind Steine in den Mund gesteckt hatte, um sein lästiges Stottern zu kurieren. Wir besuchten den Friedhof, auf dem seine erste Frau Neilia und ihr Baby Naomi lagen – an das Grab wollte er nicht zu nah heran –, und wir spähten durch das Vorderfenster des Hauses, in dem er aufgewachsen war, um einen Blick auf das Esszimmerbuffet zu werfen, in dem sich seine Schwester Valerie immer versteckt hatte. »Siehst du, was ich meine, Shailagh? Schade, dass die Leute nicht zu Hause sind, sonst könnte ich euch mein Zimmer zeigen.« Den ganzen Tag über lachten und kabbelten sich die beiden wie Vater und Tochter, es war ein Privileg, Zeuge dieses liebevollen Umgangs miteinander zu werden und eine erste Ahnung davon zu bekommen, dass ein Weißes Haus beinahe wie eine Familie funktionieren konnte. Zumindest dieser Teil jenes Weißen Hauses.

Ich weiß noch, wie ich Shailagh damals fragte, ob sich Biden womöglich 2016 als Präsidentschaftskandidat bewerben würde.

»Oh, er würde sich Hillary niemals in den Weg stellen«, entgegnete sie, und damit war alles gesagt. Die Sache war erledigt. Ich fand es irgendwie traurig, dass dieser Mann, der sein ganzes Leben darauf hingearbeitet hatte, Präsident zu werden, sich jetzt, so kurz vor dem Ziel, der Pflicht beugte und sich zurücknahm, um dem Land nicht die Chance zu nehmen, zum ersten Mal in seiner Geschichte von einer Frau regiert zu werden.

Nachdem wir Biden an jenem Tag den Flur hatten entlangrauschen sehen, erzählte mir Shailagh in ihrem Büro, wie schmerzvoll Beau Bidens Hirntumor für sie alle gewesen sei. Der Sohn des Vizepräsidenten hatte den Kampf gegen den Krebs verloren und war am 30. Mai 2015 im Alter von sechsundvierzig Jahren gestorben. Das sei der Grund, warum Biden so aussehe, sagte Shailagh, und sie fügte hinzu, dass diejenigen, die ihn während seiner Trauerphase gedrängt hatten, sich als Präsidentschaftskandidat zu bewerben – manche sogar noch während der gesamten Vorwahlen 2016 –, ihn entweder nicht kannten oder nicht liebten.

Sie ließ es dabei bewenden, so, wie man es auch tun würde, wenn es sich um das Leid des eigenen Vaters handelte.

»Gott, diese frühen Sachen«, sagte sie, sich wieder den Briefen zuwendend. Sie blätterte durch einen roten Ordner. »O ja, an diese Frau kann ich mich noch erinnern. Wir haben sie schließlich zu einer seiner Reden eingeladen.«

Ich vermute, Nostalgie war der Hauptgrund, warum Shailagh mir an jenem Tag einige der Briefe zeigen wollte. Obamas Regierungszeit endete, seine Mitarbeiter bereiteten sich darauf vor, ihre Sachen zu packen und das Weiße Haus zu verlassen, und all diese Briefe blieben zurück. Was würde mit ihnen geschehen? Geschichte ist … umfassend. Geschichte hat das große Ganze im Blick. Sie richtet ihr Augenmerk auf *folgenschwere Ereignisse*, nicht auf die kleinen, scheinbar unbedeutenden Dinge.

»Das hier sind die Stimmen im Kopf des Präsidenten«, sagte

Shailagh. Und das traf wohl den Kern der Sache. »Er verinnerlicht diese Worte, diese Themen. Manche Briefe trägt er mit sich herum und grübelt darüber nach. Vor allem bei den kritischen. Das ist ein privater Rückzugsraum, den er sich bewahren konnte. Und das genießt er, weißt du?«

Mich beschlich das Gefühl, dass diese Briefe gleichsam Obamas Wilmington sein könnten. Eine Möglichkeit, ihn besser zu verstehen. Eine sich öffnende Hintertür. Hier bot sich die Gelegenheit, Obama auf eine Weise kennenzulernen, wie sie den meisten Menschen bisher verborgen geblieben war. Die winzigen Geschichten, die in seinem Gedächtnis haften blieben. Die rufenden Stimmen. Die Schreie und das Gebrüll jenes Volkes, dem zu dienen er geschworen hatte. Hier war das Rohmaterial der Ideen, die seine Gedanken bevölkerten, während er seine Tage mit Kabinettssitzungen, bilateralen Gipfeln, Spendenveranstaltungen oder im Lagezentrum des Weißen Hauses zubrachte, bis er sie abends mit ins Bett nahm.

»Zwangsvollstreckung, Zwangsvollstreckung, Zwangsvollstreckung«, kommentierte Shailagh, während sie durch einige der frühen Briefe blätterte. »Hier kann man den Ausbruch der Immobilienkrise geradezu in Echtzeit nachvollziehen. Die Menschen sahen sich plötzlich mit den gewaltigen Schlussraten von Ballonhypotheken konfrontiert, von denen sie nicht einmal wussten, dass sie sie abgeschlossen hatten. Man sieht das Zusammentreffen von Wirtschaftskrise und Gesundheitskrise. Den allgemeinen Vertrauensverlust der Menschen. Die Banken brechen zusammen, die Katholische Kirche wankt. Sie haben das Gefühl, all diese Institutionen ließen sie im Stich. Und dann ist da dieser neue Präsident, der von seinen Wählern das Mandat erhalten hat, einen Wandel herbeizuführen. Das hat eine Verbindung zu ihnen geschaffen.«

Einige der Absender erlangten regelrechten Heldenstatus unter den Mitarbeitern, erzählte mir Shailagh, ihre Geschichten wurden zum Dreh- und Angelpunkt von Ansprachen und Reden zur Lage der Nation. »Im Lauf der Zeit luden wir häufig die Verfasser solcher Briefe zu Veranstaltungen ein, oft sprachen sie ein paar Worte, um den Präsidenten einzuführen. Wenn er bei seinen Reisen durch das Land in ihre Stadt kam, traf er sich mit Briefschreibern zum Mittagessen. Ich meine, wir wollten keine billige Show daraus machen. Es war … wir versuchten, diese Begegnungen respektvoll zu handhaben. Denn im Grunde war es ja eine private Beziehung, die er zu diesen Menschen hatte. Und ich glaube, das ist auch der Grund, warum sie eine so nachhaltige Wirkung auf ihn ausübten. Der private Charakter, die Verletzlichkeit dieser Menschen.«

Mit einem Ruck nahm sie ihre Brille ab, steckte sie sich ins Haar und stand auf, um einen weiteren Ordner zu holen. »Den Brief von diesem Mann aus Mississippi muss ich dir unbedingt zeigen«, sagte sie. »Er schrieb über die Schwielen an seinen Händen. Wie die Entwicklung seiner Hände eigentlich die ganze Entwicklung des Landes zu jener Zeit widerspiegelt. Warte, ich habe ihn gleich … Diese Briefe sind frei von dem üblichen Zynismus, weißt du? Von diesem dystopischen Blick auf die Regierung, an den wir uns so gewöhnt haben. Sie wirken beinahe wie aus der Zeit gefallen, wie Unterhaltungen aus einer früheren Epoche, in der die Menschen sich nicht an die Regierung und ihre Anführer wandten, weil sie *irgendwas* von ihnen erwarteten oder bloß ihrem Ärger Luft machen wollten, sondern weil sie wollten, dass der Präsident ihre Probleme tatsächlich verstand. Weil sie wollten, dass er tatsächlich begriff, wie ihr Leben aussah. Und darum sind sie so … Weißt du, bei dieser ganzen Polarisierung, diesem Zynismus, all dem Negativen und dem heftigen Gegenwind, dem wir im Weißen Haus Tag für Tag ausgesetzt sind, erinnern uns die Briefe immer wieder daran, dass manche Menschen die Regierung im Wesentlichen doch als eine positive Kraft sehen. Oder zumindest wollen, dass sie eine positive Kraft ist, dass sie besser wird in dem, was sie tut. Sie wollen, dass sie sich besser um die Veteranen kümmert, dass sie eine bessere Gesundheitsvorsorge liefert. Das war für uns geradezu spirituell erhebend. Wirklich. Vor allem vor dem Hintergrund dieses, du weißt schon, dieses brutalen täglichen Kampfs.«

Ich fragte sie, ob sie glaube, dass die Briefe für Obama einen vergleichbaren Zweck erfüllten.

»Ich glaube, Briefe passen einfach zu ihm«, sagte sie. »Ich meine, in dieser Hinsicht sind die Obamas den Reagans und den Bushs sehr ähnlich. Sie sind, wie soll ich sagen, von Natur aus konservative, normale, traditionsbewusste Menschen, nicht wahr? Sie füllen dieses Amt aus. Sie sind genauso groß wie das Amt. Sie passen hinein. Verstehst du, was ich meine? Wie ein Anzug, der passt.«

Und dazu passen auch die Briefe. Wie Mottenkugeln, eine gerade Haltung, gepflegte Tischmanieren und eine ordentliche Ausdrucksweise, ohne zu fluchen. »Diese Briefe haben so etwas Weltfernes an sich, sie scheinen nicht in unsere Zeit zu gehören«, sagte sie, »obwohl das, was diese Menschen schreiben, absolut aktuell ist. Aber das Format kommt mir so entrückt vor. So altmodisch ... Es hatte für mich immer etwas von Evelyn Waugh.«

Wie der Brief von diesem Mann aus Mississippi, nach dem sie immer noch suchte. Mittlerweile blätterte sie in einem grünen Ordner herum. »Ich weiß, dass er hier irgendwo ist ... Er war so gut geschrieben. Wie eine Seite aus einem Roman. Es ist faszinierend, dass sich die Leute überhaupt die Zeit dafür nehmen. Was hat ihn dazu bewogen, diesen Brief zu schreiben, diese eine perfekt formulierte Seite?«

Dieselbe Frage stellte ich mir auch. Wer schreibt dem Präsidenten? Seit ich nicht mehr an den Weihnachtsmann glaubte, wäre mir so etwas nie in den Sinn gekommen. Wer waren diese Menschen? Was hatten sie davon? Darüber hinaus hatte der Vorgang an sich meine Neugier geweckt. Wessen Idee war es gewesen, dass Obama zehn Briefe pro Tag lesen solle? Ich fragte mich, welche Bedeutung diese Briefe für ihn hatten und ob – und wenn ja, auf welche Weise – sie seine Präsidentschaft beeinflusst hatten.

Mein ursprünglicher Gedanke war, einige der Absender zu treffen und ihre Geschichten aus erster Hand zu hören. Und das tat ich auch, doch womit ich nicht gerechnet hatte, war die Reise in den Lektüreraum selbst. Zu den Menschen, die die Maschine am Laufen hielten. Ich konnte von den einen nicht ohne die anderen erzählen, erst im Zusammenspiel ihrer Geschichten entfaltete sich das Panorama der Obama-Regierung aus der Sicht der Menschen, die ihm schrieben.

Shailagh fand den Brief, nach dem sie suchte, an jenem Tag nicht mehr. Doch sie versprach, ihn mir später zu zeigen. Millionen Schreiben erreichten das Weiße Haus, und die Ordner in ihrem Büro enthielten nur eine winzige Auswahl davon, ein paar Tausend ihrer Lieblingsbriefe, die sie ab und zu gerne wieder las. »Um die ganze Wirkung zu spüren, solltest du in den Lektüreraum gehen«, riet sie mir. »Setz dich einfach hin und lies. Dann verstehst du, was ich meine.«

Ich fragte sie, wo der Lektüreraum sei. Sie lehnte sich zurück und dachte eine Weile nach. »Es gibt da eine Frau, die die Abteilung leitet. Ihr Name ist Fiona. An der musst du vorbei.«

Ich fragte, ob sie mich ihr vielleicht vorstellen könne. Sie nickte, wenn auch nicht sonderlich überzeugend, eher so, als schmiedete sie in Gedanken einen Plan.

Wenn sie es geschafft hatte, mir einen Platz an Bord der Air Force Two zu verschaffen, um mit dem Vizepräsidenten zum Amtsantritt des Papstes nach Rom zu fliegen, argumentierte ich, dann dürfte es doch sicher kein Problem sein, einen Besuch im Lektüreraum zu arrangieren.

»Du kennst Fiona nicht«, entgegnete sie.

Martha C. Dollarhide
[redacted]
Oxford, MS [redacted]

MEMPHIS TN 381
18 APR 2009 PM 1 T

President or Mrs. Obama
1600 Pennsylvania Ave.
Washington, D.C. 20500

SG
MAY 1 6 2009

✓#139

RMB
Notlage
Auswahl

Beantworten

12.7.09
MK

Bobby Jngram
Oxford, MS.
16. April 2009

Sehr geehrter Mister Obama, mein Präsident,
2007 war ich stolz auf meine Hände. Wo meine Handflächen auf die Finger trafen, hatten sich Schwielen gebildet. Schnitte und Kratzer waren nie schlimm, Splitter und Blasen störten mich kaum. Meine Hände konnten zupacken wie ein Schraubstock, sie waren agil und gegen Hitze und Kälte gefeit. Geschickt bewegten sie sich beim Schnitzen oder Schärfen einer Axt. Meine Handfläche frottierte wie eine Massagebürste, wenn meiner Frau der Rücken juckte oder der Kater einen Buckel machte, um gestreichelt zu werden. Meine Nägel waren meist schmutzig nach getaner Arbeit, sie waren stärker als heute, hatten keine Risse, waren selten manikürt. Meine Hände definierten meine Arbeit, meine Leidenschaften, mein Leben.

Dreiundzwanzig Jahre habe ich als Landvermesser gearbeitet, seit fast zwei Jahren bin ich nun arbeitslos. Jch vermisse meine frühere Arbeit und meine früheren Hände. Nächtelang liege ich auf den Knien, falte neue Hände und bete darum, dass wir alle wiederfinden mögen, was verloren scheint. Möge Gott Jhre Hände leiten, dass sie unsere Zukunft gestalten.

Jch danke Jhnen dafür, dass Sie dem Bürger zuhören und verbleibe

Bobby Ingram

KAPITEL 2

Bobby Ingram, 16. April 2009

Oxford, Mississippi

Die letzte Zeile und die Schlussformel dieses Briefs sind wichtig. Ist Ihnen der Zeilenwechsel aufgefallen? Das war Absicht. Im Englischen lautet der letzte Satz:

»*Thank you for listening to the Citizen*
I am«

Ohne den Zeilenwechsel hätte man den Satz auch als »Thank you for listening to the Citizen *that* I am« lesen können – »Ich danke Ihnen dafür, dass Sie dem Bürger zuhören, der ich bin«, wodurch alles eine ganz andere Bedeutung bekommen hätte. Denn so hat er es nicht gemeint. Er wollte dem Präsidenten nicht dafür danken, dass er bloß ihm, Bobby Ingram aus Oxford, Mississippi, zuhört. Er hat *Citizen* mit einem großen C geschrieben, weil er den Bürger im Allgemeinen meinte, das Kollektiv gewissermaßen – sämtliche Einwohner der Vereinigten Staaten von Amerika –, und er war der Ansicht, dass nur ein großes C das deutlich machen könne. Aber ist das grammatikalisch überhaupt korrekt? Darüber hat er sich viele Gedanken gemacht, während er in seinem Arbeitszimmer vor dem alten PC saß (und wir reden hier noch von einem Modell mit Diskettenlaufwerk), in dem alten Lehnstuhl, Babbitt, den Kater, auf dem Schoß. Wahrscheinlich nicht, dachte er. Wahrscheinlich ist das grammatikalisch nicht korrekt. Man kann sich kaum vorstellen, wie viele Entwürfe er zu diesem Brief verfasst hat. Wie wichtig es ihm war, dass alles ganz genau passte. Das war 2009, und er war auf dem Tiefpunkt angelangt. Ja, man kann durchaus sagen, dass er ganz unten angekommen war. Er war froh, dass Obama gewählt worden war. Vielleicht würde das etwas zum Besseren ändern. Obama würde ein Präsident sein, der dem Bürger zuhörte. Bobby wollte den Präsidenten wissen lassen, dass er das glaubte. (Das tat er wirklich.) Als er zum ersten Mal auf die Idee gekommen war, Obama zu schreiben, hatte er eigentlich geplant, dass sein Brief der erste sein sollte, den Obama erhielt, wenn er am 21. Januar 2009 um 8 Uhr 35 zur Arbeit erschien. Obama sollte wissen: Hey, da draußen gab es einen Kerl, der nicht so war wie er, kein Absolvent einer Eliteuni, nicht aus Chicago, kein Afroamerikaner. Hey, da gab es einen mageren weißen Kerl aus einer Kleinstadt in Mississippi ohne superbeeindruckende Ausbildung, dessen Leben im Moment ziemlich mies lief. Da draußen gab es diesen Kerl, gewissermaßen das letzte Kind in der Klasse, von dem man erwarten würde, dass es die Hand hob und sich meldete, aber er hatte die Hand gehoben, und sie sollte dem Präsidenten sagen: »Hey, Mann, ich mag dich. Und ich möchte, dass du deine Sache gut machst.«

Zwischen den einzelnen Entwürfen (eine Phase, die mehrere Monate in Anspruch nahm) und manchmal auch einfach nur, um auf andere Gedanken zu kommen, tüftelte Bobby den Weg aus, den sein Brief wahrscheinlich nehmen würde. Er strich die Tage im Kalender aus und feilte an einem Zeitplan, damit er seinen Brief genau dann abschicken konnte, wenn er die größten Chancen hatte, das Erste zu sein, was Obama zu Gesicht bekam, wenn er sich an seinem Schreibtisch niederließ. Nun, natürlich tüftelte er den Weg des Briefes aus. *Wir reden hier schließlich von Bobby Ingram.* Einem Mann, der von allem ein wenig Ahnung hat. Genauer gesagt: der von allem ziemlich viel Ahnung hat. Denn das hatte ihm sein Großvater auf dem Sterbebett geraten, als er nacheinander seine Enkel zu sich gerufen hatte, um jedem von ihnen ein paar persönliche Abschiedsworte mit auf den Weg zu geben: »Probiere alles aus«, hatte er zu Bobby gesagt. »Beschäftige dich sechs Monate damit. Und wenn es dir gefällt, mach weiter.«

Wie auch immer, da bleibt dieses grammatikalische Problem. Das große C. Meistens hat seine Frau Martha das letzte Wort. Sie besprechen fast alles miteinander. Ethische Zwickmühlen und solche Sachen. Zum Glück ist sie ziemlich locker. Nicht wie ihre Mutter, Atomic Betty. Martha versteht, dass eine unkorrekte Ausdrucksweise an sich nicht unbedingt schlecht sein muss. Bestes Beispiel dafür: Michaels grauenhafte Grammatik. Michael ist Bobbys jüngerer Bruder, ein Fernfahrer, der meistens schreibt, während er bei Pilot oder Flying J. an der Tankstelle auf eine freie Dusche wartet. Seine Briefe? Seine Briefe sollten Sie mal sehen. Höchst merkwürdige Syntax und alles voller Rechtschreibfehler. Aber diese Fehler verleihen seinen Sätzen einen besonderen Ton, Michaels ganz eigenen Ton, sodass man auf den Seiten seine Gegenwart regelrecht spürt. »Es fließt, Martha!«, sagt Bobby oft, wenn er wieder einmal darüber staunt, wie Michaels Briefe einen berühren. Darüber, wie er Gefühle aufs Papier bringt. »Jetzt fließt es richtig gut, Martha!« Bobby weiß, dass er niemals so gut schreiben wird wie Michael. Aber das ist okay. Wirklich okay.

Briefe sind wichtig im Leben eines Mannes, findet Bobby. Er schreibt auch seiner Schwester, seinem Vater, seinem Freund Brian, der im Gefängnis sitzt, und einer Familie von Briefmarkensammlern – gute Leute sind das. Briefe sind auf Papier gebannte Emotionen. Briefe sind ein Geschenk. Wenn man jemandem schreibt und derjenige schreibt zurück, dann schafft man eine Verbindung. Es *validiert* beide Seiten. Er streut gern Fremdwörter in seine Sätze ein, aber nur, wenn sie schön klingen. Wie in seinem Brief an den Präsidenten etwa, als er von seinen »agilen« Händen schrieb. Bis heute ist sich Bobby nicht sicher, ob er das richtig hingekriegt hat. Ein Mensch kann agil sein, aber Hände? Hätte er vielleicht lieber »flink« schreiben sollen? Aber das wäre ja nicht das Gleiche gewesen, nicht wahr? Er brauchte etwas Eindrucksvolleres. Den Klang. »Lass gut sein«, sagte Martha. »Mach dir nicht so viele Gedanken.« Bobbys Lieblingsfremdwort ist übrigens »*éclaircissement*«. Das bedeutet »Aufklärung«, »Erleuchtung«. Erkennen Sie den Wortstamm »klar«? Was für ein wunderschönes Wort!

Seine ersten Briefe hat Bobby an Michael geschrieben. Sie haben vor ungefähr fünfzig Jahren damit angefangen, als Bobby zur Grundausbildung ging. Wissen Sie, wie kompliziert es ist, als Quäker in die Army einzutreten? Die ganzen Formulare, die ganzen *Diskrepanzen*? Bei einem Quäker vermuten sie von vornherein, er lehne den Kriegsdienst aus Gewissensgründen ab und wolle die Truppe von innen heraus zersetzen. Doch das war nicht Bobbys Absicht. Er wollte mehr über die Konzepte erfahren, gegen die er zusammen mit den Ältesten seiner Kirche bei Antikriegsdemonstrationen protestiert hatte. Es fühlte sich zunehmend falsch an, gegen etwas zu protestieren, was andere taten, während man selbst es nicht einmal probiert hatte. Er begann, sich für Krieg und Politik zu interessieren – genau wie für Käfer, Spinnen, Vögel, Schildkröten, Gebärdensprache, Oldtimer, Gedichte, Kilts, Bambus, Brücken und Forstwirtschaft. Alles. Probiere alles aus.

Die Army schickte ihn nach München, wo er lernte, Rotoren auf Hubschrauber zu montieren, und er schrieb Michael, um ihm davon zu erzählen. Michael schrieb zurück und berichtete ihm von dem Volkswagen, den er zu einem Strandbuggy umbaute. Danach hatten sie nie wieder mit dem Schreiben aufgehört.

Ein Brief bedeutet Bruderschaft. Einer streckt als Erster die Hand aus. Und genau das hat Bobby mit dem Präsidenten getan. Ganz wörtlich. Er saß vor seinem Computer, Babbitt auf dem Schoß, streckte die Hand aus und sah, wie erschreckend weich sie geworden war. Und er verspürte das Bedürfnis zu erklären, wieso. Nicht, weil er übertrieben dramatisch klingen wollte, das nicht, aber tatsächlich spiegelte sich der Zusammenbruch seines ganzen Lebens, seiner Psyche, seiner Identität, seines Körpers und seiner Seele in diesem Bild seiner schwielenlosen Hände.

Womöglich kommen einem nicht gleich Schwielen in den Sinn, wenn man an einen Landvermesser denkt. Die wenigsten wissen etwas von dem dreieinhalb Kilo schweren Vorschlaghammer und davon, wie er herumgeschwungen wird, immer wieder und wieder, bäm, bäm, genau so, um den Pfahl fünfzehn Zentimeter tief in den Boden zu treiben. Der Vorschlaghammer ist sein zweitliebstes Werkzeug. Er hat ihn 1983 gekauft. Sein Lieblingswerkzeug ist die Kultursichel. Auch hier wieder diese schwingende Bewegung, wenn man einen Schritt zurücktritt, zeigt er es einem. Und dann das Senkblei. Man hält es so, und wenn es zu schwingen aufhört, zeigt es direkt auf den Mittelpunkt der Erde. *Den Mittelpunkt der Erde.* Es ist ein altes Werkzeug. Bloß sein Senkblei. Alles in allem schleppte er jeden Tag über fünfunddreißig Kilo Ausrüstung mit sich herum. Zu Fuß durch Wälder, Moore, jegliches Gelände. Er tat dasselbe wie einst George Washington. Er tat dasselbe wie Lewis und Clark auf ihrer Expedition vor über zweihundert Jahren. Die Arbeit als Landvermesser verband einen mit Menschen aus längst vergangenen Zeiten. Man musste herausfinden, was die Landbesitzer gemeint hatten. Die Übertragungsurkunden interpretieren. Sie lesen und entsprechend befolgen. Wie das eine Mal, als er die Eigentumsverhältnisse bis zu einer Landschenkung durch König George zurückverfolgt hatte. »Ausgehend von dem Pfahl auf dem ersten Hügelkamm hinter dem Ufer.« Schön und gut, aber welches Ufer? Welcher Pfahl? »Vier Tagesritte auf einem Maultier zur nächsten Ecke, dann weiter in nördliche Richtung, zwei Tagesritte auf dem Maultier, die Sonne auf der Wange.« Schön und gut, aber wie schnell läuft ein Maultier? Er musste herausfinden, welches Tempo ein Maultier von der Größe, wie sie zu Zeiten von König George verfügbar waren, erreichen konnte. Ganz zu schweigen von den Wetterverhältnissen in der Zeit, als die Grenzen abgesteckt wurden. Er fand es heraus. Es waren hundertsiebenundsiebzig Kilometer. Zwei Stunden Autofahrt. Und er fand den zweiten Pfahl. O ja, er hat ihn gefunden! Danach war es bloß noch eine Frage der Mathematik, die Grenzen des Stücks Land zu bestimmen. Problem gelöst. Reine Mathematik. Dabei lief in seinen Anfangszeiten alles noch mit dem Rechenschieber. Tangente. Kosinustabellen. Man suchte den Kosinus eines Winkels heraus. *Dies* multipliziert mit *jenem* ergab dann *diese* Tangentenlänge, und so kam man wiederum zu dem Winkel, den man berechnen musste, um *jenes* Dreieck zu berechnen. Fantastisch. Einfach fantastisch. Pi bis fünf Stellen hinter dem Komma, das Ganze noch einmal anhand des Bogenradius überprüft. So etwas passte einfach zu ihm. Er stapfte mit seinem Rechenschieber durch die Sümpfe, rechnete vor sich hin und fand hundert Jahre alte Robinienpfähle. Und währenddessen dachte er darüber nach, dass die Ägypter, die das alles herausgefunden hatten, natürlich ein mystisches Volk gewesen sein mussten.

So herrlich war das Landvermessen. *Einfach herrlich.*

Aber jetzt fragt man sich sicher gerade, was das für ein Geräusch ist. Dieses Blaffen? Und gleich darauf ein Triller? Das ist ein Helmspecht. *Dryocopus pileatus.* Der größte Specht im Staat Mississippi. Fünfundvierzig Zentimeter groß. Waff-waff-waff, waff-waff-waff, dann tuu-tuu-tuu-tuu-tuu. Sein Lieblingsvogel ist die Sommertangare. Sein Lieblingsbaum ist der Seidenbaum, auch Seidenakazie genannt. Martha hasst den Bambus da hinten. Außerdem hat sie panische Angst vor Spinnen. Und trotzdem duldet sie sein Spinnenhabitat da draußen. Das ist Liebe. Das Netz der Riesenkrabbenspinne ist größer als Bobbys Küchentisch. Auch die Gewöhnliche Dosenschildkröte ist eine wichtige Spezies, die etwas Unterstützung verdient. Die Schildkröte auf dem Stein da heißt BooHiss. Zu den Schlangenarten, die Bobby unterstützt, gehören die Östliche Hakennasennatter, die Südliche Hakennasennatter und die Gesprenkelte Kettennatter. Eidechsen natürlich auch. Der ganze Garten ist so angelegt, dass sich bestimmte Arten dort wohlfühlen. *Spigelia marilandica*, eine mehrjährige, wild wachsende Staude. Wird unterstützt. Genau wie Sumpfschwertlilien, Schnittlauch, Lilien, Disteln und Knoblauch.

Einen Großteil dieses Wissens verdankt er seinem Beruf als Landvermesser. Tagein, tagaus ist man draußen in der Natur.

Bis sie einem dann irgendwann sagen, man könne nach Hause gehen. Als im Dezember 2007 die Rezession einsetzte, verloren Menschen in ganz Amerika ihre Arbeit. Der Bausektor gehörte zu den Branchen, die es am härtesten getroffen hatte. Es wurden keine Häuser mehr gebaut, keine Grundstücke mehr erworben und verkauft, es gab keine Grundbesitzstreitigkeiten und keine Landvermessung mehr.

Bobby war raus. Martha arbeitete in der Verwaltung der Universität, sie würden also noch eine Weile über die Runden kommen, aber darum ging es nicht.

Er hatte seinen Lebensinhalt verloren. Trauerte wie bei einem Todesfall. Oder einer Scheidung. Einem jener heftigen Schläge, die einem die Luft aus der Lunge pressen, bis man vornüberklappt. Zwei Jahre lang vornübergeklappt. *Zwei Jahre.* Er bewarb sich überall, bot sogar an, nach Texas umzuziehen. Er war zweiundfünfzig Jahre alt. Niemand brauchte ihn.

Er verfolgte die Nachrichten. Barack Obama gefiel ihm. Diese hoffnungsvolle Botschaft. Aber was er vor allem sah, war: *Wow, der Kerl erbt einen verdammten Saustall. Dieses Land steckt bis zum Hals im Schlamassel.* Er brauchte Hilfe. Jeder braucht Hilfe. So was wie: Lassen Sie uns das zusammen anpacken. So ungefähr hatte sich Bobby den Anfang seines Briefs gedacht.

Er streckte die Hand aus. Das war sein Gruß. Das hieß: Hallo, ich bin's. Der Kerl, der früher Schwielen an den Händen hatte. Mittel- bis Arbeiterklasse. Keine besondere Ausbildung. Der Kerl. Aber auch … der andere. Neugierig, alles hinterfragend, ein universal gebildeter Autodidakt. Ein Rätsel. Ein Widerspruch in sich. *Ich bin beide Männer zugleich.* »Ich bin groß, in mir ist Vielfalt«, sagte Walt Whitman. Vergessen Sie das nicht, Mr. President: Vielfalt.

Bobby verpasste die Gelegenheit, dem Präsidenten seinen Brief am 21. Januar 2009 zukommen zu lassen. Er war erst im April mit dem Schreiben fertig.

Als endlich alle Formulierungen saßen, lehnte er sich zurück, atmete tief aus, verscheuchte den Kater und griff nach einem Blatt Papier. Den Brief mit der Hand zu schreiben war das Wichtigste. Ein Brief ist ein Teil von einem selbst. Er sollte auf eine Seite passen, genau auf eine Seite. Und es mussten Druckbuchstaben sein. Er brauchte viele Anläufe. (In seinem Arbeitszimmer gibt es fünf Abfalleimer.) Dann schickte er ihn ab. Und vergaß ihn. Den Brief abzuschicken war das, worauf es ankam. Er hatte gesagt, was er zu sagen hatte. In dieser Hinsicht war dieser Brief wie alle anderen, die er je geschrieben hat. Ein Brief ist ein Gebet.

Kurz nachdem er den Brief abgeschickt hatte, rappelte er sich aus seiner Depression wieder hoch. Als hätte jemand einen Schalter umgelegt. *Ich kann so nicht leben.* Einfach den Schalter umgelegt. Martha brauchte ihn. Atomic Betty lag im Sterben, was einfach unvorstellbar war. Eine Frau von solcher Lebenskraft. Er konnte gut mit ihr umgehen. Hielt einfach nur ihre Hand in all den Tagen, in denen kein anderer es ertragen konnte. Dann begann er mit seinen LOLs. Den *Little Old Ladies*, die Hilfe im Alltag brauchten. Sie brauchten ihn. Er ist gut darin, Menschen zu beruhigen. (Katzen bringt er innerhalb von Sekunden zum Einschlafen.) Und dann waren da ja natürlich noch BooHiss und die ganzen Habitate draußen im Garten. Mein Gott, allein die Vögel. Kurz darauf rief Jeff an. Er brauchte Hilfe bei der Restaurierung eines Bootes. Alle brauchen Hilfe! Er und Jeff arbeiten mittlerweile zusammen. Jeff übernimmt das Reden. Bobby trägt in brütender Hitze sechs Kanthölzer gleichzeitig die Leiter hoch.

Er ist der Kerl im Hintergrund, der mit dem Bandana, dem der Schweiß in Strömen übers Gesicht läuft. Sie kennen die Sorte

Mensch. Aber er ist auch der andere. Der den Kopf voller Gedichte hat, der weiß, welcher Vogel da singt, der immer noch die mathematischen Gleichungen draufhat und jetzt gerade an einer Lösung für das hydrologische Problem unten am See arbeitet.

Ein paar Monate nachdem er den Brief an den Präsidenten abgeschickt hatte, bekam er eine Antwort. Eine weiße Karte mit dem Briefkopf des Weißen Hauses.

THE WHITE HOUSE

WASHINGTON

Lieber Bobby,

vielen Dank für Ihren eindrucksvollen Brief. Ich setze mich mit all meiner Kraft dafür ein, dass hart arbeitende Amerikaner wie Sie die Chancen bekommen, die sie so sehr verdienen.

Er und Martha standen nebeneinander im Arbeitszimmer und untersuchten die Karte, um herauszufinden, ob Obama das wirklich selbst geschrieben hatte. Martha hielt sie ins Licht, das durch das Fenster hereinfiel, und sagte Ja. Er linste über ihre Schulter und sagte vielleicht. Und dann trat er einen Schritt zur Seite und sagte so was wie: Sekunde mal, Martha. Der Präsident *schreibt zurück*?

Briefauswahl 2009–2010

MK Beantworten

An: Alle im Weißen Haus die noch ein bisschen gesunden Menschenverstand haben

Boni?? BONI??? Wofür? Dass sie die Unternehmen im Rekordtempo ruinieren??

A.I.G. ... Freddie Mac ... Fannie Mae ... Morgan Stanley ... Wells Fargo ... Merrill Lynch ... Die Liste ist endlos!!

Ich weiß schon, ich bin nicht die hellste Kerze am Kronleuchter, aber ich krieg es einfach nicht in meinen Kopf, was gerade in unserer Wirtschaft abgeht! Und in unserer Regierung!! Kann mir EINER von euch da oben mal bitte erklären, was das soll?? Und kommt jetzt gefälligst nicht mit eurem »beste Köpfe«-Blabla ... das hab ich schon tausendmal gehört. Wenn das die Besten sind, die wir kriegen, dann können wir uns gleich einen Strick kaufen!!

Ist es das, was wir unseren Kindern beibringen, wenn sie irgendwann in die Welt hinausgehen ... Stehlen? Betrügen?? Und das alles im Namen des allmächtigen Dollar??

Seit wann belohnen wir Unfähigkeit?? Verraten Sie mir das bitte, damit ich es meinem Chef sagen kann!! Vielleicht hat er da was nicht mitgekriegt! Seit diese »Rezession« ihre hässliche Fratze zeigt, wurde meine Arbeitszeit auf vier Tage die Woche reduziert. Ich schaffe es kaum noch, meine Rechnungen zu bezahlen, zu tanken und etwas zu essen auf den Tisch zu bringen. Wir drehen jeden Cent zweimal um. Ich zahle pünktlich meine Steuern und sorge für meine eigenen Angelegenheiten aber so langsam wird mir klar, dass ich die ganze Zeit auf dem falschen Dampfer war. Wenn ich es in dieser Welt wirklich zu etwas bringen will, muss ich Anzug&Krawatte anziehen, mir eine Perücke besorgen, alle anlächeln, als wär ich ihr bester Freund, und sie dann verdammt noch mal ÜBERS OHR HAUEN bis ich ihnen alles abgeknöpft habe was sie jemals hatten!!

Und jetzt reicht es euch nicht mehr, diesen gierigen Aasgeiern, die durch ihre Fehler den ganzen Schlamassel überhaupt erst verschuldet haben, mein Geld in den Rachen zu werfen nein, ihr ZAHLT IHNEN AUCH NOCH BONI?????

Ich für meinen Teil hab die Nase endgültig voll. Höchste Zeit, dass wir Bürger in diesem Land unsere Regierung wieder selbst in die Hand nehmen & jemanden finden, der uns nicht nur die WAHRHEIT sagt (weiß eigentlich noch jemand von euch, was das Wort bedeutet??), sondern auch aufhört, diese Idioten zu belohnen, bloß weil sie die BESTEN SIND DIE WIR HABEN!!

BONI?? Soll das ein Witz sein??... AUFWACHEN WASHINGTON!!!!!!

Timothy H. Mullin

LYNCHBURG, VIRGINIA

19. März 2009 DO 7.42 Uhr Fax Nr.

ARCHIV-
KOPIE

THE WHITE HOUSE

WASHINGTON

Lieber Tim,

danke für Ihren Brief. Ich bin ganz Ihrer Meinung, und wir bemühen uns, so schnell wie möglich wieder ein wenig gesunden Menschenverstand in das Finanzsystem zu bringen.

Mr. Timothy Mullin
[redacted]
Lynchburg, Virginia [redacted]

03. APR 2009

38/AUSWAHL/
Streitkräfte
23.10.09
MK

#21 11258603 – Linette Jones, In ID: 6858341, Out ID: 6696164

Von: [redacted]
Gesendet: 29.09.2009 10:05
Betreff: Außenpolitik

Sehr geehrter Herr Präsident Obama, ich bin sehr enttäuscht darüber, dass Sie der Auffassung sind, die Bewerbung Ihrer Heimatstadt um die Austragung der Olympischen Spiele zu unterstützen sei wichtiger als die Sicherheit meines Kindes in Afghanistan!
Ich mochte George W. Bush nicht, aber zumindest fühlte ich mich während seiner Amtszeit sicher. Seit Sie Präsident sind, kann ich das nicht mehr behaupten. Ich sorge mich um die Sicherheit meines Kindes, das in Afghanistan im Einsatz ist, und ich sorge mich um meine eigene Sicherheit und die meiner Familie hier in den Vereinigten Staaten. Ihre Unfähigkeit, Entscheidungen zu treffen, setzt uns der Gefahr von terroristischen Anschlägen aus. Bitte lassen Sie diese Olympia-Werbung und machen Sie Ihre Arbeit!

==== Ursprüngliche Nachricht ====

[redacted]

Gesendet: 29. September 2009

Beantworten

<APP>CUSTOM
<PREFIX></PREFIX>
<FIRST>Linette</FIRST>
<LAST>Jones</LAST>
<MIDDLE></MIDDLE>
<SUFFIX></SUFFIX>
<ADDR1></ADDR1>
<ADDR2></ADDR2>
<CITY></CITY> North Yarmouth
<STATE></STATE> ME
<WPHONE></WPHONE>
<EMAIL>[redacted]</EMAIL>
<ISSUE>W_POTUS</ISSUE>
<ISSUE>W_POL_FA</ISSUE>
<ISSUE></ISSUE>
<MSG>

Sehr geehrter Herr Präsident Obama, ich bin sehr enttäuscht darüber, dass Sie der Auffassung sind, die Bewerbung Ihrer Heimatstadt um die Austragung der Olympischen Spiele zu unterstützen sei wichtiger als die Sicherheit meines Kindes in Afghanistan! Ich mochte George W. Bush nicht, aber zumindest fühlte ich mich während seiner Amtszeit sicher. Seit Sie Präsident sind, kann ich das nicht mehr behaupten. Ich sorge mich um die Sicherheit meines Kindes, das in Afghanistan im Einsatz ist, und ich sorge mich um meine eigene Sicherheit und die meiner Familie hier in den Vereinigten Staaten. Ihre Unfähigkeit, Entscheidungen zu treffen, setzt uns der Gefahr von terroristischen Anschlägen aus. Bitte lassen Sie diese Olympia-Werbung und machen Sie Ihre Arbeit!

</MSG>
</APP>

THE WHITE HOUSE

WASHINGTON

Liebe Linette,

ich habe Ihre Nachricht erhalten. Ich bin dankbar für den Dienst, den Ihr Kind für unser Land leistet, und es gibt für mich keine wichtigere Aufgabe, als die Sicherheit Amerikas zu gewährleisten. Daher wundert es mich, dass Sie glauben, ein eintägiger Besuch in Sachen Olympia – bei dem ich übrigens auch General McChrystal, den Kommandeur unserer Truppen in Afghanistan, getroffen habe, um mit ihm über die Kriegsstrategie zu reden – könnte mich von meinen Pflichten als Oberbefehlshaber der Streitkräfte ablenken. (b.w.)

Es mag sein, dass Sie nicht mit all meinen politischen Entscheidungen einverstanden sind (das ist etwas, woran man sich als Präsident schnell gewöhnt), aber seien Sie versichert, dass ich jeden Morgen beim Aufwachen und jeden Abend beim Einschlafen an unsere Soldaten denke und an die Verantwortung, die ich ihnen gegenüber trage.

Mit freundlichen Grüßen

Pdf per Mail an Mike Kelleher

30.11.2009

An den Präsidenten Barack Obama
Weißes Haus
1600 Pennsylvania Ave, NW
Washington, DC 20500

20. Jan 2009

Sehr geehrter Herr Präsident Obama,

hallo, mein Name ist Michael P. Powers, und ich wurde am 4. Juli 1954 in Waukegan, Illinois geboren … Beiliegend finden Sie ein Foto meines Vaters, das mich seit fast dreißig Jahren begleitet … Er hieß Benjamin Maurice Powers sen. und wurde am 1. April 1929 genau wie ich in Waukegan, Illinois geboren … Der Grund, warum ich Ihnen dieses Foto meines Vaters schicke (Sie können es gerne behalten, wenn Sie wollen), ist, dass er drei Päckchen Zigaretten am Tag geraucht hat und am 21. August 1979 mit fünfzig Jahren gestorben ist, weil er drei Päckchen am Tag geraucht hat … Ich war damals 25 Jahre alt, und seitdem gab es ungefähr eine Million Anlässe, bei denen ich gerne mit ihm geredet hätte, mit ihm hätte reden müssen … Ich weiß noch, wie ich Sie im Fernsehen gesehen habe, im Grant Park, nachdem Sie die Wahl gewonnen hatten, und als Sie auf die Bühne kamen, hörte ich eine Ihrer Töchter »Hi, Daddy« rufen. Ich glaube, in dem Moment vermisste ich meinen Vater mehr als je zuvor in meinem Leben, denn ich habe das als Kind auch immer gerufen, wenn er von der Arbeit nach Hause kam … Er war mein bester Freund und wird das auch immer sein … Wenn Sie immer für Ihre Töchter da sein wollen, dann hören Sie JETZT auf zu rauchen! Früher oder später werden sie Sie aus irgendeinem Grund brauchen (früher oder später brauchen wir alle unsere Eltern wegen irgendwas), und ich möchte, dass Sie dann für sie da sind, außerdem glaube ich, dass die Vereinigten Staaten und die Welt Sie jetzt mehr brauchen denn je, und ich möchte, dass Sie für uns alle da sind … Ich weiß einfach, dass Sie in den nächsten acht Jahren fantastische Arbeit leisten werden, also wie Red Skeleton zu sagen pflegte: »Auf Wiedersehen und möge Gott Sie segnen« …

Mit aufrichtigen Grüßen
Ihr Freund

Michael P. Powers

THE WHITE HOUSE

WASHINGTON

Lieber Michael,

haben Sie ganz herzlichen Dank für Ihren wunderbaren Brief und den guten Rat. Das Foto schicke ich Ihnen zurück, weil es für Sie sicher eine große Bedeutung hat, aber Ihren Vater werde ich in Erinnerung behalten.

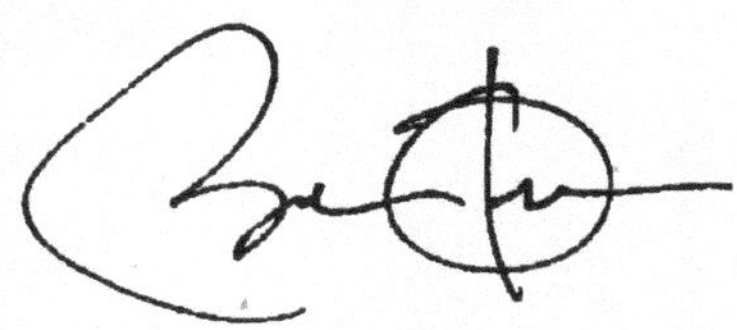

Von: Ali Hazzah
Hobe Sound, Florida
16. September 2009

2001 habe ich nach dem Platzen der New-Economy-Blase meine Arbeit verloren, weil das New Yorker IT-Unternehmen, in dem ich als Senior IT-Manager angestellt war, bankrottgegangen ist. Nach dieser Katastrophe habe ich Hunderte Bewerbungen geschrieben – nichts. Ich habe seitdem keine Vollzeitstelle mehr gefunden, wahrscheinlich wegen meines Alters (ich bin jetzt 58), aber dank meiner beträchtlichen Ersparnisse und einiger kleinerer Immobilientransaktionen konnte ich uns bis jetzt über Wasser halten. Natürlich musste ich mich privat krankenversichern. Der Versicherungsagent hat mir zugesagt, dass die Prämien nur selten erhöht würden. Seit 2001 sind meine Versicherungsbeiträge um exakt hundert Prozent gestiegen – dabei war ich nicht ein einziges Mal ernsthaft krank. In den letzten acht Jahren habe ich fast HUNDERTTAUSEND DOLLAR an Versicherungsprämien für meine Frau und mich an Blue Cross Blue Shield Florida gezahlt. Ich glaubte dem damaligen Senator Obama, als er sagte, es wäre Zeit für einen Wandel und, ja, wir könnten ihm vertrauen, er wäre derjenige, der die Zustände ändern würde. Ich war einer der wenigen in unserer Gegend, die entlang des US Highway 1 Obama/Biden-Wahlplakate aufgehängt haben (auf eigene Kosten und mit einigem persönlichen Risiko, weil republikanische Dumpfbacken sie jede Nacht wieder heruntergerissen haben). Und ich habe noch mehr getan (zum Beispiel 100 $ für den Wahlkampf des Senators gespendet und mit den örtlichen Demokraten zusammengearbeitet), um seine Wahl zu unterstützen – und das in einem konservativen, bigotten, von Religion besessenen Wahlkreis, in dem viele allen Ernstes glauben, was Rush Limbaugh in seiner Sendung von sich gibt. Vor drei Monaten musste sich meine Frau einer kleineren Operation am Arm unterziehen. Gleich darauf stieg unsere Versicherungsprämie um 30 Prozent, obwohl es das erste Mal war, dass wir überhaupt einen Anspruch geltend gemacht haben. Jetzt muss ich ohne Versicherung auskommen – ich kann sie mir nicht länger leisten –, und ich bin, wie schon erwähnt, 58 Jahre alt, also nicht mehr unbedingt in der Blüte meiner Jahre. Aber ich nehme an, Leute wie meine Frau und ich sind Ihnen, Präsident Obama, und dem Rest der Washingtoner Bande ziemlich egal; wir sind doch bloß austauschbare Verlierer ohne jeden Einfluss, die gezwungen werden, ihren gesamten Besitz zu verkaufen, bis wir irgendwann die Kriterien für Medicaid erfüllen. Danke, Mr. Obama, vielen herzlichen Dank dafür, dass Sie mich daran erinnert haben, worum es in Washington wirklich geht und wie viel meine Frau und ich Ihnen bedeuten. Ich habe nur eine einzige Frage: Wie konnten Sie so einfach verdrängen, was Ihre eigene Mutter durchgemacht hat? Entschuldigen Sie, dass ich Ihnen Ihre Zeit gestohlen habe. Schließlich bin ich in Ihrer Welt doch nur ein austauschbarer alter Trottel, nicht wahr? Viel Glück dabei, beim nächsten Mal wieder unsere Stimmen zu bekommen. Ich werde bei den nächsten Zwischenwahlen sogar die Grünen wählen oder gar nicht zur Wahl gehen, um Ihnen und Ihrer zynischen Beraterclique eine sehr, sehr kleine Lektion in Sachen Halten von Versprechen zu erteilen. Sie haben mich verraten, Sir: Schämen Sie sich. Das werde ich niemals vergessen.

THE WHITE HOUSE

WASHINGTON

Lieber Ali,

danke für Ihren Brief. Ich muss gestehen, dass ich Ihren Zorn auf die Regierung nicht ganz nachvollziehen kann, da wir uns jeden Tag aufs Neue bemühen, eine tragfähige Gesetzesvorlage zur Gesundheitsreform durch den Kongress zu bringen. Natürlich wünschte ich, es würde schneller gehen, aber etwas zu verändern ist niemals leicht. Trotzdem bin ich davon überzeugt, dass wir es bis zum Ende des Jahres schaffen werden.

Sehr geehrter Herr Präsident,

neulich Abend habe ich im Fernsehen Ihre Rede zur Lage der Nation gesehen. In Ihrer Ansprache haben Sie die vielen Briefe erwähnt, die Sie von Menschen aus dem ganzen Land bekommen. Ich schreibe Ihnen, weil ich dachte, dass Sie zufällig vielleicht auch meinen lesen werden.

Ich bin einundzwanzig Jahre alt und studiere im vierten Jahr Grundschullehramt an der East Stroudsburg University of Pennsylvania. Ursprünglich stamme ich aus dem weiter südlich gelegenen kleinen Ort Walnutport. Dort lebe ich mit meiner Familie, wenn ich nicht auf dem Campus wohne. Mein Vater ist Mitte fünfzig, er war in einem Bauunternehmen angestellt und in der Gewerkschaft organisiert, und vor einigen Monaten wurde er entlassen. Er bekommt zwar etwas Arbeitslosengeld, aber lange nicht so viel, wie er verdienen würde, wenn es einen Job für ihn gäbe. Meine Mutter ist Ende vierzig und arbeitet in einer Textildruckfirma. Oft werden ihre Arbeitszeiten ohne Vorwarnung reduziert. Mein achtzehnjähriger Bruder hat letztes Jahr die Highschool abgeschlossen und hat jetzt zwei Jobs, einen in einem Lebensmittelladen bei uns im Ort und den zweiten bei UPS. Ich selbst musste vor Kurzem meinen Job als Trainerin von zwei Schwimmteams für ein paar Monate ruhen lassen, um mich ganz auf mein Schulpraktikum zu konzentrieren.

Der Grund, warum ich Ihnen schreibe, ist, dass ich Sie um Rat bitten möchte. Ich will meiner Familie helfen. Wir gehören zur unteren Mittelschicht und arbeiten sehr hart, vor allem meine Eltern. Wir stehen sicher nicht an der Spitze der Nahrungskette, aber wir waren immer dankbar für das, was wir haben, denn wir wissen, dass es andere gibt, denen es schlechter geht. Mein Vater ist vorübergehende Kurzarbeit gewohnt, denn solche Phasen sind im Baugewerbe üblich. Deswegen waren wir schon immer eine sparsame Familie, die mit dem, was sie hat, sorgsam haushaltet. Es gab auch früher schon Zeiten, in denen das Geld knapp wurde, und wir haben sie überstanden, indem wir alle zusammenhielten und geduldig darauf warteten, dass sich die Dinge zum Besseren wenden. Aber jetzt mache ich mir allmählich wirklich Sorgen. Meine Eltern haben sich ihre Befürchtungen nie anmerken lassen und immer zu meinem Bruder und mir gesagt, sie seien die Erwachsenen und wir brauchten uns über solche Probleme nicht den Kopf zu zerbrechen. Aber jetzt bin ich selbst erwachsen und weiß ziemlich genau, in welcher Lage wir sind.

Solange ich denken kann, hatte mein Vater immer eine positive Einstellung zum Leben. Er arbeitet unglaublich viel und ist sehr gut in seinem Job. Aber nachdem er jetzt schon so lange arbeitslos ist, sehe ich eine deutliche Veränderung. Das liegt vor allem an seinen Augen. Sie wirken viel stumpfer als früher. Und er lacht auch viel weniger als sonst. Irgendwie wirkt er kleiner. Daran, wie er sich verhält, merke ich, dass er sich für alle unsere aktuellen Sorgen verantwortlich fühlt. Hat meine Mutter noch genug Benzin, um zur Arbeit zu kommen? Welches Auto wird diese Woche kaputtgehen, sodass er es reparieren muss? Welche von den ganzen wichtigen Rechnungen ist die allerwichtigste und muss als Erste bezahlt werden? Wie lange dauert es noch, bis seine Arbeitslosenunterstützung ausläuft? Was, wenn einer von uns krank wird? Welche Lebensmittel können wir uns diese Woche leisten? Wird er überhaupt eine Rente bekommen, wenn er endlich in den

Ruhestand gehen kann? Die Liste nimmt kein Ende. Jch sehe, wie das alles an ihm nagt. Er schläft nicht mehr. Und ich frage mich ... wenn sogar er dem Druck kaum noch standhält, was können wir anderen dann dagegen tun?

Auch meine Mutter bemüht sich, wie sie nur kann. Die meiste Zeit unseres Lebens ist sie bei meinem Bruder und mir zu Hause geblieben, weil sie in ihrem Job nicht genug für die Kinderbetreuung verdiente. Außerdem fand sie die Vorstellung schrecklich, dass Fremde uns großziehen würden. Vor ein paar Jahren hat sie wieder angefangen zu arbeiten. Mittlerweile wird sie regelmäßig früher nach Hause geschickt, weil es zu wenig zu tun gibt, und es ist schon vorgekommen, dass sie erst lange nachdem ich ihren Wagen gehört hatte ins Haus kam, und ihre Augen waren rot, weil sie im Auto geweint hatte.

Bitte glauben Sie nicht, ich erwartete von Jhnen eine Entschuldigung oder Mitleid. So etwas ist weder nötig noch hilfreich, und es gibt andere, denen es sehr viel schlechter geht, als ich es mir vorstellen kann. Jch weiß, dass wir nur durch eigenes Zutun vorankommen können. Aber ich fühle mich so unbedeutend und hilflos. Jch weiß nicht, was ich sagen oder tun kann, um meiner Familie zu helfen. Jch kenne die übliche Antwort: »Jhr müsst nur warten, irgendwann wenden sich die Dinge auch wieder zum Besseren.« Aber ehrlich gesagt, ich weiß nicht, wie lange wir noch warten können. Jch weiß nicht, wie lange ich es noch ertragen kann, in den Augen meines Vaters diese unendliche Traurigkeit zu sehen, die seinen früheren Optimismus verdrängt hat. Jch weiß nicht, wie lange ich noch mit ansehen kann, dass man ihnen sagt, sie sollen »warten, irgendwann wird es auch wieder besser«, und jedes Mal werden ihre Hoffnungen doch wieder zunichtegemacht. Jch weiß nicht, wie lange ich noch diese Resignation *mit anhören kann, die sich nach und nach in die Worte meiner Mutter schleicht. Und ich weiß nicht, wie lange ich noch mit den Schuldgefühlen klarkomme, weil ich eine zusätzliche finanzielle Belastung für meine Familie darstelle, weil ich als Erste von uns aufs College gehe und versuche einen akademischen Abschluss zu machen. Und zu allem Überfluss muss ich jetzt erkennen, dass meine Aussichten, eine feste Anstellung als Lehrerin zu finden, eher ins Reich der Märchen gehören als in die Realität.*

Ich nehme an, der Rat, den ich gerne von Ihnen bekommen würde, ist: »Was soll ich tun?« Ich weiß, dass die Menschen hohe Erwartungen an ihren Präsidenten haben. Und vieles von dem, was man von Ihnen erwartet, können Sie nicht einmal direkt beeinflussen. Mir ist auch bewusst, dass vieles, was zu den Problemen in unserem Land beiträgt, nicht von heute auf morgen geregelt werden kann. Nicht einmal in vier Jahren. Es gehört nicht zu Ihren Aufgaben, mir zu antworten oder auch nur diesen Brief zu lesen. Aber aus irgendeinem Grund dachte ich, ich müsste es wenigstens versuchen. Vielleicht findet mein Geist ein wenig Trost in dem Bewusstsein, dass ich zumindest irgendetwas getan habe.

Wie auch immer, es ist mir egal, dass ich nicht genug Geld für ein neues Auto oder einen Laptop oder ein Smartphone habe. Ich möchte einfach nur nach Hause kommen können und meine Mutter wieder so lächeln sehen wie früher oder meinen Vater lachen hören, ohne dass es sich so fremd anhört, als lachte da jemand anders. Das vermisse ich mehr als alles andere auf der Welt.

Name bekannt
Walnutport, Pennsylvania
17. März 2010

39/AUSWAHL
MK

Dr. med. Ellen F. Crain, PhD
Professorin für Kinderheilkunde
und Notfallmedizin
Leiterin Medizinisches Netzwerk

Beantworten

23. Januar 2009

An den ehrenwerten Barack H. Obama
Präsident der Vereinigten Staaten von Amerika
Weißes Haus
1600 Pennsylvania Avenue NW
Washington, D.C. 20500

Sehr geehrter Herr Präsident Obama,

ich möchte Ihnen gern von einem Erlebnis aus unserer pädiatrischen Notaufnahme erzählen, welches den Einfluss Ihrer Präsidentschaft auf unsere Jugend auf eine Art und Weise illustriert, wie er ansonsten vielleicht nicht deutlich wird. Sowohl die Patientin als auch ihre Mutter haben mir ihr Einverständnis gegeben, diese Geschichte und ihre Namen mit Ihnen zu teilen.

Am 21. Januar wurde die dreizehnjährige [illegible] von ihrer Mutter in unsere pädiatrische Notaufnahme gebracht, nachdem sie von anderen Jugendlichen auf dem Heimweg von der Schule ins Gesicht geschlagen worden war. Unmittelbar unter dem rechten Auge hatte sie zwei Platzwunden, die genäht werden mussten, aber sie weinte und zitterte so heftig, dass wir die Wunden nicht versorgen konnten, ohne Gefahr zu laufen, dabei das Auge zu verletzen. Niemandem von uns gelang es, sie zu beruhigen. Bis ich sie schließlich fragte, ob sie die Amtseinführung und die Antrittsrede von Präsident Obama gesehen habe. Sie bejahte, und ich fragte sie: »Was würde Präsident Obama denn jetzt von uns erwarten?« Sie antwortete: »Er würde erwarten, dass wir tun, was zu tun ist, und dabei unser Bestes geben.« Sie atmete tief ein und wurde ruhig, und wir konnten ihre Wunden erfolgreich verschließen. Ich sagte ihr, dass Präsident Obama sehr stolz auf sie wäre, und sie strahlte. Ich weiß, dass sie sich sehr über eine Nachricht aus Ihrem Büro freuen würde. Hier ist ihre Adresse:

Ms

Wir haben schon von vielen Bürgern gehört, was Ihr Amtsantritt für sie bedeutet, aber noch mehr hat mich beeindruckt zu sehen, wie Ihre Wahl und das, was Sie in Ihrer Antrittsrede gesagt haben, einer Jugendlichen die Kraft geben konnten, erfolgreich eine für sie persönlich beängstigende Situation zu bewältigen.

Mit freundlichen Grüßen

Dr. med. Ellen F. Crain, PhD
Medizinische Leiterin

ARCHIV-
KOPIE

THE WHITE HOUSE

WASHINGTON

Liebe [redacted],

Deine Ärztin Ellen Crain hat mir von dem unangenehmen Erlebnis berichtet, das Du kürzlich hattest. Ich bin stolz darauf, wie Du mit dieser Situation umgegangen bist, und ich bin zuversichtlich, dass Du in Zukunft Großes erreichen wirst.

Alles Gute!

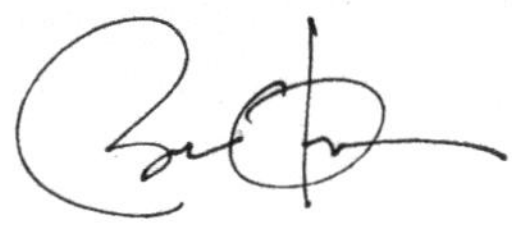

17. MÄR 2009

[redacted]

ARCHIV-
KOPIE

THE WHITE HOUSE

WASHINGTON

Liebe Frau Dr. Crain,

danke für Ihre Nachricht. Ich habe Ms. [redacted] geschrieben und weiß Ihr Interesse zu schätzen!

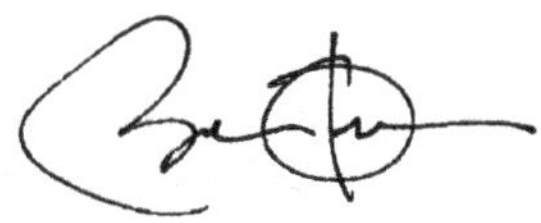

Dr. Ellen F. Crain
Medizinische Leiterin
[redacted]

17. MÄR 2009

Unterstützer 2

ZURÜCK AUS OVAL

25.11.09
MK

Beantworten

Kenny Jops
Chicago, IL

Lieber Herr Präsident Obama,

ich habe gehört, dass Sie ganz toll Hausaufgaben korrigieren sollen. Könnten Sie vielleicht einen Blick darauf werfen (vor allem auf den markierten Teil auf der Rückseite)? Ist das in Ordnung so?

Danke,

Kenny Jops, Beaubien School
Chicago, IL

Kenny Jops

bittet Sie, einen Blick auf
seine Hausaufgaben zu werfen.

Zusammen mit der
Vokabelliste zurückschicken.

Kenny Jops
Beaubien

Vocab Lesson 2

1	dubious	c.	d	precariously	c
2	vacillate	a	c	qualms	c
3	qualm	d	b	conclusively	a
4	precarious	d	c	unequivocally	b
5	indeterminate	b	d.	apprehensiveness	d
6	apprehensive	c	b	tentatively	c
7	tentative	a	b	categorically	d
→ 8	categorical	d	d	dutiously	d
→ 9	unequivical	d	c.	indeterminate	c
10	conclusive	b.	b.	vacillation	a
11		c.	F		
12			T		
13			T		

- furchtsam (apprehensive, apprehensiveness): ängstlich, besorgt. Furchtsam sah Bill zu, wie sein Freund mit dem Fallschirm absprang.
- kategorisch (categorical, categorically): ohne Ausnahme, unbedingt. Ihr kategorischer Boykott von Käsechips führte dazu, dass sie plötzlich Heißhunger auf Käse bekam.
- definitiv (conclusive, conclusively): endgültig, abschließend. Sein Forschungsbericht über Zellen veränderte die Wissenschaft definitiv.
- ungewiss (dubious, dubiously): zweifelhaft. Dieser Bericht räumte alle ungewissen Punkte aus.
- vage (indeterminate): nicht ganz klar, uneindeutig. Die Leute von FOX News scheinen sich auf vage Äußerungen des Präsidenten zu stürzen.
- prekär (precarious, precariously): heikel, schwierig. Das bringt Obama in eine prekäre Lage.
- Skrupel (qualm, qualms): auf moralischen Bedenken beruhende Zweifel. Als er sah, wie sich die Lage entwickelte, bekam er Skrupel.
- provisorisch (tentative, tentatively): vorläufig, als Übergang. Wahrscheinlich überlegen sie bei FOX News provisorisch, wie sie reagieren sollen, wenn er gute Entscheidungen trifft.
- unmissverständlich (unequivocal, unequivocally): eindeutig, klar. Manche halten es für unmissverständlich, dass FOX in dieser Situation lauthals protestieren wird.
- wankelmütig sein (vacillate, vacillation): seine Meinung, seinen Willen immer wieder ändern. Sie reagieren sehr wankelmütig, um ihm jedes Mal widersprechen zu können.

THE WHITE HOUSE

WASHINGTON

Lieber Kenny,

Du hast Deine Hausaufgaben toll gemacht. Ich habe nur zwei Schreibfehler in der Vokabelliste gefunden.

Lass Dich von Deinen Träumen leiten.

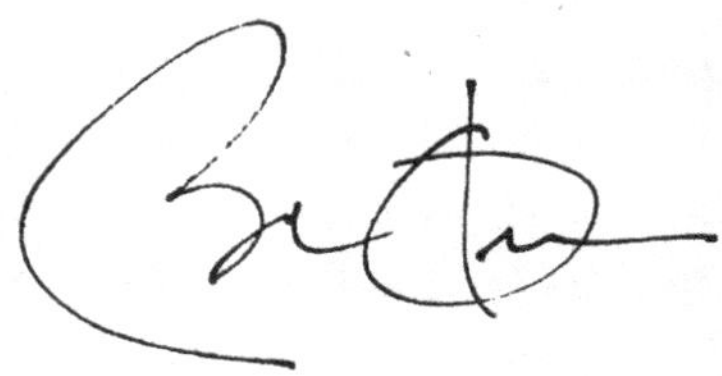

ARCHIV-
KOPIE

Kenny Jops
[redacted]
Chicago, Illinois [redacted]

*Original Hausaufgaben
und Vokabelliste beifügen*

14. DEZ 2009

MK

04.03.2009 10:30 FAX EPILEPSY FOUNDATION

Beantworten

June M. Lipsky

East Meadow, New York

4. März 2009

Sehr geehrter Herr Präsident Obama,

ich konnte mich einfach nicht zurückhalten, nachdem ich die Nachrichten der letzten Tage gehört habe.

Ich habe Ihnen bei der vergangenen Wahl meine Stimme gegeben und war begeistert von dem Wandel, den Sie versprochen haben. Ich habe die TV-Duelle gesehen. Und ich habe heute noch im Ohr, wie Sie sagten, dass Sie dieser elenden Pork-Barrel-Praxis, durch die jede einzelne Gesetzesvorlage der vergangenen Jahre mit sachfremden Haushaltsausgaben belastet wurde, einen Riegel vorschieben würden. Ich habe noch im Ohr, wie Sie sagten, dass Ihre Amtszeit durch die Beendigung von Lobbypolitik gekennzeichnet sein würde. Und ich war begeistert von der Aussicht auf diesen Wandel.

In der Newsday habe ich diese Woche gelesen, dass Lobbyisten sich bereits in Stellung bringen, um die Verteilung der Milliarden von Dollar aus dem Konjunkturpaket und dem Haushaltsentwurf im Sinne bestimmter Interessengruppen zu beeinflussen. Das ist das genaue Gegenteil von dem WANDEL, den Sie versprochen haben.

Sie haben Menschen nominiert und vereidigt, die in Washington seit vielen Jahren Teil des Problems sind, und das obwohl Sie in Ihren Wahlkampfreden immer wieder behaupteten, Sie stünden für einen WANDEL. Für mich klingt das eher nach »Weiter so«.

Ich bin Demokratin und habe immer die Demokraten gewählt. Ich bin eine ganz normale Bürgerin aus der Mittelschicht. Ich habe mein Leben lang gearbeitet und nicht über meine Verhältnisse gelebt. Ich habe nie Arbeitslosenunterstützung bekommen, nie Medicaid-Leistungen beantragt, nie finanzielle Beihilfen gefordert. Meine Hypothek ist abbezahlt. Ich spare regelmäßig für meine Rente und habe etwas investiert, damit ich später einen sorgenfreien Ruhestand genießen kann.

Jetzt höre ich, dass Ihr Programm vielen Steuerzahlern zugutekommen soll, die weniger als 250 000 $ verdienen. Wenn ich mich recht erinnere, werde ich einen Betrag von 800 $ bekommen.

Ich muss Ihnen sagen, ich bin sehr enttäuscht. Diese 800 $ bringen mir gar nichts. Sie haben Rettungsgelder für große Unternehmen bereitgestellt, die auch in der Vergangenheit schon vor dem Bankrott standen. Jetzt stehen sie wieder vor dem Bankrott, und Sie retten sie schon wieder. Typisches Beispiel dafür sind die Automobilhersteller, Versicherungskonzerne wie AIG oder die Banken, die ohnehin mit Erlaubnis des Staates hart arbeitenden Menschen wie mir das Geld aus der Tasche ziehen.

Wenn mein Unternehmen Insolvenz angemeldet hätte, wäre ich bankrottgegangen. Ohne Kredit und ohne eine helfende Hand, wie sie Ihre Regierung diesen großen Konzernen reicht.

Wo bleibt da die Fairness? Ich habe mein Leben lang nicht über meine Verhältnisse gelebt. Ich habe meine Kinder ohne staatliche Beihilfen zur Schule geschickt und meine Steuern und Strafen bezahlt, wenn sie fällig wurden.

Mittlerweile ist bekannt geworden, dass einige der Personen, die Sie in hohe Ämter berufen haben, ihren gerechten Anteil nicht bezahlt haben. Selbst Mr. Rangel, dem Vorsitzenden des Ausschusses für Haushaltsfragen im Repräsentantenhaus, wird vorgeworfen, seinen Anteil nicht gezahlt zu haben. Ganz abgesehen von weiteren Beschuldigungen, denen die Ethikkommission nicht weiter nachgegangen ist. Und trotzdem ist Mr. Rangel immer noch im Amt.

Wie soll ich denn Ihrer Ansicht nach reagieren, wenn ich sehe, dass Industriekonzerne, Banken, Versicherungsunternehmen und Einzelpersonen für ihr unverantwortliches Handeln belohnt werden, während Menschen wie ich keinen Lohn dafür ernten, dass sie sich verantwortungsbewusst verhalten haben.

Ist das etwa unser Sinn für Gerechtigkeit?

Ein Dieb wie Bernard Madoff, der angeklagt wurde, weil er fünfzig Milliarden Dollar von hart arbeitenden Menschen ebenso wie von reichen Unternehmen, Rentenfonds, reichen Einzelpersonen und Ruheständlern gestohlen hat, besitzt die Frechheit zu beantragen, dass zweiundsechzig Millionen Dollar, die angeblich seiner Frau gehören, von den Entschädigungszahlungen an die Opfer seiner Betrügereien ausgenommen werden. Wie kommt ein Angehöriger der Mittelschicht aus Laurelton, Queens, NY überhaupt zu so einem gewaltigen Vermögen? Und jetzt soll seine Frau die Früchte seines Ponzi-Tricks behalten dürfen, während er im Gefängnis seine Strafe absitzt? Wie sollen sich ehrliche, arbeitende Menschen denn Ihrer Ansicht nach fühlen, wenn wir so viel Ungerechtigkeit mit ansehen müssen?

Nein, Herr Präsident, hier geht es nicht um Republikaner oder Demokraten, hier geht es um Fairness. Wir, die Mittelschicht, wurden durch frühere Regierungen um unsere Möglichkeiten betrogen. Wir stehen mit leeren Händen da, während Banken und mächtige Politiker in Washington weiterhin unsere Hoffnungen und unsere Träume stehlen.

Sie, Mrs. Pelosi und Mr. Reed versuchen nicht ernsthaft, mit den Republikanern parteiübergreifend zusammenzuarbeiten, und wir, die hart arbeitende Mittelschicht, zahlen den Preis für diese Vendetta, mit der Sie sich gegenseitig überziehen.

Herr Präsident, es wird Zeit, mit diesem Gezänk aufzuhören. Ihr Konjunkturpaket und Ihr aktueller Haushaltsentwurf sind das genaue Gegenteil von dem, was Sie in den TV-Debatten versprochen haben, und Sie belohnen auch weiterhin einen Teil unserer Gesellschaft, der so gut wie nichts zum Wohlstand dieser Nation beiträgt.

Die Wall Street reagiert bereits auf die Unsicherheit, die Sie nicht nur durch die Wahl der von Ihnen berufenen Personen, sondern auch durch den Bruch Ihrer Versprechen an den Tag legen. Wenn wir Ihnen vertrauen sollen, müssen Sie Ihre Versprechen halten. Sie dienen denselben Interessen, gegen die Sie sich während Ihres Präsidentschaftswahlkampfs ausgesprochen haben, und verhalten sich genauso wie viele andere Politiker in der Vergangenheit. Und diese Politik ist in den Augen der Amerikaner KEIN WANDEL!

Wie immer gilt in Washington »Business as usual«, und bis jetzt haben Sie nicht das Geringste verändert. Bitte geben Sie mir den

Glauben und das Vertrauen zurück, die ich mit meiner Wahl im November in Sie gesetzt habe. Als ich in Diskussionen mit meinen Freunden und, ja, sogar mit meinem Vater und meinen Kindern behauptete, dass alles anders würde, wenn Sie erst einmal im Amt wären. Im Moment sieht es ganz danach aus, als hätten sie damals recht gehabt und ich unrecht. Nichts hat sich geändert.

Mit freundlichen Grüßen

June M. Lipsky

ARCHIV-
KOPIE

THE WHITE HOUSE

WASHINGTON

Liebe June,

danke für Ihren Brief. Bitte glauben Sie mir, dass meine Gedanken Tag für Tag nur darum kreisen, wie ich hart arbeitenden Amerikanern wie Ihnen helfen kann. Ich teile Ihre Empörung über die Großbanken, und der einzige Grund, aus dem wir sie unterstützen, ist der, dass wir einen Kollaps des gesamten Finanzsektors verhindern wollen, der noch sehr viel gravierendere Folgen für die durchschnittlichen amerikanischen Bürger hätte.

Was das Halten meiner Versprechen betrifft, der von mir vorgelegte Haushaltsentwurf enthält lediglich Steuererleichterungen für Angehörige der Mittelschicht und bringt uns einen Schritt weiter in Richtung Gesundheitsreform und Unabhängigkeit bei der Energieversorgung. Das waren zentrale Punkte meines Wahlkampfs, und das will ich auch umsetzen.

Ich verstehe Ihre Frustration, ich bin genauso frustriert. Aber verlieren Sie nicht die Hoffnung – wir werden das schaffen!

Mit freundlichen Grüßen

Ms. June M. Lipsky

East Meadow, New York

17. MÄR 2009

MK

Beantworten

28.1.2009

Liber Herr President Obama,

ich bin in der seksten Klasse, ich bin ein Mädschen, ich bin elf Jare alt, ich habe keinen Bruder und keine Schwester.

Ich wone mit meiner Mama in und mein Papa wont in .

Ich bin Künstlerin und male Komiks. Mein Papa arbeitetet bei den Schifen, und meine Mama arbeitet im Jachthafen Manchmal samle ich Mül am Schtrand.

Mein Land sind die Fereinigten Staten, und es isst schön. Mein Land ist tol weil wir alle sicher sind, mein Land ist schön, wir laufen alle runter zum Schtrand und samlen Muscheln, ich laufe runter zum Schtrand mit meinem Hunt Rozi. Ich will mein Land ferändern in … etwas was 3001 Zukunft ist.

Ich und meine Mama sind opdachlos. Ich wünsche mir ein rundes Haus mit einem schlafzimmer oben, da solen meine Mama

und ich wonen. Die Küche sol gros sein. Das Haus muss im Wald sein an einem grosen Seh.

Bis bald!

Libe Grüße

E

ARCHIV-
KOPIE

THE WHITE HOUSE

WASHINGTON

Liebe E

vielen Dank für Deinen wunderschönen Brief und die großartigen Comics!

Ich werde mich sehr anstrengen, damit alle Familien ein schönes Zuhause bekommen, in dem sie wohnen können,
und ich werde Dich und Deine Familie in meinem Herzen bewahren.

09.08.2009

Betreff: Gesundheitssystem

Sehr geehrter Herr Präsident Obama,

ich bin sehr besorgt über das, was ich über Ihre Gesundheitsreform höre. Meine Frau und ich pflegen unser einziges Kind, unseren achtjährigen Sohn Mason. Er leidet an einer Form von Muskeldystrophie, ist an den Rollstuhl gefesselt, wird künstlich beatmet und über eine Magensonde ernährt. Dennoch ist er ein sehr glücklicher kleiner Junge und die Liebe unseres Lebens. Ich habe eine Vollzeitstelle und bin glücklicherweise über meinen Arbeitgeber krankenversichert. Diese Versicherung übernimmt die gesamten Pflegekosten unseres Sohnes und bezahlt die medizinischen Geräte, die wir zu Hause verwenden. Unser Sohn braucht ambulante Pflege, was ebenfalls von unseren Krankenversicherungen und Medi-Cal bezahlt wird. Jetzt mache ich mir Sorgen wegen der Gerüchte, dass es nach der Gesundheitsreform nicht mehr länger möglich sein soll, Kinder wie meinen Sohn zu Hause zu betreuen. Stattdessen sollen Kinder wie er in Pflegeheimen untergebracht werden, um die Pflegekosten zu senken. Bitte helfen Sie mir und zerstreuen Sie meine Sorgen. Ich vertraue Ihnen als unserem Präsidenten und bin aufrichtig angetan von allem, was Sie tun.

Vielen Dank.

Scott, Staceyanne & Mason Fontana

Chico, CA

THE WHITE HOUSE

WASHINGTON

Lieber Scott,
liebe Staceyanne
und lieber Mason,

vielen Dank für Ihre Nachricht. Ich verspreche Ihnen – in unserer geplanten Gesundheitsreform ist keine Streichung der Kostenübernahme für Masons Pflege vorgesehen. Stattdessen versuchen wir, das System so zu stärken, dass seine Pflege auch in Zukunft stets gewährleistet bleibt.

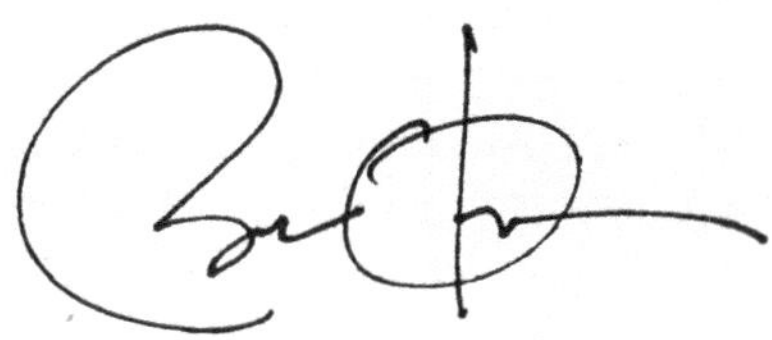

Auswahl/Notlage
29.10.09
MK

Beantworten

Mr. Barrack Obama
Der Präsident
Weißes Haus

25. September 2009

Sehr geehrter Herr Präsident,

ich gratuliere Ihnen zu Ihrer Wahl. Es ist sehr interessant, Ihrer Regierung dabei zuzusehen, wie sie wächst und Fortschritte macht. Ich schreibe Ihnen heute als eine besorgte Bürgerin aus der amerikanischen Mittelschicht, denn ich weiß, ich bin nicht allein, und möchte Sie darüber aufklären, was in der echten Welt mit Menschen passiert, die mit harter Arbeit dafür gesorgt haben, dass dieses Land erfolgreich ist.

Noch vor drei Jahren führte meine Familie ein sorgenfreies Leben. Wir hatten ein Haus, Autos, ein Boot, konnten unsere Rechnungen bezahlen und waren immer noch in der Lage, uns das eine oder andere für unsere heranwachsenden Söhne zu leisten. Dann verlor mein Mann seine Arbeit. Zwar hat er im Januar 2008 endlich eine neue Stelle gefunden, aber dort verdient er nur noch ungefähr ein Drittel von seinem früheren Gehalt.

Wir gerieten mit unseren Rechnungen in Verzug, und ich war gezwungen, Geld aus meiner Altersvorsorge zu entnehmen und mein Sparguthaben aufzulösen, um uns über Wasser zu halten. Währenddessen bemühte sich mein Mann, ein sehr erfolgreicher Verkäufer, um eine neue Arbeit, aber er bekam nicht einmal ein Vorstellungsgespräch beim örtlichen Discounter. Um es kurz zu machen, nach ungefähr anderthalb Jahren Kampf, nach dem Verkauf eines Autos und des Boots und zahlreichen Versuchen, unseren Hypothekengläubiger um Hilfe zu bitten, haben wir im März dieses Jahres unser Haus verloren. Es war zu spät für Ihre Hilfe, die wir so dringend gebraucht hätten.

Und so wohnen wir jetzt in einer Mietwohnung. Wir hangeln

uns von Gehaltscheck zu Gehaltscheck. Der Versuch, uns während dieser zwei Jahre einigermaßen über Wasser zu halten, kostete mich 80 000 $ aus meiner Altersvorsorge und etwa 200 000 $ an Schulden aus einer zweiten Hypothek und Kreditkartenschulden, die wir in dieser Zeit angehäuft haben. Jetzt bleibt uns kaum noch genug Geld, um etwas zu essen auf den Tisch zu bringen oder unseren Kindern Kleider für die Schule zu kaufen. Wir müssen Insolvenz anmelden – das ist die einzige Lösung. Das Problem ist, dass wir 2 000 $ brauchen, um die Gebühren für den Insolvenzantrag zu zahlen. Wenn wir in der Lage wären, diesen Antrag zu stellen, könnten wir es schaffen und noch einmal von vorn anfangen, aber wir haben das Geld dafür nicht, und weitere Kredite bekommen wir auch nicht mehr.

Ich habe ein gutes Gehalt, Herr Präsident, und arbeite seit vierzehn Jahren im selben Unternehmen. Aber da mein Mann kaum noch etwas verdient, müssen wir von einem Einkommen leben, das nie als Haupteinnahmequelle unserer Familie gedacht war. Ich weiß einfach nicht mehr, was wir tun sollen. Wir geben kein Geld für überflüssige Dinge aus – ich habe seit zwei Jahren keine neuen Kleider mehr für mich gekauft, wir essen nie auswärts, leisten uns keine besonderen Freizeitaktivitäten für die Kinder –, und trotzdem kommen wir keinen Schritt voran. Ich weiß, dass es anderen noch schlechter geht. Als ich neulich den Stromversorger angerufen und um Aufschub für eine überfällige Rechnung gebeten habe, damit uns nicht der Strom abgestellt wird, hat man mich an eine Reihe von Wohltätigkeitsorganisationen verwiesen, die ich um Hilfe bitten sollte. Ich konnte mich nicht dazu durchringen, weil ich weiß, dass ich viel mehr verdiene als die meisten Menschen.

Wir sind nicht die Einzigen in dieser Lage. Wir sind bereit, die Verantwortung für unser Handeln zu übernehmen und Insolvenz anzumelden, so schmerzlich das auch ist, aber wir können die Gebühren für den Antrag nicht aufbringen, weil sonst das Geld nicht mehr für die Miete reicht. Wir stecken in der Zwickmühle. Ich kann nicht mehr schlafen und habe wegen unserer Situation mittlerweile gesundheitliche Probleme. Jeden Morgen wache ich mit der Angst auf, das bisschen Geld auf meinem Girokonto wäre auch noch verschwunden – durch einen Pfändungsbeschluss, gegen den ich mich nicht wehren kann.

Nachdem ich Ihnen das alles erzählt habe, möchte ich Ihnen eine sehr wichtige Frage stellen: Was soll jemand tun, der in dieser wirtschaftlichen Lage wieder auf die Beine zu kommen versucht, wenn er kaum in der Lage ist, seine Rechnungen zu bezahlen, und Insolvenz anmelden muss, sich das aber nicht leisten kann? Ich will die Insolvenz nicht entschuldigen, aber für uns ist sie die einzige Lösung. Wo können wir Hilfe bekommen? Wir haben nichts falsch gemacht und versucht, unsere Verbindlichkeiten zu bedienen, aber niemand ist bereit, uns zu helfen. Mein Mann hatte sogar das Glück, wieder eine Stelle zu finden, aber es reicht einfach nicht.

Mein dreizehnjähriger Sohn hat mich gebeten, Ihnen zu schreiben. Er hat mich gefragt, warum Sie nichts tun, um in Not geratenen Menschen wie uns zu helfen. Was soll ich ihm sagen, Herr Präsident? Was soll ich ihm sagen, wenn er die neue Schulkleidung, die er braucht, nicht haben kann und ich ihm erklären muss, dass wir uns das, was wir früher für selbstverständlich hielten, nicht mehr leisten können? Kein Kind sollte sich Sorgen um Geld machen müssen oder anbieten, sich einen Nebenjob zu suchen, um seine Familie zu unterstützen. Aber mit dreizehn ist ihm sehr wohl bewusst, welcher Druck auf unserer Familie lastet, obwohl wir uns bemühen, ihn davor zu schützen. Wie kann ich ihm beweisen, dass Sie derjenige sind, der uns helfen wird, und einer Regierung vorstehen, die uns unterstützt?

Ich bin sehr gespannt auf Ihre Antwort. Wahrscheinlich werden Sie diesen Brief ohnehin nie zu Gesicht bekommen und einer Ihrer Mitarbeiter wird mir eine Standardantwort schicken. Aber ich versuche, meinem Sohn zu zeigen, dass unsere Politiker unsere Not hören und darauf reagieren. Sie haben wahrscheinlich auch keine Möglichkeit, uns zu helfen – ich habe mittlerweile so gut wie jede Hoffnung verloren und hoffe nur noch, dass ich nicht auch noch meine Stelle verliere, weil ich in finanzielle Schwierigkeiten geraten bin – ich arbeite für die Bank of America, wissen Sie, deren Mitarbeiter strengeren Standards unterliegen und wo man einem nicht einmal mit den Überziehungsgebühren entgegenkommt, weil wir es ja eigentlich besser wissen sollten. Die Bank ist auch Gläubiger unserer zweiten Hypothek, mit deren Tilgung wir in Verzug geraten sind, daher hoffe ich, dass ich meine Stelle behalten kann. Der Druck wird einfach nicht weniger. Und darum bete ich viel, nehme meine Kinder oft in die Arme und hoffe, dass wir noch ein Dach über dem Kopf haben, wenn der Winter kommt.

Danke, dass Sie sich die Zeit genommen haben, das Geschwätz einer frustrierten, ängstlichen Bürgerin zu lesen. Ich weiß, Sie haben Wichtigeres zu tun. Wenn ich eine Antwort bekomme, werde ich es meinem Sohn sagen. Es ist wichtig, dass Kinder den Präsidenten respektieren und wissen, dass er sich um uns Bürger sorgt.

Zum Abschluss möchte ich Ihnen noch ein Zitat schicken, das mir manchmal durch den Tag hilft. Vielleicht inspiriert es ja auch Sie, während Sie sich durch die zahllosen Probleme kämpfen, mit denen Sie jeden Tag konfrontiert werden: »Ein Fluss gräbt sich nicht dank seiner Kraft durch den Fels, sondern dank seiner Beharrlichkeit.« (Jim Watkins)

Gott segne Sie und Amerika.

ARCHIV-
KOPIE

THE WHITE HOUSE

WASHINGTON

Liebe

ich weiß, wie schwierig die Lage momentan ist, und ich tue alles, was in meiner Macht steht, um den Aufschwung zu beschleunigen. Die Finanzkrise hat die Wirtschaft hart getroffen, aber unsere Maßnahmen haben verhindert, dass wir in eine Depression abgleiten, und ich bin zuversichtlich, dass Ihre Familie und das ganze Land wieder glücklichere Zeiten erleben werden, wenn wir nur beharrlich bleiben!

Gott segne Sie

01. DEZ 2009

KAPITEL 3

Der Lektüreraum

Fiona war eine alte Dame mit Beehive-Frisur und einer winzigen Brille, die an einer Kette auf ihrem üppigen Busen ruhte. Die vereinzelten Barthaare auf ihrem knolligen Kinn zitterten, als sie mir durch einen Messingbriefschlitz, aus dem nur Dunkelheit und der muffige Geruch von Schimmelsporen hervordrangen, »Kein Zutritt!« entgegenbellte.

Oder so ähnlich.

Nachdem ich mir Fiona als bedrohlichen Zerberus vorgestellt hatte, kam ich mir ein wenig betrogen vor, als sie sich schließlich als eine äußerst freundliche junge Frau Anfang dreißig entpuppte. Sie hatte eine zierliche Figur, faszinierende dunkelblaue Augen und die klare Artikulation einer Literaturprofessorin.

»Wir fangen mit einer Führung an«, sagte sie, nachdem sie mich an einem kühlen Herbstmorgen am gesicherten Eingangstor zum Weißen Haus in Empfang genommen hatte. Per Mail hatte sie angekündigt, dass ich nur Zugang zum Lektüreraum erhalten könne, wenn ich verschiedenen Bedingungen zustimmen würde. Im Wesentlichen ging es dabei um nachvollziehbare Datenschutzbedenken – ich durfte über den Inhalt der Briefe, die ich dort lesen würde, nichts öffentlich machen, solange mir der Verfasser nicht die Genehmigung dazu erteilt hatte –, aber der Nachdruck, mit dem sie mich über diese Regeln informierte, verriet etwas sehr viel Wichtigeres: Fiona lagen die Menschen, die dem Präsidenten Briefe schrieben, aufrichtig am Herzen.

Trotzdem sollte es noch eine Weile dauern, bis mir das ganze Ausmaß ihrer erstaunlichen Hingabe bewusst wurde.

Sie führte mich zur Laderampe des Eisenhower Executive Office Building oder »EEOB«, wie es meist genannt wird, ein massiges Gebäude, so groß wie ein ganzer Häuserblock, das scheinbar nie auf Pressefotos auftaucht oder als Hintergrund dient, wenn im Fernsehen aus dem Weißen Haus berichtet wird. Was eigentlich verwunderlich ist, da man es kaum übersehen kann. Das EEOB liegt nur wenige Schritte vom Eingang zum Westflügel entfernt, doch ein größerer Kontrast als der zwischen diesen beiden Gebäuden ist kaum vorstellbar. Das EEOB ist ein gewaltiger Bau mit dramatischen Risaliten, kunstvoll ausgestalteten Dachabschlüssen und aufwendig gearbeiteten Schornsteinen – eine derart verschwenderische Architektur, dass nach seiner Erbauung im neunzehnten Jahrhundert viele schimpften, es sehe aus wie eine riesige Torte. Mark Twain behauptete, es sei das hässlichste Gebäude von Amerika, und der Historiker Henry Adams nannte es eine »architektonische Kinder-Irrenanstalt«. Das ging noch eine ganze Weile so weiter – Truman sollte es später als die »größte Monstrosität in ganz Amerika« bezeichnen –, und der Architekt, Alfred B. Mullett, beging schließlich Selbstmord. Mittlerweile haben sich die Menschen an das EEOB gewöhnt, so wie man auch ein großes altes, Ehrfurcht gebietendes Gerichtsgebäude in einer mittelgroßen Stadt als gegeben hinnimmt. Es beherbergt über fünfhundert Regierungsbüros, vom Sitz des Nationalen Sicherheitsrats über die Umkleiden des Secret Service bis hin zum prächtigen Empfangszimmer des Vizepräsidenten.

Der Lektüreraum lag im Erdgeschoss, gleich neben der Laderampe. An der Tür hing ein Schild mit der Aufschrift: »Office of Presidential Correspondence«. Wenn Sie einen Brief an den Präsidenten schreiben, landet er hier in der Korrespondenzabteilung, nachdem er zuvor an einem geheimen Ort durchleuchtet wurde, um sicherzustellen, dass der Umschlag nichts enthält, was explodieren oder jemanden vergiften könnte. »Die Briefe kommen also bereits geöffnet hier an, aufgefaltet und der Umschlag hinten angeheftet«, erzählte mir Fiona, während sie die Tür zu einem weitläufigen Raum öffnete, der den erschöpften, unordentlichen Eindruck eines College-Studiersaals zur Prüfungszeit vermittelte – überall Papier, Aktenstöße entlang der Wände, Stapel unter Tischen, durch Kartons erhöhte und mit zahllosen Post-its beklebte Computerbildschirme, hängende Kabel. Schweigende junge Männer mit Krawatte und schweigende junge Frauen in Twinset und Strumpfhose – zur Arbeit im Weißen Haus zieht man sich ordentlich an – saßen mit gesenktem Kopf und einem Bleistift zwischen den Zähnen oder hinters Ohr geklemmt da und lasen. Es gab noch ein zweites, ebenso voll besetztes Büro, den »E-Mail-Raum«, in einer Zweigstelle direkt vor den Zugangstoren zum Weißen Haus am Jackson Place. Insgesamt mussten in der Korrespondenzabteilung fünfzig fest angestellte Mitarbeiter, sechsunddreißig Praktikanten und dreihundert in wechselnden Schichten arbeitende Freiwillige koordiniert werden, um die Flut von täglich etwa zehntausend eintreffenden Briefen und E-Mails zu bewältigen. Als Leiterin der gesamten Abteilung war Fiona diejenige, die alles am Laufen hielt.

»Warum setzen Sie sich nicht einfach hin und lesen?«, sagte sie. Es klang eher nach einer Anweisung als nach einer Frage. Zehn Praktikanten drängten sich an zwei langen Tischen, aber es gab noch einen freien Platz.

Nehmen Sie sich einen Packen, setzen Sie sich hin und lesen Sie. Es war relativ simpel: Lesen Sie.

Ein Mädchen will nicht, dass seine Mutter abgeschoben wird, ob der Präsident bitte helfen könne? Ein Mann hat seiner Frau endlich gestanden, dass er schwul ist, und jetzt möchte er es auch dem Präsidenten sagen. Ein Autohändler schreibt, dass seine Bank ihm den Laden dichtmacht, vielen Dank auch, Herr Präsident! Ein Veteran, der nicht vergessen kann, was er im Irak gesehen hat, schreibt so unverständlich und wirr, dass sein Anliegen nur umso deutlicher wird: »Ich brauche Hilfe!«

Ein Gefängnisinsasse gesteht, dass er mit Crack dealt, aber der Präsident soll wissen, dass er kein hoffnungsloser Fall ist: »Ich habe Träume, Herr Präsident, große Träume.« Ein Mann findet keine Arbeit. Eine Frau findet keine Arbeit. Ein Lehrer findet trotz beruflicher Zusatzqualifikationen immer noch keine verdammte Arbeit. Ein lesbisches Paar hat vor Kurzem geheiratet – danke, Herr Präsident. Ein Mann schickt die Rechnungen für seine medizinische Behandlung, eine Frau schickt die Auszüge ihres Studienkredits, ein Kind schickt eine Zeichnung von einer Katze, eine Mutter schickt das Zeugnis ihres Teenagers – nur Bestnoten, ist das nicht fantastisch, Herr Präsident?

Sehr geehrter Herr Präsident,

... SIE, Sir, sind der PRÄSIDENT der Vereinigten Staaten. SIE, Sir, sind derjenige, der KLEINEN LEUTEN wie meiner Familie und anderen in unserer Lage HELFEN soll. Wir sind diejenigen, die dieses Land zu dem machen, was es ist. Sie behaupten, es gibt wieder mehr Jobs und der Konsum steigt. SIE, Sir, sollten mal in meine Gegend kommen, dann sehen Sie, wie falsch Sie damit liegen. Denn hier in Spotsylvania County ist das nicht so. Ich wohne in Partlow, einer kleinen ländlichen Gemeinde in Spotsylvania, und ich kann Ihnen verraten ... Jobs sind hier Mangelware. Mein Mann und ich wollen nicht mehr, als unseren Lebensunterhalt zu verdienen und unseren Kindern zum Geburtstag und zu Weihnachten einen Kuchen oder ein Geschenk kaufen zu können. Übrigens – für meine Jungs gab es letztes Jahr nicht einmal Weihnachten, weil wir kein Geld hatten, um ihnen Geschenke zu kaufen. Mussten SIE Ihren Töchtern jemals erklären, dass der Weihnachtsmann dieses Jahr nicht kommt ...?

Mit freundlichen Grüßen
Bethany Kern
Partlow, Va.

Dieser Stapel, jener Stapel, noch ein Stapel da hinten, ziehen Sie sich etwas aus der Mitte raus, wenn Sie wollen. Der Ton war salopp und dringlich, ganz Amerika redete durcheinander. Ungefiltert. Die Handschrift, die Tinte, die Wahl des Briefkopfs – jeder Brief war ein realer Gegenstand von einem realen Menschen, und jetzt, wo man ihn in den Händen hielt, war man dafür verantwortlich.

Sehr geehrter Herr Präsident,

meine Frau und ich haben vor Kurzem unseren zweiundzwanzigjährigen Sohn, David jr., verloren. Er hat sich mit einer Pistole das Leben genommen, die er zuvor gekauft hatte. Unser Sohn hat uns sehr viel bedeutet. Er hätte alles erreichen können, was er wollte.

Ich schreibe Ihnen, weil unser Sohn an einer psychischen Erkrankung litt und trotzdem eine Waffe kaufen konnte. Mit siebzehn wurde er zwangseingewiesen, doch der Staat Pennsylvania erlaubt auch Menschen mit einer solchen Vorgeschichte den Kauf von Waffen.

Unsere Trauer ist überwältigend. Wir versuchen, für unsere anderen drei Söhne stark zu sein, aber jeden Tag brechen wir zusammen…

Danke.
David Costello
Philadelphia

»Sie brauchen einen Stift«, sagte die Frau neben mir. Yena Bae sah aus wie eine Praktikantin, aber es stellte sich heraus, dass sie eine von Fionas Stellvertreterinnen war. Sie war Mitte zwanzig und strahlte eine Leichtigkeit, eine so einladende Wärme aus, dass man sich unwillkürlich an seine erste Kindergärtnerin erinnert fühlte. Ich bemerkte, dass Fiona verschwunden war, offenbar hatte sie mich an Yena weitergereicht. Das sollte während meines gesamten Aufenthalts im Weißen Haus so bleiben, irgendjemand behielt mich immer im Auge.

Auf einem Whiteboard am hinteren Ende des Raums wurde der Countdown heruntergezählt: »Ihr habt noch 99 Tage, um etwas im Leben eines Briefschreibers zu bewirken«, hatte jemand mit Verweis auf den 19. Januar 2017 geschrieben, den letzten vollen Arbeitstag der Regierung Obama und gleichzeitig der letzte Tag für die Mitarbeiter in der Korrespondenzabteilung, bei denen es sich fast ausschließlich um politische Mitarbeiter handelte, die ihre Stelle im Weißen Haus verlieren würden, sobald die neue Regierung im Amt war. Bis zur Wahl dauerte es keinen Monat mehr. »Die Uhr tickt«, sagte Yena zu mir. »Wir wollen unsere Briefschreiber für die nächste Regierung fit machen. Wir wollen, dass sie in gute Hände kommen.«

»Team Kleine Leute«, sagte sie. »So nennen wir uns.« Der Lektüreraum mochte von außen betrachtet vielleicht als der am wenigsten prestigeträchtige Arbeitsplatz im Weißen Haus erscheinen, doch hier, erzählte sie mir, war man der Auffassung, dass diese Räume eine Art geheime Superkraft bargen. »Warten Sie's nur ab.«

Immerhin würden zehn Briefe aus diesem Raum an jenem Abend auf dem Schreibtisch des Präsidenten landen. Zu den Aufgaben der Mitarbeiter im Lektüreraum gehörte es, Tausende von Briefen zu sichten, die an diesem Morgen eingetroffen waren, und zehn daraus auszuwählen, die Obama lesen sollte.

»Die 10LADs«, sagte Yena und reichte mir einen Bleistift.

»Sie müssen sie codieren«, sagte eine der Praktikantinnen.

Der erste Arbeitsschritt im Lektüreraum bestand darin, auf jedem Brief in der linken oberen Ecke mit Bleistift das »Thema« zu vermerken. Worüber schrieb die Person? Schusswaffengewalt, Gesundheitssystem, Drohnenangriffe, häusliche Gewalt, Ukraine, Steuern. Dann die Initialen unter den Code. Einen Stapel durchcodieren, aufstehen, Nacken und Beine strecken und den Stapel anschließend zur »Wand« bringen, ein großes braunes, von Papier überquellendes Regal, dessen einzelne Fächer mit den jeweiligen Themen-Codes beschriftet waren. Guantanamo, Hypothekenkrise, Einwanderung, Bienen. (*Bienen?*) Diesen Codes entsprachen mehr als hundert verschiedene Standardantwortbriefe des Präsidenten, die das neunköpfige Schreibteam der Korrespondenzabteilung unentwegt aktualisierte. Briefe von Kindern kamen in eine eigene Ablage und wurden vom Kinderteam abgeholt, das ein Stockwerk höher saß, Bitten um Glückwünsche zu Geburtstagen, Jubiläen oder Geburten gingen an das Grußteam, Geschenke an das Geschenketeam. Sechs Einzelfallbetreuer, deren Büro auf der anderen Seite des Flurs lag, kümmerten sich um Briefe, die eine individuelle Bearbeitung durch eine Bundesbehörde erforderten. Wenn jemand ein Problem bei der Beantragung von Zahlungen des Veteranenministeriums hatte zum Beispiel. Dann konnte sich ein Betreuer einschalten und nachforschen, woran es lag. Es gab noch ein paar weitere Codes mit besonderer Bedeutung. »Sensibel« zum Beispiel hieß, dass jemand dem Präsidenten von einem Todesfall, einer Krankheit oder einem persönlichen Trauma schrieb. Diese Briefe gingen an Jack Cumming, einen stillen, beige gekleideten Mann, der den ganzen Tag lang von den kleinen und großen Tragödien fremder Menschen im ganzen Land las und oft eine Pause von dieser unerträglichen Traurigkeit brauchte, weshalb er gerne für eine Weile in den Lektüreraum kam. »Es ist schön, hier zu sitzen und einfach nur … zu lesen«, sagte er.

Das hörte ich von vielen Mitarbeitern der Korrespondenzabteilung. Der Lektüreraum war der Ort, den man aufsuchte, wenn der Rest des Jobs zu schwer, zu ärgerlich oder zu langweilig wurde. Dort gelang es ihnen, sich wieder neu zu fokussieren, sich daran zu erinnern, warum sie eigentlich da waren. Hinsetzen und lesen. Die Körbe wurden niemals leer. Amerika hatte eine Menge zu sagen, und ohne sie hier würde niemand zuhören.

Von den Praktikanten im Lektüreraum wurde erwartet, dass sie dreihundert Briefe pro Tag lasen, und sie hatten gelernt, sich zu beeilen. Emsig kritzelten sie Codes auf die oberen Ecken der Seiten und verteilten sie auf die Stapel.

Ich erzählte Yena, dass ich immer noch bei dem ersten Brief festhing, den ich in die Hand genommen hatte. Ein Mann aus Colorado. Er hatte Probleme mit Heroin gehabt, und jetzt schrieb er dem Präsidenten, um ihm zu sagen, dass er clean geworden war.

»Ja, so was kriegen wir auch«, sagte Yena.

Doch dann hatte er einen Rückfall. Er hatte Probleme mit seiner Sexualität. Sein Vater starb. Er dachte über Selbstmord nach. Seine Mutter hatte ihn nie aufgegeben. Es war ein langer Brief. Je länger ich las, desto unwohler fühlte ich mich dabei, als drängte ich mich in eine private Freundschaft.

»Dann wurde er wieder clean«, erzählte ich Yena. Ich blickte auf den Stapel mit Briefen, die sie durchsehen sollte, und die Stapel vor all den anderen, die dort saßen und lasen. Würden alle Briefe so sein?

»Wenn Sie wollen, können Sie den auch auswählen«, sagte Yena.

»Auswählen« war die Kurzform für: Legen Sie ihn zu den Briefen, die für die 10LADs in Betracht kommen, jene zehn Briefe, die Obama an diesem Abend vorgelegt würden.

Ich dachte an Obama und daran, dass er von der Heroinsucht dieses Mannes lesen würde. Sollte er das? Wer war ich, dass ich diese Entscheidung treffen könnte? Wer waren all die anderen Leute, die diese Entscheidungen trafen?

»Schreiben Sie einfach ›Auswahl‹ drauf«, sagte Yena, als ich sie fragte, wie man einen Brief auswählte. Man schrieb es in die obere linke Ecke. Mit Bleistift. Kleine Druckbuchstaben (aus Respekt vor dem Brief). Dann legte man ihn in die hölzerne Box mit dem Schildchen »Auswahl«. Abends würde Fiona alle Briefe durchsehen und entscheiden. Etwa zwei Prozent der eingehenden Post, das heißt zwei- bis dreihundert Briefe pro Tag, kamen in die Auswahlbox.

Ich klopfte mit meinem Bleistift, musterte den Brief erneut. Er war getippt. Präzise Grammatik. Der Typ schien sich eine Menge Zeit dafür genommen zu haben. Er schrieb, dass er schon lange vorgehabt habe, diesen Brief zu schreiben, aber er habe den richtigen Zeitpunkt abwarten wollen. Obama sollte erfahren, dass er seit einem Jahr clean war. Was wirklich großartig war. Aber musste Obama davon erfahren? Stand dieser Brief für etwas Größeres? Würde jemand einen kurzen Antrag auf Erhöhung der finanziellen Mittel zur Bekämpfung der grassierenden Drogensucht verfassen müssen? Oder sonst etwas, was dem Brief beigelegt wurde?

»Denken Sie nicht zu lange darüber nach«, sagte Yena.

Sie erzählte mir, dass Fiona die Schwelle bewusst niedrig hielt. Berührt dich der Brief auf irgendeine Weise? Dann denk nicht lange darüber nach und wähle ihn aus. Es waren *Menschen*, die diese Briefe schrieben, man selbst war ein *Mensch*, und auch der Präsident war ein *Mensch*. »Behalten Sie das einfach im Hinterkopf, dann ist alles okay«, sagte Yena.

Sehr geehrter Herr Präsident Obama,

... Ich bin ein illegaler Einwanderer. Ich kam mit vierzehn Jahren in die Vereinigten Staaten ... Ich fühle mich durch und durch amerikanisch. Ich habe immer noch mein erstes Paar Air Jordans. Und es gibt nur sehr wenige popkulturelle Anspielungen, die ich nicht verstehe.

... Mein Status ist mir erst kurz vor dem College-Abschluss bewusst geworden. Ich hatte die Zusage für ein Medizinstudium bekommen und erkannte, dass ich nicht die Voraussetzungen für eine finanzielle Unterstützung erfüllte.

... Bis vor Kurzem die »Deferred Action for Childhood Arrivals«-Regelung verabschiedet wurde, musste ich mich Tag für Tag vorsehen, um nur ja nicht aufzufallen, meine Zukunft war unsicher, und ich wusste nicht, welche Richtung mein Leben einschlagen würde ...

Ich habe Sie nicht gewählt ... was hauptsächlich daran liegt, dass ich nicht wählen durfte ... doch es kommt mir so vor, als hätten Sie durch DACA[1] und Ihren unermüdlichen Einsatz für das DREAM-Gesetz mich gewählt. Dafür will ich Ihnen danken.

Mit freundlichen Grüßen
Dr. med. Dare Adewumi
Redlands, California

»Sie wachsen einem ans Herz«, sagte die Praktikantin neben mir. Ihr Name war Jamira. Sie hatte ihr Haar zu einem straffen Dutt oben auf dem Kopf gebunden und trug ein hübsches bedrucktes Oberteil. Sie erzählte mir, dass sie einmal einen Brief von einer Frau gelesen habe, die dem Präsidenten schrieb, dass ein Mitglied ihrer Familie durch Schusswaffengewalt ums Leben gekommen sei. »Sie hatte Fotos dazugelegt. Das ganze Auto war voller Blut ...« Sie klopfte mit ihrem Radiergummi auf die Tischplatte, immer wieder, hin und her.

»Für jeden hier gibt es diesen einen Brief«, ergänzte Yena. Briefe konnten ihren Tribut fordern. Die Korrespondenzabteilung war eine der wenigen Abteilungen im Weißen Haus, die für sämtliche Mitarbeiter monatliche Supervisionssitzungen anboten, falls sie das Bedürfnis hatten, mit jemandem zu reden.

Der wichtigste Code, den jeder kennen musste, war der Rote Punkt. Rote Punkte waren Notfälle. Diese Briefe stammten von Menschen, die dem Präsidenten schrieben, dass sie vorhätten, sich selbst oder jemand anders umzubringen, oder die auf sonstige Weise kurz vor einer Verzweiflungstat standen. Wenn man einen solchen Brief bekam, schrieb man »Roter Punkt« oben auf die Seite und brachte ihn auf direktem Weg über den Flur zu Lacey Higley, der Frau in dem Büro ganz hinten in der Ecke,

[1] Regelung, die illegale Einwanderer, die als Kinder in die USA gekommen sind, vor Abschiebung schützt. (A.d.Ü.)

deren Aufgabe im Großen und Ganzen darin bestand, Menschen zu retten.

»Brauchen Sie eine Pause?«, fragte Yena. »Oder brauchen Sie Kekse? Wir haben auch Kekse.« Sie griff nach einer Schachtel mit Haferflocken-Rosinen-Keksen und schob sie zu mir herüber.

Ich fragte sie, ob sie jemals einen Brief mit dieser »Roter Punkt«-Markierung versehen hatte.

»Ach, Gott«, sagte sie. Etwa zweihundert Briefe pro Tag waren Rote Punkte.

Ich wollte wissen, ob sie auch so einen Brief hatte wie Jamira, einen, der sie nicht mehr losließ.

»Das war eine E-Mail von einer Mutter, die ihren Sohn vermisste«, antwortete sie. Sie strich sich die Haare hinter die Ohren, als müsste sie sich erst wappnen. In dieser Mail hatte die Mutter geschrieben, dass ihr Sohn in Übersee entführt worden sei, die Ermittlungen liefen zu dem Zeitpunkt noch. Yena las die Mail ein Dutzend Mal, wie betäubt von den Einzelheiten, über die sie mir aufgrund der Verschwiegenheitsbestimmungen der Korrespondenzabteilung – und der nationalen Sicherheit – nichts Näheres sagen durfte. »Alles war streng geheim.« Sie alarmierte die Behörden und fühlte sich danach hilflos, weil es nichts mehr gab, was sie noch tun konnte. Wochen später erfuhr sie auf CNN, dass der Sohn getötet worden war. Es kam in den landesweiten Nachrichten. Ein internationaler Zwischenfall, seine Mutter hatte die Hand ausgestreckt, und Yena war diejenige, die ihre verzweifelten Hilferufe entgegengenommen hatte. Und jetzt war er tot.

»Ich bin einfach durchgedreht«, gestand sie. »Ich konnte nicht mehr aufhören zu weinen.« Es war ein Sonntag. Sie kam ins Büro und setzte sich an ihren Computer. »Was, wenn seine Mutter noch einmal schrieb?« Sie erzählte mir, dass diese Erfahrung ihr Leben und ihre Vorstellung von ihrem Platz in der Welt verändert habe.

Jamira hatte sich zu uns herübergebeugt und hörte zu, wie

Yena von der Mutter und ihrem verlorenen Sohn erzählte. Sie hatte ihren Bleistift weggelegt. »Das ist total verrückt. Nach diesem Praktikum gehe ich wieder zurück in die Schule«, sagte sie. »Es ist unheimlich schwer, meinen Freunden das alles hier zu erklären.«

»Es ist unmöglich«, sagte Yena.

»Ich hätte nie gedacht, wie viel ein einfacher Brief auslösen kann.«

»Wusstest du überhaupt, dass wir eine Korrespondenzabteilung haben, bevor du hergekommen bist?«

»Ich hatte keine Ahnung.«

»Und dann glaubt man, man kommt her und sortiert die Post oder so.«

»Wir sind ja auch im Lektüreraum.«

»Im Lektüreraum.«

Letzten Endes habe ich den Brief von dem Mann, der seine Heroinsucht in den Griff bekommen hatte, doch nicht ausgewählt. Ich habe keinen der Briefe ausgewählt, die ich gelesen hatte, weil ich sie im Grunde alle auswählen wollte und dann von der Last der Verantwortung überfordert war. Ich legte meinen Stoß zurück auf den Stapel, damit die anderen ihn noch einmal durchsehen konnten. Als ich später Fiona wiedersah, erzählte ich ihr von dem Mann mit dem Heroin und von einigen anderen Briefen, die ich gelesen hatte, und ich fragte sie, ob es irgendetwas gäbe, was ich tun könnte, um die Waagschale zu ihren Gunsten zu neigen, wenn sie in ihrem täglichen Auswahlstapel landeten. Ob irgendetwas sie dazu bringen könnte, gerade diesem oder jenem Brief besondere Aufmerksamkeit zu schenken, wenn sie sich hinsetzte, um über die 10LADs dieses Tages zu entscheiden.

Ich erfuhr, dass so ziemlich alle hier das Gleiche empfanden. Die Absender wuchsen einem ans Herz. Man wurde zum Anwalt ihres Briefs. Wenn es einer der Briefe, die man ausgewählt hatte, in die Runde der 10LADs schaffte, dann war der Tag gerettet. Wenn der Präsident dem Absender dann auch noch persönlich antwortete, fühlte man sich wie berauscht. Und wenn etwas aus einem Brief, den man ausgesucht hatte, in eine Rede oder gar in eine politische Entscheidung einfloss, dann wurde es Zeit für eine Party.

Wenn Fiona Gespräche mit Bewerbern für eine Stelle in der Korrespondenzabteilung führte, ließ sie sie immer auch einen eigenen Brief an den Präsidenten schreiben. Nicht um herauszufinden, was sie zu sagen hatten. Sondern um ihnen die Gelegenheit zu geben zu erfahren, wie es sich anfühlt, einen Brief an den Präsidenten zu schreiben.

Die Fähigkeit, sich in den Kopf und das Herz eines Fremden hineinzuversetzen, war die entscheidende Voraussetzung, um einen Job in Fionas Lektüreraum zu ergattern.

21. Januar 2009

Sehr geehrter Herr Präsident Obama,

mein Name ist Thomas J. Meehan III., ich bin der Vater von Colleen Ann Meehan Barkow, sechsundzwanzig Jahre alt, die am 11. September 2001 im World Trade Center gestorben ist. Colleen arbeitete bei Cantor Fitzgerald im 102. Stock. Am 17. September 2001, ihrem ersten Hochzeitstag, wurde der obere Teil ihres Rumpfs gefunden. In den darauffolgenden Tagen und Monaten fand man noch weitere Teile ihres Körpers, insgesamt sechs, was immer noch keine ganze Leiche ergab, aber mehr war, als manch anderen betroffenen Familien zurückgegeben wurde. Die Familien reden immer noch von gefundenen und nicht gefundenen Körperteilen und dem, was niemals mehr gefunden werden wird.

In den vergangenen sieben Jahren haben meine Frau und ich uns für die zu Asche verbrannten Überreste der Opfer engagiert, die an diesem Tag ihr Leben verloren und die auf einem sechzehn Hektar großen Gelände der Fresh-Kills-Mülldeponie auf Staten Island, New York, begraben (von Bulldozern zugeschüttet!) wurden. Für die eintausend Familien, die keinerlei Überreste zurückbekommen haben, ist diese unheilige, ungeweihte Mülldeponie die letzte Ruhestätte ihrer Lieben. Dort liegen die Verstorbenen auf Müll und unter Bauschutt – welch unwürdige Ruhestätte für jene Menschen, die wir Helden nannten und die niemals zu vergessen wir geschworen haben.

Nachdem diese Frage vor Gerichten verhandelt wurde und die sterblichen Überreste womöglich tatsächlich für immer auf der Deponie begraben bleiben, müssen Eltern, Ehepartner, Geschwister und sonstige Angehörige mit dem Wissen leben, dass ihre Liebsten auf der ehemals größten Müllhalde der Welt liegen. Wie unsere Gesellschaft einst für den Umgang mit ihren Verstorbenen beurteilt werden wird, kann nur die Zukunft zeigen.

Meine Frau und ich betrauern den anhaltenden Verlust amerikanischer Leben in den Kriegen im Irak und in Afghanistan, und gleichzeitig warten wir immer noch darauf, dass diejenigen, die wir für den Tod unserer Tochter und fast dreitausend weiterer Amerikaner und ausländischer Bürger verantwortlich machen, gefasst und vor Gericht gestellt werden.

Wir verstehen die Gründe für die Schließung des Gefangenenlagers in Guantanamo Bay, trotzdem fordern wir Sie nachdrücklich auf, die Prozesse derjenigen Beschuldigten weiterführen zu lassen, die wegen Beteiligung an den Anschlägen vom 11. September 2001 angeklagt wurden. Setzen Sie die juristische Aufarbeitung fort und lassen Sie den zahllosen Angehörigen von Opfern des 11. September ein Mindestmaß an Gerechtigkeit zuteilwerden, während wir immer noch auf die Ergreifung von Osama bin Laden warten.

Die Ereignisse des 11. September 2001 haben unser Leben für immer verändert, und doch geht das Leben weiter, wir haben mittlerweile zwei Enkeltöchter, Brett Colleen, vier Jahre alt, und Ryann Elizabeth, zwei. Wir hoffen, dass sie in einer besseren Welt leben werden als der, die ihre Tante das Leben gekostet hat. Und dass sie die Möglichkeit haben werden, ihr Leben in vollen Zügen auszukosten und in einer sichereren Welt zu leben, die nicht von Terrorismus bedroht ist.

Ich schreibe Ihnen das, damit Sie verstehen, warum uns diese Dinge so viel bedeuten, und ich bitte Sie, das Versprechen »niemals zu vergessen« in Ehren zu halten und diejenigen vor Gericht zu stellen, die für den 11. September 2001 verantwortlich sind.

Gott segne Sie und Ihre Familie.
Möge der Friede des Herrn für alle Zeit mit Ihnen sein.

Hochachtungsvoll
Thomas J. Meehan III & JoAnn Meehan
Thomas J. Meehan III. & JoAnn Meehan

Toms River, New Jersey

KAPITEL 4

Thomas und JoAnn Meehan, 21. Januar 2009

Toms River, New Jersey

Mit dem Briefeschreiben begann Thomas Meehan kurz nach dem Einsturz der Türme. Er brauchte ein Ventil. Einen der ersten Briefe schrieb er an die Navy. Daran erinnert er sich noch ganz genau. Vieles andere ist verschwommen. Er ist vierundsiebzig Jahre alt, und in letzter Zeit geht es vor allem darum, alles festzuhalten, bevor ihn sein Gedächtnis vollends im Stich lässt.

Seine Frau JoAnn lacht höflich, wie man das so macht. Aber sie weiß, dass das mit Toms Gedächtnis stimmt. Die Stents, die Beruhigungsmittel, die Schlaganfälle – das alles hat seinen Tribut gefordert.

An einem heißen Julimorgen sitzen sie am Esszimmertisch ihres Hauses in Toms River, New Jersey, nicht weit vom Atlantik und den Pine Barrens entfernt. Der kleine Hund heißt Chewy. JoAnn hat ein Stück weißen Marmor aus Turm 1, das sie einem gerne zeigen möchte. Es stammt vom Fußbodenbelag der Lobby und war ein Geschenk der Helfer vor Ort. »In ewiger Erinnerung an Colleen. Ground Zero. 9.11.2001« haben sie daraufgeschrieben. Und dann möchte sie noch ein Stück Fensterglas zeigen, das sie ihr gegeben haben.

»Sehen Sie nur, wie dick es ist«, sagt sie. »Zweieinhalb Zentimeter ungefähr, wegen des Luftdrucks.«

»So dick«, sagt Tom.

Einmal hat Colleen sie in ihr Stockwerk mitgenommen, um von dort aus das Feuerwerk anzuschauen. In den 102. Stock!

Und diese Aufzüge, nicht zu fassen. Wie lange es gedauert hat, da hochzukommen. Drei verschiedene Aufzüge.

»Wir dachten nur, wo fahren wir hin? In den Himmel?«, erzählt JoAnn.

Der Grund, warum Colleen ihr Studium abbrach und zum Arbeiten nach New York zog, war, dass man ihr eine Stelle im World Trade Center angeboten hatte. So erinnert sich JoAnn daran (»Und Liebe war auch mit im Spiel.«). JoAnn war dagegen, dass Colleen das College verließ; dass eine Studentin mit lauter Bestnoten einfach so ihr Studium schmiss, ergab doch keinen Sinn. Aber Colleen erklärte ihrer Mutter, dass eine solche Chance womöglich nie wieder kommen würde. Das Unternehmen brauchte Frauen. Sie schickten Colleen zur Ausbildung nach Ohio, wo man ihr zeigte, wie man technische Zeichnungen liest. Und ein paarmal auch nach London, wo sie lernte, selbst zu entwerfen. Sie war jung und verliebt und genoss das hektische Treiben in der Stadt. Sie arbeitete für das Facility Management. Sie entwarf eine Kantine für den 102. Stock, damit die Leute nicht jedes Mal mit diesen ganzen Aufzügen zum Mittagessen runterfahren mussten. Sie stattete sie sogar mit einem Raucherraum aus, in dem große Lüftungsvorrichtungen den Qualm absaugten. Sie war sehr stolz auf diese Kantine.

»Wir haben auf das Feuerwerk *runtergeschaut*«, erinnert sich Tom. »Das war ja das Tolle. Wir haben das Feuerwerk von oben gesehen.«

»Von oben!«, wiederholt JoAnn.

Colleen heiratete, ihr Mann arbeitete auch in der Stadt, und sie kauften ein Auto. Manchmal fuhren sie beide damit zur Arbeit, und manchmal nahmen sie den Zug. Mal so, mal so. Wenn sie mit dem Zug fuhren, kamen sie früher zur Arbeit, mit dem Auto später.

Und so kam es, dass JoAnn an jenem kristallklaren Dienstagmorgen des 11. September 2001, als in der gesamten Region das Telefonnetz zusammengebrochen war und es in dem Viertel von Carteret, New Jersey, wo sie damals lebten, auch keinen Strom mehr gab, sodass die Nachbarin mit dem batteriebetriebenen Fernseher aus ihrem Wohnmobil die Straße herunterkam, vor ihrer Haustür auf und ab lief und beschwörend vor sich hin murmelte: »Bitte sag, dass ihr mit dem Auto gefahren seid, bitte sag, dass ihr mit dem Auto gefahren seid, bitte sag, dass ihr mit dem Auto gefahren seid.«

Aber an jenem Tag hatte Colleen den Zug genommen.

Diese endlosen Bilder von dem Rauch, die sie im Fernsehen immer wieder zeigten – das allein ließ schon viele Familien verrückt werden.

»Viele Menschen vergessen«, sagt Tom.

Die ersten zweiundsiebzig Stunden verbrachten sie damit, die Krankenhäuser abzutelefonieren. Niemand wusste etwas. Nirgendwo war sie aufgenommen worden. Am Ende der Woche war klar, dass sie tot sein musste. JoAnn ließ sich in der Schule für drei Monate beurlauben. Dort war man sehr verständnisvoll, und als sie wieder zur Arbeit kam, brauchte sie keine Klasse mehr zu unterrichten, sondern erteilte Schülern Einzelbetreuung. Sie hatte blutende Magengeschwüre, die durch den Anblick der Turbane, die manche in der Schule trugen, noch verschlimmert wurden.

»Obwohl das ganz entzückende, nette Menschen waren«, sagt JoAnn.

»Es waren Sikhs«, ergänzt Tom.

»Sie hatten nichts mit dem 11. September zu tun«, sagt sie. »Nicht das Geringste.«

Doch ihr wurde speiübel, wenn sie einen Turban sah. Das hatte nichts mit Logik zu tun.

Sie trafen andere Familien. Anfangs drehten sich ihre Gespräche meist um Körperteile. Was man zurückbekommen hatte. Eine Frau bekam einen Teil der Kopfhaut ihres Mannes, eine andere einen Hoden. Manche Leute bekamen gar nichts, andere einen Finger. Solche Unterhaltungen mögen für Außenstehende grausig klingen, aber wenn es plötzlich zum Alltag gehört... Wer Körperteile zurückbekam, schätzte sich glücklich, wer nicht, hoffte weiter, und deshalb fühlten sich diejenigen, die etwas bekommen hatten, schuldig. Colleens Rumpf wurde in den Trümmern der Nordseite des Gebäudes gefunden. Ihre Kantine lag auf der Nordseite.

»Ich glaube, sie war in der Kantine«, sagt JoAnn.

Die Fresh-Kills-Deponie auf Staten Island war voll. Ein paar Monate vor dem 11. September war sie offiziell geschlossen worden, doch dann nahm der Staat New York einen Teil des Geländes wieder in Betrieb, um dort die Trümmer der Zwillingstürme zu sortieren. Die Hügel 1 und 9, wo die Schuttberge sortiert werden sollten, lagen von dort, wo Tom und JoAnn damals lebten, gleich gegenüber auf der anderen Seite des Flusses. Es waren etwa zwanzig Hektar. Man installierte Förderbänder. Und dann kamen die Lastwagen. Wochenlang hielten die Lastwagen Tom und JoAnn nachts wach, das Dröhnen ihrer Motoren, das Piepen beim Rückwärtsfahren, das Poltern, wenn sie abluden.

»Und die Möwen fielen darüber her und stahlen die sterblichen Überreste«, sagt JoAnn.

»Also stellten sie Zelte auf«, sagt Tom.

»Die Maschinen siebten den Schutt und holten alles heraus, was möglich war, der Rest wurde von Bulldozern in der Deponie begraben«, sagt JoAnn. »Und darüber wurde schließlich aufgeschüttet.«

»Mit Industrieabfall.«

»Bauschutt. Computer. Computerteile. Kabel. Beton.«

»Ich bin mir sicher, manche fragen sich, warum wir wegen dieser winzigen Partikel herumstreiten«, sagt Tom. »Wir reden hier immerhin über Knochenfragmente, die nicht einmal einen halben Zentimeter groß sind. Aber für mich ist die Größe nicht das Entscheidende.«

Als sämtliche Trümmer durchsucht waren und die Hügel 1 und 9 nicht länger als Tatort galten, bot die Entsorgungsbehörde, die die Deponie betrieb, den Angehörigen an, das Gelände zu besuchen und sich alles anzusehen. Viele der Familien nahmen das Angebot an – immer noch. Man unterschrieb ein Papier, und dann wurde man in einem Müllwagen zu dem Areal gebracht, wo der Schutt begraben worden war.

Irgendwann stellten sie einen Fahnenmast auf.

JoAnn arbeitete weiter, bis sie ihre dreißig Jahre beim Schulbezirk vollendet hatte, danach zogen sie und Tom hierher nach Toms River, um näher bei Daryl und den Enkeln zu sein. Daryl ist ihr ältester Sohn. Nach ihm hatte JoAnn einen zweiten Jungen zur Welt gebracht, der nur einen Tag überlebte, und schließlich kam Colleen. Einmal, als Colleen zwei war und in ihrem Bettchen Mittagsschlaf hielt, schippte JoAnn draußen auf der Straße Schnee. Und plötzlich stand Colleen vor der Tür, fix und fertig angezogen in ihrem Schneeanzug, und wollte ihr helfen.

»Ich fragte: Was machst du denn hier?«, erzählt JoAnn. »Sie hatte sich ganz allein angezogen, die ganzen Schneesachen.« Colleen trug immer Zöpfe. Und sie steckte sich alles in den Mund. Die anderen Kinder kamen immer zu ihnen. Schliefen im ganzen Wohnzimmer verteilt. Man wusste nie, wer einem als Nächstes über den Weg lief.

Aber Tom möchte wieder auf den Brief zurückkommen, den er an die Navy geschrieben hat. Er habe auch an Präsident George W. Bush geschrieben, sagt er. Das könnte sogar noch vor der Navy gewesen sein.

»Nein, auf jeden Fall danach«, widerspricht JoAnn.

So ein Durcheinander.

Als Tom den Brief an Präsident Bush schrieb, war er wütend. Er fragte ihn, warum er keine Beileidskarte zum Tod von Colleen geschickt habe. So etwas hätte er schon erwartet. Er erhielt eine Antwort aus dem Weißen Haus, in der man ihm mitteilte, dass New York zwar eine Liste mit den Namen der Opfer habe, das Weiße Haus jedoch nicht.

Toms Atem beginnt zu pfeifen.

»Wer die Leitung hatte, war ja im Nachhinein eine große Frage«, sagt JoAnn und fügt hinzu, dass sie später doch noch eine Beileidskarte des Vizepräsidenten Dick Cheney bekommen hätten.

»Wir haben sie hier irgendwo«, sagt Tom. Das Pfeifen ist ein Symptom der chronisch obstruktiven Lungenerkrankung, an der er neben Diabetes auch noch leidet. Sein Computer und das Internet haben ihm in der Zeit danach geholfen, bei Verstand zu bleiben. So hat er es geschafft. Er schrieb so viele Briefe. Der Brief an die Navy war der erste, jedenfalls einer der ersten, so viel ist sicher. Er schrieb ihn, Gott, schon nach ein paar Tagen. Er war wütend und wollte, dass jemand auf der Stelle etwas unternahm, um die Leute zu kriegen, die das getan hatten. Also googelte er einfach »Navy«. Er suchte ein Schiff heraus, das gerade im Fernen Osten im Einsatz war. Er wählte die USS *Carl Vinson*, fand eine E-Mail-Adresse und schrieb ihnen, was mit Colleen passiert war. Innerhalb weniger Wochen kam eine Antwort. Wer rechnet denn schon mit einer Antwort? Die E-Mail stammte von einem Lieutenant, der etwas davon schrieb, dass sie die Opfer nicht vergessen würden. Außerdem gab es einen Anhang. Als Tom ihn öffnete, entdeckte er ein Foto von einem Mann in Fliegermontur, der sich über eine Bombe beugte. »LASER« stand auf der Bombe. Der Mann hatte einen Stift in der Hand und schrieb etwas auf die Nase. »COLLEEN ANN MEE …« Er war gerade beim zweiten E angekommen.

Tom möchte einem das Bild gern zeigen.

Am 11. September 2001 umfuhr die *Carl Vinson* in östlicher Richtung die Südspitze Indiens, bevor sie als Reaktion auf die Anschläge in der Heimat abrupt kehrtmachte und Kurs auf das Arabische Meer nahm. Am 11. Oktober 2001 feuerte sie die Bombe mit Colleens Namen darauf ab. Eine von Hunderten, die die Navy bei den ersten Luftschlägen gegen al-Qaida und die Taliban im Rahmen der Operation Enduring Freedom über Afghanistan abwarf.

Tom legt das Bild der Bombe weg und faltet die Hände wie ein gehorsamer Schüler. JoAnn findet, Chewy sei erstaunlich ruhig. Normalerweise tobt er um diese Zeit schon durch das Zimmer. Er ist noch ein Welpe.

Die Ermittler auf der Deponie konnten die 4257 geborgenen Leichenteile lediglich dreihundert Opfern zuordnen (von insgesamt 2753, die bei den Angriffen ums Leben gekommen waren). Der Rest, die sterblichen Überreste von über tausend Opfern, blieb unidentifiziert. »Sie erinnern sich sicher noch an die Beerdigungen, die Sie im Fernsehen gesehen haben, mit den ganzen Särgen«, sagt JoAnn. »Aber die waren alle leer. In diesen Särgen war nichts drin.«

»Die Leute erinnern sich nicht«, sagt Tom.

Die Leute wissen nicht, wie sie alles einfach zugeschüttet haben, nachdem sie fertig waren. Niemand hat die Familien gefragt. Sie haben einfach Erde und Bauschutt draufgekippt. Und dann haben sie diesen Fahnenmast aufgestellt.

»Ich weiß, dass noch Teile von meiner Tochter da liegen«, sagt JoAnn.

Tom: »Man kann bis in alle Ewigkeit darüber diskutieren, ob sie juristisch gesehen das Recht dazu hatten, aber allein die Tatsache, dass sie die Familien nicht darüber informiert haben…«

Die Gedenkstätte am Ground Zero sehen Tom und JoAnn mit gemischten Gefühlen. Der Bau dauerte zehn Jahre und kostete siebenhundert Millionen Dollar. Da könnte man doch meinen, es wäre genug Geld dafür da gewesen, die Angehörigen zu fragen, was mit ihren Liebsten geschehen soll. Das Büro des leitenden Rechtsmediziners von New York hatte über achttausend Fragmente von sterblichen Überresten, die sie nicht identifizieren konnten, weil die DNS nicht zu ermitteln war. Irgendjemand hat entschieden, diese Überreste in Plastikbeutel zu packen – und diese Plastikbeutel im Kellergeschoss des Museums unterzubringen.

Ein Museum ist keine Gedenkstätte.

»Der Eintritt ins Museum kostet vierundzwanzig Dollar«, sagt Tom.

»Angehörige kommen umsonst rein«, entgegnet JoAnn.

»Angehörige dürfen sich das Kellergeschoss anschauen.«

»Man schaut durch eine Glaswand. Das ist ein Lagerraum. Aneinandergereihte Schließfächer.«

Zusammen mit anderen Angehörigen engagierten sich Tom und JoAnn auf vielfältige Weise. Sie traten WTC Families for Proper Burial Inc. bei, einer Organisation, die sich für eine würdevolle Bestattung der auf der Deponie verbliebenen Leichenteile einsetzt. Sie organisierten öffentliche Gedenkveranstaltungen, und die Leute waren ja so nett zu ihnen. Sie fertigten Quilts und schenkten ihnen Dinge wie dieses Marmorplättchen und das Stück Fensterglas von den Ersthelfern vor Ort. In den ersten Monaten trug Tom einen Anstecker mit Colleens Bild. In einem Geschenkeladen sah eine Frau den Anstecker und kaufte ihm im Gedenken an Colleen einen gläsernen Engel. Nur so als Beispiel. Es gab selbst geschriebene Gedichte. Selbst gebastelten Schmuck. Rosenkränze. Selbst gemalte Bilder von Colleen. Eine CD mit einem Lied, das jemand geschrieben hatte. Die *Flag of Remembrance*, eine aus den Fotos aller Opfer zusammengesetzte amerikanische Fahne. Berge von Geschenken. »Ich könnte mein eigenes kleines Museum gründen«, sagt JoAnn. Sie mussten einen Lagerraum mieten. Es war ja so nett, was die Leute alles für sie taten.

An jedem Jahrestag der Anschläge gibt es eine Gedenkveranstaltung am Ground Zero, bei der die Namen sämtlicher Opfer verlesen werden. Wer vorliest, wird per Los bestimmt. Wenn man gezogen wird, darf man zwanzig Namen vorlesen. In einem Jahr wurde Daryl gezogen, in einem anderen JoAnn. Gezogen zu werden ist die größte Ehre. Und jetzt ist die Rede davon, das Vorlesen der Namen abzuschaffen.

Darüber ärgert sich Tom ganz besonders. Die ganze Sache mit der Erinnerung. Es gebe ein Sprichwort, sagt er, das er von Veteranen gehört habe: Jeder Mensch stirbt zweimal. »Das erste Mal, wenn er seine sterbliche Hülle verlässt, und das zweite Mal, wenn sein Name zum letzten Mal ausgesprochen wird.«

Jetzt erkennen sie Chewy endlich wieder. Pausenlos saust er um den Tisch herum, und seine Pfoten sind noch so klein, dass sich ihr Getrappel anhört wie das Plätschern von Regen.

»Ist ja gut, Chewy«, sagt Tom.

JoAnn ist in Gedanken noch bei dem, was sie vorhin erzählt hat. »Allein die Vorstellung, dass man den Ort besuchen möchte, an dem die eigene Tochter begraben liegt, und dann muss man bei der Stadtreinigung anrufen und einen Termin vereinbaren, um mit einem Müllwagen hingefahren zu werden«, sagt sie.

»Die sterblichen Überreste ... dieses ganze Thema – das ist das bestgehütete Geheimnis des 11. September«, sagt Tom. »Gewissermaßen.«

»Ich glaube, Colleen war in der Kantine«, sagt JoAnn.

»Menschen, die von den Ereignissen nicht direkt betroffen waren, sehen das, was die Familien durchgemacht haben, nur von außen«, sagt Tom.

Einmal wurde in der örtlichen Bibliothek eine kleine Ausstellung organisiert, und man bat Tom und JoAnn, einige Erinnerungsstücke an Colleen beizusteuern. Als Tom und JoAnn gerade dabei waren, diese in einem Schaukasten anzuordnen, gingen zwei Frauen vorbei.

»*Können diese Leute denn nicht endlich darüber hinwegkommen?*«, fragte die eine.

Laut und deutlich. Tom wollte sich schon auf sie stürzen, doch JoAnn sah ihn an, und ihr Blick sagte: »Ignoriere es.«

Aber das konnte Tom nicht.

Als er nach Hause kam, schrieb er einen Brief. Obama war

gerade gewählt worden, also schrieb er ihm. Er setzte sich hin und dachte darüber nach, was er dem neuen Präsidenten sagen wollte, und es war dasselbe, was er auch der Frau in der Bibliothek sagen wollte. In gewisser Weise richtete sich der Brief an beide. An alle. Alle sollten zumindest eine Ahnung davon bekommen, was die Angehörigen durchmachten. Er wollte ihnen sagen, dass es gar nicht darum geht, ob die Angehörigen jemals darüber hinwegkommen. »Der Punkt ist, dass *man selbst* nicht darüber hinwegkommt«, sagt Tom. »Aber ich schweife ab.«

»Allein die Vorstellung, dass man in einem Müllwagen mitfahren muss«, sagt JoAnn.

JoAnn las Korrektur, dann mailte Tom den Brief, und sie waren überrascht, als sie nur ein paar Wochen später eine Antwort erhielten.

Tom zeigt den Brief, den sie damals bekommen haben.

THE WHITE HOUSE

WASHINGTON

Lieber Tom, liebe JoAnn,

ich habe Ihren Brief erhalten und möchte Ihnen gern persönlich antworten. Ihre Geschichte ist herzzerreißend, und wir werden alles tun, was in unserer Macht steht, um dafür zu sorgen, dass diejenigen, die an der Ausführung der Anschläge vom 11. September beteiligt waren, zur Verantwortung gezogen werden.

Einstweilen seien Sie versichert, dass wir Colleen niemals vergessen werden und dass ich in jeder wachen Stunde nach Wegen suche, die Zukunft für Ihre Enkelinnen und meine Töchter besser zu machen.

Gott segne Sie

KAPITEL 5

Die Idee

Als ich Präsident Obama fragte, wie er auf die Idee gekommen sei, zehn Briefe pro Tag zu lesen, überlegte er eine Weile und antwortete dann: »Pete Rouse.« Er sagte es ganz beiläufig, als sei das ein Name, der jedem geläufig sein müsste. »Pete war fast schon besessen von Briefen«, fuhr er fort. »Als ich in den Senat gewählt wurde, wissen Sie, da war ich noch grün hinter den Ohren, während er schon sehr lange dabei war. Er hat mir geradezu eingeimpft, wie machtvoll Briefe sein können.«

Pete Rouse.

Diesen Namen hörte ich in Gesprächen über die Anfänge der Regierung Obama und den Ursprung ihrer Korrespondenzabteilung immer wieder. Shailagh erwähnte ihn, David Axelrod erwähnte ihn, Valerie Jarrett und auch Fiona. »Unzählige Menschen meines Alters haben sich nach einem Gespräch mit Pete Rouse zu einer Laufbahn im öffentlichen Dienst oder in der Politik entschlossen«, sagte Fiona.

Sie alle sprachen im gleichen Ton von ihm – Sie wissen schon, *Pete*! – und ignorierten meinen verständnislosen Blick.

Ich erfuhr, dass Pete Rouse äußerst erfolgreich die Öffentlichkeit mied, nie Interviews gab und sich sehr bemühte, stets hinter den Kulissen zu bleiben, was dazu geführt hatte, dass Insider ihn zwar als Obamas rechte Hand kannten, der jahrelang sein Büro nur zwei Türen vom Oval Office entfernt gehabt hatte, er außerhalb der Washingtoner Politzirkel jedoch vollkommen unbekannt war.

»Ich bin nicht besonders gut darin, Anekdoten zu erzählen«, warnte mich Pete, als ich ihn in den Büroräumen von Perkins Coie im Zentrum von Washington besuchte, wo er arbeitete, seit er sich 2014 von seinem Posten im Weißen Haus zurückgezogen hatte. »Das meiste habe ich vergessen.« Dann erzählte er mir, dass er trotz seiner Arbeit für eine große Anwaltskanzlei selbst kein Jurist sei, und – beeilte er sich hinzuzufügen – er war auch ganz bestimmt *kein* Lobbyist, und obwohl er immer wieder gefragt wurde, ob er irgendwann ein Buch über seine vielen Jahre im Weißen Haus und im Kongress schreiben werde, »friert eher die Hölle zu, als dass ich jemals ein Buch schreibe«.

Meine Neugier war geweckt: Wer war dieser Mensch, der sich vornehmlich durch das definierte, was er nicht war und niemals sein würde. Er war Anfang siebzig, hatte eine leise Stimme, ein liebenswürdiges Auftreten, dichtes weißes Haar und bewegte sich, als hätte er Rückenschmerzen, was er auch bereitwillig zugab. Daraufhin schweifte unser Gespräch ab zu der kürzlich erfolgten Rückenoperation meines Bruders. Ich habe keine Ahnung, wie wir so schnell so vertraut miteinander wurden, aber schon nach wenigen Minuten unterhielten wir uns wie Freunde. Vielleicht war das der Grund, warum er keine Interviews gab. Er wirkte völlig arglos und offen.

Ich erzählte ihm, dass Obama gesagt habe, es sei seine Idee gewesen, dass der Präsident zehn Wählerbriefe pro Tag lesen solle.

»Nein«, antwortete er. »Das Verdienst gebührt ihm ganz allein, er sagte, er wolle zehn Briefe pro Tag.«

Ich entgegnete, dass Obama dennoch zu glauben scheine, das alles gehe irgendwie auf ihn zurück.

»Ich will nicht arrogant klingen«, sagte er. Er habe Obama während des Wahlkampfs 2004 kennengelernt, erzählte er. Zu diesem Zeitpunkt arbeitete er schon seit über drei Jahrzehnten im Kongress. Er hatte in den Siebzigern angefangen und war mit den Jahren zu einer solchen Institution in Washington geworden, dass man ihn während seiner langen Zeit als Stabschef von

Tom Daschle, dem früheren Mehrheitsführer im Senat, auf dem Capitol Hill als den »101. Senator« bezeichnete. Daschle verlor 2004 – dem Jahr, als Obama in den Senat gewählt wurde – seinen Sitz, und Pete, der Guru des Kongresshügels, stand ohne Job da. Obama bat Pete, in sein Team zu kommen und sein Stabschef zu werden. Er sagte, er wolle gleich richtig loslegen und in Washington gebe es niemanden, der über so viel Erfahrung verfügte wie Pete.

»Ich lehnte ab«, erzählte mir Pete. »Ich war Ende fünfzig. Ich wollte mich aus der Politik zurückziehen und etwas anderes machen.«

Obama fragte Pete ein zweites Mal. Er wollte das beste Team. Er spürte die Dringlichkeit des Augenblicks, spürte den Druck, jenen Erwartungen gerecht zu werden, die er geweckt hatte, als er beim Parteitag der Demokraten 2004 in Boston eine Rede gehalten hatte, die ihn ins landesweite Rampenlicht katapultierte:

> Wenn ein Kind in der South Side von Chicago nicht lesen kann, dann spielt das für mich eine Rolle, auch wenn es nicht mein eigenes Kind ist.
>
> Wenn irgendwo in unserem Land ein älterer Mitbürger die Medikamente, die ihm verschrieben wurden, nicht bezahlen kann und er sich zwischen Medizin und Miete entscheiden muss, dann macht das mein Leben ärmer, auch wenn es sich nicht um meinen eigenen Großvater, meine eigene Großmutter handelt.
>
> Wenn eine arabischstämmige amerikanische Familie ohne Beistand eines Anwalts oder rechtsstaatliches Verfahren festgenommen wird, dann bedroht das auch meine bürgerlichen Freiheiten.
>
> Es ist diese fundamentale Überzeugung ... es ist diese fundamentale Überzeugung – ich bin meines Bruders Hüter, ich bin meiner Schwester Hüter –, die dieses Land zusammenhält.

> Das ist es, was es uns ermöglicht, unsere individuellen Träume zu verfolgen und gleichzeitig als eine einzige amerikanische Familie zusammenzukommen: E pluribus unum, aus vielen eines.

Pete sagte Nein. Jeder, der diese Rede gehört hatte, wusste, dass Obama eines Tages für die Präsidentschaftskandidatur bestimmt war. Und Pete war eher an seinem Ruhestand interessiert.

Obama fragte ihn ein drittes Mal. »Er sagte: ›Vielleicht haben Sie ja gehört, ich würde darüber nachdenken, 2008 bei den Präsidentschaftswahlen anzutreten‹«, erzählte mir Pete. »›Das ist definitiv nicht wahr. Vielleicht irgendwann in der Zukunft, aber meine Frau würde das nie zulassen. Meine Kinder sind noch zu klein. Ich habe keinerlei Absicht zu kandidieren, ich will mich einfach nur im Senat etablieren.‹ Und ich dachte: *Dieser Typ ist extrem beeindruckend.*«

Schließlich sagte Pete doch Ja, wenn auch nur für den Übergang. »Ich willigte ein, ihn in seiner Anfangsphase im Senat zu unterstützen, ein gutes Team zusammenzustellen, ein gutes Programm auszuarbeiten, eine gute Struktur aufzubauen. Das Fundament zu legen. Ich habe ja ohnehin nichts Besseres zu tun, dachte ich. Da kann ich ihm auch anderthalb Jahre dabei helfen, etwas Ordentliches auf die Beine zu stellen. Wie schwer kann das schon sein?«

Nicht einmal ein Jahr nach seiner Wahl zum Senator stand Obama, der betont hatte, sich zurückhalten zu wollen und sich lediglich auf Themen zu konzentrieren, die den Staat Illinois betrafen, erneut im Fokus des landesweiten Interesses. Der Hurrikan Katrina hatte gewütet, und nachdem Obama die zerstörte Golfküste bereist hatte, trat er zum ersten Mal in den Sonntagmorgen-Talkshows auf, wo er sich kritisch zur unzureichenden Reaktion der Regierung äußerte und diese nicht nur auf rassenbedingte, sondern auch auf ökonomische Voreingenommenheit zurückführte. »Ich war damals der Meinung, ich könnte die Debatte um eine nützliche Perspektive erweitern«, erzählte er dem *Time Magazine.* »Wenn Gerechtigkeit oder Gleichberechtigung auf dem Spiel stehen«, fügte er hinzu, »dann werde ich mich dazu äußern.« Die Öffentlichkeit verlangte nach mehr. Hunderte Redeanfragen erreichten sein Büro, und das war der Moment, in dem Pete, der Meisterstratege wider Willen, ein Memo verfasste:

> Es wäre sinnvoll, jetzt darüber nachzudenken, ob Sie das Jahr 2006 dafür nutzen wollen, sich für eine Kandidatur 2008 in Stellung zu bringen, falls es 2007 zu einem »perfekten Sturm« aus persönlichen und politischen Faktoren kommen sollte. Wenn eine Kandidatur 2008 überhaupt eine Option sein soll, wäre es sinnvoll, jetzt damit anzufangen, darüber zu reden, und zu entscheiden, was Sie 2006 »unterhalb des Radars« tun müssen, um Ihre Chancen zu maximieren – falls Sie und Ihre Familie beschließen, dass es sich lohnen könnte, die Gunst der Stunde, so sie denn kommen sollte, zu nutzen.

Nachdem Pete eingewilligt hatte, Obamas Senatsbüro aufzubauen, sollte es noch neun Jahre dauern – einen Präsidentschaftswahlkampf, die Organisation eines Präsidentschaftsübergangs, eine Amtseinführung (Pete verschmähte seinen Platz auf der Tribüne und zog es vor, Obamas Vereidigung zu Hause im Fernsehen anzuschauen), eine dreimonatige Phase als Obamas kommissarischer Stabschef nach Rahm Emanuels Ausscheiden 2010 (»Ich sagte damals gleich, ich bin an dem Posten nicht interessiert; ganz ehrlich, ich habe keine Lust, morgens um drei wegen eines Erdbebens in Honduras angerufen zu werden …«), *noch* einen Präsidentschaftswahlkampf und *weitere* vier Jahre im Weißen Haus –, bis Pete Obama endlich davon überzeugen konnte, dass er es wirklich ernst meinte, dass seine Unterstützung von Anfang an nur als Übergangslösung gedacht gewesen war und dass er jetzt aufhören, nach Hause gehen und Zeit mit seinen Katzen verbringen werde.

»Pete sagte: ›Wenn wir sicherstellen, dass wir eine gute Korrespondenzabteilung haben, die den Wählern das Gefühl gibt, Sie hören ihnen zu und gehen auf sie ein, dann wiegt das vieles auf‹«, erzählte mir Obama bei einem Gespräch über jene erste Zeit mit Pete in seinem Senatsbüro und darüber, wie so etwas Banales wie die Wählerpost überhaupt zum Thema werden konnte.

»Während der eineinhalb Jahre Wahlkampf schrieb mir hin und wieder jemand einen Brief«, sagte er. »Oder steckte ihn mir beim Händeschütteln zu. Und manche davon waren einfach unglaublich. Sie halfen mir, die Beispiele, die ich bei meinen Wahlkampfveranstaltungen vorbrachte, lebendig werden zu lassen, weil sie eben nicht abstrakt waren. Da war diese Mutter, die hin und her überlegte, wie sie es schaffen sollte, ihren Schulabschluss nachzuholen, gleichzeitig ihre Kinder zu betreuen und dann auch noch die Rechnungen zu bezahlen. Oder dieser Vater, der seinen Job verloren hatte und mir schilderte, wie schwer es war, sich so wertlos zu fühlen. Und das... gab mir Orientierung.«

Pete wurde deutlicher, als er mir von den Anfängen der Korrespondenzabteilung erzählte: »Ich hasse es, Freunden Briefe zu schreiben«, sagte er. »Wenn also jemandem etwas so wichtig ist, dass er sich hinsetzt und einem Politiker schreibt, sollte dieser dem Brief auch die gebührende Aufmerksamkeit schenken. Oft ist das der einzige Kontakt, den der einzelne Bürger mit seinem gewählten Vertreter hat. Ich war schon immer der Ansicht, dass die Qualität der Kommunikation sehr viel darüber aussagt, in welchem Maße der oder die Gewählte, unabhängig von Parteizugehörigkeit oder politischer Philosophie, sein Amt als Dienst an der Öffentlichkeit definiert.«

Es war ganz simpel: Lesen Sie Ihre Post. Etwas so Elementares wie: Binden Sie Ihre Schnürsenkel. Oder: Sprechen Sie Ihre Gebete. Vielleicht war es absolut naheliegend. Vielleicht spukte der Gedanke schon vorher in Obamas Kopf herum. Aber Pete sprach es aus, und er wiederholte es immer wieder.

»Ich will das nicht überbewerten«, schränkte Pete ein. »Ich meine, ich konzentrierte mich wahrscheinlich auch mehr auf die Suche nach bin Laden als darauf, einen Brief aus Montana zu beantworten. Ich behaupte also nicht, dass ich in dieser Hinsicht anders sei als andere. Aber ich denke doch, dass ich ganz bewusst großen Wert darauf gelegt habe, gute Leute für die Korrespondenzabteilung des Präsidenten zu finden. Das war wichtig, und der Präsident und sein engeres Umfeld verstanden, dass es wichtig war.«

Nach Obamas Vereidigung 2009 stellten die Mitarbeiter, die die Übernahme der Amtsgeschäfte organisierten, fest, dass die Regierung Bush so gut wie keine Angaben dazu hinterlassen hatte, wie eine Korrespondenzabteilung für einen Präsidenten zu führen sei. Es gab kein bestehendes System zur Sortierung der Post, keine Anleitungen zur Vorgehensweise, keine Vorlagen, keine Software, keine Musterbriefe, die man einfach rausschicken konnte.

Und dann brach die Lawine über sie herein. Eine Viertelmillion Briefe pro Woche an den neuen Präsidenten. Kisten voller Post stapelten sich bis an die Decke und in den Fluren. Und Obamas Team hatte noch nicht einmal Büromaterial.

Mike Kelleher aus Obamas Senatsbüro erbot sich, das Chaos zu entwirren.

Pete war überrascht. Er hatte erwartet, dass Mike einen Abteilungsleiterposten im Handelsministerium anstrebte, etwas mit dem Glamour und Flair, die seinem Hintergrund entsprachen. Mike kannte Obama seit 1999, als die beiden Neulinge im Politikbetrieb – Obama kam von seiner Arbeit als Community

Organizer in den Schwarzenvierteln von Chicago und Mike aus dem Friedenskorps – ihre ersten Karriereschritte gemeinsam unternahmen. Beide kandidierten für den Kongress und verloren, und als Obama schließlich zum Senator gewählt wurde, übernahm Mike in seinem Büro die Stelle seines Leiters für wirtschaftliche Entwicklung und Zusammenarbeit.

Und jetzt sagte er, er wolle sich um die Korrespondenz kümmern. »Es ist eine Herausforderung, irgendjemand muss es machen, und ich bin dazu bereit.« Er krempelte die Ärmel hoch, formulierte das Leitbild der Korrespondenzabteilung – »Dem amerikanischen Volk zuhören, seine Geschichten und Nöte verstehen und ihm im Namen des Präsidenten antworten« –, entwickelte ein Organigramm und begann mit den Einstellungsgesprächen. Die Bewerber mussten ein detailliertes Auswahlverfahren durchlaufen. Um überhaupt für eine Anstellung in Betracht zu kommen, mussten sie sich bereit erklären, eine Weile als Freiwillige im Lektüreraum zu arbeiten, weil Mike sehen wollte, wie sie miteinander und mit den älteren oder studentischen Freiwilligen interagierten. Er legte Wert auf Mitgefühl. Er sagte ihnen, welch ein Glück sie hätten, dass sie diese Briefe lesen würden. Sie würden Amerika besser kennenlernen als irgendjemand sonst.

Er stellte das Mitarbeiterteam zusammen, schrieb ein zehnseitiges Strategiepapier für den Lektüreraum, entwickelte Algorithmen für ein Codierungssystem, entwarf einen Entscheidungsbaum für Fälle, die eine Einzelbetreuung erforderten, legte eine Sammlung von Antwortbriefen zu bestimmten Politikfeldern an und verfasste Richtlinien zur Qualitätskontrolle. Er arbeitete sechzehn Stunden pro Tag, sieben Tage die Woche, brachte Ordnung in das Chaos und scharte eine Armee aus einfühlsamen lesenden Mitstreitern um sich, zu der auch Fiona gehörte.

Als ich Kontakt zu Mike aufnahm, um ihn zu jener Anfangszeit zu befragen, in der er die Korrespondenzabteilung aufgebaut hat, antwortete er: »Ich habe sie nicht aufgebaut. Ich war da und habe die Leute angeleitet... wirklich talentierte Leute... ich habe bei der Einstellung ein paar gute Entscheidungen getroffen.«

Und dann sagte er: »Pete Rouse. Pete Rouse prägte meine Vorstellung davon, wie jemand ein Amt im öffentlichen Dienst ausfüllen soll.«

Und so drehte es sich immer weiter im Kreis – laut Mike gebührte die Ehre Pete, laut Pete gebührte sie Mike und Obama, und laut Obama gebührte sie Pete.

Man kann über die Regierung Obama sagen, was man will, aber Wichtigtuer waren diese Leute nicht.

Bereits einen Tag nach Obamas Amtsantritt hörten sie, dass der Präsident ein paar der Briefe lesen wolle. Mike erhielt einen Anruf aus dem Oval Office, dem zufolge der Präsident fünf Briefe sehen wolle. Später riefen sie noch einmal an und korrigierten ihre Angaben: Der Präsident bitte um fünfzehn Briefe. Und schließlich kam noch ein dritter Anruf: Obama wollte an diesem und allen folgenden Tagen zehn Briefe lesen.

»Als man mir bei meinem Einzug ins Weiße Haus sagte, dass wir vierzigtausend, oder wie viel auch immer, Briefe pro Tag bekommen würden, da suchte ich nach einem Weg, wie ich die Erfahrungen, die ich während des Wahlkampfs gemacht hatte, in irgendeiner Form wiederholen könnte«, erzählte mir Obama. »Zehn pro Tag, das kam mir machbar vor. Es war zumindest eine kleine Geste, dachte ich, um dieser Blase zu entkommen. Eine Möglichkeit, mir jeden Tag aufs Neue in Erinnerung zu rufen, dass es bei dem, was ich tat, nicht um mich ging. Es ging nicht um Washingtoner Kalkül. Es ging nicht um politisches Gewinnen oder Verlieren. Es ging um die Menschen, die da draußen ihr Leben lebten und die entweder Hilfe suchten oder wütend waren, weil ich irgendetwas vermasselte. Und vielleicht verstand ich anfangs noch gar nicht, welche Bedeutung diese Briefe mit der Zeit für mich bekommen sollten.«

Ein positiver Nebeneffekt dieses Wunschs des Präsidenten, zehn Briefe pro Tag zu lesen, war die Botschaft, die laut und vernehmlich durch das Weiße Haus hallte und vom unbedeutendsten Mitarbeiter am Scanner im EEOB bis hin zu den Redenschreibern, Entscheidungsträgern und hochrangigen Beratern im Westflügel gehört wurde: Die Briefe waren wichtig. Und wenn die Briefe wichtig waren, dann waren es auch die Menschen, die sie bearbeiteten. Anfangs ging Pete regelmäßig in die Korrespondenzabteilung und sagte allen Mitarbeitern im Lektüreraum persönlich, wie sehr er ihren Beitrag schätze, wie wertvoll ihre Arbeit für den Präsidenten sei, wie wertvoll *sie selbst* für den Präsidenten seien.

»So etwas macht den Unterschied aus«, sagte Pete. »Zu wissen, dass die eigene Arbeit wertvoll ist und geschätzt wird.«

Um seine Worte zu illustrieren, deutete er auf ein gerahmtes Foto neben dem Fenster. Es hing inmitten von anderen Bildern und zeigte ihn bei einem Dinner, die Gäste im Bankettsaal spendeten ihm stehend Applaus, während Obama am Rednerpult stand. Das sei ein Geschenk von Obama gewesen, erklärte Pete, als dieser endlich nachgegeben und ihn in den Ruhestand entlassen habe. Obama hatte für Pete ein Dinner veranstaltet und ihm dieses Bild geschenkt, mit einer kleinen Widmung am unteren Rand.

»Gehen Sie ruhig rüber und schauen Sie es sich an«, forderte Pete mich auf.

> Pete, hier ist eine ganze Stadt voller Menschen, die Dir ihren Erfolg verdanken. Ich bin einer davon. Danke, mein Freund.

»So etwas bleibt hängen«, sagte Pete. Er setzte sich aufrechter hin, die Hände auf den Knien.

In der Nähe des Fotos hing eine Gitarre an der Wand, und es sah aus, als hätte Obama auch sie signiert. Ich fragte Pete danach, und er stand auf und kam zu mir herüber, um sie zu bewundern. Beim Gehen schwankte er leicht hin und her, als wollte er irgendeinen Schmerz vermeiden.

»Eine Fender«, sagte er. Die Lackierung zeigte das Siegel des Senats, Obamas Wahlkampfsiegel und das Siegel des Präsidenten. Obama habe sie in Auftrag gegeben, sagte Pete. Ein weiteres Abschiedsgeschenk.

»Was steht da noch mal? Er hat etwas draufgeschrieben. Aber man kann es kaum lesen.«

Wir beugten uns mit leicht zur Seite geneigten Köpfen näher an die Gitarre heran.

»Danke für ...« Wir konnten nicht entziffern, was Obama auf Petes Gitarre geschrieben hatte.

»Dann spielen Sie also Gitarre«, sagte ich.

»Nein«, entgegnete er.

Kein Gitarrist. Ich rekapitulierte kurz Petes Zusammenfassung. Er war kein Anwalt, kein Lobbyist, kein angehender Autor, kein Mensch, der all seinen Einfluss geltend machte, um Senator Obamas Stabschef zu werden, geschweige denn Präsident Obamas Stabschef, und er war auch kein Gitarrist. Seine Stellenbeschreibung bei Perkins Coie lautete übrigens »leitender Strategieberater«.

»Ich bin Grateful-Dead-Fan«, sagte er lächelnd. Und dieses Lächeln fegte alle Sorgen aus seinem breiten, aufgedunsenen Gesicht.

»Der zweitgrößte Erfolg in meiner beruflichen Laufbahn war, dazu beigetragen zu haben, dass der erste afroamerikanische Präsident gewählt werden konnte. Aber der größte war die Wiedervereinigung von The Grateful Dead.«

Während des Wahlkampfs für die Präsidentschaftswahlen 2008 meldete sich Bob Weir von The Grateful Dead bei ihm, um ihm zu sagen, dass er Obama favorisiere. Er wollte wissen, ob er irgendetwas tun könne, um ihn zu unterstützen.

»Da gäbe es tatsächlich etwas«, antwortete Pete. Die Band

hatte sich 1995 nach dem Tod ihres Lead-Gitarristen Jerry Garcia aufgelöst, die überlebenden Musiker gingen auch weiterhin in verschiedenen Zusammenstellungen auf Tour, aber nie mehr alle gemeinsam. »Eine Sache vielleicht …«

Und so kam es, dass die wiedervereinten Grateful Dead am 4. Februar 2008 im ausverkauften Warfield Theatre in San Francisco auftraten und dann noch einmal im Oktober zusammen mit der Allman Brothers Band im ebenfalls ausverkauften Bryce Jordan Center in University Park, Pennsylvania. Und beide Male stand Pete Rouse im Publikum und wippte mit dem Kopf im Takt der Musik.

»Mein größter politischer Erfolg«, wiederholte er.

Das erinnerte ihn an etwas anderes: Die Dankeskarten an The Grateful Dead und die Allman Brothers zu schreiben sollte nicht so schwierig sein.

Pete hatte erwartet, dass Obama überschwängliche Dankesbezeugungen zu Papier bringen würde. Immerhin waren das *The Grateful Dead.* Und *The Allman Brothers.*

Als es so weit war, saß Obama im Flieger nach Hawaii, wo er seine im Sterben liegende Großmutter besuchen wollte. »Das ist ein langer Flug«, erzählte Pete. Er hatte ein paar Ideen für die Kartentexte skizziert und sie Obama ins Flugzeug mitgegeben, damit er sie dort schreiben konnte.

»›Schreib ja alles mit der Hand‹, beschwor ich ihn.« Pete hatte eine Liste mit den Namen aller Bandmitglieder angelegt und ein paar passende Zeilen hinzugefügt, sodass Obama jeder einzelnen Karte eine persönliche Note geben konnte.

Plötzlich erhielt Pete einen Anruf von einem der Mitarbeiter im Wahlkampfflieger.

Obama wolle wissen, was es mit diesen Dankeskärtchen auf sich hatte. Warum konnte er nicht einfach eine an The Grateful Dead und eine an die Allman Brothers schicken? Wäre das nicht ausreichend?

»Sagen Sie ihm, wenn er das macht, kündige ich«, versetzte Pete im Scherz.

Als er mir die Geschichte erzählte, betonte er die Worte »im Scherz«. Er hätte Obama niemals im Stich gelassen. Pete bestand darauf, dass ich in diesem Punkt keinerlei Zweifel aufkommen ließ. Er wurde etwas hibbelig. Normalerweise gab er keine Interviews. Er wusste, er war nicht besonders gut darin, Anekdoten zu erzählen.

»Ich schließe daraus, dass er in solchen Dingen nicht über das gleiche Fingerspitzengefühl verfügt wie Sie oder ich«, sagte Pete. »Und das ist auch der Grund, warum diese Briefe für ihn tatsächlich etwas Besonderes waren.« Berühmten Rock-'n'-Roll-Legenden seinen tief empfundenen Dank auszusprechen war eine ziemlich banale Form der Kommunikation, Briefe von zufällig ausgewählten Menschen aus Idaho oder New Jersey zu beantworten jedoch etwas völlig anderes. »Wenn er sich nicht bloß bei jemandem für etwas bedanken sollte, was dieser für ihn getan hatte, sondern auf individuelle Schicksale einging, dann wurde das zu etwas sehr Persönlichem für ihn. Dann *wollte* er schreiben.«

Wir kehrten zum Sofa zurück, und beim Hinsetzen verzog Pete kurz das Gesicht. Er erzählte, dass er am nächsten Morgen zu einem Meeting nach Chicago fliegen sollte und darüber nachdachte, den Termin wegen seiner Rückenschmerzen abzusagen. Er schaute mich an und schien abzuschätzen, was ich davon hielt, so, wie man einen Freund ansieht, von dem man sich die Bestätigung erhofft, dass es in Ordnung sei, sich vor einer bestimmten Verpflichtung zu drücken.

»Das sollten Sie auf jeden Fall absagen«, entgegnete ich. »Allein die Lauferei durch den Flughafen ...«

»Und das für zwei Stunden Mittagessen und ein Abendessen«, bekräftigte er. »Wissen Sie?«

Oh, absolut.

»Hat die Operation Ihrem Bruder geholfen?«, erkundigte er sich.

Hundertprozentig.

Und irgendwie brachte uns das auf die Knieprothese, die meinem Mann vor Kurzem eingesetzt worden war.

»Oh, meine Knie«, sagte er seufzend.

Briefauswahl 2010–2012

23. Juli 2012

Ms. Emily Nottingham
Tucson AZ

Sehr geehrter Herr Präsident Obama,

als mein Sohn letztes Jahr bei dem Attentat in Tucson getötet wurde, fragten Sie, ob Sie etwas für uns tun könnten. Ja, das können Sie. Ich fordere Sie auf, sich für einige sinnvolle Maßnahmen einzusetzen, die Ihre Bürger schützen würden. Das Verbot von halbautomatischen Waffen und erweiterten Magazinen zu erneuern sollte ein leicht umzusetzender Schritt sein, der unsere öffentlichen Plätze für die Bürger wieder sicherer macht. Unser Versammlungsrecht ist bedroht. Ich glaube, dass man auch als engagierter Verfechter des zweiten Verfassungszusatzes eine maßvolle Regulierung solcher Waffen befürworten kann, wie sie für Massenmorde verwendet werden. Wenn Sie sich bei dieser Maßnahme zum Schutz der Bürger vor Waffengewalt nicht gegen die NRA stellen wollen, dann versuchen Sie, ihre Unterstützung zu gewinnen. Mein Sohn wurde bei dem Massaker in Tucson getötet. Jetzt ist es schon wieder passiert, und wieder wurden junge Menschen an einem öffentlichen Ort sinnlos von einem Fremden mit Gewehren ermordet, die dazu entwickelt wurden, in kürzester Zeit möglichst viele Menschen umzubringen. Die Verschärfung bestehender Gesetze ist keine ausreichende Antwort darauf; es sind zusätzliche Schritte erforderlich, um den einfachen Zugang zu solchen Waffen, die für Massenmorde eingesetzt werden, zu verhindern. Der Schütze von Tucson hatte keine diagnostizierte psychische Erkrankung, als er diese extrem tödlichen Waffen legal kaufte. Und es würde mich nicht wundern, wenn auch bei dem Schützen von Aurora zuvor nichts dergleichen diagnostiziert wurde. Wir müssen uns auf die Waffen selbst konzentrieren.

Bitte ziehen Sie in Erwägung, in dieser Sache voranzugehen – andere werden Ihnen folgen. Ich danke Ihnen im Voraus dafür, dass Sie sich ernsthaft Gedanken darüber machen und nach einer Lösung suchen.

Emily Nottingham

THE WHITE HOUSE

WASHINGTON

Liebe Emily,

danke für Ihren Brief. Ich kann mir nur vorstellen, welches Leid Sie durchgemacht haben. Ich bin ganz Ihrer Meinung, was vernünftige Maßnahmen zur Waffenkontrolle angeht, und obwohl ich Ihnen gestehen muss, dass es im Moment schwierig ist, den Kongress dazu zu bringen, sich dieses Themas anzunehmen, werde ich mich bemühen, einen Umschwung in der öffentlichen Meinung herbeizuführen.

Mit freundlichen Grüßen

09.05.12
ao 4

Zurück aus OVAL
30.05.12

Schreiben Sie uns – Bürgerrechte

Gesendet: 9. Mai 2012 16:16
Originating Host:
Remote IP:
Von: Laura King Ph.D.
E-Mail:
Telefon:
Adresse: Columbia MO
Betreff: Bürgerrechte

Nachricht:

Ich habe keine Ahnung, wieso Sie beschlossen haben, sich heute für die gleichgeschlechtliche Ehe auszusprechen. Aber ich möchte Ihnen in meinem Namen, im Namen meiner Partnerin Lisa und vor allem im Namen unseres achtjährigen Sohnes Sam dafür danken. Ich glaube, in den letzten Tagen hatte ich mir erfolgreich eingeredet, dass es mir egal sei, wenn Sie das politische Spiel mitspielen und zum Existenzrecht unserer Familie schweigen würden. Immer wieder sagte ich mir, ich »wüsste« ja, dass Sie auf unserer Seite sind, auch wenn es für Sie politisch unklug wäre, das offen zuzugeben. Ich bin ein großer Fan von Ihnen und Ihrer Agenda, und ich hatte mir eingeredet, dass mir Ihre Wiederwahl wichtiger sei, als von Ihnen zu hören, dass Sie der Auffassung sind, meine Familie verdiene einen Platz am amerikanischen Tisch. Wie sich herausgestellt hat, lag ich damit falsch. Seit ich heute von Ihrem Interview erfahren habe, sitze ich weinend in meinem Büro, und mir wird klar, dass es mir mehr bedeutet, diese Worte von Ihnen zu hören, als ich mir jemals hätte vorstellen können. Ich bin überwältigt, gerührt und überrascht und einfach nur ungeheuer dankbar dafür, dass jemandem in Ihrer Position Prinzipien wichtiger sind als Politik und er einfach die Wahrheit sagt über das, was richtig ist. Ich bewundere Ihren Mut und Ihren Charakter, und ich bin so glücklich, dass Sie unser Präsident sind. Ich bin stolz auf Sie.

Die Eltern meiner Partnerin leben in North Carolina, und das Ergebnis der gestrigen Abstimmung war für uns alle sehr schmerzhaft – unser Sohn ist ihr einziges Enkelkind –, als könnte man unsere Familie einfach so wegwählen. Ich habe den größten Teil des heutigen Vormittags damit verbracht, darüber nachzudenken, was es bedeutet, Angehörige einer winzigen Minderheit zu sein, die so klein und entbehrlich ist, dass es für andere kein Problem zu sein scheint, meine Bürgerrechte in einer Volksabstimmung zur Wahl zu stellen.

Ich weiß aus Erfahrung, dass sich Dinge nur verändern können, wenn mutige, mitfühlende, aufrechte Menschen handeln. Ich glaubte, für Sie stünde so viel auf dem Spiel, dass Sie das Risiko unmöglich eingehen würden. Ich weiß nicht, warum Sie sich dazu entschlossen haben, für uns einzustehen. Und ich hoffe, dass der Preis dafür nicht zu hoch sein wird. Und ich werde alles tun, was ich kann, um dafür zu sorgen, dass es nicht so kommt. Bis dahin danke ich Ihnen so sehr, Herr Präsident.

Mit herzlichen Grüßen

Laura King

Laura A. King, Ph.D.

Columbia MO

1. Februar 2010

Präs. Barack Obama
1600 Pennsylvania Avenue NW
Washington D.C. 20500

Sehr geehrter Herr Präsident,

ich bin Herausgeber einer kleinen Wochenzeitung in Española, NM. Sie haben unsere Stadt im September 2008 während Ihres Wahlkampfs besucht.

Die Rio Grande Sun wurde 1956 von meinen Eltern gegründet. Ich brauche Ihnen nichts über die aktuelle Lage der Zeitungsbranche zu erzählen. Es ist schwer für einen Herausgeber.

Mein größter Ausgabenposten sind die Gehälter. Dann die Druckkosten. Und an dritter Stelle kommt die Krankenversicherung.

Ich habe andere Ausgaben reduziert und Angestellte, die aus freien Stücken gegangen sind, nicht ersetzt, um Entlassungen zu vermeiden. Ich werde meine Reserven anbrechen, um Entlassungen zu vermeiden. Nicht viele Zeitungen verfügen über diesen Luxus.

Ich habe Seiten gestrichen und die Zeitung »gestrafft«, um die Druckkosten zu senken.

Aber an der Krankenversicherung kann ich nichts ändern. Ich bezahle die gesamten Prämien für meine dreizehn Vollzeitangestellten. Außerdem übernehme ich ihren jährlichen Selbstbehalt und beteilige mich an den Kosten, bis ihre maximalen Zuzahlungen erreicht sind.

Zwei meiner Angestellten sind wegen ihrer Schilddrüse in Behandlung. Beide benötigen vierteljährliche Blutuntersuchungen. Die Kosten dafür werden von der Versicherung nicht übernommen. Stattdessen bezahle ich sie. Letztes Jahr habe ich pro Mitarbeiter 204 $ im Monat bezahlt. Obwohl wir nur wenige kleinere und überhaupt keine größeren Ansprüche geltend gemacht haben, sollten meine Beiträge dieses Jahr um 35 Prozent steigen.

Statt auf diese Erpressung einzugehen, bin ich auf eine Police mit höherem Selbstbehalt ausgewichen, den wiederum ich zahlen werde. Die Angestellten genießen den gleichen Versicherungsumfang wie zuvor. Ich hoffe einfach, dass keinem von ihnen etwas Schreckliches zustößt, was mich dazu zwingen würde, die 4 000 $ Selbstbehalt zu zahlen. So regle ich das mit der Krankenversicherung.

Als ich letzten Monat meine Prämienrechnung bekam, habe ich für meine alte Versicherung von 1995 noch einmal nachgerechnet. 1995 habe ich 112 $ pro Mitarbeiter für eine fantastische Police bezahlt: niedrige Zuzahlungspauschalen, kein jährlicher Selbstbehalt und nur 15 $ für eine Rabattkarte für rezeptpflichtige Medikamente. Diese Versicherung würde mich heute über 600 $ pro Person kosten.

Ich bitte Sie, Herr Präsident, setzen Sie Ihren Kampf gegen die Lobbyisten und die von der Wirtschaft dominierte Rechte fort, die keine echten Reformen in diesem Land will. Einfache Leute wie ich sind darauf angewiesen, dass Sie für den gesunden Menschenverstand eintreten. Die Gesundheitsreform muss kommen, wenn wir als Land vorankommen wollen.

Mit freundlichen Grüßen

Robert B. Trapp

Geschäftsführender Herausgeber

Auswahl
26.03.10 HK

E-Mail-Ansicht Seite 1 von 1

Sehr geehrter Herr Präsident,

ich habe ihnen vor ein paar Monaten eine Mail geschrieben wegen der Gesundheitsreform und um ihnen zu sagen wie sehr ich unterstütze was sie tun und um zu fragen, ob der Kongress sich bitte mit diesem Gesetz beeilen kann. Ich habe das damals wegen meiner Freundin Jana Smith geschrieben Am 18. März 2010 ist Jana gestorben. Jana war krank. Sie konnte sich nicht leisten zum arzt zu gehen und hat abgewartet wie das mit der Gesundheitsreform wird. Sie wusste dass Sie, Herr Präsident, daran arbeiten, damit alle Amerikaner die Gesundheitsversorgung bekommen die sie dringend brauchen. Ich weiß, das das meiner Jana jetzt nicht mehr helfen kann aber ich wollte das Sie wissen, das wir alles gutfanden, was sie getan haben. Danke, Herr Präsident. Ich bin Soldat im Ruhestand und ich habe Jana zur seite gestanden bei dem was sie durchgemacht hat. Wir wollten heiraten und ich fühle mich jetzt ziemlich verloren, aber ich wollte einfach dass sie wissen das ich möchte dass sie die fantastische arbeit weitermachen, die sie für alle Amerikaner leisten

Danke für Ihre Zeit
SSGT Robert J Doran
U.S. Air Force (im Ruhestand)

Beantworten

==== Ursprüngliche Nachricht ====

Date: Mar 23 2010 11:30AM

<PREFIX></PREFIX>
<FIRST>Robert</FIRST>
<LAST>Doran</LAST>

<ADDR2></ADDR2>
<CITY>Gilbertsville</CITY>
<STATE>Kentucky</STATE>

<ISSUE>W POTUS</ISSUE>

Robert Doran

Gillbertsville, KY

25/03/2010

ARCHIV-
KOPIE

THE WHITE HOUSE

WASHINGTON

Lieber Robert,

danke für Ihren Brief. Ich fühle mit Ihnen wegen des Todes von Jana, aber dank der Unterstützung von Menschen wie ihr ist es uns gelungen, die Gesundheitsreform durchzubringen, sodass wir anderen in Zukunft hoffentlich solches Leid ersparen können.

Ihnen danke ich darüber hinaus für Ihren Dienst an unserem Land.

Gott segne Sie,

Mr. Robert Doran

Berkley Michigan

(Express)

01. JUN 2010

03/01/2010 18:14:28
Desert Hot Springs, Kalifornien

Im Riverside County, CA, wo ich wohne, liegt die Arbeitslosenquote bei über 30 %. Jobs sind weit und breit keine in Sicht. Werden Sie auch nur eines der Wahlkampfversprechen halten, auf die Sie Ihre Präsidentschaft begründet haben? Ich habe für Sie Wahlkampf gemacht, ich habe für Sie gespendet, und was ist der Dank dafür: Ich bin arbeitslos, ich bekomme keinen Inflationsausgleich bei der Rente, und Sie finanzieren die neue Krankenversicherung, indem Sie mir Medicare kürzen.

Ganz herzlichen Dank auch.

Hochachtungsvoll,

Eileen M. Garrish

THE WHITE HOUSE

WASHINGTON

Liebe Eileen,

ich habe Ihre Nachricht erhalten und möchte Ihnen gerne darauf antworten.

Mit meinem Amtsantritt habe ich die schlimmste Wirtschaftskrise seit der Großen Depression geerbt. Nach einem sehr schweren Jahr beginnt sich das Blatt allmählich zu wenden und die Wirtschaft wächst wieder.

Das mag für Sie und andere, die keine Arbeit haben, kaum ein Trost sein, und ich werde nicht eher zufrieden sein, bis in Riverside und im Rest des Landes wieder neue Arbeitsplätze entstehen.

Unabhängig davon bestreite ich ausdrücklich Ihren Vorwurf, ich hätte meine Wahlkampfversprechen nicht gehalten oder die Rentenversicherung und Medicare geschwächt. Die aktuelle Rentenformel enthält keinen Inflationsausgleich, weil die Preise/Inflation in diesem Jahr gesunken sind. Trotzdem habe ich angewiesen, allen Senioren stattdessen als Konjunkturanreiz einen Scheck über 250 $ auszuzahlen. Und im Gegensatz zu dem, was die Republikaner behaupten, werden die Medicare-Leistungen durch die Gesundheitsreform nicht gekürzt!

Mit freundlichen Grüßen

CAS
Auswahl/Schülerin

25.02.10
MK

8. Januar 2010

Beantworten

Lieber Barack Obama,

hallo, ich heiße Rebecca . Ich bin 16 Jahre alt, im März werde ich 17, und ich wohne in Florida.

Seit ich 2 Jahre alt war, lebe ich in Pflegefamilien. Ich habe noch drei Schwestern. Zwei davon sind jünger als ich, B ist 15 und J wird am 10. Januar 2010 13. Meine ältere Schwester J ist 23 Jahre alt.

Als ich 6 wurde, fand ich eine Familie, die mich und meine drei Schwestern adoptieren wollte, und als ich 7 wurde, wurden wir alle von den adoptiert. Die Frau hieß J und der Mann D . Ich möchte Ihnen ein bisschen über sie erzählen. Ich wollte doch ein neues Leben beginnen, und darum dachte ich, D und J könnten mir helfen, dieses neue Leben zu beginnen, aber ich schätze, da habe ich mich geirrt, denn nach einer Weile fing D an mich zu misshandeln und sexuell zu missbrauchen, und J misshandelte mich. J wusste auch, was D mit mir machte, und sie sagte ihm immer, er soll es nicht zu weit treiben oder sich nicht erwischen lassen

. Ich habe es auch den Eltern von

D und J erzählt und sie sagten, so etwas würden sie nie tun. Ich habe meinen jüngeren Schwestern nichts davon erzählt, weil sie damals noch zu klein waren. Sie hätten das nicht verstanden. Also ging ich zu meiner älteren Schwester und sagte ihr, was los war, und an dem Abend rief sie die Polizei, und die Polizei kam an dem Abend zu uns und nahm mich mit und befragte mich, und dann steckten sie mich in eine Pflegefamilie. Die haben meine kleinen Schwestern bestochen, damit sie bleiben, also sind sie bei ihnen geblieben. Dann wurde D festgenommen, aber am nächsten Tag haben sie ihn wieder freigelassen, und J ist gar nichts passiert. Also haben mich von da an alle für eine Lügnerin gehalten. Nachdem ich bei den weggegangen war, erlaubten sie mir nicht mehr, meine Schwestern zu sehen oder mit ihnen zu sprechen, also wurde ich schließlich eingesperrt, kiffte, trank Alkohol und lief weg. Als ich das letzte Mal eingesperrt wurde, das war mit 16, sagte ich meiner Betreuerin, dass ich Hilfe bräuchte und dass ich nicht mehr so weiterleben könnte, und sie hat mir @ empfohlen. An meinem zweiten Tag in versuchte ich zusammen mit einem anderen Mädchen aus dem Camp wegzulaufen. Aber wir wurden erwischt und nach zurückgebracht und seit dem Tag bin ich ein ganz neuer Mensch. Mittlerweile bin ich seit sechs Monaten hier und ich bin ein völlig neuer Mensch. Ich bin jetzt Rollenvorbild und Führungsfigur. Nach drei Monaten hier habe ich rausgefunden, dass das, was mir passiert ist, auch ihnen passierte. Sie kamen dann zur Pflege zu einer netten älteren Dame. Ich darf sie besuchen und einmal in der Woche mit ihnen telefonieren. D sitzt im Gefängnis. Wir wissen nicht, wie lange er noch eingesperrt bleibt, aber was ich weiß, ist, dass J zwei Jahre unter Bewährungsaufsicht steht. Ich habe jetzt also wieder Kontakt mit meinen Schwestern, und ich versuche, Kontakt mit meinen leiblichen Eltern zu bekommen, das einzige Problem ist, dass meine leiblichen Eltern auf alle Rechte verzichtet haben, und jetzt kämpfen sie um ein Besuchsrecht bei mir.

Ich bin so glücklich mit meinem Leben, ich habe nie gewusst, dass ich der Mensch sein könnte, der ich heute bin. Dank will ich nach der Highschool studieren, um Sozialarbeiterin zu werden und mit anderen Pflegekindern zu arbeiten.

Ich bin so froh, einen Präsidenten wie Sie zu haben. Sie haben schon eine ganze Menge verändert. Ich hatte einen Brief an George Bush geschrieben, als ich noch jünger war, aber ich glaube, das war einer von seinen Mitarbeitern, der mir geantwortet hat. Ich hoffe, das passiert diesmal nicht. Also können Sie mir bitte zurückschreiben und mir bitte ein paar Fotos schicken?

Danke schön.

Mit freundlichen Grüßen, Rebecca

Rebecca

ARCHIV-
KOPIE

THE WHITE HOUSE

WASHINGTON

Liebe Rebecca,

vielen Dank für Deinen bewegenden Brief. Ich bin begeistert von deinem Mut, und ich bin mir sicher, dass Du in Deinem Leben Erfolg haben wirst, wenn Du Deinen Weg weitergehst.

Ich wünsche Dir dabei viel Glück!

Miss Rebecca [redacted]

08. MÄR 2010

18. November 2012

Sehr geehrter Herr Präsident,

mein Name ist Chana Sangkagalo. Ich kam im November 1988 aus dem Nordosten Thailands in die Vereinigten Staaten von Amerika. Ich weiß noch, dass es an Thanksgiving war.

Der Grund, warum ich nach Amerika kam, ist, dass es ein Land der unbegrenzten Möglichkeiten ist. Die Vereinigten Staaten sind bekannt als ein Land, in dem man mit nichts anfangen und es zu allem bringen kann, was man will und was man sich leisten kann. In den Vereinigten Staaten ist das Schicksal eines Menschen nicht vorherbestimmt – man hat das Recht zu werden, wer und was man sein will. Man arbeitet hart für die Chance auf ein besseres Leben. Harte Arbeit und Entschlossenheit kann einen in diesem Land sehr viel weiter bringen als irgendwo sonst auf der Welt – solange man hart genug dafür arbeitet. Anfangs habe ich hier in einem Burger King in Rhode Island gearbeitet. Mit den Jahren und zunehmender Bildung war ich in der Lage, meine Kreativität zu entwickeln und meinen eigenen Friseursalon zu eröffnen. Ich bin jetzt ein erfolgreicher Kleinunternehmer in diesem großartigen Land. Ich bin Bürger der Vereinigten Staaten. Es gibt vieles, wofür ich dankbar sein muss.

Der Grund, warum die Vereinigten Staaten einen beständigen Strom an Zuwanderern brauchen, ist, dass wir diejenigen sind, die den Traum – den Wunsch – das innere Feuer haben, etwas zu unternehmen, um unsere finanzielle Situation zu verbessern. Wir haben nicht das Gefühl, einen Anspruch auf einen Arbeitsplatz oder Bildung zu haben. Wir glauben an Eigenverantwortung und daran, dass jeder Rechenschaft ablegen muss für das, was er tut.

Wir brauchen neue Erzeuger in den Vereinigten Staaten. Es geht um frisches Blut – frisches Leben – Menschen, die geben, nicht nehmen. Wenn Sie in die Geschichte zurückschauen, werden Sie sehen, wie frisches Blut Leistung erzeugt und unsere Wirtschaft vorangebracht hat.

Einwanderer haben eines gemeinsam – wir arbeiten wie verrückt. Wir sparen unser Geld. Wir eröffnen Geschäfte und viele andere Unternehmen. Wir sitzen nicht herum und jammern über alles und jeden. Wir haben keine Ansprüche. Wir nehmen nicht, sondern erzeugen selbst. Wir brauchen Erzeuger und Einwanderer wie mich, die Neues produzieren. Die Gründe, warum so viele Einwanderer nach Amerika kamen, sind genau die Gründe, für die jeder einzelne von uns dankbar sein sollte – Freiheit – Religionsfreiheit – Flucht vor Armut und Unterdrückung – eine bessere Zukunft für unsere Familien. Mit einem Wort: Möglichkeiten.

Mr. Obama, ich glaube, dass Sie ein echter Mensch mit echten Überzeugungen sind. Sie haben schon viele Löcher gestopft, die Ihnen Ihr Vorgänger hinterlassen hat, und das werden Sie auch weiter tun. Ich freue mich über Ihre Wiederwahl. Ich glaube an Sie und bin sehr gespannt darauf, was Sie in den nächsten vier Jahren noch erreichen werden.

Gott segne Sie, Herr Präsident.

Hochachtungsvoll
Chana Sangkagalo

Thailand

14.10.1988
19.10.2012

Auswahl
PK
TY LGBT-Geschichte
Gold Star

UNITED STATES NAVAL ACADEMY

Sehr geehrter Herr Präsident, sehr geehrte First Lady,

ich danke Jhnen für diesen Meilenstein im Leben meiner Tochter. Mit der Unterzeichnung der Gesetzesvorlage, die die »Don't ask don't tell«-Regel zum 22. September 2011 außer Kraft setzt, haben Sie ihr Leben und das vieler ihrer Bordkameraden verändert.

Als Mutter weiß ich, dass es nichts gibt, was Sie davon abhalten könnte, Jhre Töchter zu ermutigen, ihre Träume zu leben. Caitlin ging zur Marineakademie, und vom ersten Tag an hat sie sich dort nicht versteckt. Jch hatte oft Angst, was mit ihr geschehen würde.

Und wissen Sie, was sie getan hat? Sie und fünf andere gründeten den NAVY SPECTRUM CLUB. Eine Jnteressenvertretung für Homosexuelle an der Marineakademie! Das ist alles andere, als sich zu verstecken. Sie haben diesen Club Jhretwegen gegründet!! Anfangs kamen zwar nur fünf Jnteressierte zu den Treffen, aber mittlerweile ist es der zweitgrößte Club an der Akademie. Sie ist meine Heldin, und jetzt hinterlässt sie der Marineakademie ein Erbe. Denn sie hat ihr Studium abgeschlossen und macht im Anschluss eine Ausbildung zur Pilotin.

UNITED STATES NAVAL ACADEMY

Ich wollte Ihnen einfach noch einmal Danke sagen, im Namen meiner Tochter, des ganzen NAVY Spectrum Clubs und der Eltern homosexueller Kinder überall in diesem großartigen Land. Danke, dass Sie sich für sie eingesetzt haben.

Mit viel Liebe und Dankbarkeit von der Mutter einer wunderbaren Tochter an den Vater zweier fantastischer Töchter: Ich danke Ihnen!

Gold-Star-Witwe[1] und Mutter
einer unglaublichen Tochter!

GO NAVY!

1 Ehefrau eines im Einsatz gefallenen US-Soldaten (A.d.Ü.)

Als Geschenk zu ihrem Abschluss habe ich für Caitlin unter anderem eine Rezeptbox zusammengestellt. Anbei finden Sie eine Rezeptkarte. Falls Sie ein einfaches, unfehlbares Rezept für ein vegetarisches Gericht kennen, füllen Sie sie bitte aus, dann legen wir sie in ihr Überraschungspaket. Bringen Sie die Karte zur Abschlussfeier mit oder schicken Sie sie an unten stehende Adresse, dann nehme ich sie in die Sammlung auf. Sie können das Rezept auch an folgende Adresse mailen:
[illegible], dann drucke ich es aus und lege es in ihre Box.

Ich weiß, dass sie sich sehr darüber freuen und es noch viele Jahre in Ehren halten wird.

Caitlin Bryant

c/o R.H. Bryant

[illegible]

Pensacola, Florida

23. September 2011

An den Präsidenten der Vereinigten Staaten
1600 Pennsylvania Ave. NW
Washington, DC. 20500

RE: BRIEF DES BUNDESHÄFTLINGS JASON HERNANDEZ #07031-078 ZUR UNTERSTÜTZUNG SEINES ANTRAGS AUF STRAFMILDERUNG

Sehr geehrter Herr Präsident,

guten Tag, mein Name ist Jason Hernandez. Ich bin mir sicher, Sie haben keine Ahnung, wer ich bin, und fragen sich, warum um Himmels willen ich Ihnen schreibe. Nun, um es so kurz wie möglich zusammenzufassen, ich bin 34 Jahre alt, seit 14 Jahren Häftling in einem Bundesgefängnis und sitze eine lebenslange Haftstrafe ohne Aussicht auf vorzeitige Entlassung ab, zu der ich wegen gemeinschaftlich begangenen Handels mit Crack und anderen Betäubungsmitteln verurteilt wurde. Infolgedessen habe ich einen Antrag auf Strafmilderung beim Begnadigungsbüro des Justizministeriums eingereicht, in der Hoffnung, dass Sie der Ansicht sein werden, es gebe ausreichende Gründe, meinem Gesuch stattzugeben.

Wie Sie wissen, gibt es breite Unterstützung für das Vorhaben, die unterschiedliche strafrechtliche Bewertung von Kokain in Pulver- oder Crackform vollständig abzuschaffen. Aber darum geht es mir in diesem Brief nicht. Ich werde nicht versuchen, die Auswirkungen von Crack oder anderen Drogen auf unser Land herunterzuspielen. Ich weiß aus erster Hand, wie zerstörerisch sich Drogen auf Menschen, Familien und Gemeinschaften auswirken.

Auch werde ich nicht argumentieren, dass ich nicht für eine unangemessen lange Zeit im Gefängnis sitzen sollte, weil ich niemanden umgebracht oder vergewaltigt und kein Verbrechen gegen Kinder begangen habe. Denn, Herr Präsident, die simple Wahrheit ist, ich war ein Drogendealer. Und was ich damals nicht wusste, in der Zwischenzeit jedoch erkannt habe, ist, dass es nicht übertrieben wäre, mein Verbrechen als gleichwertig, wenn nicht sogar noch schädlicher als die zuvor erwähnten anzusehen. Das ist mir klar geworden, weil ich Drogen in dem Viertel verkauft habe, in dem ich geboren und aufgewachsen bin. Ich verkaufte Drogen an Menschen, die ich seit meiner frühesten Kindheit kannte, die meisten von ihnen waren entweder Freunde oder Verwandte. Auf die eine oder andere Weise zerstörte ich jeden, mit dem ich in Berührung kam. Von den Süchtigen und ihren Familien bis hin zu den Personen, die ich dazu anstiftete, ebenfalls Drogen zu verkaufen, und die schließlich im Gefängnis landeten, wo sie Jahre ihres Lebens verloren. Das alles führte dazu, dass Eltern ohne ihren Sohn leben mussten, Frauen ohne ihren Mann und Kinder ohne ihren Vater. Jetzt erkenne ich den Kreislauf der Zerstörung, in den die Drogen mein Viertel und viele andere Viertel überall in den Vereinigten Staaten gestürzt haben.

Ich gebe zu, dass ich es verdient habe, im Gefängnis zu sein. Wie lange? Es ist nicht an mir, darüber zu entscheiden. Ich bin mir sicher, dass es Menschen gibt, die entweder für oder gegen meine lebenslange Inhaftierung ohne Aussicht auf vorzeitige Entlassung argumentieren könnten. Was ich jedoch mit Bestimmtheit sagen kann, Herr Präsident, ist, dass ich heute ein anderer Mensch bin als der Junge, der vor über 15–20 Jahren durch jene Straßen lief. Und wenn ich eine zweite Chance im Leben bekäme, würde ich Sie, meine Familie und die Gesellschaft nicht enttäuschen. Ich würde alles tun, was ich kann, um wiedergutzumachen, was ich falsch gemacht habe, und ich würde versuchen, Kinder davon abzuhalten, dieselben Fehler zu machen, die ich in meiner Jugend gemacht habe.

Wenn Sie meinen Antrag auf Strafmilderung prüfen, werden Sie sehen, dass ich Träume habe, Herr Präsident, große Träume. Und ich träume nicht nur davon, frei zu sein, nein, ich träume davon, jemand zu werden, der in dieser Welt etwas bewirken kann. Aber meine Ziele als Träume zu bezeichnen wird ihnen nicht gerecht, denn ich sehe alles, was ich erreichen will und wie ich es erreichen will, schon ganz klar vor mir. Das Einzige, was ich jetzt noch brauche, ist eine Chance, diese Träume Wirklichkeit werden zu lassen.

Ich danke Ihnen für Ihre Zeit, Herr Präsident, und ich hoffe, dass Sie, nachdem Sie meinen Antrag auf Strafmilderung gelesen haben, zu dem Schluss kommen werden, dass ich als Heranwachsender kein schlechter Mensch war, sondern nur ein Mensch, der schlechte Entscheidungen getroffen hat.

Mit freundlichen Grüßen,

Jason Hernandez #07031-078
Bundesgefängnis
Postfach 1500
El Reno, Oklahoma. 73036

10.09.12
406

Sandy Swanson
Merion Station, PA

8. August 2012

Beantworten

Zurück aus OVAL
11.09.2012

Präsident Barack Obama
Weißes Haus
1600 Pennsylvania Avenue, NW
Washington DC 20500

Sehr geehrter Herr Präsident,

ich schreibe Ihnen, um Ihnen von den 15 $ zu erzählen, die meine Familie gerade für Ihren diesjährigen Wahlkampf gespendet hat.

Es waren 15 $.

Das war wirklich alles, was wir geben konnten. Mein Mann absolviert gerade das letzte Jahr seines Doktorandenstudiums an der Temple University. Seit er vor drei Jahren damit angefangen hat, leben wir ein paar Hundert Prozent unter der Armutsgrenze (ich vergesse immer, wie viel Prozent genau … ist das wichtig??).

Aber wir beschweren uns nicht. Zwei gesunde Töchter – staubige, weitgereiste Rucksäcke im Keller – ein Haus voller Erinnerungen – eine hoffnungsvolle Zukunft. Wir gehören zu den Glücklichen.

Also sind wir momentan »*arm an Geld, aber reich an Leben*« (wie wir gerne sagen). Das war nicht immer so. Mein Mann hat den größten Teil seines Lebens mit dem verbracht, was er liebte: Basketball – erst als Spieler, dann als Trainer. Er stammt aus dem Südosten Iowas, war ein Academic All-American und – in der guten alten Zeit, als beide Knie noch heil waren – der Held seiner kleinen Heimatstadt, der er in seinem vorletzten Jahr an der Highschool die Iowa-Meisterschaft und Jahre später als Trainer noch einmal die nationale NJCAA-Meisterschaft bescherte. Danach arbeitete er eine

Zeit lang als Trainer in Europa (GB), bevor er wieder in die Staaten zurückkam und ein weiteres Kleinstadtteam der 1. NJCAA-Liga trainierte. Jahrzehntelang war Basketball sein Leben und gleichzeitig sein Lebensunterhalt. Und jetzt ist er wieder Student. Irgendwann möchte er unterrichten und an andere weitergeben, was er als Trainer hier und im Ausland gelernt hat. Sein Forschungsschwerpunkt sind Führungsqualitäten – was macht eine Führungspersönlichkeit aus und solche Sachen. Er ist übrigens ein großer Fan von Ihnen … als Spieler, Vater und Präsident … wenn auch nicht unbedingt in dieser Reihenfolge ‹Zwinker›.

Aber in diesem Brief sollte es eigentlich gar nicht um ihn gehen.

Sondern um den Wahlkampf. Und darum, dass 15 $ heutzutage etwas bedeuten und diesem Mädchen und ihrer Familie von Obama-Fans einen Moment des Innehaltens (und ein paar Worte auf Papier) wert sind.

* 15 $ bedeuten ein Special-Pizza-Dinner in unserem hiesigen Pizzaladen (Poppy's in Wynnewood).
* Sie bedeuten anderthalb Eintrittskarten für den neuesten Film in dem altmodischen Kino, zu dem wir mit unseren Töchtern zu Fuß gehen.
* Sie bedeuten, frisches Obst kaufen zu können statt tiefgefrorenes, frisches Gemüse statt Konserven.
* Sie bedeuten Eintrittskarten für das Franklin Institute im Zentrum von Philly (wo wir noch nie waren).

Das alles bedeuten 15 $ für eine Familie wie die unsere.

Ich habe aufmerksam, aber vor allem frustriert zugehört, als die Nation über die Aufhebung der Finanzierungsbeschränkungen für politisch motivierte TV-Sendungen und die Reihe neuer Gesetze debattiert hat, die es den grölenden Stimmen der Lobbygruppen erlauben, leise Stimmen (wie die unsere/meine) niederzubrüllen. Unsere Ein-Tropfen-auf-den-heißen-Stein-Spende erscheint mir da beinahe sinnlos. »*Überlass den Wahlkampf doch den Reichen*«, denke ich mir, »*und spendiere deinen Töchtern lieber eine Pizza.*«

Aber ich weigere mich, uns/mich durch diese neuen Gesetze davon abhalten zu lassen, EIN TEIL dieses Wahlkampfs zu sein. Zwar werde ich (in politischer Hinsicht) nie ganz vorn mitspielen, aber ich möchte zumindest weiterhin glauben können, dass ich trotzdem eine Rolle spiele.

Und dann tauchen Sie plötzlich mit einem Sprungwurf auf meiner Facebook-Seite auf und suchen nach »Mitspielern«. Ich musste lächeln und konnte nicht widerstehen. Also habe ich auf diese 15 $ verzichtet. Und Sie sollen wissen, dass sie etwas bedeuten. Für uns. Bitte bleiben Sie in Washington. Setzen Sie in dieser zweiten Amtszeit all das um, wofür Sie in Ihrer ersten Amtszeit keine Unterstützung und Hilfe hatten. Lassen Sie dieses Land wieder vorankommen/funktionieren/hoffen. Ich hoffe, die nächste Pizza geht auf Sie.

Viele Grüße an Ihre tapfere Frau und Ihre wunderschönen Töchter von einer anderen tapferen Frau mit zwei wunderschönen Töchtern.

Alles Gute

Sandy Swanson

PS: Wenn Sie einen hart arbeitenden All-American-Boy aus Iowa für eine Runde Basketball suchen, dann wüsste ich jemanden … meinen Mann. Er heißt Steven.

Sandy Swanson

»Code 100«/
REAKTION

THE WHITE HOUSE

WASHINGTON

Liebe Sandy,

Ihr Brief hat mich unglaublich inspiriert.

Danke!

Ms. Sandy Swanson

Merion Station, Pennsylvania

19. SEP 2012

(Express/m. Nachverfolgung)

KAPITEL 6

Bill Oliver, 20. Juni 2012

Geheimer Ort

Einiges in diesem Kapitel wird im Vagen bleiben müssen. Bill Oliver möchte nicht, dass bekannt wird, wo er und seine Familie leben, nicht an welchem Ort, ja nicht einmal in welchem Staat. Die MS-13, die brutalste Straßengang der westlichen Hemisphäre, ist sogar in dieser verschlafenen Stadt aktiv, und wenn Gangmitglieder jemanden finden wollen, dann finden sie ihn auch.

Unnötig zu erwähnen, dass das Ganze ein Lernprozess war. Er ist nicht mehr derselbe Mensch wie früher. Vor Kurzem ist er achtzig geworden.

Bill Olivers Umdenken begann 2011 während einer Reise nach El Salvador. Der ehemalige Universitätsdozent war seit Langem in Rente. Er hatte mit seiner Frau Sandra, mit der er seit fast einem halben Jahrhundert verheiratet war, zwei Kinder großgezogen und war schließlich mit ihr gemeinsam aus dem sogenannten Schneegürtel bei den großen Seen im Norden des Landes in den sonnigeren Süden gezogen. Um seinen Geist wach zu halten, unterrichtete er noch ein paar Stunden am örtlichen College. Die Studienreise nach Mittelamerika sollte seine Studenten aufrütteln. Ihnen zeigen, wie die andere Hälfte der Menschheit lebt. »Lernt zu schätzen, was ihr habt.« Sie studierten Internationale Betriebswirtschaftslehre und beschäftigten sich mit Finanzwesen, prädiktiven Analysen und den optimalen Marketingmanagement-Strategien. Bill war schon sein Leben lang Republikaner und glaubte an Dinge wie einen möglichst geringen Einfluss des Staates, niedrige Gewerbesteuern und geschlossene Grenzen.

Das Abendessen, das die Dorfbewohner für sie zubereiteten, wurde in einem großen Kessel über dem offenen Feuer gekocht. Bill wollte, dass seine Studenten das sahen. Die Kokosmilch stammte aus Kokosnüssen, die die Jungen vor ihren Augen von den Palmen gepflückt hatten. *Echte Kokosnüsse.* Vor dem Essen forderten die Kinder des Dorfes Bills Studenten zu einem Fußballspiel heraus. Diese Kinder waren barfuß. Bill nahm seine Studenten beiseite. »Seid nett zu ihnen«, sagte er. »Lasst sie gewinnen.« Doch die amerikanischen College-Studenten hatten gegen die Dorfjungen nicht den Hauch einer Chance. »Also so was«, sagte Bill. »*Das ist ja nicht zu fassen!* Seht euch das an. Seht euch diese Leute an. Sie haben keine Schuhe, sie haben gar nichts, und trotzdem scheinen sie *glücklich* zu sein!«

Nach dem Essen machte Bill Bekanntschaft mit einem Mann, der ihm sagte, er sei der Vater von einigen der Jungen. Seine Frau hatte gekocht. Bill und der Vater standen in der Küche, deren Boden aus gestampfter Erde bestand. Das Dach war aus Wellblech, und der Vater hatte einen freien Oberkörper. Er erzählte Bill von seinen sechs Söhnen, nannte ihm ihre Namen und sagte, einer von ihnen sei nicht da. Der Junge war gerade siebzehn geworden, und er hieß Quique. Kie-kee. Der Vater erzählte Bill von der MS-13, von der Gewalt, die El Salvador innerhalb kürzester Zeit zur Region mit der höchsten Mordrate weltweit hatte werden lassen. Er sagte, Quiques Schule liege auf der anderen Seite des Flusses, weit weg vom Dorf, dort, wo auch die Gang sei. Gangmitglieder hatten Quique rekrutiert, ein einsames Kind, das Freunde brauchte und den Fehler beging, ihnen zuzuhören. Bald steckte er in einem tragischen Dilemma. Die Gang drohte, ihn zu töten, wenn er sich ihr nicht anschloss, und der Preis für seine Aufnahme war der Mord an einem Mitglied seiner eigenen Familie.

Quiques einzige Chance war die Flucht. Sein Vater setzte ihn in einen Bus und gab ihm genug Geld, wie er hoffte, um damit den *coyote* zu bezahlen, den Schlepper, der ihn über die amerikanische Grenze bringen sollte. Seitdem hat er nichts mehr von ihm gehört.

Bill ist ein freundlicher, höflicher Mensch, und so sagte er, was jeder freundliche, höfliche Mensch sagen würde, wenn er in El Salvador mit einem trauernden Vater auf dem nackten Lehmboden unter einem Wellblechdach steht: »Wenn ich irgendetwas für Sie tun kann …«

Es gab nichts, was Bill tun konnte.

Zwei Wochen nach seiner Rückkehr erzählte Bill Sandra davon. »Ich habe dem Vater versprochen, seinen Sohn zu suchen«, sagte er. Er weiß nicht mehr genau, wann oder wie das mit dem Versprechen gekommen ist. Er hatte nichts versprochen. Das Semester war bald zu Ende, seine Studenten würden sich ihren MBAs und der Karriere in einer Großbank zuwenden. Bill hatte nicht viel zu tun, nicht mehr so viel wie früher jedenfalls. Wenn er einen Versuch unternahm, den Jungen aufzuspüren, konnte er sich dadurch vielleicht als der ehrenwerte Mann erweisen, für den er sich hielt.

Seine Chancen, ihn zu finden, standen gleich null.

Bill begann in Texas. Er begann in Houston. »Ich suche einen Jungen«, sagte er. Die Nadel im Heuhaufen. Er hätte es ohne ein schlechtes Gewissen dabei bewenden lassen können, immerhin hatte er es versucht. Er kann nicht genau sagen, wann ihn dieser innere Drang, immer weiterzusuchen, erfasste, aber offen gestanden, anfangs ging es ihm wohl eher ums Gewinnen. Wie bei einem Kreuzworträtsel, das man unbedingt lösen will. »Ich suche einen Jungen«, sagte er. »Ich suche einen Jungen.«

Bis 2012 waren mehr als 150 000 Kinder aus mittelamerikanischen Ländern, hauptsächlich El Salvador, Honduras und Guatemala, die vor der MS-13 aus ihrer Heimat geflohen waren, beim Grenzübertritt in die Vereinigten Staaten aufgegriffen worden. Diese sogenannten »unbegleiteten Minderjährigen« wurden festgehalten und in Auffanglager gebracht. Das *Office of Refugee Resettlement*, die im Ministerium für Gesundheit und Soziales angesiedelte Flüchtlingsbehörde, überprüfte die Jugendlichen auf Verbindungen zu Gangs und kümmerte sich in Aufnahmeeinrichtungen um sie, bis sie bei Verwandten oder freiwilligen Paten untergebracht werden konnten, wo sie auf ihre Anhörung vor dem Einwanderungsgericht warteten.

Bill fand Quique in New York. Die Flüchtlingsbehörde hatte ihn zu irgendeinem entfernten Verwandten geschickt, dieser Teil der Geschichte bleibt lückenhaft. Bill schrieb einen Brief an das Bezirksgericht, dessen Zuständigkeit Quique nun unterstand. Als er keine Antwort bekam, schrieb er erneut. Er schrieb so oft, dass die Richterin ihn schließlich anrief. Wenn er etwas für den Jungen tun wolle, müsse er sich einen Anwalt nehmen und Anträge stellen, erklärte sie ihm. Bill ging online und informierte sich über Anträge, während er sich gleichzeitig fragte, was genau er eigentlich für diesen Jungen tun wollte.

Er dachte an den Vater und das Wellblechdach und den Lehmboden. Die Unterhaltung mit dem Vater, die sich in Bills Vorstellung zu einem Versprechen gewandelt hatte, war mittlerweile zu einer regelrechten Charakterprüfung gediehen. Er betrachtete die Töpfe, Felle, Masken und anderen herrlichen Dinge, die er in seinem Haus ausgestellt hatte. Sie waren von Dorfbewohnern hergestellt worden, die er auf seinen zahlreichen Reisen in die entlegensten Winkel der Erde kennengelernt hatte, und Besucher sahen gleich, dass er ein weltläufiger Mann war, der wusste, wie Essen schmeckte, das in einem Kessel über dem offenen Feuer zubereitet wurde.

In dem Antrag für das Bezirksgericht mussten gewisse Dinge angegeben werden. »Ich verfüge über die nötigen finanziellen Mittel, um mich um ihn zu kümmern«, schrieb er auf das Formular. *Ich verfüge über die nötigen finanziellen Mittel.*

Als dem Antrag stattgegeben wurde, setzte man Quique in

ein Flugzeug, und Bill fuhr zum Flughafen, um ihn abzuholen. Er erkannte Quique an seiner braunen Hautfarbe. Bill ist groß und rund, und ohne es darauf anzulegen, sieht er mit seinem weißen Bart aus wie der Weihnachtsmann. Quique kam auf ihn zu, und gemeinsam gingen sie zu Bills Wagen. Bill sprach kein Spanisch und Quique kein Englisch. Bill wusste nicht, ob Quique einen Tag, einen Monat oder ein Jahr bleiben würde, und Quique wusste es ebenso wenig. Bill fuhr mit Quique zu einem salvadorianischen Restaurant, damit er sich wie zu Hause fühlte. Sie aßen *pupusas*, und die Kellnerin hatte riesige Brüste, die aus ihrem Ausschnitt quollen, das war ihre einzige gemeinsame Sprache, also redeten sie darüber mit ihren Blicken und ihrem verlegenen Lachen.

Es gibt eine Übersetzungs-App, die man sich aufs Handy laden kann. Man spricht Englisch hinein, und es kommt Spanisch heraus, und umgekehrt. Auf diese Weise unterhielten sie sich in den darauffolgenden Wochen am Küchentisch. Bill erkundigte sich nach Quiques Reise. Anfangs sei es berauschend gewesen, erzählte Quique. Das erste Mal raus aus El Salvador. Mit dem Bus allein nach Guatemala. Er fühlte sich wie ein Mann. Er spürte die Freiheit eines Mannes, der dem Tod entkam. In Mexiko, wo er mit Fremden zusammen hinten in Lastwagen saß, freundete er sich mit niemandem an. Der Rio Grande war so seicht, dass man das erste Stück hindurchwaten konnte. Als das Wasser tiefer wurde, zog er seine Kleider aus, hielt sie sich über den Kopf und schwamm. Es half ihm, dass er in der Nähe des Ozeans aufgewachsen war. Andere konnten nicht schwimmen. Er streckte den Arm aus, um einem von ihnen zu helfen, und von da an versuchte er nicht länger, seine Kleider trocken zu halten. Das andere Ufer sah sicher aus, aber keiner von ihnen war jemals dort gewesen, also wussten sie nicht, worauf sie achten mussten. Das Ufer war nicht sicher. Der Mann, der ihn packte, war nicht grob. Er steckte Quique in einen Transporter. Das Auffanglager war sauber. Man konnte Punkte sammeln, indem man sich an die Regeln hielt. Punkte brachten einem Süßigkeiten, Zahnpasta und Zeit im Raum mit den Videospielen. Er hatte noch nie ein Videospiel gesehen. An seinem letzten Tag tauschte er alle verbliebenen Punkte gegen Süßigkeiten ein und schenkte sie den anderen Kindern, weil er sie selbst nicht mitnehmen durfte.

Bill erzählte Quique von dem Versprechen, das er seinem Vater gegeben hatte.

»*Mi papá está muerto*«, sagte Quique. *Mein Vater ist tot.*

Das hatte er von dem Verwandten in New York erfahren. »*Tu padre está muerto.*« Sie sagten, es sei ein Herzinfarkt gewesen.

»Das tut mir leid«, sagte Bill.

Er ließ Quique aussuchen, welches Schlafzimmer er haben wollte, und Quique wählte das am Ende des Flurs. Bill sagte, er müsse sonntags in die Kirche gehen und mit ihm und Sandra zu Abend essen, außerdem würde er zur Schule gehen und Englisch lernen müssen. Quique sagte, er wolle nicht zur Schule gehen. Bill erzählte es den Leuten in der Schule. »Ich will ehrlich zu Ihnen sein. Er will nicht herkommen, und er ist ein Illegaler.« Sie sagten, sie würden sich etwas einfallen lassen. Bill engagierte einen Nachhilfelehrer. Quique entdeckte den Kochsender, und wenn er mit den Hausaufgaben fertig war, half er Sandra in der Küche.

Bill und Sandra beschlossen, Quique zu adoptieren. Die Anwältin sagte, dafür seien sie zu alt und Quique auch. Bill könne bis zur Anhörung beim Einwanderungsgericht, wo man entscheiden würde, was mit Quique passieren sollte, sein Pate bleiben.

Quique fand eine Freundin, Rebecca, eine fröhliche junge Frau mit glattem braunem Haar, die bald aufs College gehen würde und Quique für so viel reifer hielt als amerikanische Jungs. Und er fand viele Freunde. Er und Rebecca saßen auf dem Rücksitz, als der andere Wagen über die Kreuzung schoss. Sie waren angeschnallt. Rebecca blieb unverletzt. Alle blieben unverletzt, bis auf Quique, der durch den Sicherheitsgurt eine

Darmruptur erlitt. Bill erzählte es dem Chirurgen in der Notaufnahme: »Ich will ehrlich zu Ihnen sein. Er ist ein Illegaler.« Der Chirurg sagte, er werde sich etwas einfallen lassen. Als die Gemeindemitglieder in der Kirche von dem Unfall hörten, sagten sie, sie würden sich etwas einfallen lassen. Rebeccas Eltern sagten, sie würden sich etwas einfallen lassen. Eine ganze Gemeinschaft scharte sich um ihn. Staatsbürgerschaft, Papiere, Rasse, die Frage, wer dazugehört und wer nicht – wer es verdient hat und wer nicht –, das alles war nie ein Thema. Nur Menschen, die einem anderen Menschen halfen, die seine Operation bezahlten und Quique wieder gesund pflegten.

Bill hatte keine Ahnung, wo das Einwanderungsgericht war und wie es funktionierte. Er kaufte Quique eine Stoffhose und ein blaues Hemd. Bei der Anhörung betonte Bill, dass Quique den amerikanischen Steuerzahler keinen Cent gekostet hatte. Es gab Menschen, die ihm halfen, wenn er etwas brauchte. Quique machte alles richtig. Er hatte sich an die Regeln gehalten. Er ging zur Schule und lernte Englisch. Bill hatte Briefe von Lehrern dabei und von der Kirche, in denen Quiques Verhalten gelobt wurde, ja sogar vom Bürgermeister, denn Bill verstand sich darauf, seine Beziehungen spielen zu lassen.

Die Richterin sagte, es gebe keine Immunität für Jugendliche, die wegen der MS-13 illegal über die Grenze gekommen seien. Sie sagte, Quique müsse zurück nach El Salvador.

»Es tut mir leid«, sagte Bills Anwältin. Bill entgegnete, er werde in Berufung gehen. Wenn Quique nach El Salvador zurückmüsse, würde er dort auf die Gang treffen, vor der er geflohen war. Die Gang, die ihn damals umbringen wollte und jetzt garantiert umbringen werde.

Bills Anwältin ließ den Kopf hängen und blickte auf ihre Schuhe. Jeder gehe in Berufung, sagte sie. Jeder erzähle die gleiche Geschichte.

In derselben Woche, am 15. Juni 2012, verkündete Präsident Obama im Rosengarten des Weißen Hauses eine Regelung mit dem Namen *Deferred Action for Childhood Arrivals*, was in etwa so viel bedeutete wie »Handlungsaufschub bei Ankunft im Kindesalter«. Diese Regelung gewährte einem bestimmten Kreis von Einwanderern, die als Kinder und Jugendliche illegal in die Vereinigten Staaten gekommen waren, Schutz vor Abschiebung und eine vorübergehende Arbeitserlaubnis.

Bill war verzweifelt. Er war kein Obama-Unterstützer. Ganz im Gegenteil. Aber er hatte das Gefühl, während des vergangenen Jahres zu einem anderen Menschen geworden zu sein. Würde das für den Präsidenten etwas ausmachen?

Bill überlegte, was genau sich verändert hatte, und die ganze Geschichte ließ sich in einem Satz zusammenfassen: Er hatte einen Jungen kennengelernt, der sich illegal in den Vereinigten Staaten aufhielt, und ihn liebgewonnen.

Bills Brief musste bedeutungsvoll klingen. Ein simpler »Hilfe!«-Ruf erschien ihm würdelos.

LWR Auswahl/
Einwanderungsprobleme

27.9.13
fc2

Zurück aus OVAL
29.09.13

20. Juni 2012 Beantworten

[illegible]

Können wir bei Cecilia nachfragen, was die beste Option für diesen jungen Mann wäre – kommt er für Deferred Action infrage?

An den Präsidenten
Barack Obama
1600 Pennsylvania Avenue NW
Washington D.C.
20500

Sehr geehrter Herr Präsident,

ich war immer ein überzeugter Republikaner und in vielen Dingen anderer Meinung als Sie, vor allem beim Thema Einwanderung.

Ich halte mich selbst für einen objektiven Menschen, und deshalb konnte ich nicht nachvollziehen, welch zentralen Stellenwert Sie der Einwanderung beimaßen. Kaum etwas von dem, was Sie in den Fokus Ihrer Politik stellten, fand meine Zustimmung.

Doch da kam wieder meine Objektivität »ins Spiel«. Ich sah Ihr Bestreben, »Ihre Sache gut zu machen«, und beschloss, die Dinge von Ihrer Warte aus zu betrachten und mir einige der Ansichten zur Einwanderung zu eigen zu machen, für die Sie so vehement eintraten. Ehrlich gesagt, ich glaubte kaum, dass es einen Unterschied machen würde!

Als ehemaliger Prorektor und Verwaltungschef einer Universität halte ich auch nach meiner Pensionierung noch einige Lehrveranstaltungen in [illegible] ab. Unter anderem reise ich regelmäßig mit Studenten der Internationalen Betriebswirtschaftslehre nach Mittelamerika.

Bei meiner letzten Reise, die meinen Studenten eine andere Kultur und die Armut nahebringen sollte, in der viele Familien leben, hatte ich Gelegenheit, vor allem eine Familie näher kennenzulernen. Sie besteht aus sechs Söhnen, Vater, Mutter und noch einem weiteren Verwandten. Das monatliche Einkommen des Vaters liegt bei etwa 140 Dollar. Sie leben ohne jeden Komfort, wie wir ihn gewohnt sind, etwa Strom oder fließendes Wasser. Ihr »Haus« hat einen Lehmboden, und die Wände und das Dach sind aus Wellblech gefertigt. Gekocht wird über einem offenen Feuer, ihre Kleidung waschen sie in einer Wanne.

Sein Brief ging noch anderthalb eng beschriebene Seiten weiter. Er erzählte Quiques Geschichte, und am Ende fragte er:

Und jetzt? Welche Möglichkeiten bleiben uns noch? …

Wie kann ich diesem jungen Mann und anderen in seiner Lage helfen?

Dann unterschrieb er mit »William C. Oliver, Ph.D.«.

Die Maschinerie der Korrespondenzabteilung im Weißen Haus drehte auf vollen Touren. Wie wohl die meisten, die dem Präsidenten einen Brief schreiben, ahnte auch Bill nichts von den Praktikanten und Mitarbeitern, die mit ihren Bleistiften emsig codierten.

Auswahl/Einwanderungsprobleme

Und genauso wenig ahnte er, dass auch Obama seine Anmerkungen hinzufügte.

»Beantworten«, schrieb er mit blauer Tinte oben auf die Seite. Und dann notierte er an den rechten Rand: »Können wir bei Cecilia nachfragen, was die beste Option für diesen jungen Mann wäre – kommt er für Deferred Action infrage?«

Bill war überrascht, als er eine persönliche Antwort des Präsidenten erhielt, handgeschrieben auf einer weißen Karte. Sie ist hier irgendwo. Wenn er sie findet, zeigt er sie einem. Aber offen gestanden, die persönliche Antwort bedeutete ihm nicht annähernd so viel wie der Anruf eines Mitarbeiters aus dem Weißen Haus, der ihm sagte, er solle zu einem bestimmten Termin eine bestimmte Nummer anrufen. Die Frau, die seinen Anruf entgegennahm, arbeitete in der Einwanderungsbehörde, und sie stellte Bill allerlei Fragen zu Quiques Situation.

Um für die Deferred-Action-Regelung infrage zu kommen, muss man verschiedene Voraussetzungen erfüllen. Dazu gehört, dass man am 15. Juni 2012 nicht älter als dreißig Jahre war, vor seinem sechzehnten Geburtstag in die Vereinigten Staaten gekommen ist und seit dem 15. Juni 2007 in den Vereinigten Staaten lebt. 2014 schätzte das Pew Research Center, dass bis zu 1,1 Millionen Menschen zur Teilnahme an dem Programm berechtigt sein könnten.

Quique gehörte nicht dazu. Er war bei seiner Ankunft schon zu alt gewesen und lebte auch bei Weitem noch nicht lange genug in den Vereinigten Staaten. DACA konnte ihm nicht helfen.

»Wie bedauerlich«, sagte Bill.

Er ermahnte Quique, dafür zu sorgen, dass sein Hemd und seine Stoffhose sauber und gebügelt seien, wenn der Termin für die Berufungsverhandlung angesetzt würde, und rief seine Anwältin an, um sich auf den neuesten Stand bringen zu lassen.

Es sei etwas passiert, sagte sie. Quiques Fall sei überraschend abgeschlossen worden. »Ermessensentscheidung«, sagte sie.

Vor allem in Anbetracht des gegenwärtigen politischen Klimas möchte Bill lieber keine Details zu Quiques Aufenthaltsstatus nennen, aber das war eine gute Nachricht: »Er hat den niedrigsten Status, mit dem sich jemand legal in diesem Land aufhalten kann, aber er ist legal hier.«

Bill sollte nie erfahren, ob diese Entscheidung etwas mit seinem Brief an den Präsidenten zu tun hatte. Er überlegte, ob es jemanden gab, den er deswegen hätte fragen können. Aber war das so wichtig? Quique würde nicht nach El Salvador zurückkehren müssen. Quique hatte ein neues Leben. Amerika hatte ihm eine zweite Chance gegeben. Es stellte sich heraus, dass die Suche nach Quique für Bill sehr viel mehr gewesen war als nur die Suche nach Quique. Für ihn bedeutete es eine Entwicklung hin zu einer ganz neuen Form von Patriotismus.

Bill ging mit Quique einen Verlobungsring kaufen. Quique und Rebecca heirateten, und auf ihrer Hochzeitsreise sahen sie Delfinen beim Schwimmen zu. Danach kamen sie rechtzeitig zurück, um in die Kirche zu gehen, wo Bill als Vorsänger fungierte.

Bill kaufte Quiques Mutter einen Kühlschrank und eine Mikrowelle – die ersten im ganzen Dorf.

KAPITEL 7

Fionas Auswahl der 10LADs

Fionas Büro lag in einem entlegenen Winkel im dritten Stock des EEOB, erst einen schmalen Flur entlang, dann eine Rampe hinunter, hinter einer schweren hölzernen Tür. Es war ein stiller Raum, dessen breites Fenster so hoch ansetzte, dass man nur den kornblumenblauen Himmel erkennen konnte. Als ich sie eines Donnerstagnachmittags dort aufstöberte, hockte sie auf der Kante eines Sofas, um sie herum unzählige Briefe – sie lagen wie Zierdeckchen ausgebreitet auf dem Sofa, zu Stapeln sortiert auf dem Couchtisch vor ihren Knien, auf dem Boden, auf ihrem Schoß.

»Es kommt einem vor, als würden in einer Menschenmenge alle durcheinanderreden und zwar jeder über ein anderes Thema«, sagte sie. Jeden Nachmittag gegen vier Uhr machte sie sich daran, die Auswahl des Tages durchzusehen und aus diesen rund zweihundert Schreiben – nicht nur die Briefe aus dem Lektüreraum, sondern auch die Mails, die das E-Mail-Team an sie weiterleitete – jene zehn herauszusuchen, die der Präsident lesen sollte. Und nein, sie wollte dabei keine Hilfe. »Ich muss selbst lesen«, sagte sie, während sie mit einem Stoß Briefe auf die Tischplatte klopfte, bis die Kanten fein säuberlich übereinanderlagen. Fiona gehörte zu den Menschen, denen man ihre professionelle Einstellung ansah: gerade Haltung, ein zweckmäßiges braunes Kleid, praktische flache Schuhe. Man konnte sie sich gut als zukünftige Dekanin eines *liberal-arts*-Colleges vorstellen.

Sie erzählte mir, dass sie nie vorgehabt habe, einmal für einen Präsidenten zu arbeiten, obwohl sie aus einer Familie stammte, in der Gespräche über die Funktionsweise von Regierungen an der Tagesordnung gewesen waren: Ihr Vater ist der Journalist Richard Reeves, der Bücher über mehrere amerikanische Präsidenten verfasst hat, und ihre verstorbene Mutter hat für die Vereinten Nationen gearbeitet und einmal für einen Sitz im Senat des Staates Kalifornien kandidiert. Ihre Mutter war jemand, der aus einer Laune heraus beschließen konnte, dass es ein großer Spaß für die Familie sein mochte, auf eine dreißigtägige Weltreise zu gehen, und das haben sie tatsächlich auch einmal gemacht, sie klapperten sechzehn Länder ab, erholten sich am Ufer des Nils und beobachteten die Wolken. Fiona besuchte verschiedene Internate, von denen sie das erste, auf dem Gelände einer Farm in Upstate New York, immer noch als ihr Zuhause betrachtet. »Mein Vater kam ungefähr einmal im Monat für ein Wochenende zu Besuch, und das war mehr als bei den meisten anderen Kindern, also hatte ich das Gefühl, meine Eltern hätten großen Anteil an meinem Leben.« Die letzten vier Schuljahre verbrachte sie in der englischen Kleinstadt Malvern, und nach ihrer Rückkehr in die USA studierte sie an der Duke University Politikwissenschaften und Afroamerikanistik. »Ich weiß noch, wie meine Mutter mir die Politikwissenschaften auszureden versuchte. Sie sagte, Politik habe nichts mit Wissenschaft zu tun, das sei alles bloß Schwindel. Ich war also sehr naiv, was politische Prozesse betraf, und ich war naiv, was dieses Land betraf. Ich hatte ja noch nicht viel davon gesehen. Ohne die Kandidatur von Präsident Obama hätten ich und viele andere aus meiner Generation nie einen Fuß in den öffentlichen Dienst gesetzt.«

Es war Obamas 2006 erschienenes Buch *Hoffnung wagen*, das ihre Faszination weckte. Nicht gerade ein Selbsthilfebuch und auch nicht unbedingt von einem Guru geschrieben, aber irgendwie ging es doch in diese Richtung, vor allem für die junge Generation, die gut Ausgebildeten, die Pflichtbewussten, die nach einer Aufgabe suchten.

> Meine Begegnungen mit den Wählern […] riefen mir auch in Erinnerung, dass der Kern der amerikanischen Erfahrung aus einer Reihe von Idealen besteht, die bis heute unser kollektives Bewusstsein beschäftigen; ein gemeinsamer Satz von Werten, die uns trotz aller Unterschiede verbinden; ein roter Faden der Hoffnung, der dafür sorgt, dass unser unwahrscheinliches Experiment der Demokratie funktioniert. Diese Werte und Ideale finden nicht nur auf den Marmorplatten der Denkmäler und in Zitaten aus Geschichtsbüchern ihren Ausdruck. Sie sind bis heute in den Herzen und Köpfen der meisten Amerikaner lebendig, und sie können uns zu Stolz, Pflichtbewusstsein und Opferbereitschaft inspirieren.

Unmittelbar nach ihrem Abschluss bewarb sie sich 2007 um eine Stelle in Obamas Wahlkampfteam. Und sie wurde von Pete Rouse zu einem Bewerbungsgespräch eingeladen.

Sie hatte keine Ahnung, wer er war. »Es ist mir peinlich, wie ich damals an die Sache herangegangen bin. Mir war nicht bewusst, welche Bedeutung er für Obama hatte. Wenn mir das klar gewesen wäre, hätte ich mich bemüht, etwas klüger oder informierter zu wirken. Aber er muss damals so viele Gespräche mit Leuten wie mir geführt haben, dass er hoffentlich mittlerweile vergessen hat, wie lächerlich ich mich angestellt habe.« (Er hat es vergessen.)

Er stellte sie ein und schickte sie zum Klinkenputzen nach New Hampshire.

> Bei fast jeder erfolgreichen sozialen Bewegung des letzten Jahrhunderts, von Gandhis Kampagne gegen die britische Herrschaft in Indien über die Gewerkschaft Solidarität in Polen bis zum Kampf gegen die Apartheid in Südafrika war die Demokratisierung das Resultat eines lokalen Bewusstseinswandels.

Das Hörbuch lief in Endlosschleife auf Fionas iTunes. Tag für Tag klangen Obamas Worte, von ihm selbst gelesen, aus ihren Kopfhörern. »Er hat natürlich diese wunderschöne Intonation, und ich wiederholte die Sätze ununterbrochen in meinem Kopf, während ich all diese Auffahrten entlangging«, erzählte sie mir. »Er sagte Dinge wie: ›Ich bitte Sie, an diesen Wahlkampf zu glauben; ich bitte Sie, an sich selbst zu glauben; ich bitte Sie, wieder an diesen Traum zu glauben, den wir Amerika nennen.‹ Dieser mittlere Teil darüber, dass man an sich selbst glauben soll – wir dachten alle, das sei die Botschaft, die wir den Wählern vermittelten. Wir, die wir an seinem Wahlkampf mitarbeiteten und später dann für seine Regierung, wir erkannten nicht, dass er uns damit meinte. Ohne dass wir es bemerkten, impfte er uns die Vorstellung ein, dass aus Notwendigkeit erwachsener Mut ein wahres Geschenk ist.«

Die Vorwahl in New Hampshire erlebte sie 2008 in Manchester, wo sie ihr Quartier im Keller einer Familie aufgeschlagen hatte, die Obamas Team ihre freien Räume zur Verfügung gestellt hatte. Knapp eine Woche zuvor hatte Obama die Vorwahl in Iowa gewonnen, und in der anschließenden Debatte hatte Hillary Clinton versucht, seine überragenden rhetorischen Fähigkeiten in einen Nachteil zu verkehren. »Veränderungen herbeizuführen hat nichts mit Glauben zu tun oder mit einer Rede, die Sie halten«, hatte sie gesagt. »Es bringt nichts, falsche Hoffnungen zu wecken.«

»Die Wahrheit ist doch, dass Worte tatsächlich inspirieren«, entgegnete ihr Obama. »Worte helfen, die Menschen miteinzubeziehen … Sie sollten ihre Kraft nicht geringschätzen, denn wenn das amerikanische Volk davon überzeugt ist, dass etwas geschehen wird, dann geschieht es auch. Aber wenn es sich unzufrieden von der Politik abwendet, wenn es zynisch und ängstlich ist und man ihm sagt, etwas sei nicht zu schaffen, dann geschieht es nicht. Ich bewerbe mich um die Präsidentschaftskandidatur, weil ich den Menschen sagen will: Ja, wir können es schaffen!«

Bis zum Vorabend der Wahl in New Hampshire lag Obama in den Prognosen um ganze dreizehn Prozentpunkte vorn. »Ich hatte dieses Gefühl von ›Morgen wird der beste Tag meines Lebens‹«, erzählte mir Fiona. »Alle meine Freundinnen von der Uni waren gekommen. Niemand von ihnen fühlte sich wohl dabei, einfach an fremde Türen zu klopfen, aber alle übernahmen eine Schicht. Freunde meiner Eltern kamen. Meine Mutter rief mich an und sagte, ihre Freundin hätte ihr gesagt, meine Haut sehe schlecht aus und ich solle besser auf mich achten. Klar, danke, Mom. Aber es fühlte sich tatsächlich so an, als wäre ich die ganze Zeit weit weg von meinen Freunden und meiner Familie gewesen und hätte da oben für diese unglaublich wichtige Sache gearbeitet, und dann, am Wahltag, wurde ich für einen ganz kurzen Moment selbst zum Mittelpunkt.«

Fiona war allein in dem Haus in Manchester, als im Radio die ersten Ergebnisse bekanntgegeben wurden. Am deutlichsten blieben ihr die Worte des Radioreporters in Erinnerung, der sagte, er sei gespannt auf die Ansprache, die ein so mitreißender Redner wie Obama wohl nach einer Niederlage halten würde.

Obama verlor die Wahl.

»*Yes, we can*«, sagte er, als er an jenem Abend in New Hampshire seine Niederlage eingestand, und verwandelte diese Worte in einen Wahlkampfslogan.

Es war ein Glaubensgrundsatz, der eingeschrieben wurde in die Gründungsdokumente, die das Schicksal einer Nation verkündeten: *Yes, we can.*

Es wurde von Sklaven und Abolitionisten geflüstert, die sich in dunkelster Nacht einen leuchtenden Weg in die Freiheit bahnten: *Yes, we can.*

Es wurde von Einwanderern gesungen, die von fernen Küsten aufbrachen, und von Pionieren, die sich immer weiter westwärts durch eine erbarmungslose Wildnis schlugen: *Yes, we can.*

Es war der Ruf der Arbeiter, die sich organisierten, der Ruf der Frauen, die für ihr Wahlrecht stritten, der Ruf eines Präsidenten, der den Mond als unsere *New Frontier* wählte, und der Ruf eines Königs, der uns auf den Gipfel führte und uns den Weg wies ins verheißene Land.

Ja, wir können Gerechtigkeit und Gleichheit für alle erreichen. Ja, wir können ein Land der Möglichkeiten und des Wohlstands schaffen. Ja, wir können diese Nation heilen. Ja, wir können diese Welt wieder in Ordnung bringen. *Yes, we can.*

Menschen wie Fiona, Mitarbeiter, die für Obama Wahlforschung betrieben und draußen in der Kälte Wähler mobilisiert hatten, hörten diese Worte und spürten, wie sie ihren ganzen Körper erfassten. Neue Energie durchströmte sie. Von jetzt an würden sie noch härter arbeiten. Sie weihten ihm die nächsten zehn Monate ihres Lebens, und als er schließlich zum Präsidenten gewählt wurde, zogen sie mit ihm nach Washington, viele von ihnen ohne einen Job, aber in dem Bewusstsein, Teil einer größeren Bewegung zu sein.

»Und ich weiß noch, dass ich dachte, mein Vermieter würde mir die Wohnung vielleicht gar nicht geben, weil nicht sicher war, ob ich überhaupt bleiben würde«, erzählte mir Fiona. »Die Stadt war voller Menschen, die an Obamas Wahlkampf mitgearbeitet hatten. Man verbrachte ständig Zeit miteinander.«

In jener Zeit lernte Fiona auch Mike Kelleher kennen, bei dem sie ein Bewerbungsgespräch für eine Stelle in der neu eingerichteten Korrespondenzabteilung des Präsidenten hatte. Es war kein besonders gutes Gespräch. Sie stellte keinen Blickkontakt her. Sie war furchtbar schüchtern. Sie wirkte nicht glücklich. Aber Mike sah etwas in ihr. Vielleicht das Gleiche, was auch Pete gesehen hatte, als er sie einstellte, um an Wählertüren zu klopfen. Eine Mischung aus Aufrichtigkeit, unverkennbarer Empathie und jenem unerschütterlichen Engagement für den Präsidenten und seine Botschaft, die so viele junge Obama-Anhänger auszeichnete. Aus Notwendigkeit erwachsener Mut. Er lehrte sie, an sich selbst zu glauben.

Ein Strudel aus emotionalem Chaos – so erinnern sich die Mitarbeiter an jene frühen Zeiten der Korrespondenzabteilung. Anfangs arbeitete Fiona als »Analystin«, was bedeutete, dass sie zusammen mit anderen ehemaligen Wahlkampfhelfern in den Boxen eines Großraumbüros saß und Wählerpost las. Sie alle waren gleichermaßen überwältigt von deren Umfang – Kisten voller Briefe stapelten sich in den Fluren, *Millionen* E-Mails fluteten das Postfach – wie von ihrem Inhalt. Menschen erzählten ihre Geschichten. Intime, traurige Geschichten. Sie lasen von Menschen, die medizinische Versorgung brauchten, von Menschen, die ihr Geschäft verloren hatten, von Menschen, die Insolvenz anmelden mussten, weil sie ihre Studienkredite nicht zurückzahlen konnten, von Menschen, die dringend Hilfe brauchten. Und hier war dieser neue Präsident, der behauptete, er könne die Dinge wieder in Ordnung bringen. Es war die Kennenlernphase. Die Leute schrieben ihm von ihren Problemen. Sie schrieben, er solle mit dem Rauchen aufhören. Sie schrieben: Wow, ein Schwarzer im Weißen Haus! Sie schrieben, er solle bin Laden fassen. Neue Arbeitsplätze schaffen. »Zeigen Sie uns, ob Sie wirklich so clever sind, wie wir hoffen.« Es gab Drohungen gegen den Präsidenten und seine Familie – allein hundert pro Tag davon. In der Korrespondenzabteilung musste ein Mitarbeiter abgestellt werden, der sich um nichts anderes kümmerte als die Drohungen. Anhänger der Tea-Party-Bewegung überschwemmten den Lektüreraum mit Teebeuteln. Menschen schickten ihre Kreditkartenabrechnungen, auf denen die Zinssprünge zu erkennen waren. Menschen schickten den Zwangsvollstreckungsbescheid für ihr Haus. »HELFEN SIE UNS!« »TUN SIE ETWAS!« »SIE HABEN ES VERSPROCHEN!«

Obamas Wahlkampfmitarbeiter hatten es als ihre Aufgabe angesehen, eine Verbindung zu schaffen zwischen den Verletzlichen und den Einflussreichen, zwischen den Ohnmächtigen und dem mächtigsten Mann der Welt – und jetzt, im Lektüreraum, erwartete man von ihnen, dass sie ihr Versprechen hielten.

Ihre *Jugend* sei das entscheidende Merkmal gewesen, das ihr an den neuen Leuten auffiel, die unter Obama ihre Stelle in der Korrespondenzabteilung antraten, erzählte mir Annmarie Emmet. Die Rentnerin las schon seit 2001 an drei Tagen in der Woche als freiwillige Helferin Wählerpost, fast die gesamte Regierungszeit von George W. Bush hindurch und anschließend während Obamas beiden Amtszeiten. »Ich habe mich nie geschämt, offen zuzugeben, dass ich für beide Regierungen gearbeitet habe«, erzählte sie mir.

»Als diese Neuen die Arbeit aufnahmen, waren sie vielleicht zwanzig Jahr jünger als Bushs frühere Mitarbeiter«, sagte sie. »Sie waren dem Präsidenten sehr ergeben. Ihr einziges Bestreben war, Obama gut dastehen zu lassen.«

Sie erinnert sich, dass sich der Ton der Briefe mit einem Schlag veränderte. »Er wurde vertrauter, was vielleicht an den jüngeren Kindern lag, daran, dass die Menschen diese Mädchen aufwachsen sahen. Bei Bush mochten sie die Familie, aber sie wussten nicht viel über sie.«

Diese Nähe, vermutete sie, könnte ein Grund für den persönlichen Charakter der Briefe sein, die die Menschen dem neuen Präsidenten schrieben. »Bei Bush war es eher so etwas wie ›Warum helfen Sie nicht dieser Gruppe oder tun mehr für jene Gruppe?‹, weniger individuelle Probleme. Zu den Obamas spürten die Leute offenbar eine persönlichere Verbindung. ›Ich bin in einer ähnlichen Lage wie Sie früher, ich brauche Ihre Hilfe‹ oder so etwas in der Art. Und von Anfang an zog er scharenweise Mitglieder der LGBTQ-Community an. Das hatte man unter Bush nie gesehen.«

Januar 2009

Sehr geehrter Herr Präsident,

da der Mensch, den ich liebe, unehrenhaft entlassen werden kann, weil er mich ebenfalls liebt (obwohl er jetzt gerade seinem Land ehrenhaft im Irak dient), muss ich Ihnen diesen Brief anonym schicken. Es schmerzt mich sehr, dass dies nötig ist.

Mein Partner ist momentan im Einsatz im Irak und gerät dort täglich unter Beschuss. Er ist ein guter Soldat, und unser Land ist darauf angewiesen, dass er weiterhin die hervorragende Arbeit leistet, für die er bereits ausgezeichnet wurde.

An dem Tag, als er in den Irak flog, setzte ich ihn weit vor dem Eingangstor seines Stützpunkts ab, und er ging allein durch die Dunkelheit und den Regen, um sich zu seinem Einsatz zu melden. Während seine Kameraden bei ihrer feierlichen Verabschiedung von ihren Frauen und Kindern umringt waren, stand er dort allein.

Mein Name steht nicht auf der Liste für die Telefonkette, und auf die Betreuung durch den Stützpunkt kann ich nicht zurückgreifen, obwohl wir seit sechzehn Jahren ein Paar sind und zusammen ein wunderbares Kind großziehen. Bei unseren Telefonaten achten wir strikt darauf, was wir sagen, aber am grausamsten ist, dass wir einander keinen Trost und Zuspruch schenken können, wenn wir es beide am nötigsten brauchen.

Falls ihm etwas zustoßen sollte, wird niemand aus seiner Einheit mich anrufen. Falls er, wie so viele andere gute Soldaten vor ihm, seinem Land dieses letzte große Opfer bringt, wird niemand an meine Tür klopfen. Niemand wird mir eine Fahne überreichen. Es ist – und wäre dann – so, als hätte das Wichtigste in seinem Leben, seine Familie, niemals existiert.

Ich weiß nicht, ob ich Ihnen meine Gefühle, dieses wilde Durcheinander aus Angst, Stolz, Sehnsucht und Hoffnung, das Tag für Tag mein Herz erfüllt, tatsächlich verständlich machen kann.

Nachdem Fiona ihre Laufbahn damit begonnen hatte, Briefe wie diesen zu lesen, zu codieren und auszuwählen, übernahm sie mit der Zeit immer mehr Verantwortung. Mike Kelleher zog sich 2010 aus der Korrespondenzabteilung zurück und übertrug deren Leitung an Elizabeth Olson. Sie war Mike und Fiona zufolge der wesentliche Garant für die Kontinuität der Abläufe, gewissermaßen der gute Hirte der Korrespondenzabteilung. Als Nächste folgte Fiona, die 2013 die Leitung der Abteilung übernahm. Die schüchterne junge Frau, deren Bewerbungsgespräch so furchtbar verlaufen war und die es nicht gewagt hatte, ihrem Gegenüber in die Augen zu sehen, hatte nun eine einflussreiche Position inne.

»Sie nehmen schon einen seltsamen Weg«, sagte Fiona an jenem Tag in ihrem Büro, als sie umringt von Briefen auf dem Sofa saß und überlegte, welche zehn davon sie dem Präsidenten geben sollte. »Manchmal kommt es mir vor, als würden sie ihm auf einem Tablett unter der Tür hindurchgeschoben.«

Die 10LADs zusammenzustellen betrachtete sie als geradezu sakrosankte Aufgabe. Das war ihre tägliche Unterhaltung mit dem Präsidenten, jeder Stapel ein Chor aus Stimmen, die ihrer Meinung nach die Gemütslage im Land am treffendsten wiedergaben: *So denkt Amerika, Mr. President.*

»Der hier ist sehr schön«, sagte sie und hielt einen der Briefe zwischen zwei Fingern hoch. »Der Mann ist Schweißer. Er beschreibt alles so wunderbar anschaulich. Ein Blockhaus. Ein treuer Hund. Seine Frau engagiert sich ehrenamtlich. ›Falls bei Ihnen jemals etwas geschweißt werden muss …‹« Sie lächelte, las ihn noch einmal, überlegte. »Es ist im Grunde ein reiner Unterstützerbrief, darum bin ich mir nicht sicher, ob er es schaffen wird.« Der Präsident sollte nicht nur seine Anhänger hören, und sie achtete sehr genau auf die Mischung.

»Der hier bleibt definitiv drin«, sagte sie und griff nach einem weiteren Brief. Es waren einige Seiten hinten angeheftet. »Sie hat einen Brief beigefügt, den ihr Vater vor vielen Jahren an Roosevelt geschickt hat. Ich glaube, der Präsident wird von diesem historischen Aspekt begeistert sein. Oh, und der hier, der haut mich wirklich um«, sagte sie über einen dritten und legte ihn ohne jeden weiteren Kommentar auf ihren »Ja«-Stapel auf dem Sofa.

»Hier ist jemand, der behauptet, die Bundesbehörde zur Unterstützung kleiner und mittlerer Unternehmen sei nach einer Flutkatastrophe zwar mit Notfallmaßnahmen sehr präsent gewesen, aber kaum wurden die Kameras ausgeschaltet, da sei es auch mit der Unterstützung vorbei gewesen. Ich denke, diese Stimme ist für den Präsidenten interessant, denn normalerweise erreichen ihn solche Informationen kaum.«

Ein paar Hundert Briefe auf zwanzig zu reduzieren war schon eine Herausforderung, doch die wahre Aufgabe bestand darin, aus diesen zwanzig die letzten zehn herauszufiltern. Sie musste gnadenlos sein. Ein lineares System, etwa die Aufteilung nach Schlagworten, scheint auf den ersten Blick die einfachste Methode zu sein: Man sortiert alles nach Themen und legt dem Präsidenten dann einen Brief zur Energieversorgung vor, einen zum Gesundheitswesen, einen zur Einwanderung und so weiter. »Aber dann würden die Briefe in den einzelnen Ordnern ja gewissermaßen miteinander im Wettstreit stehen und nicht mit der ganzen Gruppe«, entgegnete sie.

Das Argument lag vermutlich nahe, aber es dauerte einen Moment, ehe mir seine ganze Tragweite bewusst wurde. Es hatte mit Fairness zu tun und mit der grundlegenden Auffassung, dass diese Briefe für Menschen standen, nicht für Probleme.

»Außerdem ist ein ungeordneter Stapel ehrlicher«, sagte sie.

Wenn sie den gesamten Tagesstapel auf fünfzehn Schreiben reduziert hatte, las sie sie ein weiteres Mal, eines nach dem anderen. Ihre Finger waren lang, die Nägel leuchtend rot lackiert, sie hielt die Seiten behutsam fest und legte jedes Blatt langsam ab, als wollte sie ihm nicht wehtun. »Der hier muss rein … Und dann der hier – man findet sich darin kaum zurecht, aber ich denke, auch die Tatsache, dass man ihn kaum lesen kann, ist Teil der Geschichte… Was ist mit dem hier? Wir bekommen so viele Ausführungen zum langfristigen Vermächtnis. Ich weiß nicht…« Sie suchte nach Geschichten. Nicht pro dies, kontra jenes, keine langatmigen Ergüsse, keine Ansichten zu etwas, was jemand im Radio gehört hatte. Der Präsident brauchte Geschichten – das war es, was er sich nicht selbst beschaffen konnte. »Er kann ja nicht einfach auf die Straße gehen und sehen, wie es da normalerweise aussieht«, sagte sie. Sie stellte sich die Briefe als eine Art Periskop vor, mit dem er über die Grenzen seiner Blase hinausschauen konnte, als eine Möglichkeit für den Präsidenten, die Dinge wieder so zu sehen, wie er sie früher gesehen hatte, vor dem Personenschutz, den gepanzerten Fahrzeugen, den Pressevertretern und bevor die ganze Welt jeden seiner Schritte beobachtete.

Ich fragte sie, ob sie eine Schwäche für ein bestimmtes Thema oder eine bestimmte Art von Briefen habe, bei denen sie eher dazu neigte, sie weiterzuleiten.

»Häftlingspost«, antwortete sie, ohne zu zögern. »Schon von Beginn an. Sie gehört zu den außergewöhnlichsten Briefbeziehungen, vermutlich weil Briefe zu schreiben ein so viel wichtigerer Teil der Gefängniskultur ist als im Rest der Gesellschaft.«

Sie erzählte mir von einem der ersten Briefe dieser Art, die sie gelesen hatte. Ein Mann hatte dem Präsidenten aus einem Gefängnis irgendwo im Westen geschrieben, und er hatte ein Mosaik gebastelt. »Aus Süßigkeitenverpackungen«, erklärte sie. »Er hatte ein Porträt des Präsidenten gemacht. Auf dickem Aquarellpapier.« Dazu hatte er winzige Stücke von Süßigkeitenverpackungen in verschiedenen Farben zusammengeklebt, und es sah Obama tatsächlich ähnlich. »Es war wunderschön!«, sagte sie, doch daran, wie sie den Blick abwandte, erkannte ich, dass diese Geschichte nicht gut ausgehen würde. Das sei ganz am Anfang gewesen, sagte sie, kurz nachdem sie ihre Stelle in der Korrespondenzabteilung angetreten habe. »Es war bloß ein Unterstützerbrief, in dem er schrieb, wie sehr er sich über Obamas Wahl freue und dass er ihm dieses Bild gern schenken wolle. Ich weiß noch, dass er schrieb, er hätte lieber mit Twix-Verpackungen gearbeitet, deren Farbe für seine Zwecke besser geeignet sei. Aber das Sortiment des Automaten in seinem Gefängnis habe gewechselt, also habe er mit Rolo-Papier vorliebnehmen müssen, auch wenn es seiner Meinung nach nicht den passenden Farbton hatte. Aber es war das Beste, was er bekommen konnte.«

Sie lächelte und trank einen großen Schluck aus der lilafarbenen Wasserflasche, die neben ihr stand. Sie habe den Brief und das Geschenk des Gefangenen aufbewahren wollen, sagte sie. »Ich überlegte, ob ich ihn vielleicht in meiner Box aufhängen dürfte oder so. Aber damals war so etwas noch nicht erlaubt – erst recht nicht bei Häftlingspost.«

Es gab Vorschriften. Briefe von Gefängnisinsassen wurden nicht aufbewahrt. Sie wurden nicht an den Präsidenten weitergereicht. »Man überflog sie, um zu sehen, ob es sich um ein Gnadengesuch handelte oder ob der Absender behauptete, er werde misshandelt. Solche Briefe wurden zur Einzelfallbearbeitung weitergeleitet. Und der Rest kam in eine gesonderte Kiste und wurde geschreddert.« Sie trank noch einen Schluck. »Das wurde schon seit Jahren so gehandhabt, wissen Sie, und wir hatten doch gerade erst angefangen. Wir waren die Neuen.«

Als Fiona zur Leiterin der Korrespondenzabteilung befördert wurde, bestand eine ihrer ersten Amtshandlungen darin, den Umgang mit Häftlingspost auf den Prüfstand zu stellen. Woher stammte diese Richtlinie? Wer hatte sie erlassen? War sie überhaupt irgendwo schriftlich festgehalten? Eine couragierte Praktikantin habe sie dazu ermutigt, sich genauer mit diesen Fragen zu beschäftigen, erzählte sie. »Das ergibt doch überhaupt keinen Sinn«, hatte die junge Frau erklärt, als sie von dieser Regelung erfuhr. Ein Präsident, der seine Laufbahn als Community Organizer begonnen und Essen an Obdachlose verteilt hatte, würde doch bestimmt wissen wollen, was Gefängnisinsassen zu sagen hatten.

Eines Tages hatte sich Fiona gefragt, was passieren würde, wenn sie den Brief eines Häftlings einfach in den täglichen Lektürestapel aufnahm. Wie würde Obama reagieren? Wie seine hochrangigen Berater?

Wie sich herausstellte, reagierten sie gar nicht. Niemand verlor auch nur ein Wort darüber. Also tat sie es wieder. Und wieder.

»Ab jetzt machen wird das«, wies Fiona ihre Mitarbeiter an, und so wurde diese Regelung abgeschafft. Auf Fiona-Art. Die Häftlingspost bekam eine eigene Codierung, und die Leser wurden ermuntert, diese Briefe genauso in die engere Auswahl zu nehmen wie alle anderen Schreiben auch.

Es war ein persönlicher Triumph, ein wahrer Lektüreraum-Coup. »Denn wir hatten ja das Gefühl, die Einzigen zu sein, die überhaupt davon wussten«, sagte sie. All diese Briefe an den Präsidenten über ungleiche Behandlung beim Strafmaß oder eine Strafjustizreform. Nicht gerade ein heißes Thema in den Medien, aber von diesem Tag an fanden solche Briefe ihren Weg zu Obama. Als das Justizministerium 2014 ein Programm zur Reduzierung der Strafen von Häftlingen lancierte, die wegen Drogenvergehen ohne Anwendung von Gewalt langjährige Haftstrafen in Bundesgefängnissen verbüßten, überraschte das niemanden im Lektüreraum. Und die Freude darüber, dass der Präsident den Briefen tatsächlich Beachtung schenkte, war groß.

Einen vergleichbaren Prozess durchliefen die Themen gleichgeschlechtliche Ehe und Aufhebung der »Don't Ask, Don't Tell«-Regel beim Militär. Mochten diese Punkte auch nirgendwo sonst im Weißen Haus zur Sprache kommen, in den Briefen waren sie präsent. Mike, Elizabeth und schließlich Fiona sorgten dafür, dass diese Stimmen Eingang in die 10LADs fanden. Und auf diese Weise konnten die Briefe Stück für Stück, Geschichte für Geschichte die aktuellen politischen Entscheidungen beeinflussen.

Der Mann, der 2009 seinen Brief anonym geschickt hatte, schrieb 2014, nach der Aufhebung der »Don't Ask, Don't Tell«-Regel, noch einmal. Und diesmal unterzeichnete er mit seinem Namen.

4. Juli 2014

Sehr geehrter Herr Präsident,

am 3. August wird mein Ehemann, David Lono Brunstad, zum Senior Master Sergeant befördert, und ich werde dort sein und ihm sein neues Hemd mit dem zusätzlichen Streifen überreichen. Ich weiß, dass dies für viele Soldatenfamilien ein mehr oder weniger alltägliches Ereignis ist, aber für meine Familie hat dieser Tag eine ganz besondere Bedeutung – es ist noch nicht lange her, da mussten wir unsere Beziehung aufgrund der »Don't Ask, Don't Tell«-Vorschrift geheim halten.

Davids Einsatz im Irak, der 2009 noch im Zeichen dieser verfehlten Richtlinie stand, war für uns beide [eine] dunkle und einsame Zeit. Oft genug hörte ich vier, fünf Tage lang nichts von ihm, und für die meisten Familien galt der bewährte Spruch »Keine Nachrichten sind gute Nachrichten«. Aber gleichgeschlechtliche Partner wussten, dass wir, sollte unserem Partner etwas zustoßen, auf keiner Kontaktliste standen, und so wurde die Anspannung immer größer und größer, bis ich schließlich am anderen Ende der Leitung wieder seine geliebte Stimme hörte.

Ich wusste, dass er regelmäßig in Feuergefechte verwickelt war, und es gab Zeiten, in denen es mir unglaublich schwerfiel, allein zu Hause nicht die Nerven zu verlieren. An solchen Tagen war es Ihr Einsatz für die Abschaffung dieser diskriminierenden Vorschrift, Herr Präsident, der mir half, das alles durchzustehen. Ich glaubte Ihnen – ich vertraute Ihnen –, und ich wusste, ganz egal, wie schlimm es auch war, es gab ein Licht am Ende des Tunnels.

Im Juni nächsten Jahres wird mein Mann wieder zu einem Einsatz fliegen, aber diesmal wird seine Last ein wenig leichter sein, weil er sich keine Sorgen mehr darüber machen muss, ob sich jemand um seine Familie kümmert. Ich bezweifle, dass ich jemals die Gelegenheit haben werde, Ihnen persönlich zu danken, Sir, daher sollen Sie auf diesem Weg erfahren, dass diese Soldatenfamilie Ihnen auf ewig dankbar sein wird für alles, was Sie für uns getan haben.

Mit aufrichtigem Dank
Darin Konrad Brunstad
Vancouver, Washington

»So, das sind jetzt einer, zwei, drei, vier«, zählte Fiona. Sie kam den Finalisten immer näher. »Neun, zehn, und der hier ist Nummer elf, also muss noch einer raus.« Sie las, schüttelte den Kopf. »Na gut, dann wohl der hier.« Sie legte den Aussortierten ans andere Ende des Sofas. Schaute noch einmal zu ihm hinüber, streckte die Hand aus und tätschelte ihn liebevoll.

Anschließend schob sie die letzten zehn zusammen und begann sie zu sortieren, zog ein Blatt heraus, steckte es hinter ein anderes, holte ein weiteres nach vorn. Ich wunderte mich über dieses Hin und Her. »Oh, die Reihenfolge ist ganz entscheidend«, erklärte sie. Das sei vergleichbar mit der Zusammenstellung eines Gedichtbands oder einer Playlist. »Die Reihenfolge, in der Sie Geschichten lesen, hat einen Einfluss darauf, wie Sie jede einzelne davon wahrnehmen«, sagte sie. »Wir sprechen hier gelegentlich auch vom ›Angriff aus dem Hinterhalt‹, was zwar ein bisschen martialisch klingt, aber …«

»Die Frau hat Mumm«, sagte Yena über Fiona. Sie zögerte nicht, dem Präsidenten Briefe vorzulegen, die scharfe Kritik an seiner Politik äußerten, auch verstörende oder herzzerreißende Briefe mutete sie ihm zu, und wenn sie die Post in eine bestimmte Reihenfolge brachte, dann um die größtmögliche Wirkung zu erzielen. Manchmal legte sie drei flehentliche Briefe zum Thema Schusswaffengewalt hintereinander. Manchmal bescherte sie dem Präsidenten ein Schreiben voller Lobeshymnen über seine Gesundheitsreform, unmittelbar gefolgt von einem Brief von jemandem, der ganz knapp nicht die Zugangsvoraussetzungen erfüllte und dessen Leben dadurch erschwert worden war. »Die Botschaft dahinter ist jedoch nicht: ›Hier sind Sie gescheitert‹«, sagte sie, »sondern eher: ›Eine bestimmte Lösung ist nicht unbedingt für alle die Lösung.‹«

Sie griff nach einem Bleistift. »Vor allem freitags schließen wir auch gern einmal mit etwas Fröhlichem ab, so etwas wie: Hey, mir gefällt, wie Sie Ihre Krawatte tragen.« Die kleine Entspannung zum Wochenende nannte sie das. Es konnte eine Bemerkung über den Hund sein oder darüber, dass der Präsident Fahrrad fuhr, oder die Frage, ob er zum Frühstück lieber Pfannkuchen oder Waffeln aß.

Lieber Herr Präsident,

ich finde, dieses Land braucht mehr Wumms. Mit den vielen Anschlägen, dem Zika-Virus und den Kriegen ist dieses Land ein sehr trauriger Ort. Bitte tun Sie mal etwas Witziges. Ziehen Sie bei einem wichtigen Termin ein Batikshirt und kurze Hosen an. Fliegen Sie in die Karibik und fahren Sie Wasserski. Machen Sie mit Ihrer Familie einen Ausflug nach Disney World. Tun Sie etwas Lustiges, Ausgeflipptes. Und bitte sagen Sie etwas, was alle beruhigt. Sie können sich nicht vorstellen, wie viele Sorgen ich mir wegen der Polotik mache …

Mit freundlichen Grüßen
Lily
8 Jahre

»So, das wär's«, sagte Fiona, schob die Seiten auf ihrem Schoß zusammen und strich über den Stapel, als streichelte sie eine Katze.

»Mit dem hier fange ich an: ›Ich trage diesen Brief schon so lange in meinen Gedanken und meinem Herzen.‹

Dann der ehrenamtliche Wahlkampfhelfer, der von der Gesundheitsreform enttäuscht ist... eine sehr persönliche Geschichte.

Dann dieser Notizzettel von einem Sozialarbeiter aus Texas, der schreibt, dass er etwas zu bewegen versucht, und über alles Mögliche schimpft.

Danach der Brief über eine Gefängnisreform des Justizministeriums, die sich nicht auf Homeland Security erstreckt.

Und gleich hinter den Gefängnis-Kommentar lege ich den Sohn mit dem kriminellen Hintergrund.

Dahinter kommt der hier. Keine leichte Lektüre, sondern eine aufwühlende Botschaft von einem Veteranen, der nicht vergessen kann, was er gesehen hat.

Dahinter dann der Kommentar über die nur vorübergehend gewährte staatliche Unterstützung nach Naturkatastrophen.

Jetzt der hier. Offen gestanden finde ich spontan keinen wirklich passenden Platz dafür, aber ich glaube, ich stecke ihn hierhin. Dakota Access Pipeline.

Und dann der Enkel, Jake. Zitat: ›Ich hoffe, Clinton gewinnt.‹ Dieser kleine afroamerikanische Junge mit zwei weißen Eltern. Der kommt zum Schluss.

So, das ist die endgültige Ordnung. Eine eindrucksvolle Reihe für den Präsidenten.«

Sie drehte den Bleistift um und machte sich mit dem Radierer über die Schreiben her. Alle Anmerkungen wurden entfernt. Der Präsident sollte auf keinen Fall die Codes sehen. »Wenn ein Brief mitten im Text eine überraschende Wendung nimmt und auf Seite drei beispielsweise etwas Überraschendes im Leben der Verfasserin passiert, wir aber schon vorher vermerkt haben, in welche Kategorie das Schreiben gehört, dann verdirbt das doch die Überraschung, und der Präsident kann die Erfahrung der Verfasserin nicht so nachvollziehen, wie sie es beabsichtigt hat.« Das war der Grund, warum alle Mitarbeiter im Lektüreraum angewiesen waren, Bleistifte zu benutzen.

Bevor ich an jenem Tag Fionas Büro verließ, erkundigte ich mich noch einmal nach dem Mosaik, das der Häftling aus Süßigkeitenpapier geklebt hatte. Was war daraus geworden? Hatte sie es vor dem Schredder bewahren können?

»Es existiert nur noch in meiner Erinnerung«, antwortete sie. »Und das nagt an mir.«

KAPITEL 8

Marnie Hazelton, 5. April 2011

Freeport, New York

Sie trug eine helle Jacke und eine weite orangefarbene Bluse. Sah sie okay aus? Was war mit ihrer Halskette? Zu übertrieben? Als sie dort unter diesen irrsinnig heißen Lampen stand, das Gesicht mit Make-up vollgekleistert, in diesem ganz und gar amerikanischen »*Who wants to be a Millionaire*«-Moment, da fiel es ihr unglaublich schwer, irgendetwas anderes zu denken als *Oh, verdammt, ich bin im Fernsehen.*

[Applaus]

Gut, danke. Und Ihnen?

Sehr gut. Also, wie ich in der Einleitung schon sagte, Sie haben schwierige Zeiten hinter sich, Sie haben Ihre Stelle als Lehrerin verloren, obwohl Sie ganz offensichtlich eine sehr gute Lehrerin waren, aber Sie bekamen einen Brief vom Präsidenten, der Ihnen neue Hoffnung gab.

Ja.

Und ich habe gesehen, dass Sie diesen Brief heute mitgebracht haben. Können Sie ihn uns vielleicht vorlesen? Er hat Ihnen das tatsächlich geschrieben, nicht wahr?

Ja, das hat er.

Sie sind nicht verrückt?

[Gelächter]

Nein, nein, nein. Ich wollte nur, dass er …

Das ist ja das offizielle Briefpapier!

Ja. Das offizielle Briefpapier des Weißen Hauses.
Wow. Fantastisch.

Der Brief lag auf dem Pult vor ihr, immer wieder berührte sie ihn mit den Fingerspitzen. Es war eine Karte mit Obamas typischer geschwungener Handschrift (ihr war aufgefallen, dass er beim t gelegentlich den Querstrich wegließ). Der Brief hatte überhaupt nichts mit ihrem Auftritt in dieser Quizshow zu tun, das war etwas Persönliches, etwas aus ihrer jüngeren Vergangenheit, das sie zufällig erwähnt hatte, als die Leute vom Sender versucht hatten, ihre Geschichte ein wenig aufzupeppen, sie »fernsehtauglicher« zu machen. »Bringen Sie den Brief mit!«, hatten sie gesagt. Ob sie ihn live vor dem Studiopublikum vorlesen würde? (Sie hatte eine Kopie gemacht. Den echten Brief würde sie niemals mit aus dem Haus nehmen.)

»Liebe Marnie«, steht da. Hm. »Ich danke Ihnen für Ihren aufopferungsvollen Einsatz für unser Bildungssystem. Ich weiß, dass die Aussichten momentan nicht sehr ermutigend sind, aber die Nachfrage nach Lehrern und Menschen mit Ihren Fähigkeiten wird auch wieder steigen, sobald sich die Wirtschaft erholt und die staatlichen Budgets wieder aufgestockt werden. Bis dahin drücke ich Ihnen ganz fest die Daumen! Barack Obama.«

[Applaus]

Das ist so cool! Das ist etwas, was Sie für immer aufbewahren werden. Ganz bestimmt. Wow. Also halten Sie sich an diese Worte und bleiben Sie zuversichtlich ... was die Zukunft und einen neuen Arbeitsplatz angeht – aber vor allem hier und jetzt, wenn es um Ihre unmittelbare Zukunft geht. Denn Sie spielen gleich um einhunderttausend Dollar. Bis jetzt haben Sie vierzigtausendsechshundert Dollar erspielt. Und es geht weiter mit ... *Classic Millionaire*!

»Ich drücke Ihnen ganz fest die Daumen.«

Solche Worte vom Präsidenten der Vereinigten Staaten wären für jeden der Millionen vom wirtschaftlichen Abschwung betroffenen Arbeitslosen ein eindrucksvoller Ansporn gewesen, aber für Marnie bargen sie eine geradezu magische Kraft. Sie waren fähig, sie zu verwandeln. Wenn sie merkte, dass sie deprimiert oder frustriert wurde, dass sie die Hoffnung zu verlieren begann, dann brauchte sie nur *Ich drücke Ihnen ganz fest die Daumen* zu denken, und schon war sie wieder die alte Marnie.

Marnie Hazelton!

Marnie Hazelton war nicht irgendeine arbeitslose alleinerziehende Mutter Mitte vierzig in einer hellen Jacke und einer orangefarbenen Bluse, die versuchte, etwas Geld zu gewinnen.

»Mach schon, du schaffst das«, hatte sie sich gesagt, als sie gleich nach dem Studium Mixtapes auf der Straße verkaufte, weil sie versuchte, als Rapperin durchzustarten. »Mach schon, du schaffst das.« Es war die Stimme ihres Vaters, ihrer Mutter, ihrer Großeltern. Wie weit sie auch in die Vergangenheit zurückging, all ihre Vorfahren sagten dasselbe.

Ihr Vater: einer der ersten schwarzen Schüler an der Baltimore Polytechnic Highschool. Ihre Mutter: eine Woche im Gefängnis, nachdem sie vor einem Kino in Baltimore Zugang für Schwarze gefordert hatte, danach das Friedenskorps. Ein Großvater im Zweiten Weltkrieg, zwei Urgroßväter im Ersten. Eine Ururgroßmutter, die nach Amerika verschifft und als Sklavin verkauft worden war. »Mach schon, du schaffst das.« Sie war Teil eines Kontinuums. Sie war kein zufälliges Produkt. Sie stand am Ende einer langen Ahnenreihe aus Mut und Kampf, und sie musste weitermachen. »Ein Leben im Dienst der anderen«, hatten ihre Eltern gepredigt. Das war ihre Bestimmung.

»Jeder vierte Schüler in New York kann nicht lesen«, hatte in der Anzeige gestanden. »Was wollen Sie dagegen tun?« Sie bewarb sich und bekam die Stelle. Im September 2000 stand sie zum ersten Mal vor ihrer fünften Klasse der PS309 im Bedford-

Stuyvesant-Viertel, Brooklyn, New York, einer der schlechtesten Grundschulen im ganzen Staat. Die Fünftklässler konnten weder lesen noch schreiben. Die Armut. Die Berichte über Gewalt. »Ich habe einen anderen Hintergrund«, erzählte sie ihren Schülern. Sie hielt damit nicht hinter dem Berg. Meine Mutter hat studiert, sagte sie, und mein Vater hat für ein großes Unternehmen gearbeitet, also glaubt mir, es gibt mehr im Leben als das, was ihr zu Hause seht. (Manche der Kinder hatten nicht einmal ein Zuhause.) Sie sollten wissen, dass es da draußen eine ganze Welt gab. Sie zeigte ihnen Fotos von sich mit 50 Cent, Eminem und Public Enemy aus ihrer Zeit als Fangirl. Sie zeigte ihnen auf Landkarten all die Orte, an denen sie schon gewesen war, und versicherte ihnen, dass auch sie eines Tages dorthin fahren könnten. Sie lehrte sie, dass ihre Meinung zählte. Was hielten sie davon, dass Präsident Bush Moskitonetze finanzierte, um den Menschen zu helfen, die in Darfur an Malaria starben? »Das ist toll!«, sagten sie. Dann sagt das nicht mir, entgegnete sie, sagt es *ihm*. Sie schrieben Präsident Bush einen Brief. Und er schrieb zurück! Mit einem Foto von seinem Hund Barney! Ein Aha-Erlebnis. Ihr wurde schwindlig bei dem Gedanken daran, was für die Kinder alles zu einem Aha-Erlebnis werden könnte.

Ein Jahr später war sie gerade mitten in einer Englischstunde, als der erste Turm des World Trade Centers von einem Flugzeug getroffen wurde. Sie konnten es vom Fenster aus sehen. Dann der zweite Turm. Grauer Rauch wurde zu schwarzem Rauch, sie konnten die Leute draußen auf der Straße schreien hören. Bleibt auf euren Plätzen, sagte sie den Kindern, bitte bleibt einfach auf euren Plätzen, und dann kam die Stimme der Direktorin über den Lautsprecher, sie sagte, alle sollten Ruhe bewahren, und die Lehrer rannten hinaus in die Flure und fragten einander, was zum Teufel denn da los sei.

Die Stelle in Bedford-Stuyvesant war auf zwei Jahre befristet, aber sie verlängerte um drei weitere Jahre. Sie hatte den Platz gefunden, an den sie gehörte: ins Klassenzimmer, wo sie verängstigten Kindern beistand, die verzweifelt auf der Suche nach Helden waren.

Sie unterstützte Obamas Präsidentschaftskampagne, lange bevor einer ihrer Freunde glaubte, ein Schwarzer könne jemals Präsident werden.

2011 hörte sie genau zu bei seiner zweiten Rede zur Lage der Nation. Seine Worte waren für sie bestimmt:

> Den größten Einfluss auf den Erfolg eines Kindes hat der Mann, hat die Frau, die vor der Klasse stehen. In Südkorea bezeichnet man Lehrer als »Erbauer der Nation«. Und auch hier in Amerika wird es Zeit, dass wir den Menschen, die unsere Kinder erziehen, mit dem gleichen Maß an Respekt begegnen …
>
> … An all die jungen Leute, die heute Abend zuhören und sich Gedanken über ihre Berufswahl machen: Wenn Sie im Leben unserer Nation etwas verändern wollen, wenn Sie im Leben eines Kindes etwas verändern wollen – dann werden Sie Lehrerin oder Lehrer. Ihr Land braucht Sie.

Eine Erbauerin der Nation. Eine Patriotin. Genau das war sie.

Nach Bedford-Stuyvesant wechselte sie 2005 auf eine neue Stelle in einem anderen Bezirk – dem Roosevelt Union Free School District auf Long Island, wo sie völlig andere Voraussetzungen erwarteten. Der Schulbezirk war so arm und verschuldet, dass der Staat die Kontrolle übernehmen und ihn wegen »wirtschaftlicher und pädagogischer Bedenken« auf eine Beobachtungsliste setzen musste. Sie brachte Ehrgeiz an diese Schule. Sie gewann Preise für ihren Unterricht und wurde auf eine Verwaltungsstelle als Koordinatorin für den Grundschulunterricht befördert.

Sie kann nicht genau sagen, wie sich alles auflöste, aber nach ein paar Jahren merkte sie, dass etwas im Busch war. Sie war sogar einmal in der Personalabteilung. »Hey, Leute, gibt es etwas, was ich wissen sollte? Müsst ihr mir irgendetwas sagen?«

»Nein, alles in Ordnung!«

Als sie an jenem Abend nach Hause kam, erwartete sie in ihrem Briefkasten ein Schreiben. »Die Stelle wurde gestrichen … Budgetkürzungen.«

Per Post. *Soll das ein Witz sein?* Budgetkürzungen. Per Post!

Okay, Marnie, nur zur Erinnerung. Sie haben bis jetzt vierzigtausendsechshundert Dollar erspielt. Sie sind nur noch vier Fragen von einer Million Dollar entfernt, aber Sie haben keine Joker mehr übrig. Hier ist Ihre Frage für einhunderttausend Dollar …

Keine Joker mehr übrig. Das war so erbärmlich. Ganz zu schweigen davon, dass sie eigens hatte losgehen müssen, um diese Jacke und diese Bluse zu kaufen, weil sie nichts hatte, was sie im Fernsehen anziehen könnte. Sah sie fett aus? Hatte ihr Auge gerade gezuckt? *O verdammt, ich bin im Fernsehen.* Man kann sich nicht vorstellen, wie schwer es ist, in einer solchen Situation zu *denken.* Anders ausgedrückt: Sie hatte bei der letzten Frage einen Joker einsetzen müssen. Es ging um »Rub-a-Dub-Dub, Three Men in a Tub«. Ernsthaft! Da stand sie nun, Erbauerin der Nation, Patriotin (und zu diesem Zeitpunkt seit zwei Jahren Doktorandin im Fach Bildungs- und Schulmanagement), und hatte nicht die leiseste Ahnung bei einer Frage zu einem simplen Kinderreim.

Die drei Männer in der Wanne waren der Fleischer, der Bäcker und wer noch? *Wer noch?* »Ich glaube, ich frage das Publikum, Meredith.« *Neunzig Prozent* des Studiopublikums (von denen wahrscheinlich die wenigsten seit zwei Jahren im Fach Bildungs- und Schulmanagement promovierten) wussten, dass es nicht der Schuster, sondern der Kerzenzieher war.

Vier Fragen von einer Million Dollar entfernt. Kein Joker mehr.

Sie hatte all ihre Möglichkeiten ausgeschöpft.

Sie brauchte das Geld. Sie musste die Miete bezahlen. Sie war eine arbeitslose, alleinerziehende Mutter in orangefarbener Bluse, Erbauerin der Nation, die keine Nation aufzubauen hatte.

Jener Abend, als die Nachricht von den Budgetkürzungen und der Streichung ihrer Stelle *in der Post* lag, war wahrscheinlich der Tiefpunkt ihres Lebens. Sie musste etwas unternehmen. Und sie beschloss, einen Beschwerdebrief an den Präsidenten zu schreiben. Er sollte erfahren, was sie zu sagen hatte. Ein solcher Entschluss erfordert ein gewisses Maß an Wut. Und Trauer. Die Welt um einen herum muss zusammenbrechen. Alles, woran man glaubt. Die Identität, die man sich geschaffen hat. Es erfordert ein paar kräftige Schluck Wodka. Und einen Anruf bei seiner Mutter, bei der man sich erst einmal richtig ausheult.

Sie schenkte sich einen weiteren Drink ein. Rief noch einmal ihre Mutter an. Rief Freunde an. Weinend. Noch ein Drink. Sie will gar nicht abstreiten, dass sie eine Menge trinken musste. »Sehr geehrter Herr Präsident.«

Es ging nicht nur darum, ihr eigenes Ego zu besänftigen. Es ging darum, Schreie zu besänftigen, die Jahrhunderte zurückreichten. Es ging um ihre Urgroßväter, die in der Armee gedient hatten. Um Mut und Kampf. Und um eine Ururgroßmutter.

5. April 2011

Sehr geehrter Herr Präsident,

meine Eltern verkörpern das Allerbeste an Amerika …

Anschließend diente mein Vater …

Meine Mutter folgte John F. Kennedys Aufruf zum Dienst im …

Die beiden Großväter mütterlicherseits meiner Eltern kämpften Seite an Seite im Ersten Weltkrieg … Mein Großvater mütterlicherseits und mein Großonkel kämpften im Zweiten Weltkrieg …

Ich folgte dem Beispiel meiner Mutter und wurde Lehrerin …
Eine »Erbauerin der Nation«.

Herr Präsident, ich habe es mir zur Aufgabe gemacht, Amerikas Zukunft zu erziehen und diese Kinder, von denen manche abends in Obdachlosenheime zurückkehren, darin zu unterstützen, der Welt etwas zurückzugeben. Vergangenen Februar war ich mit meinem fünfjährigen Sohn in der Langa Township in Südafrika, um den Kindern in den dortigen Schulen Schreibmaterial zu bringen.

Herr Präsident … ich bin mir sicher, Sie bekommen Tausende Briefe über die Nöte von Arbeitslosen, und ich weiß, dass Sie für den Einzelnen nur sehr wenig tun können. Aber ich fühlte mich dazu gedrängt, Ihnen zu schreiben …

Ich habe meine Stelle verloren, weil das Konjunkturprogramm, das Gelder für Schulen vorsah, ausgelaufen ist und Andrew Cuomo, der Gouverneur von New York, die Schulförderung drastisch eingeschränkt hat. Deshalb will ich Sie Folgendes fragen: Ich habe die vergangenen elf Jahre meines Lebens dem Aufbau der Nation und der Erziehung von Amerikas Kindern gewidmet, aber wie soll ich in Zukunft für meine Familie sorgen … wenn der Stellenmarkt mit Tausenden von Lehrern überschwemmt ist, die aufgrund von Budgetkürzungen entlassen wurden?

Carpe diem
Marnie Hazelton

Sie war wie vor den Kopf geschlagen, als sie eine Antwort des Präsidenten erhielt. Sie starrte sie einfach nur an. Eine offizielle Antwortkarte des Weißen Hauses. Seine Handschrift, die eher wie gezeichnet wirkt. Ab und zu lässt er beim t den Querstrich weg. Sie starrte die Karte einfach nur an, es kam ihr vor wie Stunden.

»Ich drücke Ihnen ganz fest die Daumen.«

Keine Joker mehr. Vier Fragen von einer Million Dollar entfernt. Die Lichter. Das Make-up. War ihr Pony zu lang? Es wäre in Ordnung, wenn sie die Million nicht gewann. *Wirklich*. Sie hatte die Hunderttausend im Sinn. Hier rauszugehen mit einhunderttausend Dollar. Eine Quizshow. Ihr war jedes Mittel recht, wenn es ihre Probleme löste. Die ganzen Bewerbungen, die sie geschrieben hatte. Die Gespräche. Nichts. Unzählige Bewerbungsgespräche. Und nichts war passiert. Niemand hatte zurückgerufen.

Und hier ist Ihre Frage für einhunderttausend Dollar.

[spannungsgeladene Musik, aufwärts kreisende blaue Laserstrahlen]

Mit welcher pädagogischen Neuerung sorgte die kanadische Simon Fraser University 2009 für Schlagzeilen?

Eine pädagogische Neuerung! Für eine seit zwei Jahren promovierende Lehrerin sollte das doch ein Klacks sein. Es gab vier verschiedene Antwortmöglichkeiten:

A. Ein Studienfach namens »Alles«
B. Eine Bibliothek ohne Bücher
C. Ein weibliches Football-Team
D. Eine Bewertungsnote unterhalb von F

Nachdenken. Quizshows beruhen auf dem Prinzip, dass die Teilnehmer in der Lage sind, die ganzen Lichter und das Make-up auszublenden und *nachzudenken*. (Oder vielleicht auch nicht.) In Quizshows wird von den Kandidaten erwartet, dass sie laut denken, damit das Publikum sich miteinbezogen fühlt.

Wenn ich an Neuerung denke, dann denke ich »Bibliothek ohne Bücher«. Ein Football-Team, ein reines Frauen-Football-Team ist keine Neuerung. Ein Studienfach namens »Alles«... Innovation gleich Motivation... Eine Bewertungsnote unterhalb von F würde ich nicht als Motivation bezeichnen.

Nun, Marnie, Sie haben folgende Optionen: Sie haben vierzigtausendsechshundert Dollar. Die könnten Sie nehmen und einfach gehen, hmm. Aber wenn Sie diese Frage richtig beantworten, dann gewinnen Sie einhunderttausend Dollar. Bei einer falschen Antwort gehen Sie mit fünfundzwanzigtausend nach Hause.

Ich bin mit gar nichts hergekommen.

Haha.

[spannungsgeladener Trommelwirbel]

Okay, Meredith, wie ich gestern schon sagte, ich bin hergekommen, um zu gewinnen. Ich verlasse mich auf mein Bauchgefühl und sage ... eine Bibliothek ohne Bücher. Meine Antwort ist B, eine Bibliothek ohne Bücher.

[blaue Laserstrahlen in einer abwärts kreisenden Bewegung]

Für mich klang das überzeugend, aber die korrekte Antwort lautet D, eine Bewertungsnote unterhalb von F.

[enttäuschte Laute aus dem Publikum]

Meredith erklärte, dass die richtige Antwort etwas mit einer besonderen Note für Studenten zu tun hatte, die beim Betrügen erwischt wurden. Etwas. Etwas. Etwas. Ihr Herz. Ihr Magen. Dieser dumpfe Schlag in die Magengrube. Sie hatte alle enttäuscht. Ihre Mutter. Ihren Sohn. Die Vorfahren. Keine Joker mehr. Keine Million. Keine hunderttausend Dollar. Keine vierzigtausendsechshundert Dollar. Sie würde mit dem Trostpreis nach Hause gehen. Fünfundzwanzigtausend Dollar.

Okay, na ja, aber es war toll, hier zu sein. Wirklich toll.

Die Note heißt »FD«. Das bedeutet »*failed for academic dishonesty*«. »Durchgefallen aufgrund von wissenschaftlicher Unredlichkeit«.

Oh, also noch schlechter als F. Okay.

Aber wissen Sie was? Wie der Präsident gesagt hat, wir drücken Ihnen alle ganz fest die Daumen.

[Applaus]

Okay.

Meredith beugte sich vor, um sie zu küssen, und Marnie tat ihr den Gefallen, bevor sie langsam von der Bühne ging. In der Hand hielt sie den Brief, den sie dem Publikum vorgelesen hatte, und die blauen Laserlichter liefen unentwegt im Kreis.

Sie fuhr nach Hause, zog die alberne Jacke und die alberne orangefarbene Bluse aus, schenkte sich ein Glas Wein ein und ging ins Bett. Es dauerte eine Weile, bevor sie wieder klar denken konnte, bevor sie realisierte, was gerade geschehen war. *Moment mal, ich habe gerade einen Scheck über fünfundzwanzigtausend Dollar bekommen.* Sie brauchte ein paar Sekunden, ehe ihr bewusst wurde, wie viel Glück jemand haben musste, auf den wie aus heiterem Himmel eine solche Summe herabregnete. Aber natürlich begriff sie es irgendwann.

»Ich drücke Ihnen ganz fest die Daumen.«

Ich bin Marnie Hazelton!

Wenn sie in den darauffolgenden Monaten zu Bewerbungsgesprächen ging, nahm sie Obamas Brief als Glücksbringer mit (natürlich nur die Kopie). Sie bewahrte ihn in ihrer Geldbörse auf. Er wurde zu ihrem Talisman. Sie zog ihn beim Mittagessen heraus, nach dem Abendessen, vor dem Frühstück.

Dreizehn Monate nach ihrer Entlassung erhielt sie einen Anruf vom Roosevelt-Union-Schulbezirk.

Sie wollten sie zurück. Sie brauchten sie. *Sie brauchten Marnie Hazelton.*

Als sie mit neuem Schwung und neuem Selbstbild in den Klassenraum zurückkehrte, zeigte sie ihren Schülern den Brief, den sie von Präsident Obama bekommen hatte. Ein Aha-Moment. »Ich drücke euch ganz fest die Daumen«, sagte sie zu den Kindern. Bei Elternsprechabenden sagte sie den Eltern, dass sie ihnen die Daumen drücke. Sie sagte es den hohen Tieren im Verwaltungsrat der Schule, den Lehrern und den Trainern. Sie sagte es zu den Unternehmern im Viertel (die endlich in die Gänge kommen und dieser Schule *helfen* sollten). Sie sagte es jedem, der ihr begegnete: »Ich drücke Ihnen ganz fest die Daumen.«

Sie wurde befördert, erhielt ihren Doktorgrad, wurde noch ein paarmal befördert, und dann, Anfang 2016, ernannte man sie zur leitenden Schulinspektorin des Roosevelt Union Free School District.

Zur leitenden Schulinspektorin jenes Schulbezirks, der sie einige Jahre zuvor entlassen hatte.

Er steht nicht länger wegen wirtschaftlicher und pädagogischer Bedenken auf der Beobachtungsliste des Staates New York. Die Wiedergeburt des Roosevelt-Union-Bezirks unter dem Motto »From Good to Great« hat begonnen, ab dem Jahr 2020 sollen einhundert Prozent der Schüler die Schule mit einem Abschluss verlassen. Und Marnie Hazelton, Erbauerin der Nation, ist dafür verantwortlich.

THE WHITE HOUSE

WASHINGTON

Liebe Marnie,

ich danke Ihnen für Ihren aufopferungsvollen Einsatz für unser Bildungssystem. Ich weiß, dass die Aussichten momentan nicht sehr ermutigend sind, aber die Nachfrage nach Lehrern und Menschen mit Ihren Fähigkeiten wird auch wieder steigen, sobald sich die Wirtschaft erholt und die staatlichen Budgets wieder aufgestockt werden. Bis dahin drücke ich Ihnen ganz fest die Daumen!

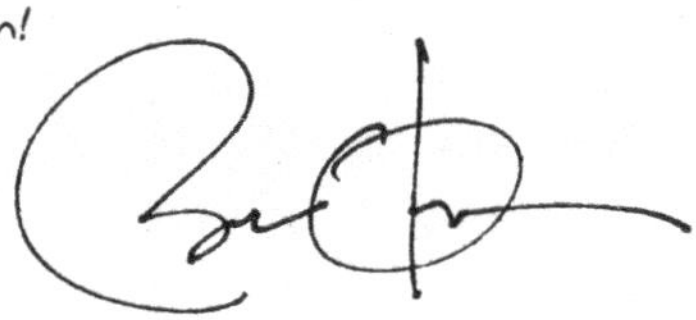

16. Juli 2016

Sehr geehrter Herr Präsident,

… Der aufrichtigste Dank, den ich Ihnen senden kann, ist ein Zitat der verstorbenen Maya Angelou:

»Ich habe gelernt, dass die Menschen vergessen werden, was du gesagt hast, sie werden vergessen, was du getan hast, aber sie werden niemals vergessen, wie sie sich deinetwegen gefühlt haben.«

Carpe diem
Marnie Hazelton

Briefauswahl 2013–2014

Schreiben Sie uns – Sonstiges

Gesendet: 20. April 2013 02:10
Originating Host:
Remote IP:
Von: Susan Patterson
E-Mail:
Telefon:
Adresse:
Betreff:

Nachricht: Sehr geehrter Herr Präsident,

ich habe Ihnen mehrmals geschrieben und mich über eine ganze Reihe Ihrer Maßnahmen beschwert. Ich habe von Ihnen eine Antwort zu meinen Ansichten zur Schusswaffenkontrolle bekommen. Ich denke, diese Antwort hat mich dazu gebracht, meine Meinung zu ändern. Eine meiner Befürchtungen war, dass die geistige Gesundheit nicht berücksichtigt würde. Wenn Sie all das machen, was Sie in Ihrem Brief versprochen haben, dann werde ich Ihre Gesetzesvorschläge zur Schusswaffenkontrolle unterstützen. Außerdem möchte ich Ihnen noch sagen, dass mir die Rede gut gefallen hat, die Sie gestern Abend nach der Ergreifung des zweiten Attentäters von Boston gehalten haben. Ich HASSE Obamacare immer noch, alles daran. Aber das mit den Waffen könnte funktionieren. Danke für Ihren Brief, Susan Patterson

Von: Erv und Ross Uecker-Walker

Gesendet: 17.11.2014 18:35

E-Mail:

Telefon:

Adresse: Milwaukee, Wisconsin

Nachricht: Wir möchten Präsident Obama und seiner Regierung unseren aufrichtigen Dank aussprechen für ihren unermüdlichen Einsatz für die Bürgerrechte der LGBT-Gemeinschaft und vor allem für die gleichgeschlechtliche Ehe. Dank Ihrer Bemühungen werden wir nach 57 gemeinsamen Jahren am 30. November in unserer Kirche, der Pilgrim United Church of Christ in Grafton, Wisconsin, vor dem Gesetz heiraten können. Dies ist für uns von ganz besonderer Bedeutung, weil der 30. November unser 57. Jahrestag sein wird. Wir hätten nie geglaubt, dass dies jemals möglich sein würde. Wir danken Ihnen von ganzem Herzen.

Gesendet via: www.whitehouse.gov/contact
Aktennummer:
IP-Adresse:

Von: **Ms. Melina S**

Gesendet: 15.07.2013 17:16

E-Mail:

Telefon:

Adresse:

Nachricht: Sehr geehrter Herr Präsident,

heute war ich in meiner Kaiser-Apotheke, um das Rezept für meine Antibabypille einzulösen. Ganz automatisch gab ich meine Kaiser-Kundenkarte und meine Kreditkarte dazu. Da sagte die Apothekerin »Keine Zuzahlung« und gab mir die Kreditkarte zurück. Ich schob sie wieder über den Tresen und sagte: »Das kostet 30 Dollar.« Sie schob sie zurück und sagte: »Sie brauchen nichts dazuzubezahlen.« Ich fragte: »Wieso? Seit wann?« Ich war verwirrt und dachte, sie müsste eine neue Angestellte sein, die etwas falsch machte. Sie sagte: »Das ist wegen der Gesundheitsreform.« Und als sie das sagte, machte es auf einmal klick. Ich hatte davon gehört. Ich wusste davon. Aber jetzt erlebte ich es zum ersten Mal hautnah, und ich konnte es nicht glauben. Ernsthaft, mir kamen fast die Tränen. Es fühlte sich an, als wäre eine Ungerechtigkeit beseitigt worden. Als wäre etwas Falsches wiedergutgemacht worden. Als würde man eine Entschuldigung hören, von der man genau weiß, dass man sie verdient hat. Ich kann das in einer E-Mail vermutlich nicht richtig beschreiben. Aber es war ein so starkes Gefühl, dass ich Ihnen gleich schreiben und DANKE sagen musste. Danke, dass Sie sich für Frauen einsetzen. DANKE, DASS SIE SICH FÜR FRAUEN EINSETZEN! Ich weiß, es ist nur eine Kleinigkeit, aber für mich ist das so groß. Was es bedeutet und wofür es steht. Es gibt Hoffnung. Dinge können sich ändern. Frauen haben tatsächlich einen Freund in der Politik. Und ich bin Ihnen so dankbar, weil Sie das Richtige tun. Ganz ehrlich und aufrichtig vielen, vielen Dank!

Mit freundlichen Grüßen
Hochachtungsvoll
Melina S

The President
The White House
1600 Pennsylvania Avenue NW
Washington, DC 20500

✓#043 485
MAY 20 2013

Unterstützer/
Auswahl 12.7.13
fr1

Sehr geehrter Herr Obama,

»Wir stehen zu unseren Glaubensgrundsätzen, wenn ein in bitterster Armut geborenes kleines Mädchen weiß, dass es in seinem Leben die gleichen Chancen auf Erfolg hat wie jeder andere auch. Weil sie Amerikanerin ist, weil sie frei ist und gleich und das nicht nur in den Augen Gottes, sondern auch in unseren eigenen Augen.«

Erkennen Sie das wieder? Sie haben es im Januar bei Ihrer Vereidigung gesagt, ziemlich genau an meinem achtzehnten Geburtstag. Ich wollte Ihnen sagen, wie sehr mich diese Worte beeindruckt und in meinem Wunsch nach einem erfolgreichen Leben bestärkt haben. Ich will Ihnen nicht meine ganze Lebensgeschichte erzählen, nur so viel: Ich war eines dieser kleinen Mädchen. Ich wurde in entsetzliche Armut hineingeboren, und aufgrund unserer finanziellen Lage glaubten meine Eltern nicht, dass ich überhaupt irgendeine Zukunft hätte. Doch ich bewies ihnen das Gegenteil. Sämtliche Statistiken behaupteten, ich hätte kaum Aussichten, auf ein gutes College zu gehen. Ich bewies ihnen das Gegenteil. Ich habe einmal Ihre Frau getroffen, sie kam an meine Highschool, und ich gehörte zu den Glücklichen, die ihr die Hand schütteln durften. Ich fand, das war das Coolste, was mir je in meinem Leben passiert war, und es machte mir klar, dass ich genauso große Chancen hatte, auf ein gutes College zu kommen, wie jeder andere auch. Danach strengte ich mich mehr an als zuvor, doch als das letzte Jahr an der Highschool anfing, begann ich an meiner Zukunft als College-Studentin zu zweifeln, weil ich obdachlos wurde und erkannte, dass ich lesbisch bin. Ich stand das alles durch, und hier bin ich nun: eine angehende Highschool-Absolventin, die im Herbst nach gehen wird. Ich erzähle Ihnen das alles, damit Sie wissen, dass Sie mir dabei geholfen haben, dorthin zu kommen, wo ich heute bin. Ich habe Ihre Antrittsrede in der Schule gehört, und als Sie sagten, was Sie sagten, fing ich an zu weinen, weil mir noch nie in meinem ganzen Leben jemand gesagt hatte, dass ich genauso erfolgreich sein könnte wie jeder andere auch, einfach nur, weil ich Amerikanerin bin. Die anderen sagten, ich wäre verrückt, jemand anders hätte die Rede für Sie geschrieben, aber das war mir egal, ich beschloss, Ihnen zu glauben, und ich bin froh, dass ich das getan habe. Ich wollte Ihnen bloß dafür danken, dass Sie das gesagt haben, und ich wollte Ihrer Frau dafür danken, dass sie mir geholfen hat zu erkennen, dass ich genauso viel wert bin wie jeder andere auch, ganz unabhängig davon, wie viel Geld ich habe.

Eine hoffnungsvolle zukünftige College-Studentin

PS: Es freut mich, dass Sie wiedergewählt wurden.

Von: Matthew Tyrone Pointer
South Gate, Kalifornien
23. Dezember 2013

Mein Name ist Matthew Tyrone Pointer, und ich spiele im Basketball-Team der South Gate Highschool in South Gate, Kalifornien.

Das ist mein erstes Jahr an der South Gate Highschool. Ich bin vor Kurzem von unserem Lokalrivalen, den South East Jaguars, hergewechselt. Der Grund für meinen Wechsel war Basketball. Der Sport sorgt dafür, dass ich gute Noten schreibe, und ich weiß, dass er mich langfristig zu einem besseren Menschen machen wird, wenn ich erwachsen bin. Das Basketball-Programm hier ist toll, wir spielen in vielen Sporthallen in vielen verschiedenen Städten und manchmal sogar über die Grenzen des Los Angeles County hinaus. Die fantastischste Schule/Sporthalle, die ich gesehen habe, war die Beverly Hills Highschool. Als ich zusammen mit meiner Mannschaft über den Campus gelaufen bin, um die Sporthalle zu suchen, ist uns allen dieser eine Klassenraum aufgefallen. Der Grund dafür war, dass in dem Raum jede Menge iPads lagen, natürlich für die Schüler. Wir Basketball-Spieler von der South Gate Highschool waren alle geschockt und total perplex. Während wir da noch standen und darüber redeten, dass wir auch gerne so eine Ausstattung hätten wie diese Schüler in Beverly Hills, kam einer von den Schülern vorbei und sah uns. Wir hatten alle unsere South-Gate-Shirts an, also fragte er uns, wo South Gate ist, und wir antworteten »in der Nähe von South Central, am Firestone Boulevard und State Street«. Der Schüler hatte keine Ahnung, wovon wir redeten, und wir wussten alle, warum. Er ging dann einfach weiter.

Und jetzt möchte ich Ihnen sagen, was ich davon halte, dass wir im Hinblick auf Schulausstattung und Material benachteiligt werden. Schulen wie die Beverly Hills Highschool und die Redondo Union haben super elektronische Hilfsmittel und gutes, ordentliches Schulmaterial, das wir in unseren Unterschichtschulen wie South East, South Gate und Huntington Park nicht haben.

Ich weiß nicht, ob es daran liegt, dass wir eine Minderheit sind, oder vielleicht an der Lage der Schule, aber ich finde wirklich, dass Schulausstattung wie zum Beispiel Computer, Klassenräume und sogar Stifte und Papier gleichberechtigt auf alle Schulen aufgeteilt werden sollten, ganz egal in welchem Schulbezirk oder in welchem Ort sie liegen. Was macht Schulen wie Beverly Hills oder Redondo Union besser als unsere? Sind es die Schüler? Ich hoffe, Sie verstehen, worauf ich hinauswill, Mr. Obama, ich will einfach nur Gleichberechtigung für alle Communitys, und da spreche ich jetzt bloß von den Schulen. Für manche Kids ist die Schule das Einzige, was ihnen aus ihrer miesen Lage heraushelfen kann. Sie wollen Wandel? Dann geben Sie uns eine Chance, und wir werden unseren Teil dazu beitragen, indem wir uns in der Schule anstrengen. Es ist mir ehrlich gesagt egal, ob ich eine Antwort auf meinen Brief bekomme, solange mich da draußen jemand hört und versteht, dass ich versuche, für unsere Community etwas zu verbessern.

THE WHITE HOUSE

WASHINGTON

11. Februar 2014

Mr. Matthew Tyrone Pointer
Los Angeles, Kalifornien

Lieber Matthew,

ich wollte Dir schon längst antworten, seit ich den Brief gelesen habe, den Du mir vor einiger Zeit geschrieben hast. Highschool-Basketball hat mir damals gezeigt, wer ich war und was ich alles erreichen konnte, und es freut mich zu hören, dass der Sport auch in Deinem Leben eine positive Rolle spielt.

Du hast recht, Bildung ist der Schlüssel zum Erfolg, und ganz egal, ob in Beverly Hills oder in South Gate, alle Schüler sollten einen Weltklasseunterricht bekommen mit Zugang zu allen Hilfsmitteln, die sie benötigen, um ihre Träume zu verwirklichen. Deine Generation verdient ein Bildungssystem, das Eurem Potenzial entspricht, und ich kämpfe jeden Tag dafür, diese Vision Wirklichkeit werden zu lassen.

Ich danke Dir für Deinen Brief – Dein leidenschaftlicher Einsatz für Deine Community ist bewundernswert. Arbeite weiter so hart, nicht nur auf dem Platz, sondern auch daneben, denn ich erwarte Großes von Dir.

Mit freundlichen Grüßen

Auswahl/
Schusswaffen

08.07.13
f,4

Zurück aus OVAL

09.07.13

Beantworten

Sehr geehrter Herr Präsident,

ich heiße [redacted] und ich wohne in [redacted] einem Vorort [redacted] von Boston. Ich bin Rentner und ehemaliger gewerkschaftlich organisierter Stahlarbeiter.

Anbei finden Sie meinen noch gültigen NRA-Ausweis. Nach der heutigen enttäuschenden Abstimmung im Senat werde ich meine Mitgliedschaft nicht verlängern.

Vernünftige Menschen erwarten von ihren gewählten Politikern vernünftige Entscheidungen. Zu einer solchen ist es heute nicht gekommen. Ganz offensichtlich lassen sich viele vom Einfluss der NRA einschüchtern. Ich fühle mich von der NRA nicht mehr angemessen vertreten, und es würde mich sehr wundern, wenn nicht viele andere derselben Ansicht wären.

Wenn Sie den Bürgern dieses Landes von meiner Aktion erzählen, haben Sie wahrscheinlich bald einen ganzen Briefkasten voller NRA-Ausweise. Den Hintergrund eines Waffenkäufers zu überprüfen ist das Mindeste, was wir angesichts von Sandy Hook, Aurora und Arizona – um nur einige Namen zu nennen – tun können. Vernünftige Menschen können vernünftige Gesetze akzeptieren.

Vielen Dank, dass Sie sich Zeit genommen haben,

Gesendet via www.whitehouse.gov/contact

Zurück aus OVAL

18.10.13

Beantworten – und für mich abspeichern

Von: John Mier
Gesendet: 16.10.2013 11:34
E-Mail:
Telefon:
Adresse: Leetsdale, Pennsylvania

Nachricht:

Sehr geehrter Herr Präsident Obama,

meine Frau und ich haben über Healthcare.gov eine Krankenversicherung abgeschlossen, über die wir ab dem 1. Januar 2014 versichert sein werden.

Ja, in der ersten Woche funktionierte die Site miserabel und in der zweiten Woche auch noch, aber danach wurde es besser. Jetzt funktioniert zwar immer noch vieles nicht, ABER: Statt 1600 $ im Monat für eine Gruppenversicherung für mich und meine Frau zu bezahlen (wir sind beide selbstständig, und das war unsere einzige Möglichkeit, überhaupt eine Versicherung zu bekommen), haben wir ab Januar eine Versicherung, die uns nur noch 692 $ im Monat kosten wird – eine Ersparnis von 900 $ pro Monat. Und ich vermute, dass die Kosten sogar noch weiter sinken werden, wenn das Programm erst einmal richtig in Gang kommt. Und nächstes Jahr läuft dann sicher auch die Site wie geschmiert.

Sie und Ihre Mitarbeiter haben dieses Projekt entwickelt, aufgebaut und gegen sämtliche Widerstände durch den Kongress gebracht. Trotz des ganzen Theaters und der Lügen von »Cruz Control« Ted Cruz wird es für Amerika gut sein.

Danke, dass Sie das durchgesetzt haben, und danke, dass Sie nicht vor diesen Trotteln kapituliert haben.

Richten Sie Ihrer wunderbaren Frau Michelle und Ihren hübschen kleinen Töchtern Talia und Sasha unsere Grüße aus. Sie können stolz auf ihren Vater sein.

Mit sehr freundlichen Grüßen
John M. Mier

PS: Als Gipfel ihrer gemeinen Heuchelei wollen einige republikanische Kongressabgeordnete doch allen Ernstes untersuchen lassen, warum die Website in den Staaten, in denen republikanische Gouverneure bereit waren, das Programm zu unterstützen, nicht richtig funktioniert hat. Aber diese Typen sind Loser, und nach den Wahlen 2014 wird sich ein Teil von ihnen nach einem neuen Job umschauen müssen.

Aktennummer:

THE WHITE HOUSE

WASHINGTON

Lieber John,

vielen Dank für Ihren Brief. Die Website war tatsächlich eine Katastrophe, aber ich freue mich, dass das neue Programm es Ihnen ermöglicht, Geld zu sparen!

Mit freundlichen Grüßen

14.10.14
fi1

Auswahl/Unterstützer/Kind

Jordan Garey

Independence Ky

Lieber Herr Präsident,

ich bin sieben Jahre alt. Ich heiße Jordan. Ich möchte Ihnen erzählen, dass ich am 8. Oktober 2014 adoptiert werde. Ich bin seit sechs Jahren Pflegekind, und jetzt habe ich endlich meine Familie gefunden, wo ich für immer bleiben kann. Ich habe zwei Dads, sie heißen Jeremy und Matt, und sie behalten mich für immer bei sich. Ich weiß, dass Sie nicht zu meiner Adoption kommen können, aber ich wollte mich bei Ihnen bedanken für alles, was Sie tun, damit ich sicher bin.

Danke, Jordan Garey

Jordan Garey

PS: Ich wünschte, ich könnte irgendwann einmal in Ihrem großen Haus übernachten.

Mr. Daniel F. Jarvin

New York, NY

NEW YORK NY 100

08 MAR 2013 PM 10 L

President Barack Obama

The White House

1600 Pennsylvania Ave, NW

Washington, DC 20500

20500

485 #006

MAR 20 2013

New York, NY

6. März 2013

Präsident Barrack Obama
Weißes Haus
1600 Pennsylvania Avenue NW
Washington, DC 20500

Sehr geehrter Herr Präsident Obama,

Martin Luther King hat einmal gesagt: »Das Ende unseres Lebens beginnt an dem Tag, an dem wir aufhören, über die wichtigen Dinge zu sprechen.« Dieser Satz ging mir immer wieder durch den Kopf, als ich Ihre Antrittsrede hörte. Dieser Moment war so surreal… Ich hätte nie gedacht, dass ich jemals in meinem Leben diese Worte aus dem Mund eines Präsidenten hören würde:

»Wir, das Volk, verkünden heute, dass die offenkundigste aller Wahrheiten – dass wir alle gleich geschaffen sind – immer noch der Leitstern ist, an dem wir uns orientieren. Wie auch schon unsere Vorfahren in Seneca Falls und Selma und Stonewall.«

Meine Facebook-Seite ist schier explodiert. Freunde und Verwandte riefen mich an und fragten, ob ich das gehört hätte. Ich hatte es gehört, und anfangs traute ich meinen Ohren nicht. Ich dachte, Sie meinten die Sklaverei in Stonewall, Mississippi. Immerhin war ja auch Martin-Luther-King-Tag. Doch dann dämmerte es mir. Sie sprachen vom Stonewall Inn. Meinem Stonewall Inn. Mir kommen immer noch die Tränen, wenn ich an die erste Nacht der Stonewall-Unruhen denke. Ich war ein zwanzigjähriger schwuler Junge und in der Nacht der Razzia in dieser Bar.

Wissen Sie, ich war während der ersten beiden Nächte der Unruhen dort, Herr Präsident. Und ich kam mir vor wie in einer Kriegsregion. Ich sah brennende Mülltonnen in den Straßen, Ziegelsteine, die durch die Luft geworfen wurden, und schwule dumme kleine Jungen wie mich, die von Polizisten und Sondereinsatzkräften blutig geprügelt wurden. So viel Gewalt, und das alles bloß, weil wir tanzen wollten, ohne dabei von einer Gesellschaft gesehen zu werden, die uns nicht wollte. Mir war damals gar nicht bewusst, dass man mir nicht nur meine Rechte als Amerikaner, sondern meine grundlegenden Menschenrechte verwehrte. Es ist schon irgendwie komisch, wenn man es genau bedenkt. Mein Großvater kam als irischer Einwanderer nach Amerika. Er fand Arbeit auf der Baustelle der neuen Freiheitsstatue im Hafen von New York. Ebenjene Statue mit der Tafel, auf der zu lesen steht: »Gebt mir eure Müden, eure Armen, eure geknechteten Massen, die frei zu atmen begehren.« Ich begehre frei zu atmen, Herr Präsident.

1969 konnte ich als schwuler Mann nicht offen in der Armee dienen. Ich erhielt keine Zulassung als Anwalt oder eine Lizenz für einen Friseursalon, ich war dazu verdammt, etwas »Anrüchiges« zu tun. Ich wurde von nahezu allen Religionen verteufelt. Der Verband der amerikanischen Psychiater erklärte mir, ich sei psychisch krank. Ich durfte nicht heiraten und musste meine Liebe zu einem anderen Mann verheimlichen. Ich konnte keine Kinder adoptieren. Ich bekam nicht einmal legal einen Drink in einer Bar in New York City – sie hätten sonst ihre Schanklizenz verloren, weil sie einen »Perversen« bedienten. Es war ein trostloses Dasein, dominiert von dem einen Wort »NEIN«, und um dem Ganzen die Krone aufzusetzen, wollten sie mir in jener Nacht im Juni 1969 auch noch verbieten zu tanzen … sogar heimlich im hinteren Teil einer dunklen Bar.

Sie haben mich stolz gemacht, Sir, indem Sie diesen wichtigen Teil meines Lebens erwähnten, aber die Schlacht ist noch nicht zu Ende, es liegt immer noch ein harter Kampf vor uns. Ich habe noch immer nicht jenen Tanz getanzt, zu dem ich vor 44 Jahren angesetzt habe. Den großen, ausgelassenen »Ich bin ein vollkommen freier schwuler Amerikaner«-Tanz, den ich so gerne tanzen würde, ehe ich vor meinen Schöpfer trete … statt mein ganzes Leben lang bloß der Musik zu lauschen.

Danke, dass Sie die Tanzfläche ein bisschen näher gerückt und die Musik eingeschaltet haben.

Mit freundlichen Grüßen

Daniel (Danny) Garvin
Stonewall-Inn-Veteran

THE WHITE HOUSE

WASHINGTON

29. November 2013

Mr. Daniel Garvin

New York, New York

Lieber Daniel,

danke für den eindrucksvollen Brief, den Sie mir in diesem Frühjahr geschickt haben – ich habe ihn mit Interesse gelesen.

Im Stonewall Inn haben sich Menschen zusammengeschlossen und gemeinsam verkündet, dass sie nun genug Ungerechtigkeit erlebt hätten. Als sie niedergeprügelt wurden, standen sie wieder auf und stellten dadurch nicht nur infrage, wie die Welt sie sah, sondern veränderten auch ihren Blick auf sich selbst. Die Geschichte zeigt, wenn dieser Geist erst einmal Fuß gefasst hat, kann ihn nichts mehr aufhalten – so führten die Unruhen zu Protesten, die Proteste zu einer Bewegung und die Bewegung zu einer Veränderung, die bis heute anhält.

Sie haben recht damit, dass der Tanz noch nicht zu Ende getanzt ist. Aber solange ich in diesem Amt bin, werde ich dafür kämpfen, die Tanzfläche für alle zu öffnen.

Mit freundlichen Grüßen

18.09.13
fiz

Schreiben Sie uns – Wirtschaft

Gesendet: 28. August 2013 01:40
Originating Host:
Remote IP:
Von: Tom Hoefner
E-Mail:
Telefon:
Adresse:
Betreff:

Zurück aus OVAL
19.9.13

Beantworten

Nachricht:

Sehr geehrter Herr Präsident,

meine Frau und ich leben in Brooklyn, ich habe einen Masterabschluss von einer Ivy-League-Universität und sie von einer Universität des New Yorker Hochschulverbunds. Seit 2008 ist es mir nicht gelungen, eine Vollzeitstelle zu finden. Ich habe einen sechsstelligen Studienkredit, den ich nicht zurückzahlen kann. Da ich mit den Raten in Verzug bin, wurde ein Großteil davon an private Inkassofirmen übertragen. Jede Woche machen wir uns Sorgen, wie wir die fälligen Rechnungen bezahlen sollen. Gestern habe ich das Limit meiner Target-Kreditkarte überschritten und musste mit meinem sechsjährigen Kind an einem Kundendienstschalter warten, während ich mir überlegte, wie ich unsere sehr überschaubare Menge sorgfältig ausgewählter Lebensmittel bezahlen könnte. Seit fünf Jahren suche ich nach einer festen Arbeitsstelle in meinem Bereich, dem Bildungswesen. Obwohl es immer hieß, der Bildungssektor biete sichere Arbeitsmöglichkeiten, muss ich jetzt feststellen, dass dem nicht so ist. Ich schicke aufs Geratewohl Bewerbungen hinaus in den leeren Raum und bekomme nie auch nur eine Antwort.

Ich bin vierunddreißig Jahre alt. Ich werde wahrscheinlich niemals ein Haus besitzen. Ich werde wahrscheinlich niemals eine Rente beziehen. Meiner Generation wurde immer gesagt, wenn wir uns nur anstrengen, in der Schule gute Noten schreiben und uns von allem Ärger fernhalten, dann sei unsere Zukunft sicher. Man hat uns angelogen oder zumindest in die Irre geführt.

Wir haben kein Pay-TV. Wir haben Handys, aber kein Festnetztelefon. Wir waren noch nie im Urlaub.

Wir schlagen uns von Tag zu Tag durch und kommen dabei gerade so über die Runden. Falls es den amerikanischen Traum überhaupt je gab, werden wir ihn jedenfalls nicht verwirklichen. Wir werden schweigende Opfer sein, werden es nie schwer genug haben, um Mitleid zu ernten, aber auch nie erfolgreich genug sein, um unsere Schulden zu bezahlen und ein Leben zu führen, wie es uns versprochen wurde.

Das System ist kaputt. Die Mittelklasse ist tot. Und wir sind ihre schweigenden Opfer.

Mit freundlichen Grüßen,

Tom Hoefner

PS: Ich erwarte keine Antwort auf diese Mail. Ich bin es gewohnt, Standardabsagen oder überhaupt keine Reaktion zu bekommen. Das war nur eine weitere Sache, die ich aufs Geratewohl in den leeren Raum hinausrufen musste.

THE WHITE HOUSE

WASHINGTON

Lieber Tom,

ich habe Ihren Brief erhalten. Ich weiß, dass die Lage momentan sehr schwer ist, und ich will nicht so tun, als hätte ich eine unfehlbare Lösung für Ihre aktuellen Probleme. Aber die Wirtschaft kommt langsam wieder auf die Beine, und wir arbeiten jeden Tag daran, Maßnahmen durch den Kongress zu bringen, die Ihnen helfen könnten – etwa ein Erlass oder eine Reduzierung von Studienkrediten.

Ich denke, was ich eigentlich sagen will, ist, dass Ihr Präsident an Sie denkt. Und Ihr Kind kann sich ohne jeden Zweifel glücklich schätzen, einen Vater zu haben, der sich um es sorgt.

Von: **Mr. Bob Melton**
Gesendet: 18.12.2014 23:27
E-Mail:
Telefon:
Adresse: Morganton, North Carolina

Nachricht: Sehr geehrter Herr Präsident,
vielleicht freut es Sie zu hören, dass ich dank Ihrer Gesundheitsreform zum ersten Mal seit zwölf Jahren wieder beim Arzt war. Ich habe Schmerzen, und dank des Affordable Care Acts konnte ich mich wenigstens untersuchen und jetzt auch behandeln lassen. Ich bin einundsechzig Jahre alt und noch ziemlich gut in Form (glaube ich zumindest), aber ohne Ihre Hilfe hätte ich KEINE Versicherung. Überhaupt keine. Danke, Herr Präsident. Sie erinnern mich an Präsident Roosevelt. Nachdem FDR gestorben war, stand ein Mann auf der Straße und weinte. Ein Reporter fragte ihn: »Haben Sie ihn gekannt, dass Sie jetzt so traurig sind?« Der Mann sagte: »Nein, ich kannte ihn nicht. Er kannte mich.« Ich fühle dieselbe Verbindung zu Ihnen, Herr Präsident.

THE WHITE HOUSE

WASHINGTON

13. Dezember 2016

Mr. Bob Melton
Morganton, North Carolina

Lieber Bob,

ich möchte mir gern einen Moment Zeit nehmen, um Ihnen zu sagen, wie sehr ich mich über die Nachricht gefreut habe, die Sie vor einigen Jahren geschickt haben und in der Sie mir schrieben, welche Veränderung der Affordable Care Act in Ihrem Leben bewirkt hat – wie Sie aus der Antwort meiner Mitarbeiter wissen, haben Ihre Zeilen mich und mein Team tief berührt.

Im Laufe meiner Amtszeit habe ich in Briefen wie dem Ihren den Mut, die Entschlossenheit und die Aufrichtigkeit unseres Volkes gesehen. Der »amerikanische Glaube«, von dem Präsident Roosevelt sprach, hallt immer noch in allen Ecken unseres Landes wider – geformt und weitergetragen von zahllosen Generationen. Ich bin zuversichtlich, dass er uns auch weiterhin leiten wird, solange engagierte Bürger wie Sie ihre Stimme erheben für die Ideale, die uns als Nation und als Volk verbinden.

Noch einmal vielen Dank. Ich wünsche Ihnen alles Gute und danke Ihnen für Ihre treue Unterstützung.

Mit freundlichen Grüßen

Lieber Herr Präsident,

ich heiße Gavin Nore. Ich bin ein fünfzehnjähriger junger Mann aus Fort Dodge, Iowa. Ich bin Ihnen zum ersten Mal 2007 begegnet, als ich acht war. Damals haben Sie eine Wahlkampfrede gehalten. Als Sie damit fertig waren, durften die Leute Fragen stellen. Ich hatte das Glück, mit Ihnen reden zu dürfen, und fragte Sie: »Werden Sie die Stammzellforschung fortsetzen, wenn Sie gewinnen?« Und Sie sagten, ja, das würden Sie tun. Als ich vierzehn war, wurde bei mir am 14. Februar 2013 ein Hodgkin-Lymphom diagnostiziert. Ich habe den Kampf gewonnen. Im Sommer 2013 war ich krebsfrei. Im August letzten Jahres wurde festgestellt, dass der Krebs zurück ist. Ich brauchte eine Stammzelltransplantation. Und ich habe den Kampf wieder gewonnen. Ich möchte Ihnen ganz herzlich dafür danken, dass Sie die Forschung fortgesetzt haben. Wenn die Forschungen nicht weitergeführt worden wären, wäre ich heute nicht mehr am Leben.

Noch einmal vielen herzlichen Dank dafür, Herr Präsident.

Mit freundlichen Grüßen

Gavin Nore

KAPITEL 9

Barack Obama

Weißes Haus

Ich fragte Obama, ob er die Briefe auch tatsächlich in der Reihenfolge las, in die Fiona sie so hingebungsvoll brachte.

»Das tue ich, ja!«, antwortete er. »Ich lese sie einen nach dem anderen. Oh, ich weiß. Sie haben in meiner Post herumgestöbert …«

Es war ein kühler Herbstnachmittag, und draußen fielen die Blätter von den Bäumen, ein angemessenes Symbol nicht nur für das Ende einer Jahreszeit, sondern auch für das baldige Ende einer Ära. Der erste afroamerikanische Präsident. Zwei Amtszeiten. Beinahe vorbei.

Obamas Oval Office war zurückhaltender eingerichtet als das vieler seiner Vorgänger. Hatte bei George W. Bush auf dem Beistelltisch für gewöhnlich noch ein üppiger Rosenstrauß gestanden, war es bei Obama eine Holzschale mit frischen Äpfeln. Er hatte gestreifte Tapeten in dezenten Goldtönen anbringen lassen und Bushs förmliche weiße Damastsofas durch fahlbraune, mit weichem gebürstetem Cordsamt bezogene Exemplare ersetzt. (Clintons Sofas hatten kühne farbenfrohe Streifen gehabt, und Bush sen. hatte den ganzen Raum in Babyblau und Cremetönen gestalten lassen.) Rote Vorhänge verliehen Obamas Oval Office einen Farbtupfer, alles in allem vermittelte der Raum einen eleganten *mid-century modern*-Look.

Das würde sich bald alles ändern, um den Geschmack und die Stimmung eines neuen Präsidenten widerzuspiegeln.

Ich fragte Obama, ob er die Briefe üblicherweise hier im Oval

Office las – oder anderswo? Trank er Tee dazu? Einen Brandy vielleicht?

»Üblicherweise esse ich mit meiner Familie zu Abend«, antwortete er, »danach ziehe ich mich in den Treaty Room zurück. Und es liegt noch eine Menge Arbeit vor mir. Also sitze ich da in meinem Bürostuhl und lese politische Stellungnahmen, ich lese Memos zu anstehenden Entscheidungen, auch Berichte der Geheimdienste, und es dauert ein paar Stunden, bis ich das alles durchgeackert habe. Meistens hebe ich mir die Briefe bis zum Schluss auf. Sie liegen in einer lilafarbenen Mappe. Und normalerweise ist jeder Brief mit dem Umschlag zusammengeheftet, in dem er hier ankam. Manchmal ist der Packen ziemlich dick und unhandlich, weil jemand noch zusätzlich etwas mitgeschickt hat. Meistens sind das Kinderzeichnungen, Fotos von der Familie oder der Schriftverkehr mit einer Bank oder einem wenig hilfsbereiten Beamten. Hin und wieder sind auch private Erinnerungsstücke dabei, Kopien von Briefen zum Beispiel, die der Vater geschrieben hat, während er als Soldat im Zweiten Weltkrieg kämpfte, oder ein persönlicher Gegenstand, der dem Absender wirklich etwas bedeutet und von dem er will, dass ich ihn bekomme.«

Ich weiß nicht, warum es mich überraschte, wie langsam der Präsident sprach. Wenn man ihn in der Öffentlichkeit reden hört, klingt er so… nachdenklich. Und von Angesicht zu Angesicht verstärkt sich dieser Eindruck noch, womöglich weil man unwillkürlich den Drang verspürt… zu helfen, das Ganze etwas zu beschleunigen, vielleicht. Aber ihn zu unterbrechen kommt nicht infrage, er hält die Zügel in der Hand, und so geht es bedächtig voran, jeder Gedanke ein vollständiger Satz inklusive Pausen. Jedes Wort scheint erst nach reiflicher Überlegung über seine Lippen zu kommen. Als ich Obama an jenem Tag zuhörte, wie er im Oval Office saß und höflich über das scheinbar banale Thema seiner täglichen Brieflektüre nachsann, erinnerte er mich an einen alten Mann, der konzentriert ein Puzzle zusammensetzt. Eine wirbelnde Meeresansicht mit viel Blau und *Blau* und noch mehr »Blau« und… Blau! Da gab es nichts zu diskutieren, er kriegt das hin, und langsam, aber sicher setzt sich das Bild zusammen.

»Manche Themen kommen immer wieder«, fuhr er fort. »Dazu gehören etwa Veteranen, die Hilfe brauchen, junge Leute, die wegen ihrer Studienkredite hohe Schulden haben und wissen wollen, ob sie für irgendeine Erleichterung oder einen Erlass infrage kommen, und Angehörige der Streitkräfte oder deren Familien, die entweder mit einer bestimmten Entscheidung hadern oder mit mangelnder Unterstützung durch das Verteidigungsministerium. Mit der Zeit habe ich mir angewöhnt, Briefe, die mich besonders bewegten, die mich aufrüttelten oder traurig machten, weiterleiten zu lassen, damit alle sie lesen konnten.«

Er erzählte mir von den Anmerkungen, die er auf die Seiten notierte, von den Fragen an seine Mitarbeiter. »Jemand schrieb mir zum Beispiel: ›So geht es zu, wenn man auf diesem Gebiet mit staatlichen Stellen zu tun hat.‹ Oder ›Diese Auswirkungen hatte jenes Gesetz auf mich persönlich‹, ganz unabhängig davon, wie es in der Theorie eigentlich gedacht war.« Der Präsident wollte wissen, wieso das so war und was man tun könne, um die Situation zu verbessern. »Und die betreffenden Mitarbeiter waren wahrscheinlich nicht immer glücklich über meine Kommentare«, sagte er. »Aber ihnen war klar, wenn ich etwas auf einen Brief geschrieben hatte, erwartete ich eine Antwort, und ich erwartete eine Erklärung – also mussten sie sich etwas einfallen lassen. Manchmal sagte dann jemand: ›Wissen Sie, der Grund, aus dem wir etwas so oder so machen, ist folgender…‹ Und ich antwortete: ›Tja, aber so ergibt das keinen Sinn. Also sollten wir versuchen, diese Vorgehensweise zu ändern.‹

Es wäre eine interessante Aufgabe, einmal nachzuforschen, wie viele Initiativen, meist kleine, solche, die es nicht in die Schlagzeilen brachten, letztlich etwas veränderten oder zumindest eine Diskussion über unsere Arbeitsweise angestoßen haben. Das wäre keine ganz unerhebliche Zahl.

Und manchmal habe ich auch ganz konkret erfahren, welche Folgen meine Reaktion auf einen Brief hatte«, fuhr er fort. »Das wahrscheinlich eindrucksvollste Beispiel dafür war ... Wir haben hier oft Kriegsversehrte und Veteranen zu Führungen im Weißen Haus, die ich begrüße. Ich weiß noch, einmal war eine hübsche Familie dabei, relativ junge Mutter, Vater, ein paar kleine Kinder, und als ich auf sie zuging, um ihnen die Hand zu schütteln, da brach die Mutter plötzlich in Tränen aus. Sie umarmte mich und sagte: ›Sie sind der Grund dafür, dass wir heute hier sind.‹ Als ich sie fragte, wieso, antwortete sie: ›Mein Mann hier hatte nach seinem Einsatz eine schwere posttraumatische Belastungsstörung, und ich hatte Angst, er würde es nicht schaffen. Sie haben dafür gesorgt, dass uns jemand vom Veteranenministerium direkt angerufen hat, und danach hat er eingewilligt, sich behandeln zu lassen.‹ Bei solchen Gelegenheiten wird man wieder daran erinnert, dass dieses Amt etwas Besonderes ist und dass eine Antwort den Menschen das Gefühl vermittelt, ihr Leben, ihre Sorgen sind wichtig. Und das kann in kleinem, manchmal aber auch in entscheidendem Maß verändern, wie sie selbst ihr Leben betrachten.«

Ich fragte ihn, wie er entscheide, welche Schreiben er persönlich beantwortet. Das sei einfach, entgegnete er: »Die Briefe, die ich gleich an Ort und Stelle beantworte, sind üblicherweise solche, in denen jemand über ein sehr persönliches Problem schreibt und bei denen ich das Gefühl habe, der Absender braucht im Grunde nur eine gewisse Form von Bestätigung.« Mir kam Shelley Muniz aus Columbia, Kalifornien, in den Sinn, die Obama 2009 geschrieben hatte, um ihm von ihrem Sohn Micah zu erzählen, der im Teenageralter an Leukämie gestorben war, und von den gewaltigen Behandlungskosten, die die trauernde Familie nun zu tragen hatte. »Familien wie die Ihre sind der Grund, warum ich so erbittert für eine Gesundheitsreform kämpfe«, hatte Obama ihr geschrieben.

»Gelegentlich war auch ein Brief von beispielsweise einem

älteren Mitbürger dabei, der einfach nur sein monatliches Budget auflistete«, erzählte er. »Ganz konkret, wissen Sie: Das gebe ich jeden Monat aus, und auf diese Summe beläuft sich mein Rentenscheck. Das Ergebnis war: Es ist wirklich schwer, damit über die Runden zu kommen.

Manchmal schreiben mir die Leute von einer Art Verwandlung, die sie durchlaufen haben. Es gab eine ganze Reihe von Briefen, in denen mir jemand erzählte, er oder sie sei in einer Familie aufgewachsen, in der man Menschen mit anderer Hautfarbe oder einem anderen kulturellen Hintergrund gegenüber misstrauisch war. Und dann beschrieben sie die Entwicklung, die sie selbst oder ein Angehöriger durchlaufen hatten, weil sie sich selbst in einem anderen Menschen auf eine Weise wiedererkannten, wie sie es nie erwartet hätten.

Und schließlich gibt es auch Briefe, in denen unmissverständlich klargestellt wird, was für ein, nun ja, was für ein Idiot ich doch bin. Und bei denen fühle ich mich auch genötigt, sofort zu antworten.

Meine Korrespondenzabteilung hat sich in dieser Hinsicht immer sehr deutlich ausgedrückt: Wenn ich nur Briefe von Menschen lese, die mich für meine großartige Arbeit loben, dann bekomme nicht einmal die Hälfte der Bevölkerung zu sehen.

Aber, wissen Sie, die Briefe, die mir im Gedächtnis bleiben, sind oft genug gar nicht diejenigen, die mich in der Hitze des Gefechts erreichen, diejenigen, die sich auf eine aktuell geführte Debatte beziehen, denn die sind oft relativ vorhersehbar. Ich würde sagen, die größte Bedeutung für mich haben Briefe, bei denen ... eine Verbindung entsteht, die vom Leben der Menschen erzählen, von ihren Werten und davon, was ihnen wichtig ist.«

Ich widerstand dem Impuls, ihn zu fragen, ob er einen Lieblingsbrief habe. Das hätte beinahe etwas von: »Hey, wer ist eigentlich Ihr Lieblingsamerikaner?« Außerdem interessierte mich eher, ob er von sich aus auf bestimmte Briefe zu sprechen kommen würde – und wenn ja, auf welche. Über einen Zeitraum von acht Jahren hinweg waren ihm in seiner abendlichen Briefing-Mappe Tausende von Schreiben vorgelegt worden – würden ihm jetzt einige spezielle in den Sinn kommen, wenn er auf all das zurückblickte?

An jenem Tag waren es drei. Drei Schreiben, die er während unserer Unterhaltung über die Briefe, seine Präsidentschaft und darüber, in welchem Maß sie sich gegenseitig beeinflusst hatten, erwähnte.

»Ich erinnere mich an einen Vater, der schrieb: ›Ich bin sehr konservativ und Einwanderung gegenüber generell sehr ablehnend eingestellt, aber dann hat sich mein Sohn mit einem jungen Mann angefreundet, und es stellte sich heraus, dass er keine Papiere hatte‹«, fasste Obama den ersten davon zusammen.

Ich hatte mehrere Briefe von Konservativen gelesen, die zu ihrer eigenen Überraschung ihre Haltung in Einwanderungsfragen geändert hatten, Bill Olivers Brief über Quique beispielsweise, aber ich denke, in unserem Gespräch bezog sich Obama auf den Brief von Ronn Ohl aus Sanford, North Carolina, in dem dieser über einen jungen DREAMer schrieb, den er kennengelernt hatte:

Auswahl/Vet./Einw.

27.07.12

Zurück aus OVAL
30.07.12

Ronn Ohl

Sanford NC

An: Präsident Obama
1600 Pennsylvania Avenue, NW
Washington, DC 20500

17. Juni 2012

Beantworten

Sehr geehrter Herr Präsident,

danke, dass Sie die Initiative ergriffen und das Dekret unterzeichnet haben, welches es den Kindern illegaler Einwanderer ermöglicht, in diesem Land zu leben und zu arbeiten, ohne abgeschoben zu werden. Sie haben gehandelt, als der Kongress beim Dream Act dazu nicht fähig war. Mit diesem Dekret haben Sie mutige Maßnahmen ergriffen, auch wenn Sie höchstwahrscheinlich politische Gründe dafür hatten. Dies könnte der erste Schritt hin zu einer Lösung des Problems der illegalen Einwanderung sein, und hoffentlich wird der nächste Kongress in der Lage sein, auf dieser Initiative aufzubauen.

Ich selbst bin Nachfahre eines illegalen Einwanderers. Mein irischer Ururgroßvater kam Ende des neunzehnten Jahrhunderts als blinder Passagier auf einem Frachtschiff voller Walnüsse in dieses Land. Ich habe einundzwanzig Jahre in der Armee gedient und lebe jetzt in einer Gegend mit überwiegend hispanischer Bevölkerung. Ein junger Mann, mit dem mein Sohn seit Teenagerzeiten befreundet ist, ist ein illegaler Einwanderer. Mein Sohn hat kürzlich sein Studium mit einem Master of Public Administration abgeschlossen. Sein Freund kam als Vierjähriger in die Vereinigten Staaten, zusammen mit seinen Eltern, die hier auf ein besseres Leben hofften. Das war vor einundzwanzig Jahren. Er machte einen Highschool-Abschluss und spielte in der Fußballauswahl der Schule. Doch dann musste er erkennen, dass er vieles von dem, was seine Freunde taten, auf legalem Wege nicht erreichen konnte. Er konnte keinen Führerschein machen, konnte sich nicht für einen Studienplatz bewerben, keine offizielle Arbeit finden.

Wie gesagt, ich unterstütze Ihre Entscheidung voll und ganz. Ich habe vergangene Weihnacht mit dem Freund meines Sohnes über dieses Thema geredet, und er dachte, es würde noch Jahre dauern, bevor etwas geschehen würde, was es ihm ermöglichen würde, in diesem Land bleiben zu können, ohne ständig Angst vor einer Ausweisung haben zu müssen. Seit seiner Kindheit hat er wie ein Amerikaner in den Vereinigten Staaten gelebt, er kannte es nicht anders. Und jetzt versucht er, sich mit Gelegenheitsjobs durchzuschlagen und ist immer auf der Hut. Die illegalen Einwanderer finden Wege, ihren Lebensunterhalt zu verdienen, ohne erwischt und ausgewiesen zu werden. Doch viele skrupellose Arbeitgeber und Vermieter nutzen ihre Zwangslage aus, um sie auszubeuten und zu bestehlen.

Wie ich in meinem ersten Absatz schrieb, halte ich Ihre Entscheidung für reines politisches Kalkül. Das ist der erste Punkt seit dreieinhalb Jahren, bei dem ich mit Ihnen einer Meinung bin. Ich bin ein konservativer Anhänger der Tea-Party-Bewegung. Ich glaube an verantwortungsvolle Finanzpolitik und einen ausgeglichenen Bundeshaushalt. Ich finde, dass die Macht der Bundesregierung beschnitten werden und sie gewisse Verantwortungsbereiche, etwa die Gesundheitspolitik, an die einzelnen Staaten abgeben muss. Und ich teile auch nicht Ihre Auffassung, dass die reiche Elite etwas höhere Steuern zahlen sollte, als es ihrem fairen Anteil entspricht. Das wäre so, als sollte ein Reicher 4 $ für einen Big Mac bezahlen und ein Ärmerer für den gleichen Big Mac nur 3,50 $. Wo bleiben denn da Freiheit und Gerechtigkeit?

Hochachtungsvoll

Ronn S. Ohl

RONN OHL

CC: An meinen persönlichen Kongressabgeordneten

Ronn Ohl

Über manche Briefe, deren Verfasser sich kritisch über ihn oder seine Regierung äußerten, grübelte Obama lange nach. Dieser hier war besonders verwirrend. Wieso reagierte dieser »konservative Anhänger der Tea-Party-Bewegung« so skeptisch, obwohl der Präsident doch genau das tat, was er selbst seinen eigenen Worten zufolge für richtig hielt.

THE WHITE HOUSE

WASHINGTON

Lieber Ronn,

danke für Ihren Brief. Ihr Zynismus hinsichtlich meiner Beweggründe erscheint mir ein wenig unangebracht; ich kenne eine Menge junger Menschen in der gleichen Lage wie der Freund Ihres Sohnes – und sie liegen mir genauso am Herzen.

Ich will nicht versuchen, Sie vom Rest meiner politischen Agenda zu überzeugen, aber wer weiß – vielleicht haben wir mehr gemeinsame Anknüpfungspunkte, als Sie glauben.

Mit freundlichen Grüßen

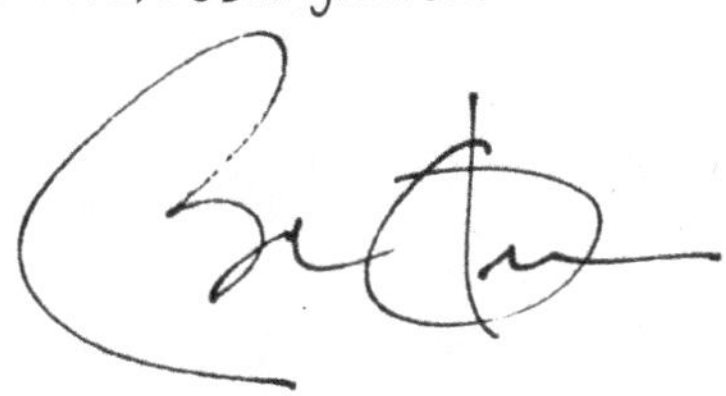

Ich sagte Obama, dass ich überrascht sei, wie viele Gedanken er sich über manche seiner Antworten zu machen schien. Ich meine, irgendein Kerl in North Carolina zweifelte an den Motiven des Präsidenten. War das wirklich so verwunderlich? Und würde er mit einer kurzen Nachricht die Meinung dieses Mannes ändern?

»Als Präsident spricht man oft in knappen Statements«, sagte er. »Was man sagt, wird so gut wie immer in knappen Statements wiedergegeben. Dabei kann man in gewisse Gewohnheiten verfallen. Und man vergisst, dass bei jedem Thema auf der anderen Seite eine komplexe Person steht oder eine Bevölkerung oder Gemeinschaften, die sich mit einem ganzen Bündel von Problemen herumschlagen.«

Wenn also solche Briefe auf seinem Schreibtisch landeten, schenkte er ihnen ganz besondere Beachtung. »Manchmal kam ich mir ein bisschen unfair vor, weil ich diesen Briefen tatsächlich mehr Mühe und Aufmerksamkeit widmete als anderen. Weil ich wirklich wollte, dass die Leute verstehen, nun, dass das hier nicht dasselbe ist wie die Kommentarfunktion im Internet. So läuft das hier nicht. Das Prinzip ist: Wir etablieren einen Dialog.«

Der zweite Brief, den Obama in unserem Gespräch an jenem Tag erwähnte, hatte für eine Menge Wirbel gesorgt.

»Einmal bekam ich einen Brief von einer Frau in Minnesota«, erzählte er. »Später nannte ich sie und ihre Familie dann in einer Rede zur Lage der Nation als Beispiel dafür, was an Amerika das Beste ist. In ihrem Brief beschrieb sie eigentlich nicht viel mehr als: ›Das ist es, was wir hier durchmachen.‹ Und: ›Ich will keine Almosen oder eine Garantie für ein erfolgreiches Leben, ich wünschte nur, es gäbe etwas, was das alles vielleicht ein bisschen leichter machte.‹«

Es war kein besonders mitreißender Brief. Er war nicht süß. Er war nicht emotional. Es lagen keine Fotos oder Zeichnungen dabei. Selbst seine Verfasserin, Rebekah Erler, erzählte mir, dass sie ihn für nicht weiter bemerkenswert hielt, als ich später Kontakt mit ihr aufnahm. »Ich habe vielleicht eine Viertelstunde dafür gebraucht«, sagte sie. »Ich wollte nur, dass er weiß, wie es hier draußen zugeht.«

1. März 2014

Sehr geehrter Herr Präsident, sehr geehrte Mrs. Obama,

ich schreibe Ihnen als Wählerin, als politisch engagierte Bürgerin, als Ehefrau und als Mutter. Ich möchte Ihnen gerne ein wenig über meine Familie erzählen. Mein Mann ging nach seinem Highschool-Abschluss ins Baugewerbe, ich selbst hatte studiert und arbeitete als Verwaltungsangestellte, als wir uns kennenlernten ... Hätten wir damals nur gewusst, wie sich die Lage im Immobilien- und Bausektor entwickeln würde. Ich war mit unserem ersten Kind schwanger.

... Um zu überleben, beschlossen wir, aus meiner Heimat Seattle in seine Heimatstadt im Mittleren Westen zurückzukehren und mit unserem sechs Monate alten Sohn in die Souterrainwohnung im Haus seiner Eltern zu ziehen.

... Mein Mann fand eine Stelle als Lokführer im Güterbahnverkehr – ein toller Job mit fantastischen Zusatzleistungen, aber ein schrecklicher Lebensrhythmus. Wir bekamen unseren zweiten Sohn, und ich machte an einem örtlichen Community College eine Umschulung zur Buchhalterin. Gleichzeitig war ich mit zwei kleinen Kindern von nicht einmal zwei Jahren allein zu Haus. Ich nahm einen sehr bescheidenen Studienkredit auf. Wir machten alles richtig. Letzten Oktober kauften wir unser erstes Haus. Mein Mann konnte bei der Bahn kündigen und arbeitet mittlerweile wieder im Bereich Umbau und Renovierungen. Jetzt ist er jeden Abend zum Essen zu Hause und kann nachts durchschlafen. Es ist unglaublich, was man als selbstverständlich betrachtet. Unglaublich, was man alles überstehen kann, wenn es nicht anders geht.

Der Grund, warum ich Ihnen das schreibe, ist einfach. Ich tat das, wozu die Wirtschaft, Sie und das Land einen auffordern – rausgehen, eine Umschulung machen und einen tollen Job mit guten Aufstiegsmöglichkeiten finden.

Doch unsere Ausgaben für Lebensmittel schießen in die Höhe, während wir fieberhaft Rabatt-Coupons ausschneiden und einen

Speiseplan aufstellen ... Wir bezahlen 1 900 $ im Monat dafür, unsere Kinder in die örtlichen Vorschulen zu schicken, während wir arbeiten. In ein paar Monaten werden die ersten Rückzahlungen für meinen Studienkredit fällig ...

Die Wahrheit ist, dass es in Amerika für zwei Menschen, die sich mit aller Kraft bemüht haben, es zu schaffen, die am Rand des finanziellen Ruins standen und sich zurückgekämpft haben – von Jobverlust über Umschulung, Kinder, Kreditkartenschulden, die so angelegt sind, dass man bis an sein Lebensende arm bleibt, bis zur eisernen Disziplin, alle unnötigen Ausgaben für sich selbst zu streichen und seit fünf Jahren keinen Urlaub mehr zu machen –, praktisch unmöglich ist, ein einfaches Mittelklasseleben zu führen. Wir fahren immer noch unsere zehn und fünfzehn Jahre alten Autos, die für unsere Familie zu klein sind, aber zumindest sind sie abbezahlt. Als bei meinem Vater Krebs diagnostiziert wurde, musste er die Flugtickets für mich und meine Kinder bezahlen, damit wir ihn besuchen konnten, denn ich kann es mir mit meinen fünfunddreißig Jahren nicht einmal leisten, mit meinen Kindern zu ihrem Großvater zu fliegen.

Mein Mann und ich können uns kaum das Nötigste leisten. Unser einziger Luxus ist Kabelfernsehen, damit wir während der Hockey-Saison die Spiele unserer heißgeliebten Minnesota Wilds sehen können (und das amerikanische Team bei den Olympischen Spielen!). Wir gehen weder mit Freunden aus, noch kaufen wir Kleidung, Spielzeug oder sonst etwas, außer zu Weihnachten und Geburtstagen.

Wir fühlen uns nicht als Opfer unseres Lebens – wir haben ein wirklich gutes Leben, und wir sind stolz darauf. Wir haben einen Garten hinter dem Haus, wir gehen in Parks und genießen all die anderen wunderbaren kostenlosen Dinge, die die Region Minneapolis zu bieten hat. Wir sind eine starke Familie, die fest zusammenhält und in unseren sieben kurzen gemeinsamen Jahren schon einige sehr, sehr schwere Zeiten durchgestanden hat.

Als Sie zum Präsidenten gewählt wurden, bin ich in Tränen ausgebrochen. 2012 habe ich meinen Sohn mit in die Wahlkabine genom-

men, damit er, wenn er älter wird, sagen kann, dass er dabei war, als ich für Barack Obama gestimmt habe …

Ich will Sie nur daran erinnern, dass die schweigenden Menschen da draußen, diejenigen, die mit aller Kraft daran arbeiten, über die Runden zu kommen, diejenigen, die Sie gewählt haben – dass wir hier draußen sind.

Wir brauchen bezahlbare – oder staatlich geförderte – Kinderbetreuung. Zweitausend Dollar im Monat dafür, dass Ihr Kind in der Vorschule sicher und gut aufgehoben ist, während Sie selbst zur Arbeit gehen, ist ein astronomischer Preis … Wir brauchen bezahlbare Lebensmittel. Unsere Gehälter sind in den letzten zehn Jahren nicht erhöht worden, aber die Lebenshaltungskosten sind in derselben Zeit um ein Vielfaches gestiegen.

Ich bin mir ziemlich sicher, dass es eine alberne Idee ist, dem Präsidenten zu schreiben. Aber ich weiß auch, dass sich nie etwas ändern wird, wenn man nur schweigt über das, was man sieht und was verändert werden muss. Also schreibe ich Ihnen, damit Sie wissen, wie das Leben für uns hier in der Mitte des Landes ist. Und ich hoffe, Sie hören zu.

Danke und mit freundlichen Grüßen
Rebekah Erler
Minneapolis, MN

»Alle sagten, die Rezession sei vorbei«, antwortete Rebekah, als ich sie fragte, was sie 2014 dazu bewogen habe, diesen Brief zu schreiben. »Und ich dachte nur: ›Was? Nein, ist sie nicht.‹ Und ich dachte mir: ›Obama versteht sicher, worauf ich hinauswill.‹ Ich wusste, dass er uns nicht für verantwortungslos halten würde oder so. Ich meine, es war ja noch nicht so lange her, dass er einer von uns gewesen war. Er hatte selbst einen Studienkredit, den er abzahlen musste. Kam aus einer ganz gewöhnlichen Familie. Die alte Geschichte, Sie wissen schon … dass die Leute sagten, Bush wüsste ja nicht einmal, was eine Gallone

Milch kostet. Und Obama kam mir vor wie jemand, der wusste, wie viel eine Gallone Milch kostet.«

Wie nahezu alle Absender, mit denen ich später sprach, hatte auch Rebekah nicht erwartet, dass der Präsident ihren Brief lesen, geschweige denn darauf reagieren würde. Doch es kam eine Reaktion. Etwa drei Monate nachdem sie den Brief abgeschickt hatte, erhielt sie einen Anruf aus dem Weißen Haus. »Sie sagten: ›Der Präsident kommt demnächst nach Minnesota, und er würde sich gerne mit Ihnen zum Mittagessen treffen.‹ Und ich sagte nur: ›Was?‹«

Schon wenige Tage später, an einem Donnerstag im Juni 2014, saß Rebekah in Matt's Bar in Minneapolis und bestellte einen »Jucy Lucy« (einen mit Käse gefüllten Burger). Obama nahm das Gleiche. Sie war zu nervös, um etwas zu essen. Er dankte ihr für ihren Brief. Er sagte, er habe ihn an etwas erinnert, was auch seine Mutter geschrieben haben könnte. Er lud sie ein, ihn anschließend noch zu einer Bürgerversammlung im Minnehaha Park zu begleiten, und so fuhr sie mit ihm in der Wagenkolonne, saß neben ihm und gegenüber von Valerie Jarrett. Sie fragten sie, ob sie vielleicht bei einer Rede zur Wirtschaftspolitik, die er am darauffolgenden Tag in Lake Harriet halten sollte, ein paar einführende Worte sprechen könne, also tat sie auch das, brachte ihre Familie mit, und als es vorbei war, verabschiedeten sich alle mit einer Umarmung, und Obama sagte: »Hey, wenn Sie irgendwann mal in Washington sind…« Und schon war er weg.

»Mein Mann fragte nur: ›Was zum Teufel war das denn gerade?‹«

Wie vorauszusehen war, reagierten die Medien skeptisch – und das womöglich auch zu Recht. Das Weiße Haus veröffentlichte Bilder und Videos von dem Besuch auf seiner Website und bezeichnete ihn als den »größten Tag« in Rebekahs Leben. Die Zwischenwahlen rückten näher, und Obamas Zustimmungswerte lagen bei gerade einmal 41 Prozent. Also war es vielleicht tatsächlich nur ein politischer Schachzug. Aber vielleicht – und diese Möglichkeit räumten selbst Mitarbeiter bereitwillig ein – sehnte sich Obama auch ganz einfach nach der guten alten Zeit zurück, als Wahlkampf noch bedeutete, mit Menschen außerhalb der Blase zusammenzusitzen und Burger zu essen.

»Die Leute sagten zu mir: ›Der hat dich doch nur benutzt‹«, erzählte Rebekah. »›Du warst bloß Staffage.‹ Aber so hat es sich in keinem Moment angefühlt. Es war einfach nicht so. Selbst jetzt fragen mich Leute noch: ›Was hattest du denn für einen Eindruck von ihm?‹ Und ich sage ihnen immer, er ist genau so, wie ich ihn mir erhofft hatte, als ich ihn gewählt habe. Er vermittelte mir das Gefühl, dass jemand das Schiff steuert. Dass wir einfach nur durchhalten mussten, und dann würde alles wieder in Ordnung kommen. Es war, als hätten wir da jemanden an der Spitze, dem das alles wirklich etwas bedeutet. Und das ist viel wert.«

In der Vorweihnachtszeit hörte Rebekah erneut vom Weißen Haus. Ob sie und ihre Familie zur Rede der Nation kommen wollten? In Washington wurde sie Redenschreibern, Kabinettsmitgliedern und allen möglichen politischen Entscheidungsträgern vorgestellt. Sie lernte Fiona kennen, und Fiona machte sie mit dem Praktikanten bekannt, der an dem Tag, als Rebekahs Brief eintraf, im Lektüreraum gesessen hatte. Der Brief war einer von Hunderten gewesen, die er an jenem Tag gelesen hatte, und einer von denen, die er ausgewählt hatte, in der Hoffnung, damit das Richtige zu tun. »Und ich sagte nur: ›Wow, das haben Sie gemacht!‹«, erzählte Rebekah. »Ich meine, er war dreiundzwanzig oder so, und das hat er gemacht.« Sie lernte den damaligen Arbeitsminister Tom Perez kennen. »Er sagte: ›Der Präsident hat allen Mitgliedern des Kabinetts Ihren Brief zu lesen gegeben und gesagt: Vergesst nicht, für wen wir hier arbeiten.‹«

Während Obamas Rede zur Lage der Nation saß sie zwischen Michelle Obama und Jill Biden. Die Rede war um ihren Brief herum konstruiert. Obama erzählte Rebekahs Geschichte, zitierte aus ihrem Brief und kehrte, als wäre es ein Refrain, sowohl in der Mitte seiner Ansprache als auch am Ende noch einmal zu ihm zurück.

> Ich will, dass das, was wir tun, jedem Kind in jedem Viertel sagt, dein Leben ist von Bedeutung. …
>
> Ich will, dass sie in einem Land aufwachsen, in dem eine junge Mutter sich hinsetzen und einen Brief an ihren Präsidenten schreiben kann, mit einer Geschichte, die die letzten sechs Jahre zusammenfasst: »Es ist unglaublich, was man alles überstehen kann, wenn es nicht anders geht. … Wir sind eine starke Familie, die fest zusammenhält und einige sehr, sehr schwere Zeiten durchgestanden hat.«
>
> Meine amerikanischen Mitbürger, auch wir sind eine starke Familie, die fest zusammenhält. Auch wir haben schwere Zeiten hinter uns. Fünfzehn Jahre nach dem Beginn dieses neuen Jahrtausends haben wir uns wieder aufgerappelt, wir haben uns den Staub von den Kleidern geklopft und damit begonnen, Amerika wieder aufzubauen. Wir haben ein neues Fundament gelegt. Wir können eine bessere Zukunft gestalten. Lassen Sie uns dieses neue Kapitel gemeinsam beginnen – und lassen Sie uns jetzt sofort mit der Arbeit anfangen.
>
> Ich danke Ihnen. Gott segne Sie. Und Gott segne unser geliebtes Land.

Und noch einen weiteren Brief erwähnte Obama an jenem Tag im Oval Office bei unserer Unterhaltung über die Wählerpost. Er war erst vor Kurzem über seinen Schreibtisch gegangen, und er hatte ihn noch frisch im Gedächtnis. »Kürzlich schrieb mir eine Frau, dass ihre Mutter immer das N-Wort verwendete und sich sehr abfällig über Afroamerikaner äußerte, als sie noch Kinder waren.«

PDF speichern 03.10.16 8/10 Zurück aus OVAL 04.10.16

persönlich beantworten – schöne Geschichte!

Von: **Mrs. Joelle Graves**
Gesendet: 29.09.2016 13:25
E-Mail:
Telefon:
Adresse: Medford, Oregon (gültig)

Nachricht: Sehr geehrter Herr Präsident Obama,

ich wollte Ihnen unbedingt diese Geschichte erzählen, bevor Sie das Weiße Haus verlassen. Und das heutige Datum hat mich wieder daran erinnert. Meine Schwiegermutter (Peggy) stammte aus Indiana, sie liebte Chicago, wuchs in einem Vorort der Stadt auf, arbeitete in einem Kleidergeschäft, lernte ihren zukünftigen Ehemann kennen und zog Ende der Vierzigerjahre nach Kalifornien – ins gelobte Land. Peggy und mein Schwiegervater waren ihr Leben lang Republikaner. Sie hatten erstaunlich viele Vorurteile und verwendeten oft das N-Wort! Irgendwann musste ich sogar einschreiten und sie auffordern, sich in Gegenwart ihrer Enkel mit solch abfälligen Äußerungen über Afroamerikaner zurückzuhalten. Als meine Töchter alt genug waren, baten sie sie selbst darum. Jetzt Schnellvorlauf zum heutigen Tag vor sieben Jahren – dem Tag, an dem wir meine 94-jährige Schwiegermutter beerdigten. Sie hatte alle anderen in ihrer Familie überlebt. Ich nahm während der letzten dreißig Tage ihres Lebens Pflegeurlaub, um mich zwölf Stunden am Tag um sie zu kümmern und so die 7 000 $ zu sparen, die eine 24-Stunden-Betreuung für sie gekostet hätte. Wir hatten kein Geld mehr, aber ich wollte nicht, dass sie das erfuhr. Während ich also in diesen dreißig Tagen bei ihr saß und mit ihr über ihr Leben plauderte, fragte ich sie eines Tages, worauf sie

im Rückblick am stolzesten war. Sie sah mich mit einem Funkeln in den Augen an und sagte: »Auf den Tag, an dem ich einen schwarzen Mann zum Präsidenten der Vereinigten Staaten gewählt habe!« Wir wussten beide, dass das etwas wirklich GROSSES war. Und dann sagte sie noch, dass sie mit dem Wissen sterben werde, dass ihre Stimme endlich einmal etwas bewirkt habe. Dass sie Teil der Geschichte sei. Und dass sie sich dafür schäme, ihr Leben lang das N-Wort verwendet zu haben. Dass sie nie damit gerechnet hätte, jemals einen schwarzen Mann aus Chicago zu wählen! Dass sie zum ersten Mal überhaupt einen Demokraten gewählt habe. Und dass sie bei Ihrer Vereidigung vor Freude geweint habe. Sie ließ mich versprechen, alles mir nur Mögliche dafür zu tun, dass Sie für eine zweite Amtszeit wiedergewählt würden. Und als es so weit war, haben meine jüngste Tochter und ich für Sie Klinken geputzt. Wir haben auch in Peggys Viertel an die Türen geklopft. Und jedes Mal, wenn ich auf eine ablehnende Haltung stieß, habe ich diese Geschichte erzählt und die Leute gebeten, noch einmal darüber nachzudenken, bevor sie ihre Stimme abgaben! Sie wäre so stolz auf Ihre beiden Amtszeiten gewesen. Irgendwo im Himmel sitzt sie jetzt fix und fertig herausgeputzt und bereit, die Demokraten zu wählen! Wenn sie doch bloß heute hier wäre, nicht wahr?
Ich wollte einfach, dass Sie das wissen.

Mit freundlichen Grüßen

Joelle Graves

»Ich glaube, es sind solche Briefe, die unsere Haltung zu gewissen Dingen prägen«, erzählte mir Obama an jenem Tag. »Das Individuelle und Konkrete daran ist viel überzeugender als jedes rationale Argument, jede Erläuterung einer politischen Entscheidung. Sie tragen eine ganz andere Kraft in sich.«

Ich fragte ihn, was Briefe wie der von Joelle seiner Ansicht nach über die Beziehung aussagten, die sich im Laufe der vergangenen acht Jahre zwischen ihm und jenen Menschen entwickelt hatte, denen zu dienen sein Auftrag war.

»Sie sagen mir, dass das amerikanische Volk voller Güte und Weisheit ist und man ihm nur aufmerksam zuhören muss«, antwortete er. »Und das ist manchmal schwer, wenn man in dieser Blase lebt, aber die Briefe waren eine kleine Tür nach draußen, durch die ich mich jeden Tag aufs Neue daran erinnert habe. Sie sind wunderschön, finden Sie nicht?«

KAPITEL 10

Marjorie McKinney, 21. August 2013

Boone, North Carolina

Marg war in Albany, als es passierte. Es mochte wie ein unbedeutender Zwischenfall erscheinen. Ein ganz banaler, alltäglicher Zwischenfall. Aber Marg konnte die Erinnerung daran nicht abschütteln und trug sie mit sich herum wie jemand anders Trauer. Ein Gefühl wie von einer inneren Last, regungslos und schal.

Wie sollte sie das beschreiben? Okay. Stellen Sie sich vor, draußen wird es langsam dunkel. Kalt. Grau. Die trostloseste Abenddämmerung, die man sich nur denken kann, alle wollen so schnell wie möglich nach Hause zu Kartoffelbrei und Fernsehen. Marg war im New York State Museum, wo sie etwas für ihren Mann Ken erledigen sollte, der zu Hause in Boone, North Carolina, als Geologe an der Universität lehrte. Marg hatte Ken während seiner gesamten Laufbahn unterstützt, eine auf Gegenseitigkeit beruhende Aufteilung, seit sie sich in den Fünfzigern im Paläontologiekurs kennengelernt hatten. Sie hatten beschlossen, dass er promovieren sollte, während sie zu Hause bei den Kindern blieb. Sie fand es herrlich. Gemeinsam reisten sie durch die Welt, suchten Fossilien und diskutierten über Plattentektonik und ihre faszinierenden Auswirkungen.

Dann erkrankte Ken an Muskeldystrophie, und schließlich kam der Rollstuhl, weshalb Marg jetzt, mit Anfang siebzig, die meisten Reisen allein unternahm. Sie ist eine kleine, stämmige Frau mit papierdünner Haut, Drahtgestellbrille und widerspenstigem, kurz geschnittenem weißem Haar. An jenem Tag war sie nach Albany gefahren, um ein paar Bilder von Fossilien zu holen, um die Ken gebeten hatte (das war 2011, als Ken noch lebte, mittlerweile ist er verstorben). Sie war auf dem Rückweg zu ihrem Wagen. Der Platz vor dem Museum war riesig, ein weitläufiges, dem Wind ausgesetztes Betongeviert, das sich bis zum Horizont erstreckte, und seltsamerweise war bis auf Marg und eine schemenhafte Gestalt in der Ferne weit und breit kein Mensch zu sehen. Dabei war es ein Wochentag, Feierabendzeit, und eigentlich sollten doch aus den ganzen Gebäuden ringsum Leute strömen und sich auf den Heimweg zu ihrem Kartoffelbrei machen.

Die Gestalt in der Ferne war ein Mann, eindeutig ein Mann; er war weit weg auf der gegenüberliegenden Seite des Platzes, wo parallel ein weiterer Gehweg verlief. Plötzlich wechselte er die Richtung, beschleunigte seine Schritte und kam auf Marg zu. Sie fühlte sich unwohl, als er so direkt auf sie zuzusteuern schien. Er sah jung aus. Er war schwarz. Er trug einen Kapuzenpullover. Mit einer raschen Bewegung zog er sich die Kapuze über den Kopf und verbarg sein Gesicht.

Ich sollte loslaufen, dachte Marg bei sich. Es war eher Instinkt als ein wirklicher Gedanke. Mit ihren kurzen Beinen würde sie nicht weit kommen. Er kam immer näher. Wann laufe ich los? Es gab kein Gebäude in unmittelbarer Nähe, in das sie sich hätte retten können. Sie ging schneller, auf die Treppe zu, die zu den Parkebenen hinunterführte. Er kam in dieselbe Richtung. Ihr wurde heiß. Sie spürte ihren Herzschlag in ihren Zehen und bis hinauf in die Ohren, ein Pochen im ganzen Körper, das ihr zurief: Lauf, so schnell du kannst.

Sie erreichten gleichzeitig die Treppe. Er schaute auf und sagte: »Übler Wind, was?« Und dann fügte er noch hinzu, dass es eine unterirdische Fußgängerebene gebe, die das Museum mit dem Parkhaus verbinde, falls sie das noch nicht gewusst habe. Wenn es das nächste Mal draußen so kalt sei, würde sie vielleicht lieber die benutzen.

Und dann war er fort.

Es mochte wie ein unbedeutender Zwischenfall erscheinen. Ein ganz banaler, alltäglicher Zwischenfall. Aber es veränderte Margs Blick auf sich selbst.

»Wieso hatte ich Angst vor diesem freundlichen jungen Mann? Nur weil ich sah, dass er schwarz war. Ich hatte überhaupt keinen Grund, mich vor ihm zu fürchten. Und das hat mich umgehauen. Ich hätte nie damit gerechnet, dass ich so reagieren würde. Es war ein Wendepunkt in meinem Leben, wissen Sie, weil mir in dem Moment bewusst wurde, dass ich rassistisch war. Und ich musste einen Weg finden, das zu überwinden.«

Nun bestand Margs Problem zum großen Teil darin, dass sie eigentlich gedacht hatte, sie *habe* es bereits überwunden. Sie hatte vor langer Zeit beschlossen, es zu überwinden. Für jemanden, der im tiefsten Süden, in Birmingham, Alabama, aufgewachsen war, bedeutete das einen steilen Weg. Es bedeutete, die bewusste Entscheidung zu treffen, dass man lernen wollte, sich von dem rassistischen Denken, das man mehr oder weniger mit der Muttermilch aufgesogen hatte, zu befreien.

Marg war sechs, als sie hinter der Tür des Arbeitszimmers im Haus des Nachbarn die weiße Kutte und die spitze Kapuze entdeckte. Sie spielte mit ihrer Schwester Verstecken. »Was machst du hier?«, fragte die Mutter. »In das Zimmer darfst du nicht rein.« Marg wusste, was das war. Sie hatte sich immer gefragt, wer unter diesen Dingern steckte. Er war der Friseur im Ort. Ein fröhlicher Mann. Er und ihr Vater waren Freunde. Es gab Dinge, über die redete man nicht.

Das Schwarzenviertel lag von ihrer Schule aus gesehen gleich auf der anderen Straßenseite. Es war wie ein eigenes Dorf, das man nie betrat. Und die Schwarzen kamen auch nicht zu ihnen herüber. Busse holten die schwarzen Kinder ab und brachten sie zu einer anderen, meilenweit entfernten Schule. In öffentlichen Bussen gab es hinter dem für die Weißen reservierten Bereich eine hölzerne Tafel. Wenn ein Weißer in den Bus einstieg und kein Platz mehr frei war, schob er die Tafel einfach weiter nach hinten, und die Leute, die dort saßen, mussten aufstehen. Und wenn in ihrem Bereich nichts mehr frei war, musste einer von ihnen aussteigen.

Das war normal. So war die Welt eben aufgeteilt. Es gab zwei Arten von Menschen. Deswegen brauchte man auch von allem zweierlei: Sitzplätze, Geschäfte, Schulen, Theater, Baseballmannschaften. Niemand sagte etwas darüber, dass das falsch sei. Auf der Highschool hörte sie von Martin Luther King Jr. – der Busboykott von Montgomery und solche Sachen, davon hatte sie gehört. Doch als sie zu Hause beim Abendessen davon sprach, schickten ihre Eltern sie vom Tisch weg und wiesen sie an, nie wieder ein Wort darüber zu verlieren. Damit hatten sie nichts zu tun. Darum sollten sich andere kümmern.

Es war im Masterstudium an der University of North Carolina in Chapel Hill, als sie zum ersten Mal mit einem Schwarzen redete. Das war Anfang der Sechzigerjahre. »Ähm, hallo«, sagte sie. Sie hatte keine Ahnung, was sie erwartete. »Ich heiße Marg.« Es war eine ganz normale Unterhaltung, wie sie sie mit jedem anderen auch geführt hätte, und das war es, was sie so aus der Fassung brachte. Er verhielt sich wie ein ganz normaler Mensch.

Sie hatte damals einen Freund, einen deutschen Austauschstudenten, der ein gutes Stück älter war als sie, und eines Tages sagte sie beim Mittagessen zu ihm, dass sie nicht verstehe, was diese ganzen Sit-ins und Bürgerrechtsdemonstrationen sollten, die die Studenten vor Restaurants und Geschäften in der Stadt zu organisieren begannen, zu denen Schwarze keinen Zutritt hatten. »Wozu der ganze Wirbel?«, fragte sie. »Die Schwarzen sind doch zufrieden mit ihrem Leben.«

»*Wie kommst du denn darauf?*«, fragte ihr Freund.

»So ist es bei uns zu Hause in Birmingham«, antwortete sie.

Obwohl es natürlich zu Hause in Birmingham in Wirklichkeit gar nicht so war. Das war nur die Version, die man als gut erzogenes weißes Mädchen beim Abendessen zu hören bekam, wo man vom Tisch weggeschickt wurde, wenn man unpassende Themen anschnitt. In Wahrheit war die Rassentrennung in Birmingham in den 1950er- und 1960er-Jahren gesetzlich vorgeschrieben, nur zehn Prozent der schwarzen Bevölkerung waren als Wähler registriert, und die Arbeitslosenquote unter Schwarzen war zweieinhalbmal so hoch wie bei den Weißen. Es gab keine schwarzen Polizisten, Feuerwehrleute, Verkäufer oder Busfahrer. »Wohl die am radikalsten von Rassentrennung erfüllte Stadt der Vereinigten Staaten«, schrieb Martin Luther King Jr. über Birmingham.

Da saß Marg nun also an der Universität, und ihr Freund aus Deutschland versuchte, sie aus ihrem festgefügten Weltbild zu reißen, indem er ihr Rassismus, Bigotterie und Hass erklärte, indem er ihr von seiner Heimat erzählte und seinem Leben und der Hitlerjugend. Anfangs war es nur eine Gruppe kleiner Kinder gewesen. Dann mussten sich andere Jugendverbände ihnen anschließen, kirchliche Gruppen, Sportvereine. Hitler stärkte sie, indem er alle anderen Jugendvereinigungen bis auf die Hitlerjugend verbot. Sie wuchs immer weiter, bis ihr schließlich acht Millionen Kinder angehörten, die nationalsozialistische Bücher lesen und nationalsozialistische Lieder singen mussten. Wer nicht Mitglied wurde, dem konnte der Schulabschluss und eine Arbeitsstelle verwehrt werden. Dessen Eltern wurden verfolgt. Zwei Arten von Menschen, die Reinen und die Unreinen, und eine Armee, die die Kluft dazwischen sicherte.

Marg blieb auch später noch mit dem Mann aus Deutschland befreundet. Und sie sollte ihm ewig dankbar sein für das, was er ihr an jenem Tag in der Mensa erklärt hatte. Dankbar dafür, dass er ihrem Leben eine neue Wendung gegeben hatte. »Das hast du gebraucht«, sagte er oft.

1963 hetzte die Polizei in Birmingham ihre Hunde auf schwarze Demonstranten, danach drehte sie die Feuerwehrschläuche auf. King wurde ins Gefängnis geworfen, und in seiner Zelle verfasste er einen offenen Brief an Amerika. »Ungerechtigkeit an irgendeinem Ort bedroht die Gerechtigkeit an jedem anderen«, schrieb er.

Marg schloss sich der Bürgerrechtsbewegung an. Ihr Leben lang bemühte sie sich, über die Hautfarbe eines Menschen hinauszusehen. Sogar als sie und Ken ihre Familie planten. Vier Kinder, sagten sie. Ein leibliches, die anderen adoptiert. So viele Kinder brauchten Liebe. Zwei von ihnen hatten einen gemischten ethnischen Hintergrund.

Man stelle sich das also einmal vor. Mit dieser Vergangenheit, dieser Entwicklung, einem langen Leben an der Seite von Ken und den Kindern. Und plötzlich steht sie da in Albany, es ist kalt und dunkel, und sie entdeckt tief in sich drin diesen Abgrund aus Scheußlichkeit, wie einen schlafenden Wurm, der sich zurück ins Leben kringelt.

Wie soll man damit umgehen?

Inzwischen war es 2012 geworden. Im Hintergrund berichteten die Nachrichten über die Tragödie um Trayvon Martin. Der siebzehnjährige Junge aus Sanford, Kalifornien, war in einer Februarnacht auf dem Rückweg von einem Laden, wo er nur rasch etwas besorgt hatte. Er trug einen schwarzen Kapuzenpulli. George Zimmerman, Mitglied der Nachbarschaftswache in der geschlossenen Wohnsiedlung, fand, er sehe verdächtig aus, und ging ihm nach. Es kam zu einer Auseinandersetzung, in deren Verlauf er Trayvon Martin erschoss.

Marg hörte im Radio davon, zu Hause in Boone, in dem Haus, das sie und Ken auf einem sieben Hektar großen Grundstück mit Blick auf die Blue Ridge Mountains gebaut hatten. Die Kinder waren erwachsen, und Ken war gestorben, also blieben nur noch sie, zwei Ziegen und eine Eselin namens Rosie, die gern Käseflips fraß. Marg verfolgte die endlose Geschichte um Trayvon Martin im Radio und dachte über das zweigeteilte Amerika nach. Sie fühlte sich mitschuldig. Und sie machte sich

Gedanken über Zimmerman. Hatte er das Gleiche in sich, was auch sie in ihrem Inneren entdeckt hatte? War es das, was ihn zu seiner Tat gebracht hatte? Und war er von dieser Entdeckung genauso überrascht gewesen wie sie?

Bevor Zimmerman wegen Mordes mit bedingtem Vorsatz angeklagt wurde, blieb er sechs Wochen auf freiem Fuß, was nicht nur in Florida, sondern landesweit für Proteste sorgte. Der Prozess dauerte einen Monat, und als er freigesprochen wurde, gingen die Menschen auf die Straße und äußerten sich in den sozialen Medien. »*Black lives matter!*« wurde zum Schlachtruf einer neuen Bewegung.

Am 19. Juli 2013, sechs Tage nach dem Zimmerman-Urteil, hielt Präsident Obama im Presseraum des Weißen Hauses eine spontane Rede. »Trayvon Martin hätte ich sein können, vor fünfunddreißig Jahren«, sagte er. »Ich denke, es ist wichtig anzuerkennen, dass der Blick der afroamerikanischen Community auf diese Ereignisse durch Erfahrungen und eine Geschichte geprägt ist, die nicht einfach so verschwinden.«

Marg fand die Rede wunderbar. Sie glaubte, Obama versuche, das heimtückische Wesen von Rassismus zu erklären, indem er es auf eine persönliche Ebene verlagerte.

»Was mich ansprach, war die Komplexität seines Gedankengangs. Ich hatte das Gefühl, er versuchte zu sagen: ›Man kann nicht einfach behaupten, dieser Mann hätte kaltblütig beschlossen, Trayvon Martin zu töten. Es gab Dinge, die ihn beeinflussten, die sein Denken beeinflussten.‹«

So hatte Marg es verstanden. Dinge in ihm, die ihn beeinflussten. Wie das, was sie in sich selbst entdeckt hatte und was auch sie beeinflusste.

Andere verstanden es nicht so. Im Radio kritisierten konservative Kommentatoren und Anrufer Obamas Worte scharf. Zimmerman habe nicht aus rassistischen Motiven geschossen, sagten sie. Es sei ein Handgemenge gewesen, das in einer Tragödie endete. Mehr nicht. Obama solle keine Rassenfrage daraus machen. Er solle diese Tragödie nicht dazu benutzen, seine Kritiker zu beschwichtigen, die ihm vorwarfen, er habe sich während seiner Präsidentschaft nicht ausreichend zum Verhältnis der Rassen in Amerika geäußert.

Was ist denn bloß mit euch los?, dachte Marg. Natürlich ging es hier um Rasse. Und warum erwähnte niemand von ihnen, was Obama in seiner Rede an jenem Tag noch alles gesagt hatte.

»Ich denke, es ist wichtig, dass wir alle unser Inneres erforschen«, hatte er gesagt. Es war die Rede davon, einen Dialog über Rassenfragen zu initiieren. »Meiner Erfahrung nach ist es selten produktiv, wenn Politiker versuchen, sich zu Debatten zusammenzusetzen. Solche Diskussionen sind meist gestelzt und politisiert, und niemand rückt von seinen Positionen ab. Aber in den Familien, in den Kirchen und am Arbeitsplatz besteht die Möglichkeit, dass die Menschen ein bisschen ehrlicher sind, und zumindest befragt man sich dann auch selbst: Versuche ich mich so weit wie möglich von meinen Vorurteilen zu befreien? Beurteile ich Menschen, so gut ich kann, nicht nach ihrer Hautfarbe, sondern allein nach ihrem Charakter? Ich denke, das wären angemessene Überlegungen nach dieser Tragödie.«

Marg setzte sich an ihren Computer und begann zu tippen. Präsident Obama sollte wissen, dass ihn jemand gehört hatte. Sie war nie zuvor auf die Idee gekommen, einem Präsidenten zu schreiben. Aber dieser Mann brauchte das. Und so gestand sie ihm, was in Albany passiert war. »Ich wollte, dass er wusste, dass es einen Grund dafür gab, warum ich so empfunden hatte. Ich forderte dieses Recht auch für mich. Denn meine Reaktion war nicht aus einer intellektuellen Überlegung heraus erwachsen. Sie entsprang meiner Prägung. Und die war für mich etwas sehr Reales.«

»Sehr geehrter Herr Präsident Obama«, schrieb sie. »Ich dachte immer, mit den Jahren hätte ich es geschafft, diesen Rassismus in mir abzulegen … Doch dann kam ein kalter Abend in Albany, NY.« Sie erzählte ihm von der Kälte und der Dunkelheit. »Während ich mir einen Schal umlegte, um mich vor dem Wind zu schützen, sah ich, wie der Mann sich seine Kapuze über den Kopf zog.« Sie beschrieb die unerklärliche Angst, die sie in jenem Moment erfasst hatte. »Mir kam der Gedanke, dass er ein Schwarzer war, dass er sein Gesicht verborgen hatte (wie ich selbst auch) ... Ich schämte mich für diesen Gedanken, aber er war da.«

Sie dankte dem Präsidenten für seine Rede zu Trayvon Martin und sagte, dass sie diesem jungen Mann in Albany eine Entschuldigung schulde. »Ich hoffe, dass andere, die Ihre Worte gehört haben, sich von nun an der Angst bewusster sein werden, die in vielen von uns lauert«, schrieb sie. »Sie ist unbegründet, aber sie ist da.«

21.08.13 GWS Trayvon Martin
f.8 Auswahl

Marjorie McKinney Zurück aus OVAL
22.08.13

Boone, NC Beantworten

An den Präsidenten Barak Obama
Weißes Haus
1600 Pennsylvania Avenue, NW
Washington, DC 20500

Sehr geehrter Herr Präsident Obama,

danke für Ihre Rede nach dem Zimmerman-Prozess, in der Sie über Ihre eigenen Erinnerungen daran sprachen, wie es ist, ein junger Schwarzer zu sein. Ich bin eine »weiße« Amerikanerin, geboren und aufgewachsen in Birmingham, Alabama, wo ich bis zum Antritt meines Masterstudiums in North Carolina lebte. Nachdem ich aus Alabama weggezogen war, hatte ich Gelegenheit, viele verschiedene Menschen kennenzulernen, und sah mich genötigt, mich dem Rassismus in mir zu stellen. Ich wusste nicht, dass er da war. Ich hatte vorher nicht einmal darüber nachgedacht.

Ich dachte immer, mit den Jahren hätte ich es geschafft, diesen Rassismus in mir abzulegen. Ich hatte afroamerikanische Freunde, zwei meiner Kinder haben einen gemischtethnischen Hintergrund, ich habe mich für die Bürgerrechtsbewegung engagiert. Doch dann kam ein kalter Abend in Albany, NY.

Ich war zu einem kurzen Besuch in der Stadt und ging über die freie Fläche zwischen dem Museum und den Regierungsgebäuden. Es ist ein gewaltiger Platz mit einem unterirdischen Fußgängerbereich, der die einzelnen Gebäude miteinander verbindet. Auf meinem Weg hin zum Museum hatte ich diese Unterführung benutzt, aber auf dem Rückweg beschloss ich, oben zu bleiben. Es wurde dunkel. Die einzige andere Person auf dem Platz war ein junger Schwarzer, der parallel zu mir auf der anderen Seite ging. Während ich mir einen Schal umlegte, um mich vor dem Wind zu schützen, sah ich, wie der Mann sich seine Kapuze über den Kopf zog, gleichzeitig wechselte er unvermittelt die Richtung und kam mit schnellen Schritten auf mich zu. Zu meinem eigenen Entsetzen bekam ich Angst und versuchte herauszufinden, woran das lag. Mir kam der Gedanke, dass er ein Schwarzer war, dass er sein Gesicht verborgen hatte (wie ich selbst auch) und dass er abrupt die Richtung gewechselt hatte, nachdem er aufgeschaut und mich bemerkt zu haben schien. Ich schämte mich für diesen Gedanken, aber er war da. Ich beschloss abzuwarten, was passieren würde, und dabei hatte ich die ganze Zeit über Angst. Ich veränderte ein wenig meine Richtung, und er schien es mir gleichzutun. Er kam immer noch direkt auf mich zu. Als er mich erreicht hatte, schaute er auf und sagte: »Übler Wind, was?«, und zeigte mir den nächstgelegenen Eingang zum unterirdischen Fußgängerbereich. Ihm war genauso kalt wie mir, und er hatte die Richtung gewechselt, weil er in das Gebäude wollte, an dem ich gerade entlangging. Ich wünschte, ich hätte mich bei diesem Mann entschuldigen können. Diese Erfahrung hat mich seitdem nicht mehr losgelassen.

Ich hoffe, dass andere, die Ihre Worte gehört haben, sich von nun an der Angst bewusster sein werden, die in vielen von uns lauert. Sie ist unbegründet, aber sie ist da. Ich hoffe, ich werde meinen Spaziergang in Albany und den jungen Mann, dem ich an jenem kalten Tag dort begegnet bin, nie vergessen. Ihre offenen Worte vergangene Woche haben mir sehr viel bedeutet. Danke.

Mit freundlichen Grüßen

Marjorie McKinney

THE WHITE HOUSE

WASHINGTON

Liebe Marjorie,

danke für Ihren nachdenklichen Brief. Ihre Geschichte ist ein Beispiel für das, was mich in Bezug auf dieses Land optimistisch stimmt!

Marg war überrascht und erfreut, als sie eine Antwort des Präsidenten bekam. Damit hätte sie nie gerechnet. Sie rahmte die Karte ein und hängte sie neben ihren Lieblingssessel, den blauen mit den hölzernen Armlehnen, sodass sie gleich daneben sitzen konnte. Und das tat sie auch. Sie saß neben Obamas Karte und erforschte ihr Inneres, so, wie es der Präsident in seiner Ansprache empfohlen hatte.

Sie beschloss, dass sie wieder öfter vor die Tür musste. Sein Innerstes zu erforschen, fand sie heraus, hatte seine Grenzen.

»Einen Dialog über Rassenfragen initiieren … Familien und Kirchen und Arbeitsplätze.« Marg dachte auch über einige der anderen Dinge nach, die der Präsident in seiner Rede empfohlen hatte.

Sie fuhr nach Raleigh und nahm an einem der *Moral-Monday*-Proteste teil, jenen Aktionen zivilen Ungehorsams, die dort immer größeren Zulauf fanden. Organisiert wurden sie von religiösen Führern wie Reverend Dr. William Barber II., dem Vorsitzenden der *National Association for the Advancement of*

Colored People (NAACP) in North Carolina. Es war ein erhebendes Gefühl, inmitten all der Demonstranten zu stehen, die riefen, dass schwarze Leben zählten und man das Wahlrecht für alle schützen müsse.

Marg fragte sich, warum nicht auch in Boone *Moral-Monday*-Demonstrationen veranstaltet wurden. (Sie hatte keine Lust, jedes Mal nach Raleigh zu fahren.) Also brachte sie ein paar Leute zusammen. »Einen Dialog über Rassenfragen initiieren.« Sie fand heraus, dass einer der Gründe, warum in Boone keine *Moral Mondays* stattfanden, darin lag, dass es in Boone keine offizielle Ortsgruppe der NAACP gab – und nicht nur in Boone, sondern im gesamten Watauga County nicht.

Da begann Marg, Unterschriften zu sammeln. »Wir brauchen eine Ortsgruppe.«

Am 15. Februar 2014, drei Jahre nach ihrer Begegnung mit dem jungen Mann in Albany und sieben Monate nachdem sie Obamas spontane Rede über Trayvon Martin gehört hatte, wurde die NAACP-Regionalgruppe Watauga offiziell gegründet.

Sie veranstalteten Zusammenkünfte. Sie luden Redner von der Appalachian State University ein. Sie boten Seminare an, eine »Wie verlerne ich Rassismus«-Diskussionsgruppe und eine dreiteilige Veranstaltung mit dem Titel »Entdecke deinen eigenen Hass«. Sie begründeten die »Auf einen Kaffee mit einem Cop«-Reihe im Gemeinschaftshaus. Hey, ihr Polizisten, sagten sie, kommt doch einfach her und redet mit den Menschen, die so große Angst vor euch haben.

Bei einem der Treffen kam jemand auf die Idee, Kickball zu spielen. Seit ein paar Jahren gibt es das gemeinsame Picknick, und von allen Aktivitäten, die die inzwischen fünfundsiebzigjährige Marg und die neu gegründete NAACP-Regionalgruppe Watauga organisieren, ist das Picknick wahrscheinlich diejenige, die ihr am meisten Freude macht. Sie haben einen Dunk Tank angeschafft. Jeder sitzt einmal auf dem Balken, und die anderen dürfen mit Bällen auf die Zielscheibe werfen, bis derjenige ins

Wasserbecken fällt – es ist so lustig. Schwarze, Weiße, Hispanics, Polizisten, Kinder, alte Leute. Alle mögen Kickball und den Dunk Tank. Marg macht die Runde und achtet darauf, dass niemand allein sitzt und jeder weiß, wo das Essen steht.

KAPITEL 11

Die Roten Punkte

»Also ging ich zu ihm hinüber... barfuß, ich lief über das ganze Glas und alles, was er zerschossen hatte. Und er schrie immer noch, und er hielt immer noch das Gewehr in den Händen, und ich ging zu ihm, und... er war größer als ich. Mein Vater war ein großer Mann. Und unglaublich stark. Bis zu jenem Tag war mir nie wirklich bewusst, wie stark er war. Aber er hatte gerade angefangen zu weinen und zu schreien, dass ihn niemand zu schätzen wüsste und dass alle ihn vergessen hätten. Dass alle auf ihn scheißen. Und dass er keinen interessiert. Also nahm ich ihn in die Arme, um ihn zu trösten, aber ich vermute, das hat er wohl irgendwie als Zeichen von Aggression aufgefasst. Und er begann um sich zu schießen, und ich versuchte, ihn zu bändigen, während er um sich schoss, und er schoss immer weiter und weiter, und in dem Moment... Ich kann mich nicht daran erinnern, dass ich geschrien habe. Ich weiß es nur, weil mein Bruder mir später erzählt hat, ich hätte geschrien. Ich sah, wie mein Bruder aus dem Haus lief. Und ich kapselte mich emotional völlig ab. Mein Dad begann zu weinen, also wirklich hemmungslos zu schluchzen. Ich hatte meinen Vater noch nie zuvor weinen sehen. Er war ein Marine und wahrte immer diese starke, unverletzliche Fassade. Ich hatte ihn noch nie weinen sehen. Er hatte sein Handy in der Tasche, und es begann zu klingeln. Ich nahm es und ging ran. Es war unser Nachbar. Er sagte, die Polizei sei unterwegs. Ich wollte nicht, dass mein Vater das hörte, denn ich wusste, dass ihn das nur noch wütender machen würde. Also legte ich auf und brachte meinen Vater in sein Schlafzimmer, und da sah ich, dass er jede einzelne Waffe, die er besaß, und sämtliche Munition für diese Waffen auf seinem Bett ausgebreitet hatte. Und ich wusste, was er geplant hatte. Es war Heiligabend.

Ich versuchte, ihn zu trösten, und redete beruhigend auf ihn ein und versicherte ihm, dass alles okay sei und niemand böse auf ihn war. Dann führte ich ihn zur Haustür und nach draußen auf die Veranda. Ich versuchte, ihn die Stufen zum Vorgarten hinunterzuschieben. Es regnete. Und ich sah die ganzen Leute rings um unser Haus. Endlich schaffte ich es, ihn in den Vorgarten zu bringen. Mein Vater trug immer ein Messer bei sich, wie viele Marines. Sie sahen das Messer und forderten ihn auf, es fallen zu lassen. Aber ... er ließ es nicht los. Also versuchte ich, es ihm abzunehmen. Und er ließ es auch tatsächlich fallen, aber dann versuchte er, sich wieder draufzustürzen. Also versuchte ich, es wegzustoßen, und irgendwann lagen wir beide am Boden, und es regnete. Und der Boden war schlammig. Und es war kalt. Und ich lag da und versuchte, ihn mit meinem letzten bisschen Kraft auf dem Boden zu halten, und ich schrie, sie sollten mir helfen.

Ich weiß nicht, wie viele Leute kamen und ihn hochzogen.

Im Krankenhaus lag ich im Flur auf einer Bahre und weinte, bis ich nicht mehr weinen konnte.

Am Weihnachtstag räumten meine Mutter, mein Bruder und ich das ganze Glas weg und die Trümmer von ... dem Aquarium und allem anderen, was er zerschossen hatte. Er hatte auf die Fahne geschossen, die man ihm bei seinem Abschied überreicht hatte, auf seine Auszeichnungen und auf alles andere – auf die ganzen Erinnerungsstücke an seine Zeit beim Marine Corps. Wir räumten so viel wie möglich weg, und dann ging ich nach oben und schrieb den Brief. Das war der Moment, in dem ich den Brief schrieb. Die Ärzte des Veteranenministeriums hatten ihn im Stich gelassen, seine sogenannten Freunde hatten ihn im Stich gelassen, das Marine Corps hatte ihn im Stich gelassen. Ich wusste nicht, an wen ich mich sonst wenden sollte. Also dachte ich: *Wenn der letzte Mensch, der mir noch einfällt, der Präsident ist, wenn er meine letzte Hoffnung ist, dann stecke ich alle Energie, die ich habe, da rein.«*

Im Weißen Haus landete Ashley DeLeons Brief über das, was am Heiligen Abend 2014 bei ihr zu Hause mit ihrem Vater geschehen war, wie alle anderen in einem Stapel im Lektüreraum der Korrespondenzabteilung. An einem kalten Januarnachmittag nahm ihn ein Mitarbeiter namens Garrett in die Hand. Er überflog ihn rasch, wie schon den Brief davor und den davor. Nachdem er ein paar Absätze gelesen hatte, wurde er langsamer. Er rollte seinen Stuhl zurück, fing wieder von vorn an und las den Brief bis zum Ende durch.

»Ich brauche eine Pause«, sagte er zu einem Praktikanten, der in seiner Nähe saß.

Er nahm den Brief, wanderte einen Moment damit herum und endete schließlich bei Lacey Higley, deren Büro gleich gegenüber vom Lektüreraum lag.

»Ich bin ein bisschen durch den Flur gelaufen«, sagte er.

»Ist alles in Ordnung?«, fragte Lacey.

Sie hatte mittlerweile gelernt, die Miene ihrer Kollegen zu deuten, wenn sie vor ihren Schreibtisch traten. Lacey kümmerte sich um die Roten Punkte. Ein Roter Punkt bedeutete einen Notfall. Selbstmord, Autoaggression, Essstörungen, Vergewaltigung, häusliche Gewalt, Sucht – es kamen mal mehr, mal weniger, manchmal bis zu vierhundert pro Tag. Laut Vorschrift musste jeder Rote Punkt innerhalb von vierundzwanzig Stunden bearbeitet und an eine entsprechende Behörde oder Organisation, zum Beispiel die staatliche Stelle für Drogenmissbrauch und Mentale Gesundheit oder die Nationale Hotline zur Suizidprävention, weitergeleitet werden. Bei E-Mails war diese Richtlinie sinnvoller als bei Briefen – seit Ashley ihren Brief Weihnachten abgeschickt hatte, waren bereits Wochen vergangen.

»Wir müssen uns etwas überlegen«, sagte Garrett und gab Lacey Ashleys Brief.

Lacey begann zu lesen und wurde immer langsamer. Sie fing noch einmal von vorn an und las dann bis zum Schluss. Sie müsse ein paar Schritte laufen, sagte sie, also gingen sie gemeinsam eine Runde durch den ersten Stock des EEOB und redeten über das, was sie gerade gelesen hatten.

Ashley DeLeon
Jacksonville, NC

FAYETTEVILLE NC 283
Coastal Carolina Area
26 DEC 2014 PM 3 L

The White House
1600 Pennsylvania Avenue NW
Washington, DC 20500

485
JAN 08 2015 ✓#031

25. Dezember 2014

Sehr geehrter Herr Präsident,

mein Vater war zweiundzwanzig Jahre lang ein United States Marine, bevor er als Master Sergeant aus dem Dienst ausschied. Als Teil der Infanterie war er an sechs Auslandseinsätzen beteiligt. Nach jedem dieser Einsätze war mein Vater ein Stück weniger er selbst, wenn er wieder nach Hause kam. Er verpasste viele besondere Momente in meinem Leben: Geburtstage, Feiertage, Preisverleihungen. Er ging so gerne auf die Jagd, zum Angeln und verbrachte Zeit mit meiner Mutter, meinem kleinen Bruder und mir. Aber nachdem er aus dem Dienst ausgeschieden war, wurde mein Vater einfach vergessen. Ab dem Tag seines Ausscheidens war er nicht mehr länger Teil der Gemeinschaft der Marines, niemand dankte ihm für seinen Dienst am Vaterland, niemand rief an, um sich zu erkundigen, ob es ihm gutging. Bei ihm wurde eine schwere posttraumatische Belastungsstörung diagnostiziert, und er wurde für arbeitsunfähig erklärt.

Also begann er zu trinken. Und immer mehr zu trinken. Die Alkoholsucht meines Vaters raubte mir den Mann, den ich einundzwanzig Jahre meines Lebens gekannt hatte. Er konnte leicht bis zu 100 $ pro Nacht für Alkohol ausgeben. Er trank die ganze Nacht, kam morgens um sechs nach Hause, schlief den ganzen Tag über, und abends fing alles wieder von vorn an.

Ich studiere seit drei Jahren an der University of North Carolina in Wilmington. Mein Vater hat nie angerufen, um zu fragen, wie es mir geht, wie meine Seminare waren oder ob ich einen guten Tag bei der Arbeit hatte. Jeden Tag schaute ich in den Spiegel und sah die Spuren von ihm in meinen eigenen Zügen. Aber der Mann, dem ich so ähnlich sah, der Mann, der *die Hälfte von mir ausmachte, war nicht mehr länger jemand, den ich kannte.*

Heiligabend war ein regnerischer Tag in Jacksonville, NC, Herr Präsident. Ich war gerade oben unter der Dusche, als ich die ersten beiden Schüsse hörte. Ich wusste, dass er das war. Als ich aus der Dusche sprang und mit nichts als einem Handtuch um den Körper die Treppe hinunterrannte, sah ich meinen Vater im Wohnzimmer auf und ab laufen, ein Gewehr in der Hand und mit Tränen in den Augen. Er brüllte mich an, mich, sein kleines Mädchen. »Raus aus meinem gottverdammten Haus! LOS, RAUS HIER!« Und in dem Moment wusste ich, dass es nur zwei Möglichkeiten gab: Ich konnte entweder weglaufen und meinen kleinen Bruder im Obergeschoss mit meinem Vater und einem geladenen Gewehr allein lassen. Oder bleiben. Ich entschied mich für Letzteres. Verstehen Sie, ich beschloss, in diesem Zimmer zu bleiben und um dieses Gewehr zu kämpfen, weil ich wusste, dass mein Dad immer noch irgendwo da drin war. Da drin sein musste. Und während ich mit meinem Vater rang, schoss er. Und schoss. Das kleine Mädchen, das immer dagestanden und mit der amerikanischen Fahne gewinkt hatte, wenn sein Vater von einem Einsatz zurückkam, schrie aus Leibeskräften »NEEEIIINNN«. Glas zersplitterte. Die Hunde bellten. Und aus dem Augenwinkel sah ich, wie mein Bruder aus dem Haus rannte.

Es war mir egal, ob ich sterben würde, Herr Präsident. Ich bin einundzwanzig Jahre alt, und ich würde keine Sekunde zögern, mein Leben zu opfern, um den Mann, der mich aufgezogen hat, davor zu bewahren, sich selbst umzubringen. Denn als sein Land sich von ihm abwandte, war ich immer noch da. Das Licht in seinen Augen ist schon vor langer Zeit erloschen, aber er ist immer noch mein Vater. Jch bin immer noch sein kleines Mädchen. Ein kleines Stück von mir ist an jenem Tag gestorben. Jch werde nie wieder dieselbe sein. Jn dieser Zeit des Jahres sollte man mit seiner Familie feiern und dankbar sein für das Gute, das einem zuteilwurde. Stattdessen habe ich den Weihnachtstag damit verbracht, Glas zusammenzufegen und mein von Einschusslöchern durchsiebtes Zuhause zu betrachten. Es sah aus wie in einem Kriegsgebiet.

Jch möchte Sie um Hilfe bitten, Herr Präsident. Nicht für meine Familie. Meine Familie ist an jenem Abend gestorben. Jch bitte Sie, den anderen zu helfen. Den kleinen Mädchen und Jungen, denen noch bevorsteht, die Seele ihrer Mutter und ihres Vaters Stück für Stück wegsterben zu sehen. Sie brauchen Hilfe. Sorgen Sie dafür, dass sie diese Hilfe bekommen. Vergessen Sie sie nicht. Sie brauchen Sie. Genauso, wie Sasha und Malia Sie brauchen. Glauben Sie mir.

Mit hoffnungsvollen Grüßen

Ashley De Leon

Eines, was die Leute in der Korrespondenzabteilung sehr schnell lernten, war, dass sie einander brauchten. Sie mussten sich diese Dinge von der Seele reden. Den Inhalt der Briefe, das ununterbrochene Flehen, die Emotionen, die von den Seiten auf einen einstürmten. Es war unmöglich, jemandem außerhalb der Korrespondenzabteilung zu erklären, was es bedeutete, den ganzen Tag mit derart intensivem Material zu verbringen, und das war auch der Grund, warum sich so viele Mitarbeiter eine Wohnung teilten, zusammen zur Arbeit fuhren, zusammen zu Abend aßen, zusammen Netflix schauten. Lacey hatte erst mit Vinnie und Steve zusammengewohnt, dann mit Mitchell und schließlich mit Heidi. Im Büro saß sie Wand an Wand mit Yena, und den ganzen Tag über schickten sie einander Klopfsignale: *Komm bitte rüber und lies das. Ich komme damit nicht klar.*

Lacey war größer als die meisten ihrer Freunde, schlaksig und ungeschminkt. Die Steifheit, mit der sie sich bewegte, verriet, dass sie unter ihrer Größe litt. Sie war erst dreiundzwanzig, und wenn man sie bat, sich selbst zu beschreiben, sagte sie, sie sei schüchtern. Wahrscheinlich der letzte Mensch, dem man es zutrauen würde, einen so emotional anspruchsvollen Bereich wie die Roten Punkte zu bearbeiten. Sie hatte schon während des Studiums als Praktikantin in der Korrespondenzabteilung angefangen. Auf dem Weg zu ihrem ersten Arbeitstag im EEOB fühlte sie sich wie ein Vogel, der zu früh aus dem Nest gefallen war. Sie verlief sich, rief weinend ihren Vater an. »Hilf mir.« Sie hielt sich für zu ängstlich, um es in der realen Welt zu schaffen. Ihre Stimme war zu dünn, ihre Kehle zu eng, die Luft passte einfach nicht hindurch. Sie würde es nie schaffen in der realen Welt. Sie glaubte, dass mit ihr etwas nicht stimmte, und irgendjemand im Weißen Haus würde ganz sicher merken, dass sie bei ihnen nichts zu suchen hatte. Sie hatte noch nie etwas mit der Regierung zu tun gehabt, sie würde sich nicht an Gesprächen über Politik oder politische Entscheidungen beteiligen können; im Gegensatz zu den anderen hatte sie sich nicht für Obamas

Wahlkampf engagiert – oder irgendeinen anderen Wahlkampf. Sie war ein Niemand, der niemals hierhergehören würde.

»Eine Stimme kann einen Raum verändern.« Wenn sie eine Lieblingsrede von Obama hatte, dann war es diese, eine alte Ansprache, zu der ihn eine Frau mit einem Goldzahn inspiriert hatte. Die Frau mit dem Goldzahn war 2007 bei einer Wahlkampfveranstaltung in Greenwood, South Carolina, gewesen. Die Veranstaltung war ein Flop, bis auf ein paar Ortsansässige, die sonst nichts Besseres zu tun hatten, war niemand gekommen. Obama blickte in gähnende Leere. »Wir sind heiß, wir sind bereit!«, rief die Frau mit dem Goldzahn plötzlich. Wie auf ein Stichwort nahmen die Menschen um sie herum ihre Worte auf, wiederholten sie, machten sie zu einem Sprechgesang, und innerhalb von Sekunden verwandelte sich Obamas Auftritt von einer Katastrophe in einen Triumph.

»Das soll Ihnen zeigen, was eine Stimme erreichen kann. Dass eine Stimme einen Raum verändern kann«, sagte Obama, als er mehr als ein Jahr später bei einer anderen Wahlkampfveranstaltung diese Geschichte erzählte. »Und wenn eine Stimme einen Raum verändern kann, dann kann sie auch eine Stadt verändern. Und wenn sie eine Stadt verändern kann, dann kann sie auch einen Staat verändern. Und wenn sie einen Staat verändern kann, dann kann sie auch eine Nation verändern. Und wenn sie eine Nation verändern kann, dann kann sie auch die Welt verändern.«

Fragte man Lacey nach ihrer Entwicklung von der verängstigten Praktikantin hin zu jener Kriegerin, die fähig war, jeden Tag Hunderte von Roten Punkten zu bearbeiten, dann antwortete sie, dass es mit Obama und diesen Worten zu tun hatte. Eine Stimme. Ein Brief. Eine Praktikantin. Jeder zählt.

»Ihr werdet weinen«, warnte sie jede neue Gruppe von Praktikanten, die ihrer Obhut anvertraut wurde, seit sie für die Roten Punkte verantwortlich war. »Das ist ganz normal. In der Zeit, die ihr hier verbringt, werdet ihr mich mindestens zweimal weinen sehen. Diese Aufgabe ist sehr intensiv. Diese Aufgabe ist hart. Und wenn ihr irgendwann das Gefühl habt, ihr müsst nach Hause, dann könnt ihr gehen.«

Nachdem sie an jenem Tag eine Weile mit Garrett durch die Flure gelaufen war, scannte Lacey Ashleys Brief ein und mailte ihn an das Krisenteam des Veteranenministeriums. Sie fragte sich, ob sie den Brief in die Auswahl legen sollte. Was würde passieren, wenn der Präsident die Gelegenheit bekam, Ashleys Geschichte zu lesen? Das wurde normalerweise nicht gemacht. Rote Punkte waren Sonderfälle, deren Absender sofortige Unterstützung brauchten, und dieser Prozess würde nur verzögert, wenn die Briefe vorher noch dem Präsidenten vorgelegt werden sollten, also kamen sie nie in die Auswahl. Das ließ Lacey keine Ruhe. Sie hatte selbst erst vor Kurzem eine Therapie begonnen und ließ sich wegen Depressionen und Angstzuständen behandeln. Sie wusste nur zu gut um die schädlichen Auswirkungen des Stigmas, mit dem psychische Probleme behaftet waren. Vielleicht war sie in einer einzigartigen Position, um die Stimmen von Menschen, die so oft schweigend litten, ein wenig hörbarer zu machen.

Auf dem Flur traf sie Fiona. »Der Präsident muss den hier lesen«, sagte sie und reichte Fiona Ashleys Brief. »*Er muss ihn lesen.*«

Jeder in der Korrespondenzabteilung hatte einen Brief, der seine oder ihre Arbeit definierte, und für Lacey sollte es Ashleys Brief werden. Sie machte eine Kopie davon und hängte sie an die Wand über ihrem Schreibtisch. Dann nahm sie einen rosa Textmarker und strich den letzten Absatz an.

Ich möchte Sie um Hilfe bitten, Herr Präsident. Nicht für meine Familie. Meine Familie ist an jenem Abend gestorben. Ich bitte Sie, den anderen zu helfen. Den kleinen Mädchen und Jungen, denen noch bevorsteht, die Seele ihrer Mutter und ihres Vaters Stück für Stück wegsterben zu sehen. Sie brauchen Hilfe. Sorgen Sie dafür, dass sie diese Hilfe bekommen. Vergessen Sie sie nicht. Sie brauchen Sie. Genauso, wie Sasha und Malia Sie brauchen. Glauben Sie mir.

»Dieser Brief dient mir als Wegweiser, er erinnert mich immer wieder daran, was ich hier tue und wieso ich hier bin«, sollte sie später sagen.

An jenem Nachmittag nahm Fiona Ashleys Brief in die 10LADs auf, die dem Präsidenten vorgelegt wurden.

Er fehlte in dem nächsten Schwung von Schreiben, die, mit dem Stempel »Zurück aus OVAL« versehen, in die Korrespondenzabteilung zurückgeschickt wurden. Er kam auch nicht mit der darauffolgenden Lieferung. Über manche Briefe dachte der Präsident lange nach.

Es dauerte über eine Woche, bis Obama eine Antwort für Ashley fertig hatte.

THE WHITE HOUSE

WASHINGTON

Liebe Ashley,

Ihr Brief hat mich tief bewegt. Als Vater kann ich mir nur vorstellen, wie herzzerreißend Ihre Situation sein muss, und ich bin beeindruckt von Ihrer Stärke und der Einsicht, über die Sie in Ihren jungen Jahren schon verfügen.

Ich habe das Veteranenministerium angewiesen, sich mit Ihrer Familie in Verbindung zu setzen und Ihnen jede Unterstützung zukommen zu lassen, die Sie benötigen. Und bitte denken Sie immer daran, tief unter dem Schmerz liebt Ihr Vater seine Tochter immer noch und ist zweifellos sehr stolz auf sie.

Mit freundlichen Grüßen

»Ich bekam Post aus dem Weißen Haus. Und in dem Umschlag war eine Karte – eine kleine Antwortkarte, die der Präsident persönlich geschrieben hatte. Ich war völlig perplex. Ich hatte nicht erwartet, dass überhaupt jemand den Brief lesen würde, geschweige denn ihn beantworten. Im Wesentlichen stand da, ich solle stark bleiben.

Dann rief mich jemand an und stellte den Kontakt zum Veteranenministerium her, wo sie versuchten, etwas zu finden, was meinem Vater mit seiner Sucht und seinen Depressionen helfen würde. Aber zu dem Zeitpunkt hatte ich selbst keinen Kontakt mehr zu meinem Vater, weil ich mich, ehrlich gesagt, in seiner Gegenwart nicht mehr sicher fühlte. Ich glaube, er ging dann zu FOCUS, einem Programm, das ehemaligen Marines dabei hilft, im Alltag wieder Fuß zu fassen.

Meine Mutter bemühte sich sehr, uns beide einander wieder näherzubringen. Und das ist es, was ich am meisten bereue – dass ich so fest an die Zukunft geglaubt habe, daran, dass mir noch genug Zeit blieb, bis meine Wunden verheilt wären.«

Die Gespräche über Ashley und ihren Vater endeten nicht mit der Antwort des Präsidenten oder der Unterstützung durch das Veteranenministerium, das ihn in ein Wiedereingliederungsprogramm brachte. Es endete auch nicht mit Laceys Entschluss, den Brief über ihren Schreibtisch zu hängen. Jeder Brief, der die Korrespondenzabteilung erreichte, hatte im Kern das Potenzial, eine Diskussion auszulösen, die auf verschlungenen Wegen durch das Weiße Haus mäanderte, weiter in den Kongress und schließlich hinaus zu den Menschen an ihren Fernsehschirmen.

Und das war es, was die Leute im Westflügel meinten, wenn sie von dem »Briefnetzwerk« sprachen. Eigentlich dienten die Abläufe in der Korrespondenzabteilung nur dazu, dem Präsidenten täglich zehn Briefe vorlegen zu können, tatsächlich aber entwickelte es sich zu etwas Größerem. Die Briefe gaben Anstoß zu politischen Vorschlägen und Reden, und sie berührten die Menschen persönlich.

Nur sieben Wochen nachdem Ashley ihren Brief abgeschickt hatte, unterzeichnete Obama im East Room des Weißen Hauses den Clay Hunt SAV Act. »SAV steht für Suizidprävention bei amerikanischen Veteranen«, erklärte er, und es dauerte nicht lange, bis deutlich wurde, auf wen er in seiner Ansprache anlässlich der Unterzeichnung dieses Gesetzes anspielte:

> Ich denke dabei an eine College-Studentin, die mir am Weihnachtstag einen Brief geschrieben hat. Es war einer der erschütterndsten Briefe, die ich seit meinem Amtsantritt erhalten habe. Sie erzählte mir darin von ihrem Vater, einem ehemaligen Marine, und beschrieb, wie ihr Dad früher gern auf die Jagd und zum Angeln ging und Zeit mit ihr und ihrem jüngeren Bruder verbrachte. Aber unter dem Einfluss von posttraumatischem Stress veränderte er sich, er war immer weniger er selbst und zog sich von seiner Familie zurück. Doch trotz dieser schweren Prüfung schrieb sie: »Ich wusste, dass mein Dad immer noch irgendwo da drin war… Er ist immer noch mein Vater. Und ich bin immer noch sein kleines Mädchen.« Und sie wolle mich um Hilfe bitten, schrieb sie – Hilfe, dass ihr Vater den Weg zurückfand. »Nicht für meine Familie, Herr Präsident«, schrieb sie. »Ich bitte Sie, den anderen zu helfen« – anderen Familien in der gleichen Lage wie sie. Und sie forderte mich auf: »Vergessen Sie sie nicht.«
>
> Und das ist es, worum es hier heute geht: nicht zu vergessen… Wenn Sie leiden, dann sollen Sie wissen: Wir haben Sie nicht vergessen. Sie sind nicht allein. Sie sind nie allein. Wir sind für Sie da. Amerika ist für Sie da – wir alle. Und wir werden nicht nachlassen, alles in unserer Macht Stehende zu tun, damit Sie die Betreuung und die Unterstützung bekommen, die Sie brauchen, um stark zu bleiben

und unserem geliebten Land auch weiterhin zu dienen. Wir brauchen Sie. Wir brauchen Sie. Sie machen unser Land besser.

Und so danke ich Ihnen allen. Gott segne unsere Truppen, unsere Veteranen, die Familien unserer Soldaten. Gott segne die Vereinigten Staaten von Amerika.«

»Ich weiß noch, ich saß allein auf dem Campus und streamte das Video. Es kam gegen Ende seiner Ansprache. Sie hatten mich um Erlaubnis gebeten. Und ich war einverstanden, solange sie nicht meinen Namen nannten. Ich wusste ja nicht, wie man meinen Brief darstellen würde oder ob er irgendwie falsch verstanden werden würde. Da waren einfach nur all diese Gedanken, die durch meinen Kopf rasten. Und dann hörte ich es, und ich fing an zu weinen, weil er sagte, es sei einer der erschütterndsten Briefe gewesen, die er je habe lesen müssen.

Wir denken immer, dass der Präsident so viel größer ist als wir selbst und dass er eine ganz andere Art Mensch sein muss. Aber er ist genauso wie wir.

Dass er meinen Brief gelesen hatte und ich jetzt seine Reaktion darauf sah – dass er ihn auf einer Bühne nutzen konnte, um anderen Menschen zu helfen, das hat in mir so viel ausgelöst.

Meine Mom sagte, als mein Dad die Ansprache sah, musste er weinen. Und er sagte immer wieder, dass es ihm leidtue.«

Lacey hatte die Rede nicht gehört, daher wusste sie nicht, wieso ihr BlackBerry ununterbrochen summte – es waren E-Mails voller Ausrufezeichen von Kollegen, die wussten, wie viel Ashleys Brief ihr bedeutete. Er war der erste von vielen Roten Punkten, der es auf den Schreibtisch des Präsidenten geschafft hatte, und jetzt erwähnte ihn der Präsident in seiner Rede, kurz bevor er sich anschickte, ein Gesetz zu unterzeichnen. Lacey las die Abschrift von Obamas Worten. Sie hatte immer noch nah am Wasser gebaut, das hatte sich nicht geändert. Vielleicht war das

das Beste, was mit einem Brief passieren konnte, dachte sie. Ein Mensch leidet, bittet um Hilfe, der Präsident hört sein Flehen – und handelt.

Später sollte Lacey beschließen, ihren beruflichen Werdegang in der Veteranenhilfe fortzusetzen.

Die Monate vergingen, und Ashley hatte immer noch nicht mit ihrem Vater gesprochen. Sie brauchte Abstand. Sie konzentrierte sich ganz auf ihr Studium und begann sich allmählich wieder stärker zu fühlen, weil sie ihr Leben jetzt selbst in die Hand nahm.

»Und dann wurde es Mai, ich wollte einige Sommerkurse belegen, also blieb ich auf dem Campus. Ich machte mich gerade fertig für die Arbeit, als gegen sechs Uhr morgens der Anruf kam. Es war unser Nachbar, aber er rief vom Handy meiner Mutter aus an, was ich komisch fand. Also wusste ich gleich, dass irgendetwas nicht stimmte. Er sagte: ›Du musst nach Greenville kommen. Es gab einen Unfall.‹

Als ich auf die Intensivstation kam, schickten sie jemanden, um mit mir zu reden. Und er sagte so was wie: ›Wir tun alles, was wir können.‹ Ich stellte so viele Fragen wie möglich. Ich bin jemand, der alles sofort wissen will, und ich möchte Situationen immer gern unter Kontrolle haben. Mein Vater war genauso. Also war das für mich die reinste Folter, denn ich hatte überhaupt nichts unter Kontrolle. Und sie sagten, sie täten alles, was sie könnten, aber sie wüssten es nicht. Das sagten sie uns immer wieder – dass sie nicht wüssten, ob mein Vater es schaffen würde. Und ob er wieder wie früher werden würde, falls er es schaffen sollte. Sie wussten es einfach nicht.

Er lag im ersten Zimmer auf der linken Seite. Und als ich durch die Doppeltür hineinging, sah ich ihn. Aber es war nicht er. Es war etwas ganz anderes. Das war kein Mensch. Ich brach zusammen. Ich schrie: ›Nein!‹ So wie damals, als er um sich schoss. Und ich schrie einfach immer weiter. Nein! Und sie sagten, das größte Problem sei, dass mein Vater auf dem Motorrad unterwegs war und an einer Kreuzung mit einem … einem SUV zusammenstieß, das achtzig Stundenkilometer fuhr. Und beim Atmen hat er dann die ganzen Auspuffgase eingeatmet. Das hatte seine Lunge verbrannt. Und sie sagten, das könne man nicht wieder hinkriegen. Sie sagten, es gäbe nichts, was irgendjemand tun könnte, um das wieder hinzukriegen.

Sie sagten: ›Nein, Ma'am, wir können ihn nicht retten. Sie müssen uns sagen, was wir tun sollen.‹

Ich verdrängte die Realität, wollte nicht wahrhaben, was passierte. Ich bildete mir ein, er wäre im Einsatz und würde wieder zurückkommen. So wie damals, als ich noch klein war. Und wenn ich nur lange genug wartete, dann würde er wieder zurückkommen.«

Briefauswahl 2015

Ms. Alisa Bowman

Gesendet via whitehouse.gov
27.06.2015 14:33

Sehr geehrter Herr Präsident Obama,

seit ich achtzehn bin, wähle ich die Demokraten, Sie persönlich habe ich dreimal gewählt (inklusive der Vorwahlen gegen Clinton). Während Ihrer gesamten Präsidentschaft stand ich hinter Ihnen, ich habe für Sie gejubelt und Sie gefeiert. Aber als Sie letzte Woche zu Jennicet Gutierrez sagten, sie solle sich schämen, da lief es mir eiskalt den Rücken hinunter, und ich war enttäuscht. Sie sind das beste Beispiel für die Entwicklung der Bürgerrechte. Ich habe Sie immer für jemanden gehalten, der die Nöte ausgegrenzter und diskriminierter Menschen nachvollziehen kann. Doch in dem Moment wurde mir klar, dass ich mich geirrt hatte. Sie scheinen es nicht nachvollziehen zu können. Jennicet wollte Sie mit ihren Zwischenrufen nicht stören. Sie versuchte lediglich, Ihre Aufmerksamkeit zu erregen – und sie auf ein wichtiges Thema zu lenken, das eine nahezu unsichtbare Gruppe von Menschen betrifft. Ich verstehe, dass die Art und Weise, wie sie das getan hat, unhöflich gewesen sein mag, aber Sie sind ein sehr mächtiger Mann, während Jennicet zu einer Randgruppe gehört. Sie haben so oft gezeigt, dass Sie in der Lage sind, ein großer Mensch zu sein – ein reifer Mensch, ein intelligenter Mensch, der richtige Mensch am richtigen Ort. In diesem Fall sind Sie gestolpert, und das verzeihe ich Ihnen. Aber bitte machen Sie es wieder gut. Ich bin nicht trans, aber ich ziehe ein Transgenderkind groß. Diese Welt macht mir große Angst – wie sie Transmenschen misshandelt, unverhohlen diskriminiert und beschämt. Die gleichgeschlechtliche Ehe war ein großer Schritt, aber nur ein Schritt. Bis zu Ihrem letzten Tag im Amt können Sie noch viele weitere Schritte gehen. Bitte laden Sie Jennicet ins Weiße Haus ein und hören sich an, was sie zu sagen hat. Bitte öffnen Sie Ihre Augen für die Ungerechtigkeiten, denen Transfrauen ausgesetzt sind – vor allem farbige Transfrauen. Bitte fordern Sie die Justizministerin auf, dasselbe zu tun. Bitte hören Sie ihnen zu, statt ihnen zu sagen, sie sollten sich schämen. Das ist alles, worum ich Sie bitte.

THE WHITE HOUSE

WASHINGTON

Liebe Alisa,

ich danke Ihnen für Ihren Brief und Ihre Unterstützung.

Allerdings muss ich Ihnen widersprechen, was meinen Umgang mit der Zwischenruferin vor einiger Zeit betrifft. Es handelte sich nicht um eine öffentliche Veranstaltung, sie war als Gast dort. Wir unterstützen die Anliegen der Transgender-Community nach Kräften, was auch der Grund dafür ist, dass so viele ihrer Vertreter zu diesem Anlass eingeladen waren. Statt zu schreien, hätte sie lediglich mit den Mitarbeitern des Weißen Hauses zu reden brauchen, die in großer Zahl anwesend waren und mit der LGBT-Community bereits an einer breiten Palette von Themen arbeiten.

Manchmal muss man schreien, um gehört zu werden. Als ehemaliger Community Organizer habe ich selbst schon Störaktionen auf die Beine gestellt.

Aber das war nicht der passende Zeitpunkt dafür.

Trotzdem habe ich große Hochachtung vor Ihren reflektierten Worten und Ihrem Mitgefühl.

Auswahl/Gebete 09.07.15
fi1

Zurück aus OVAL
10.07.15

Präsident Barak Obama
Weißes Haus
1600 Pennsylvania Avenue NW
Washington, DC 20500

Beantworten

Sehr geehrter Herr Präsident,

ich möchte Ihnen sagen, wie sehr ich mit Ihnen mitfühlte, als Sie neulich sagten, dass Sie zu viele Erklärungen zu gewaltsamen Vorfällen in diesem Land abgeben müssten. In diesem Moment spürte ich eine tiefe Verbundenheit mit Ihnen, wenn auch leider eine traurige. Sehen Sie, ich bin Pastorin einer kleinen Kirche in Newbern, Virginia. Jedes Mal, wenn es wieder zu einem dieser grauenvollen Ereignisse kommt, weiß ich, dass meine kleine Herde am Sonntagmorgen von ihrer Pastorin erwarten wird, dass sie ihnen etwas Bedeutungsvolles zu sagen hat – etwas, was ihnen ein wenig Trost und Hoffnung schenkt und ihnen dabei hilft, einen Anschein von Sinn in all dem zu erkennen. Offen gestanden, Herr Präsident, bin ich diese immer wiederkehrende Verantwortung mittlerweile so leid – und ich habe lediglich zwanzig Seelen, um die ich mich kümmern muss. Ihre Gemeinde ist so viel größer.

Ich hoffe, es hilft Ihnen zu wissen, dass es in Südwest-Virginia eine Pastorin gibt, die nachvollziehen kann, was Sie durchmachen, und die Sie in ihre Gebete einschließt.

Shalom, Herr Präsident

Christine G Reisman

Rev. Christine G. Reisman,
Newbern Christian Church

Christiansburg, VA

DF
Auswahl

1. Juli 2015

Präsident Barack Obama
Weißes Haus
1600 Pennsylvania Avenue NW
Washington, DC 20500

Sehr geehrter Herr Präsident,

der Unabhängigkeitstag steht kurz bevor, und nachdem ich Sie bei der Beerdigung meines Pastorenkollegen Amazing Grace singen hörte, möchte ich Ihnen meine Geschichte erzählen.

Ich wuchs in einer weißen, christlichen, politisch rechts gesinnten Soldatenfamilie auf. Ich hielt mich strikt an die republikanische Linie. In meinem ganzen Leben habe ich nie einen Demokraten gewählt. Ich habe gegen Sie Wahlkampf geführt, bei Ihrer ersten und auch bei Ihrer zweiten Wahl. Nicht, weil die republikanischen Kandidaten so überragend gewesen wären, sondern einfach aus dem Grund, weil ich wusste, dass Demokraten »schlecht für Amerika sind«. Aber in meinem Inneren tobte ein Kampf. Ein Kampf, dem ich seit meinem sechsten Lebensjahr ausgesetzt bin.

Ich wurde erwachsen, heiratete eine wunderbare Frau, trug meinen Teil dazu bei, zwei großartige Kinder auf den Weg zu bringen, und lebte mein Leben als konservativer Baptistenprediger. Im Dezember brachte mein innerer Kampf mich fast so weit, meinem Leben ein Ende zu setzen, und am 7. Dezember 2014 gestand ich mir endlich ein, dass ich schwul bin UND dass Gott mich so geschaffen hat. Ich erzählte meiner Frau davon, und die vergangenen sechs Monate waren sehr schwer für uns. Ich bin auch auf der Suche nach einem neuen Arbeitsplatz, denn sollte diese Information bekannt werden, wäre das in meiner Kirche ein Entlassungsgrund.

Ich schreibe Ihnen das alles, weil ich Ihnen sagen will: Danke, dass Sie mein Präsident sind. Seit dem 7. Dezember spiegelt mein Blick auf die Welt den Mann wider, der ich in meinem Inneren bin, und dadurch hat sich auch meine Sicht auf Ihre Präsidentschaft gewandelt. Sie haben trotz unglaublicher Widerstände bemerkenswerte Arbeit geleistet. Von der Gesundheitsreform über Einwanderung und gleichgeschlechtliche Ehe bis hin zur Normalisierung des Verhältnisses zu Kuba wird Ihre Präsidentschaft in die Geschichte eingehen. Sie haben so vielen Menschen soziale Gerechtigkeit beschert.

Ich sehe unsere Fahne jetzt in einem neuen Licht. Für mich war sie immer ein Sinnbild für Amerikas Macht in der Welt, aber inzwischen verkörpert sie für mich Freiheit und Gleichheit für jedermann, keine Bürger zweiter Klasse mehr.

Danke, dass Sie der erste Präsident des GANZEN Volkes sind. Ich bin so stolz auf Sie, Herr Präsident. Sie haben Amerika so gutgetan und es geschafft, die Vision einer wahrhaft freien Republik für jeden und jede umzusetzen.

Ich danke Ihnen aus tiefstem Herzen, Sir.

Mit herzlichen Grüßen

REINVENTING ReEntry

Scottsdale, AZ

Sue Ellen Allen, Gründerin

11. Mai 2015

Präsident Barack Obama
Weißes Haus
1600 Pennsylvania Ave
NW Washington, DC 20500

Sehr geehrter Herr Präsident Obama,

Sie bekommen sehr viele Briefe. Ich hoffe, dieser hier schafft es in Ihre Mappe, vor allem in Anbetracht des hartnäckigen Zorns, der sich in unserem Land Bahn bricht. Ich bin traurig, ich bin privilegiert, und ich mache mir Gedanken.

10 Gründe, wieso ich privilegiert bin

1. Weiß
2. College-Abschluss
3. Eltern, die an mich glaubten
4. Unterrichtete an extrem unterprivilegierten Schulen
5. Arbeitete in großen amerikanischen Unternehmen
6. Verbüßte in vorgerücktem Alter und mit Brustkrebs in fortgeschrittenem Stadium eine Gefängnisstrafe. Fand dort meinen Lebensinhalt.
7. Wurde nach meiner Entlassung vor sechs Jahren Mitbegründerin einer gemeinnützigen Organisation (Typ 501(c)3) zur Einführung von Bildungsprogrammen in Frauengefängnissen. Unsere Erfolgsquote liegt bei beispiellosen 6%.

Unsere Mission: Durch Information das Ansehen ehemaliger Gefängnisinsassen in der Gesellschaft zu verbessern, um ihnen eine erfolgreiche Wiedereingliederung und faire Chancen auf Arbeit, Unterkunft, Bildung und unternehmerische Aktivitäten zu ermöglichen.

8. Gründete nach einem Aha-Moment eine weitere gemeinnützige Organisation mit dem Ziel, das Ansehen ehemaliger Gefängnisinsassen in der Gesellschaft zu verbessern, denn: Nichts wird sich ändern, wenn sich die Wahrnehmung nicht ändert.
9. Ich bin Tigger in einer Welt voller I-Aahs. Ich gebe niemals auf.
10. Mir ist bewusst, dass ich privilegiert bin.

3 Gründe, wieso ich nicht privilegiert bin

1. Ich bin alt. Definitiv eine Frau in vorgerücktem Alter.
2. Ich bin arm. Ich sehe nicht arm aus und fühle mich nicht arm, aber rein rechtlich lebe ich unterhalb der offiziellen Armutsgrenze.
3. Ich bin eine Kriminelle. Ich werde **für immer** eine Strafakte haben.

Sie kennen die Rückfallquote. Stellen Sie sich vor, die Mayo Clinic oder Apple mit ihren Budgets hätten einen Businessplan mit einer kalkulierten Ausfallrate von 60% (durch Tod oder zurückgegebene Produkte). Ein solcher Businessplan wäre nicht akzeptabel. Warum also wird in unserem Land ein Gefängnis-Businessplan mit einer Ausfallquote von 60% akzeptiert?

Schulversagen, hohe Abbruchquoten, Ausgrenzung, Entrechtung. Hinzu kommt ein tief verwurzeltes Misstrauen gegenüber der Polizei. Wir haben ein Problem. **Vergessen Sie nicht, ich bin privilegiert.** Mir wurde beigebracht, die Polizei sei mein Freund, Anwälte lögen nie, und Richter seien fair und ehrlich. **Ich lag falsch.**

Wenn Sie mir gesagt hätten, was ich im Gefängnis sehen und erleben würde, hätte ich Ihnen geantwortet: »Nicht in unserem Land. So behandeln wir Menschen nicht.« **Ich lag falsch.** Sieben Jahre Haft wegen Anlagebetrugs haben mir einen neuen Lebensinhalt gegeben. Der Umgang mit den Häftlingen ist drakonisch, die Vorbereitung auf den Wiedereinstieg in ein Leben in Freiheit lachhaft.

Unsere Mission: Durch Information das Ansehen ehemaliger Gefängnisinsassen in der Gesellschaft zu verbessern, um ihnen eine erfolgreiche Wiedereingliederung und faire Chancen auf Arbeit, Unterkunft, Bildung und unternehmerische Aktivitäten zu ermöglichen.

Ich wurde entlassen und habe mittlerweile zwei sinnvolle Organisationen gegründet, und trotzdem bin ich immer noch auf millionenfache demütigende Weise Verurteilung und ablehnender Behandlung ausgesetzt (angefangen mit einer vernünftigen Wohnung zum Beispiel). **Vergessen Sie nicht, ich bin privilegiert.** Wie viel schwerer ist es dann für eine/n mittellose/n Schwarze/n oder Latina/o?

Wie wäre es mit einer Task Force? Nicht aus Vertretern der Strafverfolgungsbehörden, Gefängnisleitern und Akademikern. Sondern aus ehemaligen Insassen, die zwischen fünf und dreißig Jahren Erfahrung hinter Gittern haben. Müttern, die bereit waren, ihren Söhnen bei Ausschreitungen auf der Straße nachzulaufen, Menschen, die eingesperrt wurden, weil sie psychisch krank sind, Frauen und Männern, die trotz und wegen ihrer Vorstrafen etwas bewegen. Echte Gefängnisexperten am Tisch. Viele von uns würden sich geehrt fühlen, ihren Beitrag zu leisten. Und dann setzen Sie noch ein paar von den »Offiziellen« dazu.

Der wichtigste Grund für diesen Brief ist jedoch, dass ich Sie noch einmal ermutigen möchte, ein Gefängnis zu besuchen. Kein keimfreier Präsidentenbesuch (okay, das ist vielleicht nicht möglich), sondern ein richtiger, bei dem Sie mit Häftlingen reden, ihre Zellen sehen und echtes Gefängnisessen essen. Das wäre eine eindringliche Botschaft an die 2,3 Millionen inhaftierten Amerikaner. Die meisten Anwälte und Richter haben nie einen Fuß in ein Gefängnis gesetzt, abgesehen von den keimfreien Besucherräumen. Kein Präsident hat jemals ein Gefängnis besucht. Sie haben keine Vorstellung davon, welches Grauen da drinnen herrscht.

Präsident Obama, Sie sind mein Präsident. Ich bewundere Ihre Herangehensweise, Ihren intellektuellen Stil, Ihre Würde und Ihren Sinn für Humor. Ob Sie es glauben oder nicht, das Einzige, was mich bisher enttäuscht hat, ist Ihr Umgang mit Rassismus. Ich

Unsere Mission: Durch Information das Ansehen ehemaliger Gefängnisinsassen in der Gesellschaft zu verbessern, um ihnen eine erfolgreiche Wiedereingliederung und faire Chancen auf Arbeit, Unterkunft, Bildung und unternehmerische Aktivitäten zu ermöglichen.

finde, Sie sollten härter durchgreifen. Das wird den Konservativen nicht gefallen, aber denen gefällt ja ohnehin nichts von dem, was Sie tun, also warum sollten Sie sich darüber Gedanken machen? Die Progressiven wären begeistert, und es gibt viele wie mich, die nur darauf warten, dass Sie in dieser Sache Führungsstärke zeigen. Diese Task Force aus ehemaligen Kriminellen wäre ein großartiger Anfang, vor allem, wenn jemand auf sie hört. Im Moment sind wir unsichtbar und haben keine Stimme. Bitte sehen Sie uns und seien Sie unsere Stimme.

Mit freundlichen Grüßen

Sue Ellen Allen

Gründerin

PS: Ich weiß, dass es heißt, Ihre Mitarbeiter würden bevorzugt handgeschriebene Briefe für Ihre Lektüre auswählen, aber ich habe lange genug mit diesen kleinen Bleistiften geschrieben, und ich habe mir geschworen, dass ich das nie wieder tun werde.

Unsere Mission: Durch Information das Ansehen ehemaliger Gefängnisinsassen in der Gesellschaft zu verbessern, um ihnen eine erfolgreiche Wiedereingliederung und faire Chancen auf Arbeit, Unterkunft, Bildung und unternehmerische Aktivitäten zu ermöglichen.

Gesendet via: www.whitehouse.gov/contact
Aktennummer:
IP-Adresse:

Von: **Yolanda**

Gesendet: 16.10.2015 04:08

E-Mail:

Telefon:

Adresse:

Nachricht: Sehr geehrter Herr Präsident, sehr geehrte First Lady Obama,

ich heiße Yolanda , und ich schreibe Ihnen diesen Brief mit dankbarem Herzen. Ich habe Ihnen vor ein paar Jahren schon einmal geschrieben und Ihnen von meiner Situation als kriegsversehrte Veteranin erzählt. Ich lebte in meinem Auto und hatte ständig Albträume wegen einem sexuellen Trauma, das ich in meiner Zeit bei der Navy erlebt hatte. Sie und Ihre Regierung hatten eine nationale Erklärung abgegeben, dass alle Staaten sich bemühen sollten, Obdachlosigkeit zu beenden. Ich schrieb Ihnen von meinen stummen Gebeten, endlich ein produktives Mitglied der Gesellschaft zu sein, meinen Lebensunterhalt selbst zu verdienen, Miete zu zahlen und meinen Beitrag zu leisten. Ich wollte nicht wie ein Stück Müll irgendwo am Straßenrand sterben.

Mit Tränen der Dankbarkeit kann ich Ihnen jetzt schreiben, dass ich heute einen Mietvertrag für eine Zweizimmerwohnung im Veterans Village unterschrieben habe. Und ich kann die Miete mit meinem EIGENEN Geld bezahlen. Der Bewerbungsprozess war sehr streng, und ich hatte Angst, dass ich keine Wohnung bekommen würde, weil es noch 2000 andere Bewerber gab, die sicher mehr Geld haben als ich. Das war meine letzte Hoffnung. Ich hatte keinen Plan B mehr, und ich dachte, mein Auto würde mein Grab werden.

Heute habe ich Freudentränen geweint. Ich war so stolz, als ich die Zahlungsanweisung für meine Miete übergeben konnte. Es war so ein gutes Gefühl, mein eigenes Geld zur Verfügung zu haben und einen produktiven Schritt zu machen. Und das habe ich alles Ihnen zu verdanken. Ihnen, Ihrer Regierung, Ihren Mitarbeitern und Ihren Anhängern. Ich bin keine Nummer, ich bin kein Stück Dreck, auf das die Leute spucken, es haben mich nicht alle vergessen und ich bin auch nicht nichts wert.

Gott segne Sie, Herr Präsident, und Sie, Mrs. Obama. Ich wünschte, ich könnte Sie umarmen oder Ihnen die Hand schütteln. Irgendwas, um diese Freudentränen auszudrücken, die einfach nicht mehr aufhören zu fließen. Ich wohne buchstäblich 10 Minuten von meiner Kirche entfernt, wo ich viel ehrenamtliche Arbeit mit Kindern und Jugendlichen leiste. Ich lebe!!! Ich leiste meinen Beitrag!!! Ich habe ENDLICH einen Ort, an dem ich leben kann, einen Ort, den ich ZUHAUSE nennen kann. Wie kann ich nur diese Dankbarkeit ausdrücken, die mich die ganze Zeit lächeln und meine Augen leuchten lässt? Ich liebe Sie und alle, die mit Ihnen zusammenarbeiten!!! Bitte sagen Sie allen, dass ich das nicht auf die leichte Schulter nehme und dass ich mich diesem Geschenk, das Sie mir gemacht haben, würdig erweisen werde. DANKE!!!! Ich werde ein Fotobuch von meiner Wohnung machen und es Ihnen schicken, damit Sie sehen, was Ihre Arbeit als Präsident und First Lady bewirkt hat. Und ich werde allen davon erzählen. Ich bete zu Gott, dass er Sie segne, Sie, Ihre Familie, Ihre Regierung, Ihre Mitarbeiter und alle, denen diese Ehre gebührt.

Mit freundlichen Grüßen, Yolanda

30.06.15
f.8

Von: **Mary Susan Sanders**

Persönlich beantworten – und kopieren

Gesendet: 27.06.2015 12:02

E-Mail: [illegible]

Telefon: [illegible]

Adresse: [illegible] Kansas City, Missouri

Nachricht: Sehr geehrter Herr Präsident, Ihre Trauerrede in Charleston hat mich tief bewegt. Nachdem ich meine Tränen getrocknet hatte, nahm ich Pinsel und Farbe und ging nach draußen zu dem Lawn Jockey auf meiner Terrasse. Diese kleine Statue war ein Sinnbild meiner Herkunft: eine weiße, privilegierte Frau aus Nashville, Tennessee. Mehrere meiner Großonkel kämpften im Bürgerkrieg auf Seiten der Konföderierten. Inzwischen lebe ich in Kansas City. Ich habe mir immer eingeredet, der kleine schwarze Jockey sei, genau wie die Konföderiertenflagge, lediglich ein Relikt der Vergangenheit. Aber Ihre Worte »diese Konföderiertenflagge verkörpert mehr als eine Vergangenheit« hallten in mir nach. Ich begann zu weinen. Der ganze Schmerz in dieser Kirche, all diese trauernden Familien brachten mich zu einem Entschluss. Ich ging zu diesem kleinen schwarzen Jockey und malte ihn zu einem Weißen an. Ich möchte niemals, weder direkt noch indirekt, einem anderen Menschen Leid zufügen. Danke, Herr Präsident. Ich glaube, Sie sind einer der größten Präsidenten, die unsere Vereinigten Staaten jemals hatten.

Da ich darüber hinaus auch lesbisch bin, betrachte ich mich nun als wahre Amerikanerin.

Mit hochachtungsvollen Grüßen

Mary Susan Sanders

THE WHITE HOUSE

WASHINGTON

Liebe Mary Susan,

vielen Dank für Ihren Brief. Es sind warmherzige Menschen wie Sie, die mich im Hinblick auf dieses Land immer wieder optimistisch stimmen.

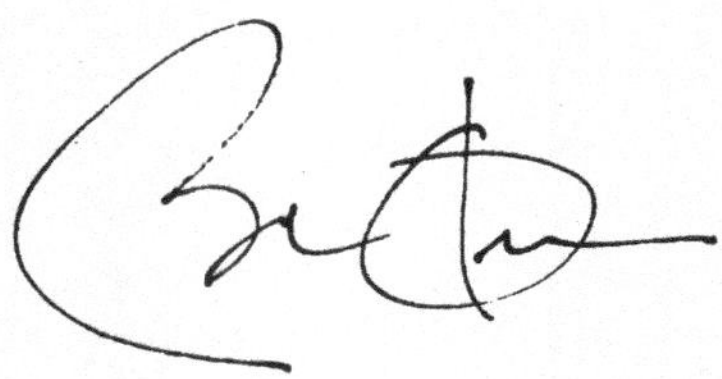

Lieber Herr Präsident,

zwei Jungen aus unserer Straße haben behauptet, dass Mädchen nicht die Welt verändern können. Ich hoffe, Sie können uns einen Rat geben, wie wir die Welt verändern können oder was wir diesen Jungen das nächste Mal sagen sollen.

von Delaney, Carrigan

und Bree

THE WHITE HOUSE

WASHINGTON

8. Dezember 2015

Liebe Delaney,

vielen Dank dafür, dass Du und Deine Freundinnen mir geschrieben habt, wie es in Eurer Straße zugeht. Hört nicht auf diese Jungen – natürlich können Mädchen die Welt verändern, und Euer Brief vermittelt mir den Eindruck, dass Ihr drei starke junge Damen seid, die immer ihre Stimme erheben werden, wenn etwas falsch zu sein scheint.

Denkt in den kommenden Jahren immer daran, dass für Euch nichts unmöglich ist, solange Ihr Euch ehrgeizige Ziele setzt und Euch mit Dingen beschäftigt, die Euch am Herzen liegen. Ihr lebt in einem Land, in dem jeder seine Träume verwirklichen kann und in dem Ihr mit harter Arbeit alles erreichen könnt, was Ihr Euch nur vorstellen könnt. Ich bin zuversichtlich, dass Ihr alle drei eine glänzende Zukunft vor Euch habt – und falls irgendwelche Jungs Euch etwas anderes einreden wollen, dann richtet ihnen aus, ihr Präsident habe gesagt, es werde Zeit für sie einzusehen, dass Mädchen jeden Tag die Welt verändern.

Euer Freund

Ermutigung GPCL

Gretchen Elhassani

Wilmington, Delaware

01.05.2015

Sehr geehrter Herr Präsident,

so viele Dinge passieren auf dieser Welt, und ich komme mir egoistisch vor, so eingekapselt in meiner eigenen Haut, meinen eigenen Träumen, meinen eigenen Sehnsüchten. Dies ist kein politischer Brief. Kein Brief von einem Fan. Es ist einfach nur ein Brief, ein Tagebucheintrag vielleicht, etwas, was ich nicht ins Internet stellen oder irgendeinem von meinen Bekannten erzählen wollte. Vielleicht habe ich Sie ausgesucht, weil ich weiß, dass Sie das niemals lesen werden, aber ich kann trotzdem eine Briefmarke auf den Umschlag kleben und ihn einwerfen und mich so von der Last dieser Gefühle befreien, die ich mit mir herumtrage.

Ich bin Schriftstellerin. Keine erfolgreiche Schriftstellerin, eine um Anerkennung ringende Schriftstellerin. Oh, sehen Sie, das war ein Satzfragment.

Ich habe ein Drehbuch geschrieben und es bei einem Wettbewerb eingereicht, aber ich habe nicht gewonnen. Darum bin ich traurig. Das ist alles. Danke, dass Sie meinen Brief gelesen haben.

Gretchen Elhassani

Eingetragene Demokratin
Schriftführerin einer gemeinnützigen Organisation
Mutter

THE WHITE HOUSE

WASHINGTON

10. Juli 2015

Ms. Gretchen Elhassani
Wilmington, Delaware

Liebe Gretchen,

ich freue mich, dass Sie mir Ihren Brief anvertraut haben, und wollte Ihnen mitteilen, dass ich ihn gelesen habe.

Auch ich schreibe viel, und wir scheinen beide die Herausforderungen und Enttäuschungen zu kennen, die damit einhergehen können. Trotzdem sollten Sie keine Angst davor haben, und machen Sie sich keine Gedanken darüber, ob andere gut finden, was Sie schreiben, oder nicht. Ich hoffe, Sie werden weiterhin schreiben und Ihre Ziele verfolgen – das ist die Entschlossenheit, die Amerika voranbringt.

Ich bin mir bewusst, wie viel Mut es Sie gekostet hat, Ihren Brief abzuschicken. Geben Sie nicht auf – vertrauen Sie sich und Ihren Fähigkeiten und halten Sie an den Träumen fest, die Sie schon so weit gebracht haben.

Mit freundlichen Grüßen

Adam Apo

Chicago, IL

Sehr geehrter Herr Präsident,

das Ende des Jahres rückt näher, und mir wird bewusst, dass nicht alle meine Aufgaben abgeschlossen wären, wenn ich Ihnen nicht zuvor noch meinen tief empfundenen Dank ausdrücken würde für die große Ehre und die unschätzbare Erfahrung, die Sie mir vor ein paar Monaten zuteilwerden ließen. Ich bin ein schwuler Lehrer und Bibliothekar an einer katholischen Highschool in Chicago, und Anfang September schrieb ich Ihnen den ersten Brief, den ich je an einen Präsidenten geschickt habe. Ich bat Sie, bei Ihrem Treffen mit dem Heiligen Vater Papst Franziskus auch an meine homosexuellen Brüder und Schwestern zu denken und daran, dass wir in unserem Alltag immer noch für rechtliche, kulturelle und moralische Gleichstellung kämpfen. Ich schrieb Ihnen von den Schwierigkeiten und der Diskriminierung, mit denen ich als schwuler Mann und als Lehrer an einer katholischen Highschool in Chicago konfrontiert war und bin.

Ein paar Tage nachdem ich diesen Brief abgeschickt hatte, erhielt ich einen Anruf von Max Sgro aus Ihrer Korrespondenzabteilung. Es war mir eine große Ehre zu erfahren, dass Sie nicht nur meinen Brief gelesen hatten, sondern ich darüber hinaus auch zur Empfangszeremonie für Papst Franziskus auf dem Südrasen des Weißen Hauses eingeladen war. Während dieses Telefonats kamen mir die Tränen. Ein solches Privileg ist mir in meinem ganzen Leben noch nicht gewährt worden. Und trotz zahlreicher Komplikationen bei meiner Anreise sorgte Max aufopferungsvoll dafür, dass ich noch rechtzeitig eintraf. Er nahm mich am frühen Morgen dieses Tages sogar persönlich vor dem Tor des Weißen Hauses in Empfang und überreichte mir meine Eintrittskarte. Seine Gastfreundschaft war bemerkenswert, und die Erfahrung, dass ein Mitarbeiter der Bundesregierung in diesen Stunden unmittelbar für mich da war, ließ mich demütig werden und entfachte aufs Neue meine Liebe zu meinem Land. Darüber hinaus gab er mir an jenem Abend auch noch eine Führung durch den Westflügel. In einem der Flure sah ich ein Foto der Nordfassade des Weißen Hauses, die anlässlich der Entscheidung des Obersten Gerichtshofs zu *Obergefell v. Hodges* in den Regenbogenfarben angestrahlt worden war. Das war für mich ein sehr bewegender Moment, den ich nie vergessen werde. Als Junge auf Hawaii hätte ich nie geglaubt, dass ich eines Tages stark genug sein würde, offen zu dem zu stehen, was ich bin, und nun stand ich da, hatte eine persönliche Einladung ins Weiße Haus und eine Führung durch die Flure jener Regierung erhalten, die für mein gesetzliches Recht auf Ehe gekämpft hatte. Mich erfasste ein überwältigender Stolz auf meinen Präsidenten, mein Land und mich selbst.

Leider wurde ich von meiner Schule aufgefordert, kein Wort über meinen Brief zu verlieren. Dieses wunderbare Beispiel dafür, wie ein gewöhnlicher Bürger mithilfe des geschriebenen Worts sein Anliegen vor das höchste Amt dieses Landes tragen und für einen kurzen Moment das Gehör des Präsidenten der Vereinigten Staaten finden kann, wird die Schüler, die unbedingt davon erfahren sollten, niemals erreichen. Es wurde totgeschwiegen, weil ich schwul bin und weil man davon ausging, dass die Menschen in unserer Gemeinde noch nicht bereit seien, einen schwulen Lehrer zu akzeptieren. Und obwohl ich es bislang geschafft habe, meinen Namen von der immer länger werdenden Liste entlassener homosexueller Lehrer fernzuhalten, schmerzt mich dies sehr. Ich bin erschöpft, aber ich habe Hoffnung. Und ich erinnere mich an die Überraschung und die Dankbarkeit, die ich empfand, als ich im Weißen Haus stand und dort jenes stolz aufgehängte Foto sah.

Ich danke Ihnen, Herr Präsident, für alles, was Sie tun, getan haben und noch tun werden, um unsere Geschichte zu verändern und dafür zu sorgen, dass sie sich hin zu noch mehr Gleichberechtigung für alle entwickelt.

Mit respektvollsten Grüßen

Adam Apo

PS: Ich kann es kaum erwarten, Ihre Präsidentenbibliothek in Chicago zu sehen! Sie suchen nicht zufällig noch einen Bibliothekar?

124 – Auswahl Einwanderungsprobleme

01.04.15 fi1

14. März 2015

Sehr geehrter Herr Präsident Obama,

es war das Jahr 2000, wir hatten eine kleine Apfelplantage im Osten von Washington State, und ein kleines vierjähriges Mädchen kam mit leuchtenden Augen in mein Haus. Ihre Familie pflückte draußen Äpfel, und ich wollte ihr drinnen etwas vorlesen. Sie schaute sich um und fragte: »Was machen Sie denn mit so vielen Zimmern?« Ich sagte ihr, dass mein Mann und ich allein hier lebten, aber dass meine Tochter uns ab und zu besuchte, und dann könnte sie eines der Zimmer benutzen. Ich habe mich in das kleine Mädchen verliebt und seit diesem Tag ihren weiteren Lebensweg begleitet. Ich war bei ihrer Quinceañera, ihrem Highschool-Abschluss und anderen wichtigen Momenten in ihrem Leben.

Gestern rief sie mich weinend an und erzählte mir, dass man ihren Vater weggebracht habe. Sein Verbrechen bestand darin, dass er Arbeit gesucht hatte. Bitte verstehen Sie, ich kenne diese vierköpfige Familie und ihre weitere Verwandtschaft seit dem Jahr 2000. Alles, was ich Ihnen über sie erzählen kann, ist, dass sie aus Mexiko hierherkamen, um zu arbeiten. Ihr Vater sagte: »Ich kam her, um meinen Kindern ein besseres Leben zu ermöglichen.« Einige von ihnen haben einen College-Abschluss und gute Arbeitsplätze. Aber es gab ein Problem mit den Einwanderungspapieren des Vaters. Ihre Mutter hat immer gearbeitet, und sie hat mir erst neulich freudestrahlend erzählt, dass sie spätestens im Juli ihre »Papiere« bekommen wird.

Ich weiß, wie hart Sie daran gearbeitet haben, ein Gesetz durch den Kongress zu bringen, um den Menschen, die ohne vernünftige Papiere in unserem Land leben, zu helfen, aber dass es im Kongress schwer umzusetzen war.

Ich bin so traurig, als hätte ich einen meiner Söhne verloren, aber die Trauer, die diese Familie – Mutter, Schwester, Bruder – fühlt, ist unermesslich. Ich bitte Sie inständig, alles in Ihrer Macht Stehende zu tun, um den Menschen, die ohne gültige Papiere in unserem Land leben und hier einfach nur ein besseres Leben und Arbeit suchen, dabei zu helfen, legale Bürger zu werden.

Mit sehr freundlichen Grüßen

Sheryl L Cousineau

Sheryl Cousineau

Kennewick, WA

THE WHITE HOUSE

WASHINGTON

15. September 2015

Mrs. Sheryl Cousineau
Kennewick, Washington

Liebe Sheryl,

danke, dass Sie sich die Zeit genommen haben, mir zu schreiben. Das Einwanderungssystem dieses Landes ist schon seit langer Zeit reformbedürftig, und Geschichten wie die Ihre unterstreichen die persönlichen Notlagen, zu denen es führt. Es ist offensichtlich, wie sehr Ihnen daran liegt, dass es wieder in Ordnung gebracht wird.

Amerika ist keine Nation, die hart arbeitende Menschen, welche ihr Stück vom amerikanischen Traum verwirklichen wollen, aus dem Land wirft. Wir sind eine Nation, die einen Weg findet, sie willkommen zu heißen und ihre Talente zu nutzen, um die Zukunft für alle besser zu gestalten – das ist das Erbe, das wir der nächsten Generation hinterlassen müssen.

Haben Sie noch einmal Dank für Ihren Brief. Ich werde mich in den kommenden Monaten daran erinnern, wenn ich mich weiter mit aller Macht dafür einsetze, dass Amerika ein Ort bleibt, an dem wir alle die Chance haben, unser Potenzial voll und ganz auszuschöpfen, ein Ort, an dem wir den vielfältigen Beitrag von Einwanderern überall in unserem großartigen Land feiern.

Mit freundlichen Grüßen

21. November 2015

Sehr geehrter Präsident Barack Obama,

ich bin ein syrisches Mädchen. Ich bin 17 Jahre alt. Ich will mit meinem Leben in Syrien anfangen.

Vor dem Krieg war mein Leben perfekt. Jeden Freitag feierte ich mit meinen Freunden eine kleine Party. Ich lebte in Idlib, in eine kleinen Stadt namens Taftanaz.

Meine Schule war gut. Ich mochte meine Freunde und meine Lehrer. Ich war ein kleines Kind. Das machte mein Leben perfekt.

Als der Krieg kam, grif die syrische Armee unsere Stadt an. Ihre Panzer zerstörten meine Schule und ein Teil von meinem Haus. Ich hörte oft den Lärm von Bomben. Darum gingen wir über die Grenze in die Türkei. Dort fanden wir ein Haus und mihteten es. Ein syrischer Mann gründete dort eine Schule für alle syrischen Kinder. Das war sehr nett. Ich lernte viele Mädchen aus anderen Städten in Syrien kennen. Ich lernte viele Sachen. Meine kleine Schwester ist Autistin, wir stelten einen Antrag, hierher zu kommen, weil wir keine türkischen Schule fanden, auf die wir gehen konnten. Zum Glück hat Ihre Organisation unseren Antrag genommen, und wir konnten kommen. Amerika ist schönes Land. Die Menschen hier respektieren uns. Die Schule ist gut. Der Unterricht ist einfach. Das gefällt mir. Später will ich Ärztin werden. Die

Hilfe, die Sie uns geben, ist sehr gut. Meine Sprache ist noch nicht ganz fertig, aber ich lerne. Ich weiß nicht, wie es auf Ihren Universitäten ist. Ich brauche das, um alles zu vergesen, was ich in Syrien gesehen habe. Ich bin dankbar, ich danke Ihnen aus meinem Herzen, weil alles so schön ist. Meine Lehrer in der Schule hier helfen sehr. Sie versuchen mir so gut zu helfen, wie Sie können. Das macht mich besser. Ich liebe Matte. Ich mag amerikanische Pizza und Pickles. Sehr lecker. Das wichtigste ist, dass ich frei bin und mit meiner Familie in Frieden leben kann.

Mit freundlichen Grüßen
Heba Hallak

THE WHITE HOUSE

WASHINGTON

9. Mai 2016

Heba Hallak
Short Hills, New Jersey

Liebe Heba,

Dein Brief ist auf meinem Schreibtisch gelandet, und ich möchte Dir dafür danken, dass Du mir Deine Geschichte erzählt hast.

Ich weiß, dass es schwer gewesen sein muss, Dein Leben in Syrien aufzugeben und hier neue Freunde zu finden, aber es freut mich zu hören, dass Du die Schule – und die Pizza – in Amerika magst. Trotz allem, was Du durchgemacht hast, sollst Du wissen, dass Amerika stets ein Land sein wird, in das tapfere junge Frauen wie Du und Deine Schwester kommen können, um hier zu lernen, sich weiterzuentwickeln und einen Platz zu finden, an dem sie sich heimisch fühlen.

Die Zuversicht und Entschlossenheit von Familien wie der Deinen sind es, die dazu beitragen, unser Land zu etwas Besonderem zu machen. Ich gehe davon aus, dass Du in der Schule auch weiterhin fleißig lernst und Deine Träume nicht aus den Augen verlierst – und solange Du das tust, bin ich davon überzeugt, dass es nichts gibt, was Du nicht erreichen kannst.

Mit freundlichen Grüßen

Gesendet via: www.whitehouse.gov/contact
Aktennummer: [redacted]

Von: **Mr. Dane Jorgensen**
Gesendet: 11.10.2015 00:52
E-Mail: [redacted]
Telefon: [redacted]
Adresse: Salt Lake City, Utah

Nachricht: Sehr geehrter Herr Präsident, danke.
2008 konnte ich es mir nicht leisten, aufs College zu gehen. Ich versuchte, einen Studienkredit aufzunehmen, der mir jedoch nicht bewilligt wurde. Dank Ihrer Maßnahmen erfüllte ich 2009 schließlich die Kriterien für das Pell-Grant-Programm und erhielt sowohl eine Förderung als auch einen Studienkredit, wodurch es mir möglich wurde, das College zu besuchen. Dank der staatlichen Studentenförderung konnte ich es mir leisten, aufs College zu gehen, und im Mai 2015 habe ich mein Studium mit einem Bachelor in Rechnungswesen abgeschlossen. Vor 2009 hatte ich zwei Jahre lang versucht, genug Geld für ein Studium zusammenzusparen, aber die Studiengebühren waren immer noch viel höher als meine Ersparnisse. Herr Präsident, ich kenne Sie nicht, aber als Ihre Maßnahmen mir schließlich ein Studium möglich machten, kam es mir vor, als würden Sie mich kennen. Es kam mir so vor, als wüssten Sie, wie sehnlich ich mir wünschte, mir ein College-Studium leisten zu können, und SIE, Herr Präsident, hätten entschieden, dass ich eine Chance verdiente. Mittlerweile arbeite ich als Buchhalter in einem Immobilienverwaltungsunternehmen und verdiene ein gutes Gehalt. Gott segne Sie, Mr. Obama. Für mich werden Sie immer mein Präsident bleiben, denn Sie waren der Präsident, der an mich geglaubt hat.
Ihr Freund
Dane Jorgensen

KAPITEL 12
Die Freunde der Briefe

Wieso sollte der Präsident eigentlich der Einzige sein, der zehn Briefe pro Tag las? Was war mit all den anderen im Westflügel des Weißen Hauses? Für Obamas Berater und leitende Mitarbeiter könnte es doch sicher auch ein Gewinn sein, dieses Material zu sehen. »Wir sind alle irgendwie besessen von dem Gedanken, dass es das ist, worum es beim Regieren wirklich geht«, erzählte mir Yena. »Das ist der wahre Kern.« Die Reichweite der Briefe zu vergrößern sollte zu einer wesentlichen Mission der Korrespondenzabteilung werden. Mit der Zeit betrachteten Fiona und ihr Team dies zunehmend nicht nur als ihre Verpflichtung gegenüber den Absendern der Briefe, sondern auch gegenüber politischen Entscheidern und – wenn man lange genug mit ihnen sprach – gegenüber dem ganzen Land: diesen Stimmen Gehör zu verschaffen. Auf allen Kanälen und in voller Lautstärke.

»Im Grunde begann ich einfach, die Leute mit Mails zu bombardieren«, erzählte Fiona. Sie stellte einen Verteiler zusammen, in den sie immer mehr Empfänger aufnahm. Dutzende Briefe an den Präsidenten landeten in den E-Mail-Postfächern. Warum auch nicht? Und zwar nicht nur die 10LADs, sondern auch andere Schreiben aus den Auswahlstapeln. »Wir verschicken immer einen ganzen Schwung von Briefen, die wir bemerkenswert finden«, sagte sie. Anfangs fürchtete sie, sie könnte den Leuten damit auf die Nerven gehen, doch mit der Zeit wurde sie mutiger. »Ich hoffe, die Leute lesen sie, das ist ja der Grund, warum ich sie damit vollspamme. Aber sie *müssen* sie ja nicht lesen.«

Doch das taten sie. Bald fragten die Ersten nach, warum sie

nicht im Verteiler waren. »Ich weiß noch, wie sich Valerie Jarretts Assistentin bei mir meldete und sagte, Valerie wolle auch aufgenommen werden«, erzählte Fiona. »Wir hatten sie als so hochrangig eingestuft, dass wir sie nicht mit unseren Mails belästigen wollten.« Also setzten wir sie auf die Liste. Bald wussten die Mitarbeiter in der Korrespondenzabteilung, wer im Westflügel die Briefe besonders aufmerksam las. Diese Menschen wurden in ihren Augen zu Spezialagenten, zu Botschaftern, und sie hatten sogar einen eigenen Namen für sie: *Friends of the Mail*, die *Freunde der Briefe*.

Shailagh gehörte natürlich dazu. Sie erzählte mir, dass der kontinuierliche Strom von Briefen in den Westflügel Thema der morgendlichen Gespräche unter den hochrangigen Mitarbeitern war. »Wir bekamen sie per Mail, und dann verteilten einzelne Leute bestimmte Briefe, die ihre Aufmerksamkeit erregt hatten. Obamas Stabschef Denis McDonough reichte bei unseren Meetings häufig Briefe herum. Um auf etwas hinzuweisen, was ihm interessant erschien oder was er besonders prägnant fand. Jeder hatte seine eigene Vorstellung davon, was ein großartiger Brief war. Für mich war es einer, der mich in Bezug auf bestimmte Themen ins Grübeln brachte und mir ein besseres Verständnis davon ermöglichte, was unser Tun eigentlich für die Menschen bedeutete.«

Sehr geehrter Herr Präsident,

ich hatte noch nie derart widersprüchliche Gefühle einer öffentlichen Person gegenüber. Ich war zutiefst deprimiert, als ich von den Razzien der Einwanderungsbehörde hörte. Aber gleichzeitig... haben Sie mit aller Kraft für eine Reform des Strafjustizsystems gekämpft. Viele Menschen in meinem sozialen Umfeld wurden wegen ihrer Drogensucht zu Unrecht kriminalisiert. Trotzdem bleiben die Folgen von Verurteilungen wegen Drogenvergehen für Einwanderer... auch unter Ihrer Regierung unmenschlich.

... Ich bin unglaublich enttäuscht von Ihnen. Aber ich war auch noch nie so stolz auf einen Präsidenten wie auf Sie ...

Lisa K. Okamoto
South Pasadena, CA

Auch Valerie Jarrett, Obamas dienstälteste leitende Beraterin, gehörte zum Kreis der *Freunde der Briefe*. Für sie waren die Briefe eine Art Nahrung. »Wenn man einen wirklich schlechten Tag in Washington hat, dann gibt es nichts Besseres, als einen Brief von einem Bürger zu lesen«, erzählte sie mir. Manchmal berührte ein Brief sie so sehr, dass sie kurzerhand zum Telefon griff und den Betreffenden anrief. »Washington ist so furchtbar unpersönlich«, sagte sie. »Stellen Sie sich das Schlimmste vor, wie es Ihrer Meinung nach sein könnte, und dann steigern Sie das noch einmal. Man ist abgetrennt vom Rest des Landes. *Physisch* abgetrennt vom Rest des Landes. Man vergräbt sich komplett in diese ganzen Gesetzgebungsprozesse.« Sie war der Ansicht, dass die Bedeutung, die die Regierung einem kontinuierlichen Austausch mit den Wählern zumaß, Obamas eigenes Hadern mit dieser erzwungenen Trennung widerspiegelte.

»Er mochte dieses abgeschottete Dasein nicht. Darüber hat er oft gesprochen. Er sehnte sich nach persönlichem Kontakt mit den Menschen. Ich erinnere mich, dass er von uns erwartete, generell sicherzustellen, dass wir regelmäßigen Kontakt mit dem amerikanischen Volk hielten«, sagte sie. »Und das begann damit, dass seine Frau am Tag nach der Amtseinführung das Weiße Haus mit den Worten für die amerikanische Bevölkerung öffnete: Bitte kommen Sie doch herein. Das ist Ihr Haus. Das ist das Haus des Volkes.«

Vor diesem Hintergrund war es für Valerie vollkommen selbstverständlich, nach dem Telefon zu greifen und den Verfasser eines Briefes anzurufen, ganz so, als erkundigte sie sich nach dem Befinden eines Nachbarn. »Ich fragte die Leute, was sie zum Schreiben bewogen habe, und meistens antworteten sie, dass sie aus Frustration geschrieben hätten, aus Verzweiflung, aus einer plötzlichen Eingebung heraus oder aus Liebe.«

Liebe, Frustration, Verzweiflung – so etwas bekam man nicht mit, wenn man bis zum Hals in Gesetzgebungsprozessen steckte. Die Briefe eröffneten ihnen einen Zugang dazu. Die Briefe boten Emotionen, Kontext und Geschichten.

Solche Aussagen hörte ich in meinen Gesprächen mit weiteren Freunden der Briefe immer wieder, und sie reichten bis in die frühesten Tage der Regierung, ja noch in die Zeiten des Wahlkampfs zurück. David Axelrod, der Obama jahrelang als einer seiner höchsten Berater und in beiden Präsidentschaftswahlkämpfen als Chefstratege gedient hatte, sagte, die Briefe seien von Beginn an Obamas Rettungsanker gewesen. »Sie waren mehr als bloß ein ritueller Wink in Richtung Basis, wissen Sie«, sagte er. »Vergessen Sie nicht, Sie haben es hier mit einem Mann zu tun, der vier Jahre zuvor – etwas mehr als vier Jahre zuvor – erst Senator geworden war. Und im Wesentlichen einige Gruppierungen in der South Side von Chicago vertrat. Er war es gewohnt, in diesen Bezirk zu gehen und mit den Leuten zu reden. Nach solchen Erfahrungen innerhalb von vier Jahren zum Präsidenten der Vereinigten Staaten zu werden, nun, das verschärft dieses Gefühl des Kontaktverlusts noch zusätzlich. Ich war jedenfalls beeindruckt davon, wie kontinuierlich er diese Gewohnheit beibehielt«, sagte er über das Ritual der 10LADs. »Ich sah, wie er sie mit zurück in seine Wohnräume nahm – ich meine, eigentlich hat sie ja jemand für ihn rübergetragen, weil er so viel im Aufzug mitschleppen musste. Aber es hat mich immer wieder beeindruckt, dass er sich Zeit für die Briefe nahm. Andererseits ist das hier das Weiße Haus. Jeder, der hier gearbeitet hat, und jeder, der im Oval Office saß, diente dem Volk. Ich will damit keine unfairen Vergleiche anstellen und behaupten, er sei irgendwie anständiger als andere. Aber dieser regelmäßige Dialog mit der Bevölkerung erschien mir doch ziemlich außergewöhnlich.«

Eines, was mir bei allen *Freunden der Briefe*, mit denen ich sprach, gleichermaßen auffiel, war, wie sehr sie sich über diese Bezeichnung freuten – »Wie gut das passt!« –, und alle nannten mir bereitwillig weitere Mitglieder dieses Kreises, von denen ich wissen sollte. Es waren bekannte Namen darunter, Dick Durbin etwa, der Senator von Illinois, Robert Gibbs, der Pressesprecher des Weißen Hauses, und Obamas Redenschreiber Jon Favreau, aber auch unzählige Menschen, von denen ich noch nie zuvor gehört hatte, und es wurden immer mehr – hier noch zwei, dort noch sechs, und jeder *von denen* gab mir noch mehr Namen. Ich begann mich zu fragen, ob überhaupt jemand im Westflügel des Weißen Hauses *nicht* zu den *Freunden der Briefe* gehörte.

Wahrscheinlich nicht, vermutete Chris Lu. Er war stellvertretender Arbeitsminister und ehemaliger Kabinettssekretär des Weißen Hauses, zuvor hatte er schon zusammen mit Pete Rouse in Obamas Senatsbüro gearbeitet und den Präsidentschaftsübergang organisiert. Chris sprach von dem »tief verwurzelten Ethos, wie wir im Obama-Universum mit der Wählerpost umgehen« als einer Art Qualifikationsprüfung. »Das gehörte zu den Dingen, die wir wirklich verinnerlicht hatten«, sagte er. Wer die Briefe nicht wertschätzte, würde nicht lange bleiben. Im Obama-Universum waren die Briefe Teil des Deals.

»›Leiten Sie das an Minister Vilsack weiter‹, wies mich der Präsident beispielsweise an. ›Ich will wissen, was er dazu zu sagen hat‹«, erzählte mir Lu. »Und glauben Sie mir, diese Briefe erreichten ihr Ziel. Ich schickte sie – in diesem Fall – ans Landwirtschaftsministerium. Und die Leute dort wussten, was von ihnen erwartet wurde. Es machte den Behörden Dampf, und sie beeilten sich mit einer Reaktion. Ich glaube, das alles ist Teil eines umfassenderen Sinns für Transparenz. Dahinter steht der Gedanke, dass eine Regierung dann am besten arbeitet, wenn auch die Bevölkerung miteinbezogen wird. In einem Land mit dreihundert Millionen Einwohnern ist das natürlich schwer umsetzbar. Aber die Menschen äußern ihre Ansichten ja nicht nur durch ihre Stimme bei der Wahl, sondern auch, indem sie Briefe schreiben.«

Wie so viele andere erzählte mir auch Chris Lu, dass Obama einige Briefe länger mit sich herumtrug. Nicht unbedingt das beschriebene Blatt Papier (obwohl auch das vorkam), aber die Geschichten, die darin erzählt wurden. Das entsprach einfach Obamas Art zu denken, sagte er. Er verpackte Ideen in Geschichten. Geschichten hatten Protagonisten. Und diese Protagonisten waren es, worauf es Obama ankam. Die Briefe lieferten ihm einen nie versiegenden Nachschub an Material. Einen stets verfügbaren Vorrat an Parabeln.

Der Redenschreiber Cody Keenan (auch ein *Freund der Briefe*) berichtete, sie seien ein kontinuierliches »Futter« für Obamas Ansprachen gewesen. »Der Präsident ruft mich zu sich und sagt: ›Lies diesen Brief, er ist beeindruckend, lass uns das irgendwo einbauen.‹ Ich weiß noch, wie wir mit dem Kongress über die Ausweitung der Arbeitslosenversicherung debattierten. Da bekamen wir einen Brief von einer Frau namens Misty DeMars aus Chicago. Sie war eine ganz normale Durchschnittsamerikanerin, und sie und ihr Mann hatten gerade ein Haus gekauft. Sie hatte aufgrund von Budgetkürzungen ihren Job verloren und schrieb so etwas wie: ›Wir sind das Gesicht der Arbeitsmarktkrise.‹ Während die Republikaner es eher so darstellten … Sie wissen schon, diese gierigen Minderheiten verspielen unser System. Und der Präsident sprang sofort darauf an: ›Boom! Misty DeMars. Genau das ist es, worüber wir hier die ganze Zeit reden.‹« Cody konstruierte Obamas Rede zur Lage der Nation 2014 rund um ihre Geschichte.

> Misty DeMars ist Mutter von zwei kleinen Söhnen. Seit sie ein Teenager war, hat sie immer gearbeitet. Sie hat aus eigener Kraft ihr College-Studium finanziert. Sie hat nie Arbeitslosenunterstützung bekommen. Im Mai kauften sie und ihr Mann mit ihren gesamten Ersparnissen ihr erstes

eigenes Haus. Eine Woche später fiel der Arbeitsplatz, den sie liebte, Budgetkürzungen zum Opfer. Als letzten Monat ihre Arbeitslosenunterstützung auslief, setzte sie sich hin und schrieb mir einen Brief – die Art von Brief, wie sie mich jeden Tag erreichen. »Wir sind das Gesicht der Arbeitsmarktkrise«, schrieb sie. »Ich bin nicht abhängig von der Regierung. … Unser Land ist abhängig von Menschen wie uns, die Karrieren aufbauen, ihren Beitrag zur Gesellschaft leisten … sich um ihre Nachbarn kümmern. … Ich bin zuversichtlich, dass ich früher oder später wieder einen Job finden werde. … Ich werde meine Steuern zahlen, und wir werden unsere Kinder in ihrem eigenen Zuhause großziehen, in der Umgebung, die wir lieben. Bitte geben Sie uns die Chance dazu.«

Während der Rede zur Lage der Nation saß Misty neben Michelle Obama und klatschte aufs Stichwort. Präsident Reagan hatte die Tradition begründet, Wähler in die Loge der First Lady einzuladen. Mit den Jahren nutzten die Präsidenten diese Praxis zunehmend als Möglichkeit, bestimmte politische Anliegen zu illustrieren oder Helden zu ehren. Obamas Team brauchte lediglich die Briefe durchzugehen, um die Loge der First Lady zu füllen.

»Wenn es eine Möglichkeit gäbe, sämtliche Briefe, die er in den vergangenen acht Jahren bekommen hat, zu digitalisieren«, sagte Cody, »und diese Daten dann irgendwie zusammenzuführen, käme eine ziemlich beeindruckende Geschichte dabei raus. Von endlich erkannter Liebe. Ins Gegenteil verkehrter Verzweiflung und Angst. Von unerfüllten Hoffnungen. Uneingestandenen Ängsten. Erhörten Gebeten. Ich meine, wenn es irgendeine Möglichkeit gäbe, das alles in Trendlinien umzuwandeln, würden sie eine ziemlich große amerikanische Geschichte erzählen.«

Die Briefe beeinflussten auch Obamas Haltung gegen Ende seiner Präsidentschaft. »Er beendet zum Beispiel eine Rede mit dem Satz: ›Mein Vertrauen in Amerika ist größer denn je.‹ Und die Leute erwidern: ›Wie können Sie so etwas sagen? Wie es aussieht, steht das Land kurz davor, einen Demagogen zu wählen!‹ Aber das denkt er wirklich. Und ich glaube, das hängt mit diesen Briefen zusammen. Er sieht jeden Tag die ungeschminkten, unredigierten Dramen der amerikanischen Bevölkerung – auf eine Art und Weise, wie es den meisten Menschen verwehrt bleibt. Wir halten uns alle an unsere kuratierten Twitter-Feeds, ziehen uns in unsere Fox- oder MSNBC-Ecken zurück und hüllen uns gewissermaßen in unsere eigene Weltsicht, zusammen mit Menschen, die genau das Gleiche denken wie wir. Und wir vermuten das Schlimmste auf der anderen Seite. Aber er liest die Briefe, wissen Sie. Fiona ist gut darin, ihm eine wirklich repräsentative Auswahl zusammenzustellen. In manchen steht dann: ›Sie sind ein Arschloch, und ich kann es kaum erwarten, Sie verlieren zu sehen.‹ Aber die meisten sind zumindest freundlich, selbst wenn sie mit seiner Politik nicht einverstanden sind. Einer der Briefe, die ich in die Parteitagsrede dieses Jahr einbauen sollte, kam von einem Konservativen aus ... Texas, glaube ich, und er schrieb im Großen und Ganzen so etwas wie: Ich bin mit absolut keiner Ihrer Entscheidungen einverstanden, ich bin gegen so ziemlich alles, wofür Sie stehen, aber mir gefällt, dass Sie ein guter Vater sind. Er liebt diesen Brief.«

Sehr geehrter Herr Präsident,

als Vater von drei Töchtern rührt mich der Anblick von Präsident Obama zusammen mit seinen Mädchen. In politischer Hinsicht dürfte es schwer werden, jemanden zu finden, der weiter von Ihnen entfernt ist als ich. Ich bin Anhänger der Libertären Partei und erbitterter Verfechter des Rechts auf Waffenbesitz, aber ich weiß zu schätzen, welche Opfer Sie bringen, um unserem Land zu dienen, und welchen Druck das für Ihre Familie bedeutet. Ich bin immer froh, wenn ich Sie als Vater sehe. Vor Kurzem habe ich Sie bei Ihrem Besuch im Central

Park gesehen und will die kleine Chance nutzen, dass Sie diesen Brief womöglich zu Gesicht bekommen. Ihre Aufgabe als Vater wird noch lange andauern, nachdem Sie Ihre Zeit im Weißen Haus hinter sich gebracht haben, und es sieht so aus, als machten Sie diesen Job sehr gut. Es ist ein ermutigender Anblick zu sehen, wie der Führer der Vereinigten Staaten mit seiner Familie im Park spazieren geht. Wenn er sich die Zeit dafür nimmt, sollten wir anderen das auch tun.

Gott segne Sie.
Dr. Joshua Racca
Flower Mound, TX

»Ich habe diese Briefe immer als einen Ausdruck von Hoffnung betrachtet«, sagte Cody schließlich noch. »Ich meine – ganz egal, wie verzweifelt oder verärgert Ihr Brief sein mag, allein die Tatsache, sich hinzusetzen und zu denken, dass vielleicht irgendjemand das lesen wird … das hat doch etwas Hoffungsvolles. Es bleibt die Hoffnung, dass das System funktioniert. Selbst wenn Sie sich hinsetzen und schreiben ›Sehr geehrter Mister Sie-haben-nur-Scheiße-im-Kopf‹, besteht die Chance, dass jemand es liest. Einer der besten Briefe, die wir je bekommen haben, kam von einem Kerl, der völlig pleite und über den Tisch gezogen worden war. Er hatte wirklich immer nur Pech, und plötzlich bekam er einen Job als Tellerwäscher und schrieb, das sei das Beste, was ihm je passiert sei. Und er war fest davon überzeugt, dass er das einzig und allein Barack Obama zu verdanken hätte, obwohl ich mir beim besten Willen nicht denken kann, was wir getan haben, um ihm zu einem Job als Tellerwäscher zu verhelfen.«

Hallo Präsident Obama,

ich schreibe Ihnen aus Richmond, Virginia, um Ihnen zu sagen, dass es mit meinem Leben jetzt bergauf geht. Vor ein paar Jahren hatte ich keinen Job, und meine ganze Familie strampelte sich ab, um irgendwie über die Runden zu kommen. Ich betete jeden Tag, dass diesem jungen Mann, der kurz vor einem Nervenzusammenbruch stand, endlich einmal etwas Gutes passieren würde.

Ich war zu Hause und sah fern, da klingelte das Telefon. Ich war mir sicher, es wäre jemand von einem Inkassobüro. Aber dann stellte sich heraus, dass es ein Hotel war, das einen Tellerwäscher suchte. Ich war so glücklich. Langer Rede kurzer Sinn, ich bekam den Job und arbeite jetzt seit zwei (2) Jahren da. Dass ich diesen Job gefunden habe, führe ich auf die unermüdlichen Bemühungen Ihrer Regierung zurück, die Wirtschaft wieder in Schwung zu bringen. Ich kann das bezeugen, und statt die Lebensmittelausgabe unserer örtlichen Kirche in Anspruch zu nehmen, können meine Familie und ich jetzt drei (3) oder vier (4) Konservendosen pro Woche spenden, damit jemand anders, der gerade harte Zeiten durchmacht, etwas zu essen bekommt. Danke, Mr. Obama!

[Name bekannt]

Wie kam dieser Mann auf die Idee, Obama zu schreiben? Das war eine Frage, über die auch Shailagh immer wieder nachgrübelte. »Allein schon dieser Gedanke – *Hmm, wem soll ich diese Geschichte erzählen? Ach, ich glaube, ich schreibe dem Präsidenten der Vereinigten Staaten.* Ich meine, das verrät doch einiges darüber, wie die Menschen die Regierung sehen, und dass sie sie in gewisser Weise immer noch idealisieren, auch wenn sie das vielleicht nicht zugeben würden.«

Für Shailagh wurden die Briefe zu einer Materialsammlung für ihre Studien, zu einem soziologischen Projekt und einer Geschichtsstunde. »Ich begann die Briefe noch einmal in chronologischer Reihenfolge durchzusehen, um eine andere Sicht auf Obamas Präsidentschaft zu bekommen«, erzählte sie mir. »Um den öffentlichen Verlauf seiner Präsidentschaft nachzuvollziehen, im Gegensatz zur legislativen oder politischen Agenda. Gewissermaßen der Blick von außen auf uns.«

Unter anderem fand sie tatsächlich die Bestätigung dafür, dass diese Stimmen so etwas wie einen emotionalen Anstoß für politische Entscheidungen gaben.

»Aus diesen Briefen allein geht schon hervor, warum wir beispielsweise trotz des erheblichen politischen Risikos, gegen den Widerstand der Republikaner ein Gesetz zur Gesundheitsreform durchzusetzen, bei unserer Entscheidung geblieben sind und das Ganze durchgezogen haben. Auch wenn wir dafür einen ziemlich hohen Preis bei den Zwischenwahlen bezahlen mussten. Die unverfälschten Schilderungen, die uns in all den Briefen immer wieder erreichten, von diesen Leuten, die mit unglaublichen Schwierigkeiten zu kämpfen hatten … Und das Einzige, was wir für sie tun konnten, war, zumindest die Grundlage für eine Krankenversicherung zu schaffen, bei der sie … *irgendetwas* bekamen. Das zeigt Entscheidungen wie diese aus einem völlig anderen Blickwinkel. Die Leute denken: *Meine Güte, war Obama naiv zu versuchen, diese Gesundheitsreform allein mit den Stimmen der Demokraten umzusetzen. War ihm nicht klar, dass er dadurch den Kongress verlieren würde?* Aber wenn man acht Briefe, zehn Briefe pro Tag liest, in denen die Leute einem von ihren Problemen mit der Krankenversicherung erzählen und von den gewaltigen Prämien, die sie selbst schultern müssen, um wenigstens für eine Weile noch ihre Versicherung zu behalten, nachdem sie ihre Arbeit verloren haben – das ist eine ganz andere Perspektive.«

Allerdings hätten sich die hochrangigen Regierungsmitarbeiter auch mit einer Zusammenfassung der Stimmen aus dem Lektüreraum begnügen können. Sie hätten Tabellen erstellen können, aus denen gewisse Trends abzulesen gewesen wären. »Stell dir vor, wir hätten die Briefe für ihn ausgewertet«, sagte Shailagh. »Und ihm Zusammenfassungen vorgelegt. Jeden dieser Briefe hätte man auf ein paar Sätze zusammenkürzen können, nur die entscheidenden Argumente, ohne den Klang und die Stimme und die Farbe. Er wäre zweifellos in der Lage gewesen nachzuvollziehen, was die Menschen bewegt. Aber dann hätten Stimmen wie die von Bobby Ingram gefehlt, es hätte die Tiefe gefehlt, die persönliche Dimension der Hilferufe, diese Geschichten wie kleine literarische Skizzen. All das wäre verloren gewesen.«

Die menschliche Seite der Dinge, die Gedanken, die man nicht in ein Briefing-Memo pressen oder in Säulendiagramme und Punkte auf einem Schaubild übertragen kann. Die Stimmen der Briefschreiber bildeten einen nie verstummenden Hintergrundchor, wie Popsongs, die man einfach nicht aus dem Kopf bekam. Melodien, die eine Kultur definierten.

»Ich glaube«, sagte Shailagh, »wenn das fehlt, ist das Ergebnis ein anderes.«

KAPITEL 13

Shane Darby, 2. Februar 2016

Killen, Alabama

Shane Darby erinnert sich nicht mehr daran, was er dem Präsidenten geschrieben hat oder wann er es geschrieben hat. Wenn man ihm sagt, dass es am 2. Februar 2016 war, nun, dann wird es wohl so gewesen sein, aber das überrascht ihn. Das wären ja nur drei Tage nachdem es passiert war. Also muss das, was auch immer er in diesen Brief geschrieben hat, ziemlich schlimm gewesen sein. Wütend. Das ist das Einzige, was er noch weiß. Aber warum er Präsident Obama damals geschrieben hat, keine Ahnung. Es ist ihm fast peinlich, es jetzt noch einmal zu lesen.

Und bitte behelligen Sie Stephanie nicht damit. Es hat sie zerstört. Der Mensch, der sie noch einen Tag vor dem 30. Januar 2016 war, ist für immer fort. Aber wenn man bedenkt, was passiert ist, dann geht es ihr vergleichsweise gut.

Stephanie sitzt hinten beim Eckschrank und hört zu. Sie bewegt sich kaum, wie meistens mittlerweile. Shane ist ein großer Mann. Dichter Ziegenbart, Drahtgestellbrille, schwarzes T-Shirt mit Micky Maus darauf.

Sie haben dieses Haus zwei Monate nach der Beerdigung gekauft. Es war eine Möglichkeit, Stephanie abzulenken. Häuser besichtigen. Überlegen, wie man sie einrichten könnte. Und einfach wegkommen von Crissys Zimmer und all den Erinnerungen. Ihre Tür quietschte. Das konnte man sich nicht vorstellen. Er sagte Gute Nacht, dann schloss er langsam, ganz langsam die Tür, und sie hörte überhaupt nicht mehr auf zu quietschen, bis

Crissy irgendwann sagte: »*Dad!*« Jeden Abend. Und wenn sie in ätzender Teenagerlaune war (was nur ganz selten vorkam), dann nervte sie es furchtbar, wenn das Quietschen anhielt. Jedes Mal. »*Dad!*« Sie war so lustig. Ihr war nichts peinlich. Stellen Sie sich nur mal vor, ein Teenager, der lieber mit seinen Eltern zu Abend isst, als sich mit seinen Freunden zu treffen. Und voller Begeisterung mit ihnen in Urlaub fährt. Ein Teenager, der seine Eltern so liebt, wie sie es tat. Am Vatertag hatte sie ihn ins Kino eingeladen, sie wollten Superman schauen. Und dann steht sie plötzlich vor ihm, von Kopf bis Fuß als Superman verkleidet. Inklusive Socken. Von den Socken hingen hinten Umhänge herunter. Kleine rote Umhänge. Und er stand bloß da und sagte: »Ich glaub's nicht.«

Crissy und Stephanie – sie waren wie Zwillinge. Sie hätten leicht Zwillinge sein können. Der gleiche Humor. Beste Freundinnen. Schrieben sich ständig Nachrichten. Crissy war *glücklich*. Wirklich, es gab keine Anzeichen. Überhaupt keins. Natürlich fragt man sich im Nachhinein: Hat er denn darauf geachtet? Hätte er etwas bemerken können, wenn er aufmerksamer gewesen wäre? Im Grunde das, was sich alle Eltern fragen, die jemals so etwas durchgemacht haben. Das, worüber man immer wieder nachgrübelt und worüber man für den Rest seines Lebens nachgrübeln wird.

Tja.

Verrückt, dass er Obama geschrieben hat. Erstens ist er Republikaner. Aber nicht politisch. Na ja, er hat es probiert, im Jahr 2000 zum Beispiel, da hat er sich eine Weile für die Diskussionen zwischen George Bush und Al Gore interessiert, aber das hat er bald wieder aufgegeben. Nichts von dem, was die Leute in Washington taten, hatte irgendeine Auswirkung auf sein Leben. Da konnte man es auch gleich bleiben lassen. Also warum er sich an seinen Computer gesetzt und eine E-Mail an den Präsidenten getippt hat – unbegreiflich. Vor allem weil er den Computer sonst kaum nutzt. Er ist eher der iPad- und iPhone-Typ.

Stephanie möchte jetzt den Hund ins Bett schicken. Ein Goldendoodle. Ja, ziemlich entspannt. Stephanie bringt den Hund zu seiner Kiste und kehrt zurück an ihren Platz neben dem Schrank.

Das Haus ist makellos sauber, dafür sorgt Stephanie. Es erinnert an ein Museum. Nichts bewegt sich. Er trägt seinen Teil dazu bei. Sie hat das Rosa für die Holzvertäfelung ausgesucht. Das ganze weiße Holz in der Küche. Alles ist makellos sauber, der Rasen draußen weich wie ein Teppich, und die Büsche, die sie gepflanzt haben, wachsen sehr langsam, sodass man sich nicht darum zu kümmern braucht.

Shane ist Geschäftsführer eines Farbengeschäfts. Stephanie ist Briefträgerin. Cassie ist ihre jüngste Tochter. Das mit Cassie ist etwas, was er im Rückblick gern anders machen würde. Sie war damals sieben. Saß einfach nur auf dem Rücksitz. Stephanie, die draußen auf dem Parkplatz mit dem Handy in der Hand zusammenbrach. Er musste sich übergeben. Und Cassie saß da und sah alles mit an. Sieben Jahre alt.

Noch so eine Sache, wenn in einer Familie jemand stirbt, ist, dass die Leute einem Essen bringen. Er hatte das immer ziemlich albern gefunden. Glaubten die ernsthaft, ein Rinderbraten würde helfen? Aber das tat es, stellte er fest. Es half wirklich. Diese Welle von Zuneigung. Außerdem aßen er und Stephanie nicht mehr. Sie gingen nicht mehr zur Arbeit. Meistens saß er einfach nur in seinem Zimmer.

Die Armee sagt einem nichts. Es gibt eine Nummer, da kann man anrufen, und die sollen einem eigentlich sagen, was los ist. Aber der Typ war ein Roboter. »Zurzeit keine Informationen.« Immer und immer wieder dasselbe, bis er irgendwann dachte: *Kann nicht endlich jemand losgehen und ihre Tür aufbrechen?*

Vielleicht hatten sie das ja schon getan und durften es nicht sagen. Vielleicht. Aber die Art und Weise, wie sie damit umgingen …

Das Geräusch? Oh, ob Sie's glauben oder nicht, das ist die Uhr. Wie eine Kuckucksuhr, so ungefähr wenigstens. Hören sie mal. Sie spielt »Hey Jude«. Die Batterien sind fast leer, darum spielt sie nicht das ganze Stück. In der Weihnachtszeit stellen sie sie um, dann spielt sie Weihnachtslieder. Sie sind große Fans von Weihnachten. Auf dem Foto hier, da hatten sie sich alle als Weihnachtselfen verkleidet. Sogar Crissy. Stellen Sie sich das nur mal vor, ein Teenager, der bei so was mitmacht. Sie war so quirlig. Hatte langes blondes Haar. Und hier das Militärfoto. Nicht mehr wiederzuerkennen.

Eine Achtzehnjährige sollte ihre eigenen Entscheidungen treffen. Das war der Grund, warum er sie nicht ins Rekrutierungsbüro begleitet hatte. Aber das *Militär*? Crissy? Das Mädchen in Batikshorts, verschiedenfarbigen Socken und Sneakern? Sie trug immer Sneaker, selbst wenn es einem mal gelang, sie dazu zu bewegen, ein Kleid anzuziehen, was selten genug vorkam. Für ihn kam dieser Wunsch, zur Armee zu gehen, völlig überraschend. Er fand, sie wäre besser für einen Beruf geeignet, in dem sie ihre sozialen Kompetenzen dazu nutzen könnte, Menschen aufzuheitern. Mit siebzehn hatte sie einen Job bei Shoney's. Sie kennen doch den großen Bären, der da auf dem Restaurantparkplatz herumtanzt und den Leuten zuwinkt? Sie war der Bär. Was eigentlich komisch war, denn sie hatte ihr Leben lang fürchterliche Angst vor Leuten in Kostümen. In Disney World zum Beispiel, da wäre sie nie auch nur in die Nähe von Micky oder Minnie gegangen.

Als Stephanie in Crissys Alter war, da war sie eine Zeitlang bei den Marines. Das hat vielleicht eine Rolle gespielt. Aber trotzdem. Stephanie bekam Probleme mit dem Knöchel, und da ließen sie sie gehen, oder wie auch immer die das machen beim Militär. Es hatte nicht lange gedauert, und sie war auch nicht die Art Mensch, der rumläuft: »Oh, ich hoffe, meine Mädchen werden mal Soldat, wenn sie groß sind!« Überhaupt nicht.

Der Anwerber der Air Force muss ziemlich überzeugend gewesen sein, das ist das Einzige, was er sich vorstellen kann. Als Crissy nach Hause kam, erzählte sie begeistert, dass sie nach

Deutschland gehen würde. Paris. Japan. Sie war begeistert von der Vorstellung, dass sie beim Militär die Welt kennenlernen würde. Sie hatte Epcot schon immer gemocht. Den Teil von Disney World, wo man von einem Land zum nächsten spaziert. Vielleicht war das auch mit ein Grund.

Sie kam zur Militärpolizei. Arbeitete am Tor der Lackland Air Force Base. Langweilig sei das, sagte sie. Das sei nun mal so, wenn man erwachsen wurde, entgegnete er, da müsse man eine Menge langweiliger Dinge tun. Er versuchte, ihr Werte beizubringen.

Lackland ist vierzehn Stunden von Killen entfernt. Da konnte sie nicht mal kurz nach Hause kommen. Aber sie sprach mindestens einmal am Tag per Facetime mit Stephanie. Meistens noch viel öfter. Einmal meldete sie sich per Facetime, um ihrer Mutter eine Flamme zu zeigen. Eine große Flamme auf dem Herd. »Crissy, streu Backnatron drüber!«, riefen sie. Aber sie richtete einfach nur das iPad auf die Flamme und sagte kein Wort. Vielleicht fand sie das lustig. Sie konnte nicht kochen.

Tja.

Als sie zum ersten Mal auf die DNA-Liste kam, wusste er nicht, was das bedeutet. Sie war zu Hause im Urlaub und erwähnte es ganz beiläufig. DNA bedeutet Do Not Arm – nicht bewaffnen. Es bedeutet, dass sie einem die Waffen wegnehmen, für eine Woche oder so, weil man etwas gesagt hat, was sie glauben lässt, man könnte sich selbst oder jemand anders verletzen. Sie ließ es albern klingen, als wäre es einfach nur lächerlich, wie ein Kind, das beim Kaugummikauen erwischt wurde. Also hatte er sich nichts dabei gedacht.

Übrigens, die kleinen Figürchen da neben Stephanie sind alle von Disney. Die ganzen Prinzessinnen. Auf dem Kaminsims stehen noch mehr. Und der Kerzenhalter ist mit Blumen von der Beerdigung dekoriert. Das kann man so machen lassen, Kerzenhalter mit Blumen von der Beerdigung. Ja, er hatte das vorher auch nicht gewusst.

Crissy hatte eine Beziehung angefangen. Eine Fernbeziehung. Crissy war bei der Air Force und das Mädchen bei der Army. Und es gibt da diese Regelung – wenn man verheiratet ist, wird man nahe beieinander stationiert. Also haben sie geheiratet. Ohne Feier oder so. Ganz schnell. Sie fanden eine Wohnung in der Nähe der Air Force Base. Er und Stephanie waren unterschiedlicher Meinung, was diese Beziehung betraf. Aber es war nun mal Crissy. Sie hätte sich in einen Baum verlieben können, und es wäre ihnen egal gewesen.

Als sie zum zweiten Mal auf die DNA-Liste kam, hätte er vielleicht misstrauisch werden sollen. Aber er hatte ja keine Erfahrung mit dem Militär. Wenn es etwas Ernstes wäre, würden sie sie doch zu jemandem schicken, mit dem sie reden könnte, oder? Sie war vierzehn Autostunden entfernt. Sie gehörte ihnen. Und hier bricht sich sein Zorn schließlich Bahn. Er bemüht sich, ihn im Zaum zu halten. Man sollte doch meinen, dass sie ihre Investition schützen. Denn das war sie für sie. Eine Investition. Aber man braucht seine Investition nicht zu schützen, wenn schon am nächsten Abend eine Busladung neuer Soldaten vor dem Tor steht. Und am darauffolgenden Abend wieder, und an dem darauf auch. Da braucht man sich um den Einzelnen nicht zu kümmern. Als Kommandant in Lackland sitzt man hinter seinem Schreibtisch und sieht zu, wie sie ankommen, und man weiß genau, dass sie ersetzbar sind.

Crissys letztes Weihnachten war 2015. Sie hatte ihre ganzen Urlaubstage gesammelt, damit sie nach Hause kommen und mit ihnen nach Disney World fahren konnte. Seine Eltern, Stephanies Eltern, Vettern und Kusinen, achtzehn Leute insgesamt. Das Beste war vermutlich das Feuerwerk über dem Schloss. Beim Bippity-Boppity-Boo-Frühstück sah er zu Crissy hinüber, als sie gerade in einen Erdbeerpfannkuchen biss. »Crissy, *weinst du?*«

»Es ist einfach so … schön«, antwortete sie.

Nach diesem Ausflug nach Disney World wollte sie nicht zurück zur Armee. Sie sagte, sie wolle da raus. Sie sei bereit, eine unehrenhafte Entlassung in Kauf zu nehmen, Hauptsache, sie kam da raus. Er und Stephanie versuchten, sie zu überreden, dabei zu bleiben. Stephanie macht sich deswegen schreckliche Vorwürfe. Aber wenn sie neunzehn sind, versucht man doch, sie dazu zu bringen, ihre Verpflichtungen einzuhalten, um sie auf die Zukunft vorzubereiten. Trotzdem hätte er einfach losfahren und sie nach Hause holen sollen. Und wenn sie sie deswegen vor Gericht gestellt hätten. Er könnte damit leben, wenn sein Kind ein Stück Papier bekommen hätte, auf dem stand, dass sie die Armee verlassen hatte. Verdammt, er hätte den blöden Wisch eingerahmt und an die Wand gehängt!

Der Anruf kam einen Monat und vier Tage nach Disney World. Am 30. Januar 2016. Er, Stephanie und Cassie waren zum Einkaufen nach Nashville gefahren, etwa zwei Stunden von zu Hause weg. Schöne Geschäfte. Etwas zu tun. Irgendwann rief Courtney, ihre älteste Tochter, aus Texas an. »Ich kann Crissy nicht erreichen. Ich habe so ein komisches Gefühl.«

Die Informationen kamen nur häppchenweise. Im Grunde kam gar nichts. Sie kauften weiter ein. Allmählich begannen sie sich Sorgen zu machen. Stunden später bekam Stephanie auf der Heimfahrt per Facebook eine Nachricht. »Es tut mir so leid, was mit Crissy passiert ist. Ich wünschte, ich hätte mehr tun können.«

Was? Was ist mit Crissy passiert?

Sie fuhren auf einen Parkplatz. Ein Einkaufszentrum. Sie riefen überall an. »Zurzeit keine weiteren Informationen.« Sie riefen beim Roten Kreuz an. »Können Sie uns sagen, was passiert ist?« Immer wieder riefen sie beim Militär an. »Zurzeit keine weiteren Informationen.«

Stephanie steht auf und verlässt das Zimmer.

Schließlich ging er auf Twitter. Er fand Crissys Nutzernamen. Er fand den Nutzernamen ihrer Partnerin. Er twitterte. »Bitte ruf uns an. Wenn du weißt, was los ist, ruf uns bitte an, denn niemand will uns etwas sagen.« Fünf Minuten später rief Crissys

Partnerin an. Stephanie ging ran. Shane konnte es an ihrem Gesicht ablesen. Dann brach sie zusammen. Er rief wieder beim Militär an. »Zurzeit keine Informationen.« Stephanie sprach mit Crissys Partnerin. Sie hatten sich getrennt. Sie war diejenige, die Crissy gefunden hatte. Stephanie brach zusammen. Er musste sich übergeben. Und Cassie saß auf dem Rücksitz und sah alles mit an.

Er kann sich nicht mehr daran erinnern, wie er nach Hause gefahren ist. Er weiß noch, wie der Mann von der Air Force vor ihrer Tür stand. Er hatte Mitleid mit ihm. Niemand sollte so etwas tun müssen. Er weiß noch, wie er ganz allein in seinem Zimmer saß. Rinderbraten. Es gab niemanden, bei dem er das Gefühl hatte, mit ihm könnte er reden. Er ist kein Mensch, der mit anderen redet, nicht so, nicht über Schmerz. Und über das Hässliche in einem drin.

Warum hat sie das getan? Es ergibt keinen Sinn. Wenn sie wenigstens einen Brief hinterlassen hätte. Wenn sie etwas gesagt hätte. Sie nahmen ihr die Waffen ab. Haben sie überhaupt mit ihr geredet? Sie sind damit umgegangen, als wäre es bloß eine Grippe. Sie sind für sie verantwortlich. Man sollte doch meinen, sie würden ihre Investition schützen.

Sehr geehrter Herr Präsident, liebe First Lady,

ich weiß, dass Sie meinen Brief zu 99,9999 % nicht lesen werden, aber zum ersten Mal, seit ich erwachsen bin, habe ich das Gefühl, mich an jemanden wenden zu müssen. Meine neunzehnjährige Tochter ist tot. Sie hat sich am 30. Januar auf der Lackland Air Force Base das Leben genommen. Als sie 2014 von zu Hause wegging, war sie das fröhlichste Mädchen, dem Sie je begegnet sind. Wenn ich Fotos anhängen könnte, würde ich Ihnen ein Lächeln zeigen, bei dem Ihre Herzen dahinschmelzen. Ich habe das Gefühl, dass die Armee ihr gegenüber auf vielen Ebenen versagt hat. Sie hatte Dinge gesagt, die laut und deutlich »Helft mir« schrien, und alles, was sie taten, war, sie zweimal für ungefähr zwei Wochen auf die DNA-Liste zu setzen (ihr die Waffen wegzunehmen).

Sie rieten ihr, sich Hilfe zu holen, aber siehe da, ihre »fantastische« Militärversicherung würde die Kosten für wöchentliche Sitzungen nicht übernehmen. Wenn sie das getan hätte, wäre meine Tochter jetzt vielleicht noch in der Lage, ihr Telefon zu nehmen und zu Hause anzurufen, stattdessen liegt sie in Lackland in einem Sarg und wartet auf ein Flugticket nach Hause. Wie gesagt, mir ist klar, dass Sie das hier nicht bekommen werden oder mir persönlich antworten können, ich bin mir sicher, dass ich eine automatische Antwort bekomme, denn was bedeutet das Leben meiner Tochter schon für irgendjemanden außerhalb ihrer Familie? Nichts. Sie hat keine Priorität für irgendjemanden in Washington, D.C., aber wenn es Ihre Angehörige wäre, die da in einem Sarg liegt, wären Sie auch wütend. Ich habe Sie nicht gewählt, ich habe niemanden gewählt, aber ich glaube, Ihre Familie ist die beste und vertrauenswürdigste, die seit der Zeit unserer Gründerväter im Weißen Haus gewohnt hat. Ich glaube, dass Sie alle sich wirklich bemüht haben, in Ordnung zu bringen, was in unserem Land schiefläuft, und das ohne irgendwelche Hintergedanken. Öl, Einwanderung und der ganze andere Kram interessieren mich nicht. Was ich will, ist, dass nicht noch eine Familie jemanden vor ihrer Tür stehen hat, der ihr sagt, dass unsere Armee ihren eigenen Soldaten nicht geholfen hat. Wir schicken unsere Babys zu Ihnen, und manchmal schicken Sie sie uns in einem Sarg zurück. Herr Präsident, liebe First Lady, falls Sie durch irgendeinen Zufall das hier doch gelesen haben, danke ich Ihnen für Ihre Zeit.

Cristinas Vater

Als er das jetzt wieder liest, ist er überrascht. Das ist kein guter Brief. Er wünschte, er wäre wütender gewesen. Wenn er heute noch einmal schreiben würde, klänge der Brief wütender.

Sie hatte ihre Waffen zurück. Sie stand nicht mehr auf der DNA-Liste. Aber sie hat keine Waffe benutzt. So hat sie es nicht gemacht. Das ist der Moment, in dem man denkt, na ja, sie wollte nur etwas inszenieren, um Aufmerksamkeit zu erregen, und dann ist sie ... ausgerutscht? Man denkt sich alle möglichen Erklärungen aus. Wenn sie wenigstens einen Brief hinterlassen hätte. Einen Hinweis. Irgendetwas.

Sie warteten darauf, dass die Armee Crissys Leiche zurückschickte. Dieses Warten bedeutete eine Menge zusätzlichen Schmerz. Über eine Woche. So lange sollte man eine Familie nicht darauf warten lassen, ihr Kind zu beerdigen. »Wir rufen Sie an, wenn wir wissen, wann wir sie nach Hause schicken.«

Sie schickten ihnen ein Video von einer Gedenkzeremonie, die sie in Lackland abgehalten hatten. Der Kommandeur der Basis redete über Crissy. Stephanie hat es sich angesehen. »Sieh es dir nicht an«, riet sie Shane. Sie sagte, in dem Video werde angedeutet, dass jemand, der sich selbst das Leben nahm, möglicherweise schwach sei. »Sieh es dir nicht an«, hatte sie gesagt, also ließ er es bleiben. Er wollte es nicht darauf ankommen lassen, dass er nach Lackland fuhr und sich mit einem so mächtigen Mann anlegte. Das würde nicht gut ausgehen. Shane würde im Gefängnis landen.

Das Militär macht Jagd auf Menschen, die nicht wissen, wie das Militär ist. So machen sie das. Falls Sie sich fragen sollten, wie die das machen, so machen sie es.

Präsident Obama macht er keine Vorwürfe. Was vielleicht merkwürdig ist. Wenn überhaupt hatte er das Gefühl, dass Obama auf seiner Seite war. Eigentlich verrückt, wenn man es recht bedenkt. Er hatte das Gefühl, dass die Obamas zumindest menschliche Wesen waren. Er hatte gar nicht gewusst, dass er diesen Eindruck von ihnen hatte. Wirklich merkwürdig, dieser Moment, in dem einem das klar wird. Man sitzt da allein in seinem Zimmer, völlig benommen. Man ist nicht der Typ, der viel redet, aber jetzt braucht man jemanden zum Reden. Entscheidet man sich da ausgerechnet für den Präsidenten der Vereinigten Staaten?

Von Vater zu Vater, vielleicht war es das, was er empfand. Er benutzt diesen Computer so gut wie nie. Er weiß nicht, was ihn dazu getrieben hat. Er kann sich nicht daran erinnern, dass er auf »Senden« geklickt hat.

Die Armee stellte Ermittlungen an, um herauszufinden, was genau passiert war. Den Bericht haben sie ihnen immer noch nicht geschickt. Zwei Jahre ist es jetzt her, und sie haben immer noch nichts geschickt. Sie war nicht mehr auf der DNA-Liste. So hat sie es auch nicht gemacht. Es gab keine Anzeichen. In den zwei Tagen davor hat sie ihr Auto gewaschen. Mit dem Hund gespielt. Einfach so, aus heiterem Himmel. Auf Twitter schrieb sie, dass sie ihre Mutter vermisse.

Der Anwerber, der Crissy von Deutschland erzählt hatte, von Paris und Japan, der hat sich nie gemeldet. Er wohnt vielleicht fünfzehn Minuten entfernt, aber er ist nicht ein einziges Mal vorbeigekommen, um zu sagen, dass es ihm leidgetan habe, als er hörte, dass Crissy sich umgebracht hatte.

5. August 2016

Lieber Shane,

danke für Ihre ergreifende E-Mail. Mit großer Trauer habe ich vom Tod Ihrer Tochter, Airman First Class Cristina Silvers, USAF, gelesen. Als Vater von zwei Töchtern geht mir Ihr Verlust persönlich sehr zu Herzen.

Zu viele Amerikaner leiden unter Depressionen, und die Angehörigen unserer Streitkräfte sind davon nicht ausgenommen. Cristinas Suizid ist tragisch, und er erinnert uns auf eindringliche Weise daran, wieso wir nicht in unseren Bemühungen nachlassen dürfen, den Zugang zu psychischer Gesundheitsvorsorge zu verbessern. Das System ist immer noch nicht perfekt, und wir arbeiten jeden Tag daran, die Lücken zu schließen, sodass in Zukunft anderen Soldatenfamilien der Schmerz eines Suizids erspart bleibt. Ich werde auch weiterhin alles in meiner Macht Stehende tun, um dafür zu sorgen, dass nicht noch mehr Familien einen so furchtbaren Verlust ertragen müssen, wie Sie ihn erlitten haben.

Michelle und ich hoffen, dass die Erinnerung an die gemeinsame Zeit mit Cristina Ihren Schmerz ein wenig lindern kann. Wir schließen Sie und Ihre Familie in unsere Gedanken und Gebete ein.

Mit freundlichen Grüßen
Barack Obama

Shane legte den Brief weg. Es war nicht so, als würde er ihn überall herumzeigen. Was vor allem bei ihm hängen blieb, war, dass Obama »Cristina« richtig geschrieben hatte. Die meisten schrieben ihren Namen mit »h«. Dieser Mann, der mehr Macht hat als irgendjemand sonst auf der Welt. Mehr Verantwortung trägt als irgendjemand sonst auf der Welt. Für einen kurzen Moment denkt er an dich und deine Familie. Schließt deine Tochter in seine Gedanken ein.

Briefauswahl 2015–2016

29.03.16
fr4

Persönlich beantworten

Von: **Mr. Patrick Allen Holbrook**

Gesendet: 14.1.2016 10.37 Uhr

E-Mail: [redacted]

Telefon: [redacted]

Adresse: [redacted] Honolulu, Hawaii [redacted]

Nachricht: Sehr geehrter Herr Präsident

Es ist spät am Abend hier in Oahu, und die Sonne wird bald hinter dem Horizont im Meer versinken. Die Aussicht gibt mir Trost in unübersichtlichen Zeiten und Frieden am Ende eines langen Tages. Sir, ich wurde im Jahr 2011 in Afghanistan verwundet, es war mein erster Einsatz, und mein letzter. Ich wurde aus medizinischen Gründen von der Army in den Ruhestand geschickt, und nach einigen Diskussionen mit meiner Familie bin ich hierhergezogen: Es soll mir helfen, die Wunden zu heilen – es geht nur langsam voran, aber ich bleibe zuversichtlich. Ich ging aufs College, als ich hier ankam, es ist nicht leicht für mich, aber, so Gott will, mache ich in diesem Sommer meinen Abschluss. Angst ist etwas Seltsames, in Afghanistan hatte ich keine Angst, aber beim Gedanken an meine Zukunft erschrecke ich. Ich will meinem Land dienen, etwas bewirken und das Potenzial verwirklichen, das meine Familie in mir sieht. Ich habe Angst, glaube ich, weil ich keinen Plan habe, welchen Beruf ich ausüben soll. Das ist für mich verdammt schwer, und da meine Familie die Insel bald verlassen wird, bin ich wirklich verloren. Sir, mein ganzes Leben lang habe ich versucht herauszufinden, was ein guter Mensch ist, und dieser Mensch zu sein, aber ich habe jetzt gegriffen, dass das Leben für manche schwieriger ist. Ich bin nicht sicher, wohin ich gehe, und es ist etwas, das ich nicht abschütteln kann. PS: Ich hab mir Ihre Rede zur Lage der Nation angeschaut, und ich fand sie gut. Auch ich träume von einer nachhaltigen Zukunft für die nächste Generation.

Mit freundlichen Grüßen

Patrick A.

THE WHITE HOUSE

WASHINGTON

Patrick,

danke für Ihren gedankenreichen Brief und, was noch wichtiger ist, für Ihren Dienst und Ihre Aufopferung. Ihr Brief sagt mir, dass Sie bereits ein guter Mensch sind; Sie müssen lediglich die Berufung finden, die diese Güte zum Ausdruck bringt – oder sie wird Sie finden. Vertrauen Sie also auf sich selbst, und vergessen Sie nicht, dass auch Ihr Oberbefehlshaber erst mit über dreißig wusste, was er mit seinem Leben anfangen wollte!

Von: **Mrs. Kelli McDermott**

Gesendet: 14.9.2016 00.37 Uhr

E-Mail:

Telefon:

Adresse: Levittown, Pennsylvania

Nachricht: Sehr geehrter Herr Präsident Obama,

meine Großväter wurden während des größten Teils ihrer Jugend verhöhnt, ausgegrenzt und ausgelacht. Schlimmer wurde für sie alles noch dadurch, dass sie ein Paar mit gemischter Hautfarbe waren. Sie stehen nicht gern im Rampenlicht, aber ich wollte unsere Geschichte erzählen.

Mein Großvater Richard und Vietnamveteran Großvater Al sind 35 Jahre lang zusammen gewesen. Ich bin in dem Wissen aufgewachsen, dass ihre Beziehung vollkommen normal ist. Dabei war ich von Freunden und Klassenkameraden umgeben, die mich jedes Mal, wenn ich über die LGBTQ-Community sprach, verspotteten und sogar drangsalierten. Für mich war an Liebe nichts auszusetzen, und meine Großväter haben sich wirklich geliebt. Sie haben in Georgia geduldig darauf gewartet, heiraten zu können, und daher habe ich mich gefreut, als ihr Warten ein Ende hatte. Am 26. Juni 2015 haben Richard und Al endlich geheiratet. Doch schon ein Monat später wurde bei meinem Opa Richard Bauchspeicheldrüsenkrebs festgestellt. Er verstarb am 22. November, nur fünf Monate nachdem sie endlich den Bund der Ehe geschlossen hatten.

Traurigen Herzens kann ich jetzt in dem Wissen weiterleben, dass meine Großväter ihren Traum verwirklichen konnten. Sie konnten ihre Verbindung rechtlich anerkennen lassen. Meine Familie und ich vermissen ihn von ganzem Herzen, aber es ist ein Trost zu wissen, dass Grandpa Richard als ein Mensch verstarb, der mit der Liebe seines Lebens verheiratet war. Ich wollte Ihnen, Präsident Obama, und all den Politikern, die sich für die Ehe für alle eingesetzt haben, aus tiefstem Herzen danken. Für meine Familie haben Sie die Welt wirklich zum Besseren verändert. Ich danke Ihnen.

Mit tiefster Wertschätzung

Kelli McDermott

William Johnson 961072
SCCI
295 Justice Blvd
Griffin, Ga 30224

ATLANTA METRO 300
05 JUL 2016 PM 5 L

FOREVER USA

White House
President OBAMA
1600 Pennsylvania AVE N.W
Washington D.C. 20500

485
JUL 15 2016
20500-

✓#035
485
JUL 15 2016
QC✓#028

14.09.16
fx6

Auswahl
HR

Sehr geehrter Herr Präsident,

ich heiße William Johnson. Jch sitze in einem Gefängnis in Georgia eine Freiheitsstrafe von fünf Jahren ab, weil ich bei einem Ureintest durchgefallen bin. Jch habe mich selbst behandelt, weil ich keine Krankenversicherung habe, und ich habe keinen Anspruch auf Steuervergünstigungen, sodass ich mir Obamacare nicht leisten kann.

Jch bin mein ganzes Leben lang wegen meines Drogengebrauchs immer wieder im Knast gelandet. Da der Staat die Drogen nicht regelt, muss ich auf die Straße gehen, die Qualität der Drogen schwankt und auch ihre Wirksamkeit. Das sorgt für eine sehr gefährliche Kombination. Mir geht's um Folgendes und deshalb schreib ich Jhnen. Als ich gearbeitet hab und krankenversichert war, hatte ich keine Probleme mit der Polizei. Als ich meine Arbeit und meine Versicherung verloren habe, habe ich angefangen, illegale Drogen auf der Straße zu kaufen, gegen Depression nehm ich Kokain und Meth Für meine Rückenschmerzen kauf ich Schmerztabletten, auch auf der Straße. Sobald man mich mit diesem Zeug erwischt hat, hab ich zuerst gesessen und dann Bewährung gekriegt. Der Bewährungshelfer sagt mir, ich darf nur dann Drogen nehmen, wenn mir ein Arzt welche gibt. Da liegt das Problem. Ohne Versicherung nimmt mich kein Arzt. Und ich kann mir keine Versicherung leisten. Die Gefängnisse sind voll von Leuten wie mir. Wenn ich rauskomm, gibt mir der Staat ein paar neue Kleider und 25 Dollar. Ohne ärztliche Hilfe. Drogennutzer aus dem Gefängnis zu entlassen, ohne Zugang zu Ärzten, ist ein Riesenproblem. Sie müssen sich dann wieder selbst behandeln, sobald sie sich krank fühlen, und dann fahren sie wieder in den Bau ein. In Georgia kannst du jemanden totschlagen, und du kriegst Lebensmittelmarken, aber wenn sie dich mit einer Unze Gras erwischen, kriegst du nix. Ich denke, der Affordable Care Act sollte Leute einbeziehen, die aus dem Gefängnis entlassen werden. Wenn man die Rückfälle der Drogentäter verringern will, bleibt einem gar nichts anderes übrig. Die erwerbstätigen Armen können sich auch mit der Steuervergünstigung keine Krankenversicherung leisten. Die meisten Jobs halten deine Arbeitszeit unter 40 Stunden. Dann müssen [die Arbeitgeber] keine Versicherugn bezahlen, dieses Schlupfloch muss geschlossen werden. Immer mehr Leute kaufen Straßendrogen wegen dieser Probleme.

Ich danke Ihnen

William Johnson /2016

Können Sie bitte mit einem Foto antworten

THE WHITE HOUSE

WASHINGTON

13. Januar 2017

Mr. William Johnson
Griffin, Georgia

Lieber William,

danke dafür, dass Sie mir Ihre Geschichte erzählt haben. Sie haben in Ihrem Leben Schweres durchgemacht, und ich möchte, dass Sie wissen, dass ich zuhöre.

Ich bin fest davon überzeugt, dass alle Menschen, auch diejenigen, die Fehler gemacht haben, die Fähigkeit haben, die richtigen Entscheidungen zu treffen und einen positiven Einfluss auf die Menschen in ihrem Umfeld auszuüben. Ihre Geschichte zeigt, dass die Verbesserung unseres Justizsystems einen erweiterten Zugang zur Gesundheitsfürsorge und zu öffentlichen Dienstleistungen erfordert, auch für diejenigen, die eine Freiheitsstrafe verbüßen. Aus diesem Grund unterstütze ich Wiedereingliederungsprogramme für Erwachsene mit Substanzgebrauchsstörung und Bemühungen um eine Verbesserung des Therapieangebots. Dazu gehört auch die Vorschrift im Affordable Care Act, Medicaid auf alle Geringverdiener in sämtlichen Bundesstaaten auszudehnen. Allerdings muss aufgrund einer Entscheidung des Obersten Gerichtshofs von 2012 jeder Bundesstaat selbst entscheiden, ob er den Kreis der Anspruchsberechtigten für Medicaid ausweitet. In der Folge hat der Widerstand der Republikaner in einigen Bundesstaaten – wie Georgia – die Ausweitung bezahlbaren Versicherungsschutzes auf Personen wie Sie verhindert, obgleich die Bundesregierung praktisch sämtliche Kosten tragen würde. Meine Regierung hat Bundesstaaten wie den Ihren ermuntert, Medicaid auszuweiten, damit mehr US-Bürger die Versorgung bekommen, die sie verdienen, und Ihre Nachricht bestärkt uns in diesem Bemühen.

Noch einmal herzlichen Dank für Ihren Brief. Wenn Sie an sich glauben und hart daran arbeiten, einen produktiven Weg einzuschlagen, können Sie nicht nur Ihr eigenes Leben, sondern auch das der Menschen, die Ihnen nahestehen, positiv beeinflussen. Ihre Geschichte wird mich in den kommenden Jahren in Gedanken begleiten.

Mit freundlichen Grüßen

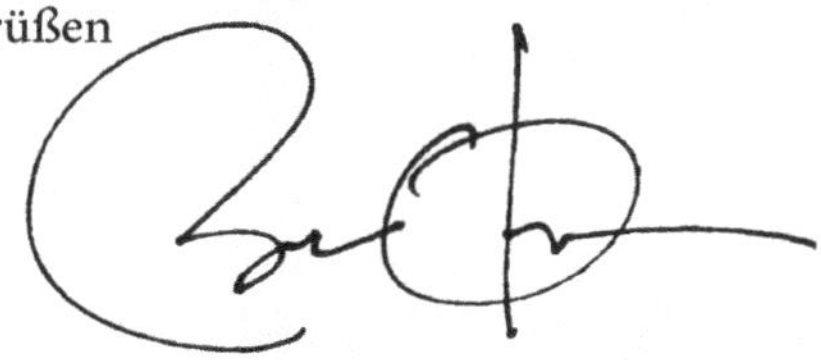

Von: **Ms. Yvonne Arnetta Wingard**

Gesendet: 9.7.2016 15.21 Uhr

E-Mail:

Telefon:

Adresse: Augusta, Georgia

Nachricht: Sehr geehrter Präsident Obama,

ich heiße Yvonne Wingard, und ich bin eine 18 Jahre alte Afroamerikanerin. Nach all dem, was in letzter Zeit in diesem Land geschehen ist, sind viele Menschen verängstigt. Viele Menschen sind in Sorge. Sie haben Angst, und sie wissen nicht, was sie tun oder an wen sie sich wenden sollen. Schlimmer noch ist, dass viele Menschen, die die gleiche Hautfarbe haben wie ich, die größte Angst haben.

Ich fürchte um mein Leben. Für eine junge Schwarze wie mich ist es schmerzlich und herzzerreißend, so viele Posts zu sehen und so viele Nachrichtenmeldungen über Menschen zu hören, die umgebracht oder schwer verletzt wurden, weil jemand sie automatisch für eine Bedrohung hielt, nur weil sie schwarz waren. Es sollte in diesem Land nicht illegal sein, eine schwarze Hautfarbe zu haben, und es sollte auch kein Misstrauen oder übermäßige Gewalt hervorrufen.

Ich wünsche mir lediglich Veränderungen und Reformen. Ich wünsche mir, dass alle Führungspersönlichkeiten dieser Nation all den schrecklichen Ereignissen, die sich überall zutragen, ihre Beachtung schenken und einsehen, dass etwas getan werden muss, um unser kaputtes System zu richten.

Ich habe die höchste Achtung für unsere Polizisten. Sie riskieren jeden Tag ihr Leben im Dienst für ihre

Communitys, und sie nehmen diejenigen fest, die es verdienen, für ihre Verbrechen zur Rechenschaft gezogen zu werden. Polizisten müssen Waffen tragen, um für gefährliche Situationen gewappnet zu sein, aber wir müssen auch Wege finden, ihnen beizubringen, in Situationen, in denen Kugeln nicht notwendig sind, um die Situation zu entschärfen, die richtigen, vorschriftsgemäßen Maßnahmen zu ergreifen.

Ich muss Tag für Tag mit der Angst leben, dass ein Polizist mich umbringt, nur weil er eine Bedrohung in mir sieht. Ich muss befürchten, dass mich jemand für einen Verbrecher, einen Rowdy oder einen Dieb hält, nur weil ich die Straße entlanggehe. Ich muss sogar Angst haben, an Protesten oder Demonstrationen teilzunehmen, weil jemand versuchen könnte, mich zu erschießen oder zu verletzen, nur weil er es nicht erträgt, dass ich und meine Leute kämpfen und Gerechtigkeit fordern.

Wir Schwarzen leiden. Wir haben Angst. Wir haben Angst, in unserer Haut zu stecken. Ich bitte unsere führenden Politiker lediglich darum, zusammenzukommen und Möglichkeiten zu finden, um die Arbeit unserer Polizei und unser Strafjustizsystem zu verbessern. Danke für Ihre Zeit und Ihre Aufmerksamkeit, und ich hoffe, Ihr Herz gibt Ihnen die Kraft, das zu tun, was für Ihre Wähler und diese Nation insgesamt wirklich am besten ist.

Danke

Yvonne Wingard

Anne Bunting eingegangen über whitehouse.gov
13.11.2016 19.10 Uhr

Sehr geehrter Herr Präsident,

danke dafür, dass Sie mein Leben gerettet haben. Mein Name ist Anne Bunting. Im Jahr 2008 wurde bei mir eine Herzinsuffizienz (HI) festgestellt, und mir wurde ein Herzschrittmacher eingesetzt. Ich war im Endstadium einer HI. Mir ging es gut bis 2012, als die Herzschwäche erneut auftrat. Im Juli 2013 war ich wieder im Endstadium einer HI. Man sagte mir, ich bräuchte eine Herztransplantation, und ich wurde auf die Liste gesetzt. Da stellten wir fest, dass meine Versicherungspolice (ich arbeitete selbstständig) Herztransplantationen nicht abdeckt.

Die einzige Möglichkeit, mein Leben zu retten, bestand darin, ein Linksventrikuläres Herzunterstützungssystem (LVAD – wie Dick Cheney) zu implantieren. Ein paar Stunden nach dem Eingriff bemerkten die Ärzte, dass meine rechte Herzhälfte dabei war abzusterben. Also ging's zurück in den OP, und mir wurde ein VAD auf der rechten Herzseite eingesetzt. Ich war der erste Patient in diesem Krankenhaus, der diesen Eingriff überlebte und entlassen wurde.

Mein Herz wurde von zwei Pumpen angetrieben, die von Computern gesteuert und von Batterien mit Energie versorgt wurden. Diese waren die ganze Zeit an meinem Körper befestigt. Ich habe neun Monate lang mit diesen Pumpen gelebt. Dann, im Jahr 2014, trat der Affordable Care Act in Kraft, und er hob den Leistungsausschluss für Vorerkrankungen auf. Ich konnte eine Versicherungspolice abschließen, die Herztransplantationen miteinschloss, und wurde wieder auf die Liste gesetzt. Zehn Tage später wurde mir durch eine Herztransplantation ein neues Leben geschenkt. Also erzähle ich allen, dass Sie mein Leben gerettet haben, und das glaube ich wirklich.

Sie und die First Lady sind wunderbare Führungspersönlichkeiten gewesen. Ihnen beiden vielen Dank für das, was Sie für unser Land und seine Menschen getan haben.

Und nochmals danke dafür, dass Sie mein Leben gerettet haben.

Anne Bunting

THE WHITE HOUSE

WASHINGTON

9. Dezember 2016

Ms. Anne [redacted] Bunting

[redacted]

Liebe Anne,

ich danke Ihnen für Ihre liebenswürdigen Worte und dafür, dass Sie sich die Zeit genommen haben, Ihre bewegende Geschichte mit mir zu teilen. Sie haben in den letzten Jahren eine unglaublich schwere Zeit durchgemacht, und es freut mich zu hören, dass der Affordable Care Act Ihnen geholfen hat, eine Herztransplantation zu erhalten, als Sie diese dringend benötigten. Ihre Geschichte verdeutlicht, dass der Affordable Care Act tatsächlich das Leben vieler Amerikaner einschneidend verändert und ihnen in einigen Fällen sogar das Leben gerettet hat. Da jetzt viel mehr Menschen versichert sind, vermeiden wir jährlich schätzungsweise 24 000 Todesfälle. Und zahllose weitere Amerikaner leben ein besseres Leben, weil sie die Versorgung erhalten, die sie brauchen und verdienen. Aus diesem Grund habe ich mich so sehr darum bemüht, dass die Gesundheitsreform verabschiedet wird.

Nochmals vielen Dank, dass Sie mir geschrieben haben und für Ihre Unterstützung. Michelle und ich wünschen Ihnen von Herzen alles Gute.

Mit freundlichen Grüßen

21.08.2016

Sehr geehrter Herr Präsident Obama,

erinnerst du dich an den Jungen, der von dem Krankenwagen mitgenommen wurde – in Syrien?

Kannst du ihn bitte holen und ihn in die Einfahrt oder auf die Straße bringen und wir werden dort mit Flaggen Blumen und Ballons auf euch warten. Wir werden ihm eine Familie geben, und er wird unser Bruder sein.

Catherine, meine kleine Schwester wird Schmetterlinge und Glühwürmchen für ihn sammeln. In meiner Schule habe ich einen Freund aus Syrien, Omar, und ich werde ihn mit Omar bekanntmachen, und wir können alle zusammen spielen. Wir können ihn zu Geburtstagsfeiern einladen und er wird uns eine andere Sprache beibringen. Wir können ihm auch Englisch beibringen. So wie wir es meinen Freund Aoto aus Japan lehrten.

Bitte sag ihm, dass sein Bruder Alex sein wird, der ein sehr lieber Junge ist. Genauso wie er. Da er kein Spielzeug mitbringt und keines hat, wird Catherine ihr großes blaugestreiftes weißes Häschen teilen. Und ich werde mein Rad teilen, und ich werde ihm zeigen, wie man damit fährt. Und ich werde ihm

Plus-Rechnen und Minus-Rechnen beibringen und er kann an Catherines Lipgloss-Pinguin riechen, der grün ist. Sie erlaubt niemandem ihn zu berühren.

Vielen Dank! Ich kann es kaum erwarten, dass ihr kommt!

Alex
6 Jahre alt

Donald W. Molloy
United States District Judge

4. August 2016

Präsident Barack Obama
Weißes Haus
1600 Pennsylvania Avenue NW
Washington, D.C. 20500

Betr. Douglas George Jensen
Az. CR 03-27-M-DWM

Sehr geehrter Herr Präsident,

ich gehe davon aus, es ist ziemlich unwahrscheinlich, dass Sie diesen Brief persönlich zu Gesicht bekommen werden. Dennoch möchte ich Ihnen meine Dankbarkeit und Anerkennung dafür aussprechen, dass Sie das Strafmaß von Douglas Jensen herabgesetzt haben. Am 16. August 2016 begehe ich mein zwanzigjähriges Dienstjubiläum als Richter an einem Bundesbezirksgericht. Die lebenslange Freiheitsstrafe, die ich gegen Douglas Jensen verhängte, hat mir mehr als die Hälfte dieser Zeit schlaflose Nächte bereitet. Die Umwandlung der Strafe durch Sie erleichtert endlich mein Gewissen und beendet das Hadern mit mir selbst, das dadurch verursacht wurde, dass ich dem Gesetz auch dann noch folgte, als es offensichtlich ungerecht war. Danke!

Mit großer Hochachtung

Donald William Molloy

Donald W. Molloy
U.S. District Judge

Adresse: [redacted]
E-Mail: [redacted]

Von: **Ms. Dawn Benefiel**

Gesendet: 12.8.2016 9.30 Uhr

E-Mail: [redacted]

Telefon: [redacted]

Adresse: [redacted] Indianapolis, Indiana [redacted]

Nachricht: Sehr geehrter Herr Präsident, ich bin eine 44 Jahre alte Frau, die vor drei Jahren aus Südkalifornien in ihre Heimatstadt Indianapolis, Indiana, zurückgezogen ist. Ich stamme aus einer gemischtethnischen Patchworkfamilie, die Ende der Siebzigerjahre gegründet wurde. Ich war das einzige weiße Kind, das zu Fuß zur Schule ging. Damals betrieben die öffentlichen Schulen in Indianapolis aufwendige *Bussing*-Kampagnen[1], um die Vorschriften über die Aufhebung der Rassentrennung einzuhalten. Ich wurde von den weißen Kindern gehänselt, weil ich nicht mit dem Bus fuhr, und aus dem gleichen Grund wurde ich auf dem Nachhauseweg von der Schule von schwarzen Kindern verprügelt. Ich erinnere mich noch an meine Lehrerin in der vierten Klasse, die mich nach dem Unterricht dabehielt und so lange mit mir sang, bis alle Schüler gegangen waren. Sie wusste, dass ich drangsaliert wurde. Sie ließ mich auch vor der Klasse singen. Vor all diesen Kindern, die mich nicht mochten. Ich sang »The Greatest Love of All«. Das war lange bevor Whitney Houston den Song aufnahm. Aber es war mein Lieblingslied. Ich schloss die Augen und sang dieses Lied aus vollem Herzen. Für diese wenigen Minuten vergaß ich all den Hass in diesen starrenden

[1] Busbeförderung von Schulkindern in andere Schulbezirke zur Förderung der Rassenintegration (A.d.Ü.)

Augen. Ich stelle mir vor, dass es sich ganz ähnlich anfühlen muss, der Anführer der westlichen Welt zu sein. Ich habe Ihnen diese Geschichte erzählt, weil sie einen Bezug zu dem hat, worauf ich gleich zu sprechen komme. Vor acht Jahren habe ich in Orange County, Kalifornien, Wahlkampf für Sie gemacht. Keine große Sache, telefonische Stimmenwerbung, direkte Ansprache von Leuten bei der Wählerregistrierung, um ihnen ein bisschen etwas über Barack Obama zu erzählen. Sie haben dieses neun Jahre alte Mädchen in mir angesprochen. Sie haben mich dazu gebracht, zu glauben, dass es Hoffnung für unser angeschlagenes Land gibt. Sie haben eine sehr abgestumpfte Generation X daran erinnert, dass es in Ordnung ist zu hoffen, an das Gute zu glauben. Sie waren unser John F. Kennedy. Nach acht Jahren inspirieren Sie noch immer. Sie und Ihre Frau sind mir jeden Tag aufs Neue Ansporn. Sie haben das getan, was Sie sich vorgenommen haben. Ich wollte Ihnen einfach dafür danken, dass Sie dieses Land mit Anstand und Würde geführt haben. Dafür, dass Sie die Augen geschlossen und den Hass ignoriert und das getan haben, was Ihres Erachtens richtig für unsere Nation war. Niemand wusste bei Ihrer Wahl, was uns als Nation bevorstehen würde. Niemand wusste, wie dringend wir jemanden brauchten, der uns brennen ließ und uns beflügelte und erhobenen Hauptes dastand. Ich glaube nicht, dass es jemand anders hätte besser machen können. Bei all den hässlichen Dingen, die Sie hören mögen, wollte ich einfach, dass Sie wissen, Sie haben etwas bewirkt. Meine Augen füllen sich mit Tränen, weil ich nicht die richtigen Worte für das finde, was ich sagen will. Einfach nur sagen: Danke, dass Sie zu dem kleinen Mädchen gesprochen haben, das so viel Hass und so viele Vorurteile erlebte, und dass Sie ihm jemanden gaben, an den es glauben konnte. Mit großer Hochachtung und Bewunderung.
Dawn Benefiel

Von: **Mrs. Heather Wells**

Gesendet: 21.9.2016 14.37 Uhr

E-Mail:

Telefon:

Adresse: Kokomo, Indiana

Nachricht: Sehr geehrter Herr Präsident, da das Ende Ihrer zweiten Amtszeit naht, wollte ich Ihnen von einer Begebenheit berichten, die sich am Abend Ihrer Wahl zutrug. Ich bin Krankenpflegerin in einer Klinik in Indiana. Da wir personell unterbesetzt waren, rief man mich an und bat mich, am Wahlabend zu arbeiten. Ich erklärte mich einverstanden, sofern ich zuvor meine Stimme abgeben könnte. Spät an diesem Abend erhielt ich einen Neuzugang aus der Notaufnahme. Der Patient traf auf unserem Stockwerk ein, und ich ging zu ihm, um nach ihm zu sehen. Es war ein Schwarzer ungefähr in meinem Alter, der HIV-infiziert war und nicht mehr auf die Medikamente ansprach. Als ich in sein Zimmer kam, um ihn zu begrüßen, hatte er eine Wahlsendung im Fernsehen eingeschaltet. Ich stellte mich vor, und mir fiel sofort sein Obama-T-Shirt auf. Ich fragte, ob er Gelegenheit gehabt habe zu wählen, und er sagte, er habe sich geweigert, ins Krankenhaus zu gehen, solange er noch nicht gewählt hatte. Ich lachte und zeigte auf meinen »I Voted«-Aufkleber und sagte ihm, ich hätte das Gleiche gesagt. Dann machte ich meinen Kittel auf und zeigte ihm mein »Obama Mama«-T-Shirt und sagte ihm, er solle sich keine Sorgen machen, er sei in guten Händen. Wir lachten zusammen, und dann erledigte ich die Aufnahmeformalitäten. Auf der Station gab es nicht viele Patienten, und so konnte ich etwas mehr Zeit mit ihm verbringen und einfach nur mit ihm reden. Er erzählte mir, er habe sich mit HIV infiziert, als er sich Drogen spritzte, und er habe ein hartes Leben gehabt. Er habe zu Hause zwei Töchter und mache sich Sorgen um ihre Zukunft. Wir sprachen darüber, wie viel es uns bedeute, dass Sie die Wahl gewonnen hatten. Er sagte, dies gebe ihm die Hoffnung, seine Töchter könnten vielleicht in einer Welt aufwachsen, in der es keine Rolle spiele, was für eine Hautfarbe man habe oder aus welcher Schicht man komme, und dass sie vielleicht eines Tages selbst die Chance hätten, Präsident zu werden. Wir mussten beide darüber lachen, denn wer würde je ernsthaft glauben, dass eine Frau diese Chance bekommen würde. (Mensch, ich wünschte, er wäre noch da, um diese Möglichkeit heute selbst mitzuerleben!) Den größten Teil dieses Abends haben wir gelacht und uns gegenseitig von unserem Leben erzählt, während die Wahlergebnisse nach und nach eintrudelten. Als die letzten Stimmen ausgezählt waren und das offizielle Endergebnis bekanntgegeben wurde, kann ich voller Stolz sagen, dass ich bei ihm im Zimmer saß, wir hielten uns in den Armen und vergossen Tränen der Freude. Ihre Wahl hat mir so viel bedeutet, weil ich wirklich an Sie glaube. Aber Ihre Wahl bedeutete ihm noch viel mehr. Es bedeutete Hoffnung, das Versprechen, dass es seinen Töchtern einmal gutgehen werde, eine gesicherte Zukunft für sie. Den Rest des Abends haben wir gefeiert, zwei Tage später verstarb er. Ich gehe einmal davon aus, dass die Zeit, die wir gemeinsam verbrachten, einer der letzten schönen Momente auf dieser Erde für ihn gewesen ist. Ich werde diesem Mann für immer dankbar sein für all das Vertrauen in die Zukunft, das er mir einflößte. Ich danke Ihnen, Herr Präsident, dass Sie ein Teil davon gewesen sind.

26.09.16
fi1

Von: **Mrs. Myriah Lynn Johnson**

Gesendet: 22.9.2016 14.21 Uhr

E-Mail: [redacted]

Telefon: [redacted]

Adresse: [redacted] Lakeland, Florida

Nachricht: 22. September 2016

Herr Präsident,

ich sehe mich genötigt, Ihnen zu schreiben, da ich hier sitze und sehe, wie sich eine große Tragödie ereignet. Ich bin nämlich das, was Eltern niemals sein wollen, eine Gold-Star-Mutter[1]. Am 12. Juli dieses Jahres habe ich meinen Sohn verloren, Specialist[2] Alexander Johnson, und zwar aufgrund einer Schussverletzung, die er sich selbst beigebracht hat. Seither lässt mir die Frage keine Ruhe: Warum? Er war ein aufgeweckter und talentierter junger Mann mit einer hübschen Verlobten und einer großen & liebevollen Gruppe von Verwandten und Freunden. Allerdings wollte sich Alex nicht der Tatsache stellen, dass er an einer Depression litt. Ich weiß nicht und werde nie wissen, was ihn davon abhielt, Hilfe zu suchen, aber eines weiß ich. Er hatte Angst vor dem Stigma, das mit einer psychischen Erkrankung verbunden ist. Er befürchtete, er könnte etwas verlieren, das zeitlebens sein Traum gewesen ist. Dass er »stark«, ein »richtiger Mann« sein und es einfach »durchstehen« sollte. All diese Faktoren hielten ihn davon ab, sich

1 Mutter eines im Einsatz gefallenen US-Soldaten (A.d.Ü.)

2 Militärischer Dienstgrad, entspricht etwa dem Stabsgefreiten der Bundeswehr (A.d.Ü.)

behandeln zu lassen. Therapien, die vielleicht lebensrettend gewesen wären.

Ich bin seither überschwemmt worden mit unglaublichen Statistiken, aus denen hervorgeht, dass mehr junge Männer und Frauen in unseren Streitkräften durch Suizid ums Leben kommen als in Kampfhandlungen. Die Zahlen reichen von 18 bis 22 Selbsttötungen pro Tag. 18 bis 22 Familien, die gebrochen sind. 18 bis 22 Eltern, die ein Kind verlieren, Verlobte und Ehegatten, die ihren Partner verlieren, Kinder, die einen Elternteil verlieren, Brüder & Schwestern, die ihre Geschwister verlieren. Schlimmer ist, dass ich von vielen Fällen gehört habe, in denen Soldaten und Matrosen von Behandlungseinrichtungen des Kriegsveteranenministeriums aus unterschiedlichsten Gründen abgewiesen wurden. Das muss aufhören. Wir müssen psychische Erkrankungen destigmatisieren. Hilfe zu suchen ist keine Schwäche, es ist ein Zeichen von Stärke.

Als Mutter bitte ich Sie eindringlich, eine Möglichkeit zu finden, die es sowohl aktiven Soldaten als auch Veteranen erlaubt, in jeder verfügbaren Einrichtung, nicht nur in Einrichtungen des Kriegsveteranenministeriums, eine kostengünstige oder kostenlose psychiatrische Behandlung zu erhalten. Wenn dies auch nur einer Familie ersparen könnte, das Gleiche durchzumachen wie wir, wäre es schon die Mühe wert.

Danke für die Zeit, die Sie sich genommen haben.

Mit freundlichen Grüßen

Myriah L. Johnson
Gold-Star-Mutter und stolze Amerikanerin

26.08.16
89

4. August 2016

Sehr geehrter Präsident Obama,

vor acht Jahren kamen Sie zu einem Vortrag an die Universität von North Carolina (UNC) in Chapel Hill – damals waren Sie noch nicht Präsident, aber nachdem wir Ihre Rede gehört hatten, wussten wir alle, dass Sie es bald sein würden. Ich möchte Ihnen für diesen Tag danken. Sie führten einen Wahlkampf der Hoffnung, nicht der Ängste, und ich möchte, dass Sie wissen, dass für das zwölfjährige Mädchen, dessen Vater nur eine Woche zuvor ganz plötzlich gestorben war, Ihre Rede, Ihre Botschaft von unschätzbarem Wert gewesen sind. Ich möchte nicht den Eindruck erwecken, als hätte ich damals alles, was Sie gesagt haben, verstanden, noch könnte ich behaupten, dass ich mich an alles, was Sie gesagt haben, erinnere. Aber die Botschaft – dass wir, als Amerikaner, eine Wesensart besitzen, die in einzigartiger Weise von der Hoffnung erfüllt ist, dass die Zukunft eine bessere sein wird – hat mich seither immer begleitet, von jenem Tag, an dem ich ihrer so dringend bedurfte, bis heute.

Ich bin jetzt zwanzig und studiere an der UNC in Chapel Hill. Manchmal, wenn ich über den Campus gehe, denke ich zurück an Ihren Besuch. In diesem November findet die erste Präsidentschaftswahl statt, bei der ich meine Stimme abgeben kann, und alles deutet darauf hin, dass es eine ungewöhnliche Wahl werden wird. Selbstverständlich würde ich mir wünschen, für Sie stimmen zu können, aber so werde ich eingedenk Ihrer Botschaft abstimmen. Ein Teil der verbreiteten politischen Rhetorik ist in diesen Tagen darauf gerichtet, Angst zu schüren, um dadurch Spaltungen zu erzeugen und zu *verstehen zu geben, dass es sich nicht lohne, für die Hoffnung zu kämpfen, und ich wollte einfach sicherstellen, dass Sie von mindestens einem Mitglied meiner Generation erfahren, dass diese Strategien der Angst nicht aufgehen. Einer der Gründe dafür, dass der Versuch, uns Angst einzujagen, scheitern muss (jedenfalls bei uns), ist, dass es uns vergönnt war, mit Ihrer Botschaft aufzuwachsen.*

Ich hoffe, Sie haben keine Tage, an denen Sie sich entmutigt fühlen oder denken, alles sei vergeblich gewesen. Aber nur für den Fall, dass es anders sein sollte, möchte ich, dass Sie eines wissen: Sie haben etwas Außerordentliches für meine Generation vollbracht! Sie haben uns gezeigt, dass Hoffnung viel mehr Kraft in sich birgt als Angst. Das haben wir von Ihnen gelernt, und dieses Wissen und diese Überzeugung können uns nicht mehr genommen werden. (Und auch wenn ich nicht für alle meine Altersgenossen sprechen kann, so kann ich doch für das zwölfjährige Mädchen sprechen, das Sie an jenem Aprilabend gesehen hat. Ich habe es nicht vergessen.) Ich weiß nicht, was als Nächstes kommt oder was meine Generation eines Tages vollbringen muss, aber ich glaube, dass Sie uns gut darauf vorbereitet haben. Wir werden uns nicht wegducken.

Herzlichen Glückwunsch zu all dem, was Sie in den vergangenen acht Jahren erreicht haben. Es bedeutet so viel, in vielerlei Hinsicht. Danke!

Beste Grüße

Nell Ovitt

Chapel Hill, NC

Nachricht: **Sehr geehrter Präsident Barack Obama,**

ich bin Noor Abdelfattah. Geboren im November 97, hatte ich das Glück, in Chicagos North Shore aufzuwachsen. Aufgewachsen als Kind eines muslimischen Einwanderers, bin ich mir voll und ganz bewusst, wie privilegiert ich bin, im großartigsten Land der Welt zu leben. Mein Großvater verließ seine Heimat im Jahr 1951 – dem Jahr, in dem mein Vater geboren wurde – auf der Suche nach seinem amerikanischen Traum. Mein Vater lernte seinen eigenen Vater erst kennen, als er sechzehn Jahre alt war. Mein Vater, der mit sehr wenig in dieses Land kam, konnte nicht aufs College gehen. Er machte viele Überstunden in schlecht bezahlten Jobs, um für seine Familie zu sorgen. Sowohl meine Eltern als auch meine fünf älteren Brüder hatten mit vielen Schwierigkeiten zu kämpfen, bevor ich geboren wurde.

Im Alter von sieben Jahren geriet mein ältester Bruder in eine bewaffnete Auseinandersetzung zwischen Gangs in Chicago, bei der ihn eine Kugel im Gesicht traf. Heute ist derselbe Bruder 33 Jahre alt und ein Absolvent der juristischen Fakultät der Universität Michigan. Die Opfer, die meine Eltern für ihre Kinder brachten, ermöglichten es uns, unsere Bildungswege erfolgreich abzuschließen. Zu den Bildungseinrichtungen, die wir besucht haben, gehören die University of Illinois – Urbana Champaign, Northwestern University, University of Michigan und Loyola University Chicago.

Meine Eltern haben uns von klein auf gelehrt, jeden Menschen mit Respekt zu behandeln. Obwohl ich als Muslim erzogen wurde, schickten meine Eltern meine Geschwister und mich auf katholische Highschools, die uns in ein Umfeld versetzten, das sich von unserem eigenen unterschied. Als einziger Muslim in meiner Klasse pflegte ich einen engen Austausch mit Menschen, die anders aufwuchsen als ich. Die Chancen, die mir meine Eltern eröffneten, erlaubten es mir, meinen Kommilitonen auf dem College aufgeschlossen zu begegnen. Ich habe Leute aus der ganzen Welt kennengelernt, die Freunde von mir geworden sind.

Doch in Anbetracht der feindseligen Einstellung einiger Menschen gegenüber Muslimen erachte ich es als wichtig, dass wir als Nation zusammenhalten. Ich glaube, dass die Tradition, während des Monats Ramadan im Weißen Haus ein Iftar-Abendessen[1] abzuhalten, eine Tradition ist, die die Vielfalt unseres Landes zeigt. Wir als Amerikaner werden in der Unterschiedlichkeit unserer Anschauungen und unseres Erscheinungsbildes anerkannt. Im Namen der Muslime, die im Land der Freien und in der Heimat der Tapferen leben, möchte ich Ihnen dafür danken, dass Sie fest an unserer Seite stehen und diejenigen in die Schranken weisen, die unsere Rechte einschränken wollen. Jetzt, wo sich Ihre Amtszeit ihrem Ende zuneigt, möchte ich Ihnen außerdem dafür danken, dass Sie als Präsident der Vereinigten Staaten in den letzten acht Jahren so hart für alle Amerikaner und den Rest der Welt gearbeitet haben.

Alles Gute

Noor Abdelfattah

1 Fastenbrechen nach Sonnenuntergang (A.d.Ü.)

Von: **Ms. Madison Sky Drago**

Gesendet: 15.2.2016 19.43 Uhr

E-Mail:

Telefon:

Adresse: Holbrook, New York

Nachricht: Ich bin 13. Ich bin Amerikanerin und ich würde mir gern die Nase peircen, um mich selbst zum Ausdruck zu bringen. Meine Eltern sind mit meiner Situation nicht einverstanden, aber ich habe das Gefühl, ich kann selbst entscheiden, ich bin Amerikanerin und ich will mir das Gesicht peircen. Es ist mein Gesicht, das ich zeigen will, und es stellt mich dar, und ich finde, niemand sollte etwas dagegen sagen dürfen. Was ist aus dem Land der Freiheit geworden? Man lebt nur einmal … wer weiß, wann meine Zeit kommen wird, und ich will das Beste aus meinen Jahren machen.

●●●○○ Verizon 12:31 PM 93%

Done Samantha Frashier incoming.pdf

Ms. Samantha Frashier — eingegangen über whitehouse.gov
Cincinnati, Ohio — 20.7.2016 10.03 Uhr

Sehr geehrter Herr Präsident,

ich weiß, dies ist ziemlich aussichtslos, aber ich bin optimistisch und ich versuch's mal. Ich will was ändern. Ich bin nur eine Person, aber ich hab schon das Leben von anderen geändert. Ich bin 29 Jahre alt, Mutter von 7 Monate alten Zwillingsjungs und bin seit fast 3 Jahren clean von Heroin. Ich hab meine örtlichen Amtsträger kontaktiert und ihnen von meinem Projekt Hoffnung erzählt. Ich helfe mit, ein gemeinnütziges Erholungsheim hier in Warren County, Ohio bei Cincinnati, aufzubauen. Wir haben nichts. Ich verbringe Stunden am Telefon, um einen Platz für einen Freund zu finden. Ich sehe mit an, wie meine Freunde um mich herum sterben. Und ich kann ihnen nicht helfen, weil die einzige Möglichkeit darin besteht, sie nach Florida, New York, Kalifornien etc. zu schicken. Ich erinnere mich, dass ich gehört habe, wie Sie darüber sprachen, Gelder für Substanzmissbrauch bereitzustellen, und ich würde gerne wissen, was draus geworden ist. Ich interessiere mich auch dafür, die beste Methode herauszufinden, um Süchtigen zu helfen. Gefängnis hilft nicht, und die Gesetze sind verrückt mit diesen fahrlässigen Tötungsvorwürfen. Gefängnis ist nicht die Antwort. Ich bitte Sie dringend, mich zu kontaktieren. Es gibt soooo viele Dinge, über die ich gern mit Ihnen sprechen würde. Ich weiß, es ist vielleicht nicht möglich, aber ein Mädchen kann träumen. Vielen Dank!!

●●○○○ Verizon 12:31 PM 93%

Done **Samantha Frashier.pdf**

THE WHITE HOUSE

WASHINGTON

4. August 2016

Ms. Samantha Lauren Frashier
Cincinnati, Ohio

Liebe Samantha,

danke, dass Sie mir geschrieben und Ihr Anliegen mit mir geteilt haben. Tag für Tag werde ich von Amerikanern inspiriert, die sich, wie Sie, nicht unterkriegen lassen und die außerordentlichen Mut und Kraft aufbringen, um im Zuge ihres Genesungsprozesses ein gesundes und produktives Leben zu führen.

Allzu viele Amerikaner sind von der Opioid-Schmerzmittel- und Heroin-Epidemie betroffen. Meine Regierung hat alles ihr Mögliche getan, um den Zugang zu Therapieangeboten zu verbessern, aber das genügt nicht, solange der Kongress nicht mehr Gelder bewilligt. Aus diesem Grund habe ich den Kongress aufgefordert, neue Budgetmittel in Höhe von 1,1 Mrd. Dollar bereitzustellen, um dafür zu sorgen, dass alle Amerikaner, die eine Therapie für eine Opioid-Gebrauchsstörung wollen, die Hilfe bekommen, die sie benötigen. Leider hat der Kongress die Mittel wiederholt nicht bewilligt. Der Kongress muss umgehend handeln, weil Menschenleben auf dem Spiel stehen.

Meine Regierung setzt sich dafür ein, evidenzbasierte Strategien zur Bekämpfung von Substanzgebrauchsstörungen zu fördern und das Strafjustizsystem zu reformieren, um ungerechte Strafzumessungen zu beseitigen und für nicht gewalttätige Personen mit Substanzgebrauchsstörungen, die Probleme mit der Justiz haben, Alternativen zu einem Freiheitsentzug anzubieten. Eine erfolgreiche Therapie kann den Betroffenen, ihren Familien und Gemeinschaften ganz neue Perspektiven eröffnen.

Nochmals vielen Dank, dass Sie sich die Zeit genommen haben, mir zu schreiben. Mit Zugang zu Therapien und anderen Formen der Unterstützung können viele Amerikaner mit Substanzgebrauchsstörungen geheilt werden, und ich werde weiterhin Seite an Seite mit Ihnen arbeiten, bis wir dieses Ziel erreicht haben.

Mit freundlichen Grüßen

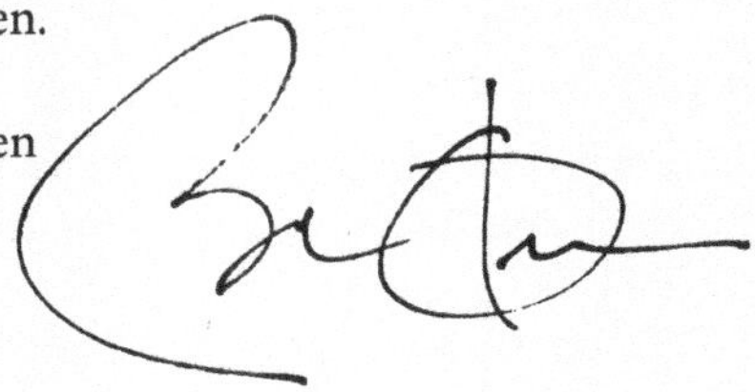

KAPITEL 14

Das Schreibteam

»Zurück aus OVAL« lautete der Stempel auf den Briefen, die Obama gelesen hatte. Sie kamen stapelweise in die Korrespondenzabteilung zurück, und bei den meisten stand irgendein Vermerk am Rand. »Worum geht es hier?«, hatte der Präsident vielleicht geschrieben, was bedeutete, dass er von Mitarbeitern ein nachbereitendes Memo mit weitergehenden Informationen anforderte – zum Beispiel im Anschluss an das Schreiben eines Teenagers, in dem es um irgendeinen Trend ging, den er nicht verstand. Vielleicht schrieb er: »JM, können wir helfen?« Das bedeutete, er wollte, dass sich Mitarbeiter ans Justizministerium wandten, um abzuklären, ob dieses womöglich etwas unternehmen konnte, wie etwa dafür zu sorgen, dass ein Gefängnisinsasse die Medikamente bekam, die er brauchte. Oder er schrieb einfach »beantworten«, und wenn er dies tat, fügte er noch ein paar Notizen am Rand dazu, die dem Schreibteam Anhaltspunkte lieferten, wie es in seinem Namen antworten sollte.

Das Schreibteam war nicht leicht zu finden. Sie arbeiteten im Dachgeschoss, oben im fünften Stock des Eisenhower Executive Office Building – wohin die meisten Aufzüge nicht fuhren; man musste eine Hintertreppe nehmen. Es war ein enger Raum mit niedrigen, schrägen Decken, sehr kleinen Fenstern, die in Mauernischen zurückversetzt waren, und Menschen, die eingeklemmt in Winkeln saßen und auf leuchtende Bildschirme starrten. »Selbst im Weißen Haus gibt es Leute, die nicht wissen, dass es dieses Büro gibt«, sagte einer der Schreiber zu mir.

Sie waren die dienstbaren Geister der Operation. Jedes Dankesschreiben, jede Geschenkbestätigung, jedes Kondolenzschreiben, jedes Glückwunschschreiben – jede maschinengeschriebene Korrespondenz mit der Unterschrift des Präsidenten darauf (die handschriftlichen Notizen wurden vom Präsidenten selbst verfasst) kam vom Schreibteam, das insgesamt aus neun Personen bestand. Die vielleicht schwierigste Aufgabe für das Team war das Abfassen der Serienbriefe, die automatisch und entsprechend der Codierung eingehender Post verschickt wurden. All die förmlichen Antwortschreiben, die das Team aufsetzte – über einhundert verschiedene Musterbriefe, die sich mit bestimmten Themengebieten wie Einwanderung, Beziehungen zwischen den »Rassen« oder Klimawandel befassten –, mussten fortwährend entsprechend den neuesten Nachrichten, politischen Veränderungen und Themen, die der Präsident in seinen Reden behandelte, aktualisiert werden. Jede Woche ging eine Gruppe die Briefe durch und überarbeitete sie, während eine andere, das »Team für personalisierte Textgestaltung«, die von ihnen entworfenen Algorithmen fortwährend optimierte, um den Antworten eine persönliche Note zu verleihen. Ein Lehrer zum Beispiel, der über die Einwanderungsreform schrieb, erhielt den »Einwanderungsmusterbrief« mit einem zusätzlichen Dankeschön für seinen Dienst an den Schülern; jemand, der vor Kurzem in Rente gegangen war und über den Klimawandel geschrieben hat, bekam den Musterbrief zum Klimawandel und ein »die besten Wünsche für Ihren Ruhestand«. Die Algorithmen ließen Hunderte von Kombinationen zu.

Ziel war es sicherzustellen, dass jeder, der dem Präsidenten einen Brief schrieb, eine gehaltvolle Antwort bekam. Wenn Menschen so sehr an diesen Präsidenten glaubten, dass sie ihm schrieben, musste man zeigen, dass dieser Glaube berechtigt war. Das Schreibteam ließ sich dabei von der Annahme leiten, dass dieser Präsident jemand war, der sich kümmerte. Wenn man nicht fest davon überzeugt war, blieb man nicht lange dabei. Fiona hielt das Heft in der Hand, sorgte dafür, dass die hohen Qualitätsstandards eingehalten wurden, und wiederholte gebetsmühlenartig: Das hier ist wichtig. Sie erfasste die Reaktionen der Leser auf die Musterbriefe und ordnete diese in »Lob«- und »Tadel«-Ordner ein, damit das Team seine Erfolgsrate beurteilen konnte. »Wenn also jemand schreibt: ›Danke für die Beileidsbekundung zum Tod meiner Mutter, Ihr Brief bedeutet mir wirklich viel‹, dann kommt dies in den Lob-Ordner«, sagte sie mir. »Eine andere Person schreibt vielleicht: ›Ihr Brief über Syrien hat meine Bedenken nicht zerstreut.‹ Das ist ein Tadel.«

Niemand wollte einen Tadel. Jeder wollte ein Lob. Alles musste perfekt sein. Die Formatierung, die Ränder, das Vermeiden unnötiger Absätze und willkürlich gesetzter Punkte, der Adressaufkleber, das Ausdrucken – all dies oblag dem Schreibteam, und kein Detail war zu unbedeutend. Es mochte sich um einen Serienbrief handeln, aber es war ein Serienbrief *vom Präsidenten*. Dies war der schriftliche Beleg für einen Bürger. Vielleicht würde dieser Brief eingerahmt und an die Wand gehängt werden – weitergegeben an Kinder und Enkelkinder. Es war ein Dokument, ein Stück amerikanische Geschichte.

Kolbie Blume war die Person im Schreibteam, die für die Beantwortung der 10LADs – »zehn Briefe pro Tag« – zuständig war. Wenn Obama »BEANTWORTEN« schrieb und Notizen an den Rand eines Briefs kritzelte, bedeutete dies, dass eine persönliche Antwort konzipiert werden musste, und sie alle landeten bei ihr.

Sie hatte ein eigenes Büro. »Ich bin *nicht* die Jüngste hier«, sagte sie, als sie aufstand, um mich zu begrüßen, wie um ein allzu vertrauliches Gespräch von vornherein auszuschließen. Sie hatte den glatten, schlichten Look eines Teenagers: einen akkuraten, kurzen Bubikopf und ein zugeknöpftes Oberteil mit Perlen. Sie war dreiundzwanzig. »Dies ist mein erster Job nach dem College«, sagte sie. »Der Druck ist wirklich groß.« Sie war bereits seit zwei Jahren dabei.

Es dauerte einen Moment, um es durchzurechnen. Kolbie war bei der ersten Wahl Obamas noch nicht stimmberechtigt gewesen; sie musste damals noch auf der Highschool gewesen sein. »Im Grunde besteht meine Aufgabe darin, den Anführer der freien Welt sozusagen zu lotsen«, sagte sie. »Ich tue mein Bestes, um… *er* zu sein«, sagte sie und fügte, passenderweise wie ich fand, ein »ähm« hinzu.

Ich fragte sie, wie sie gelernt habe, mit der Stimme von Präsident Obama zu schreiben.

»Vor allem dadurch, dass ich mir seine Reden anhöre«, sagte sie, während sie wieder an ihrem Schreibtisch Platz nahm und mir bedeutete, mich gleichfalls zu setzen. Sie sagte, Obamas Reden hätten sie schon als junges Mädchen in Utah *beeindruckt*; sie habe vor dem Fernseher im Wohnzimmer gestanden und sie gebannt verfolgt. »Die Art, wie er die Sprache beherrschte, die Art, wie er Ideen in Worte fasste…« Bis dahin hatte es sie nie interessiert, einem Politiker zuzuhören. Dieses nichtssagende Blabla war für Leute wie ihre Eltern, nicht für sie. Aber dieser Mann war anders. *Er sprach zu ihr.* Sie wollte mehr über ihn wissen, begann, seine Bücher zu lesen. Er war ein bisschen gefährlich: ein Demokrat. Der Neuigkeitsfaktor allein hätte Teil der Anziehung sein können. Hatte sie jemals zuvor einen Demokraten kennengelernt? Gab es in Utah überhaupt welche? Sie war angetan von der Kadenz und dem Rhythmus seiner Sätze: »Er konnte sich so eloquent, so eindringlich und ergreifend ausdrücken, dass Menschen zu Tränen gerührt waren.« Sie wurde Demokratin, zuerst heimlich und später offen.

»Ich war so aufgeregt, als ich im Jahr 2012 erstmals zur Wahl gehen konnte«, sagte sie mir. »Und ich erinnere mich, dass mein Freund sagte: ›*Warum*? Was bringt das schon?‹ Das traf einen Nerv in mir. Ich war so begeistert, aber viele Leute waren einfach nur abgestumpft. Sie glaubten nicht, dass eine einzelne Stimme etwas bewirken könne.

Natürlich kann man behaupten, dass meine einzelne Stimme im Jahr 2012 nichts ausgemacht hat. Ein Demokrat in einem zur Gänze republikanischen Bezirk. Aber es half *mir.* Weil ich das

Gefühl hatte, mitbestimmen zu können. Ich erinnere mich noch, wie ich den Aufkleber mit der Aufschrift ›I voted‹ bekam. Ich brachte ihn auf der Rückseite meiner Handyhülle an. Ich war so stolz darauf.«

Der Aufkleber war schon ziemlich mitgenommen, als sie zwei Monate später, unmittelbar vor Obamas zweiter Amtseinführung, im Weißen Haus eintraf, nachdem sie sich über die Utah State University, wo sie im Hauptfach Literaturwissenschaft studierte, einen Praktikumsplatz gesichert hatte. »Und ich erinnere mich, dass meine Handyhülle richtig klebte.«

Ich konnte es noch immer nicht recht fassen, dass ein so junger Mensch all die persönlichen Briefe schrieb, die mit der Unterschrift des Präsidenten darunter verschickt wurden.

»Ich liebe meine Arbeit«, sagte sie.

Es zeigte sich, dass es einen in besonderer Weise zu dieser Art von Arbeit befähigte, wenn man kontinuierlich den Reden Obamas lauschte. »Ich habe mir so viele Reden angehört, dass diese Stimme in meinem Kopf ständig präsent ist«, sagte sie. Junge, ehrgeizige und hochmotivierte Leute, die in der Korrespondenzabteilung ein Praktikum gemacht haben, bewerben sich regelmäßig auf freie Stellen, sobald sie ihr Praktikum beendet haben; Kolbie war nur eine von vielen, die diesen Weg eingeschlagen hatten. Fiona fiel schon bald ihr Talent auf, sie engagierte sie für das Schreibteam und übertrug ihr schon bald die Verantwortung für die »10LADs«-Mappe.

»Wenn ich einen Brief abfasse, setze ich mich hin und lese ihn laut vor«, erläuterte sie ihre Vorgehensweise. »Ich versuche, genau den Tonfall des Präsidenten zu treffen. Wenn es sich nach ihm anhört, weiß ich, dass es passt. Ansonsten formuliere ich es so lange um, bis es passt.

Ich wünschte, ich könnte Ihnen genau sagen, wie ich das mache, aber .... Ich tue es einfach jeden Tag.«

Sie nannte mir ein Beispiel. Ein Brief von einer Frau in Tulsa, der ganz oben auf dem Stapel lag, den sie an diesem Tag abarbeiten musste. »Meine Aufgabe besteht darin, das, was der Präsident dieser Person sagen will, zu verstehen«, sagte sie, den Brief hochhaltend, »und es in jene maßgeschneiderte Antwort zu verwandeln, die jeder Briefschreiber verdient, die der Präsident aber genau dieser Wählerin zukommen lassen will.« In dem Brief ging es um eine Schießerei – ein weißer Polizist hatte einen unbewaffneten Schwarzen erschossen, der, so die Briefschreiberin, ausweislich der Videos, die nach der Schießerei veröffentlicht wurden, eindeutig die Hände über den Kopf erhoben hatte. Die Frau war empört; sie wollte wissen, warum Obama nicht mehr tat, um die wachsenden Spannungen zwischen der Polizei und Afroamerikanern abzubauen.

Fiona hatte ihn als einen der 10LADs ausgewählt, und der Präsident hatte ihn gelesen. Er schrieb »BEANTWORTEN« oben auf das Blatt und unten an den Rand »Auch ich bin wütend«. Er unterstrich mehrere Sätze, fügte am Rand Ausrufezeichen, mehrere Kringel und ein paar kurze Kommentare hinzu.

»Sehen Sie?«, sagte Kolbie und zeigte auf eines der Ausrufezeichen Obamas. »Sehen Sie das hier? Und das da?« Die Markierungen, die Obama auf den Brief gekritzelt hatte, mochten spärlich sein, aber Kolbie verstand den Code.

Sie wandte sich ihrem Computer zu und öffnete einen Entwurf, an dem sie gearbeitet hatte. Es war ein Word-Dokument mit einer Vielzahl von Anmerkungen in Regenbogenfarben am Rand. Alles mit Fußnoten versehen – das war Kolbies Vorgehensweise. Wenn sie das, was Obama auf den Brief gekritzelt hatte, wörtlich zitierte, machte sie dies kenntlich; wenn sie Aussagen aus einer Rede, die er über das Thema gehalten hatte, übernahm oder aus einem anderen Brief über das Thema oder aus einer Unterhaltung bei einer Bürgerversammlung über das Thema, machte sie dies ebenfalls kenntlich. Sie hatte es sich zur Gewohnheit gemacht, ständig die Archive auf Whitehouse.gov zu durchstöbern, auf der Suche nach bestimmten sprachlichen Wendungen Obamas, die sie in Briefen verwenden wollte. Letztlich war das Aufsetzen der Antworten in seinem Namen ein Teil Entziffern, ein Teil Zusammentragen und eine Megadosis Selbstvertrauen, dass man genau die richtige Person war, um sich in die Gedankenwelt des Anführers der freien Welt hineinzuversetzen und dies alles richtig hinzukriegen.

Ich fragte sie, woher sie dieses Selbstvertrauen nehme.

Sie griff nach ihren Perlen und zwirbelte sie. »Es ist sehr leicht, linear zu denken«, sagte sie. »Wie zum Beispiel, wenn jemand etwas über den Klimawandel geschrieben hat, dann knallen wir da einfach ein paar Wendungen [aus Reden Obamas] über den Klimawandel rein.« Sie sagte, das bringe gar nichts. Fiona, die sehr strenge Qualitätsmaßstäbe anlege, würde einem das stante pede um die Ohren hauen, mit Kommentaren wie »Nein«, »Versuchen Sie's noch mal« und »Das muss besser werden«. Fiona musste Kolbie anfangs daran erinnern, dass sie an einen *Menschen* schrieb. Und der Präsident war ebenfalls ein *Mensch.*

»Und ich erinnere mich noch ganz deutlich, es war fast wie eine Offenbarung«, sagte mir Kolbie. »Eines Tages hat's einfach klick gemacht.« Jeder Brief, der vom Präsidenten kam, war letztlich eine Variation über das gleiche Thema, wurde ihr klar. »Die Botschaft war: ›Ich höre Sie. Sie sind ein Mensch, und Sie sind wichtig, und was Sie sagen, interessiert mich.‹«

Ich dachte, diese grundlegende Botschaft, die weder zynisch noch hochtrabend noch salbungsvoll war – ohne schweres Gepäck sozusagen –, wäre vielleicht am besten in den schützenden Armen eines Menschen aufgehoben, der noch nicht allzu weit von der Kindheit entfernt war.

Kolbie blätterte den Stapel von Briefen durch, den sie an diesem Nachmittag abarbeiten musste, insgesamt ungefähr fünfzehn. Zurück aus OVAL, Zurück aus OVAL, Zurück aus OVAL, BEANTWORTEN, BEANTWORTEN, BEANTWORTEN. »Bei einigen wird es leicht sein«, sagte sie und zog einen heraus. Jemand gab dem Präsidenten Tipps, was er nach seinem Ausscheiden aus dem Amt tun solle. »›Fahren Sie täglich Fahrrad. Engagieren Sie sich ehrenamtlich. Scheuen Sie sich nicht, schon tagsüber zu trinken. Gehen Sie so oft wie möglich mit Mrs. Obama essen.‹« Der Präsident hatte in seinen Kommentaren wenig mehr geschrieben als »Danke für den großartigen Rat!«.

»Ich werde das wahrscheinlich etwas ausschmücken«, sagte Kolbie. »Ich erinnere mich, dass er kürzlich im Scherz sagte, er wolle einfach mal drei oder vier Monate durchschlafen. Vielleicht werde ich da ein paar dieser Wendungen einbauen.«

Sie zog einen weiteren Brief heraus. Eine Frau hatte geschrieben, um sich zu entschuldigen; sie hatte schon vor Jahren einmal einen Brief an Obama geschrieben, in dem sie ihm vorgeworfen hatte, antichristlich zu sein. Jetzt, nach einem Gesinnungswandel, schrieb sie erneut und sagte, es tue ihr leid. Obama schrieb oben auf die Seite »BEANTWORTEN« und an den Rand: »Danke für Ihre Nachdenklichkeit und Ihre Offenheit für Ideen. Ich bin sicher, dass Sie auf einem guten Weg sind.«

»Ich habe das Antwortschreiben noch nicht aufgesetzt«, sagte Kolbie. »Aber es wird nicht viel mehr sein als das, was er selbst hier geschrieben hat. Es braucht nur … was er da gesagt hat.« Sie legten ihn zurück in den Stapel und überflog einige der anderen. »Wissen Sie, die allermeisten davon beginnen mit dem Satz ›Ich weiß, dieser Brief wird Sie nie erreichen‹«, sagte sie. »Oder: ›Ich bin sicher, irgendein Mitarbeiter wird diesen Brief einfach in den Papierkorb werfen.‹ Zu wissen, dass die Person eine Antwort bekommt, zu wissen, dass ihr Zynismus oder ihre Enttäuschung wenigstens ein bisschen verringert wird, das fühlt sich für mich wie ein Sieg an.«

Ich dachte an einige der Briefschreiber, die ich kennengelernt hatte, und was es für sie bedeutete, ein persönliches Antwortschreiben von Obama zu erhalten.

Ich dachte an Shane Darby, der sich nach dem Suizid seiner Tochter den Schmerz von der Seele geschrieben hatte; das, was ihn in dem Brief des Präsidenten wirklich bewegte, war die Tatsache, dass der Präsident ihren Namen, Cristina, richtig schrieb. »Die meisten Leute fügen ein *h* ein.«

Ich dachte an Donna Coltharp, eine Anwältin in San Antonio, Texas, die dem Präsidenten schriftlich dafür dankte, dass er die beiden lebenslangen Freiheitsstrafen ihres Mandanten gesenkt hatte. Was Donna anrührte, war die Tatsache, dass der Präsident ihr für ihren Dienst als Pflichtverteidigerin dankte. »Niemand bedankt sich jemals bei uns.«

Ich dachte an Bob Melton, einen Mann aus North Carolina, der sich im Jahr 2014 bei Obama für den Affordable Care Act bedankte; dieser ermöglichte es ihm, zum ersten Mal seit zwölf Jahren zum Arzt zu gehen. Der Präsident schrieb zurück, und Bob Melton zeigte den Brief überall herum. »Ich konnte es nicht glauben! Ich sprang sofort ins Auto und fuhr zum nächsten Walmart und kaufte einen Rahmen.« Er wurde nach Burke County, North Carolina, zu einer Versammlung der Demokratischen Partei eingeladen, wo er Präsident Obamas Brief laut vorlesen sollte, und alle klatschten. Und daher melden sich jetzt weitere Ortsverbände und bitten ihn, zu kommen und ihn auch für sie vorzulesen. »Ich bin einfach überwältigt von der ganzen Situation. Also meine Wenigkeit, wissen Sie? Hier tief in der Provinz, in North Carolina, verstehen Sie? Ich hätte nie gedacht, dass ich überhaupt mal für irgendetwas Beifall bekomme.« Wegen dieses Briefes, so wird Ihnen Bob Melton sagen, gehe er jetzt mit stolz erhobenem Haupt.

Schließlich dachte ich an Patty Ries, eine Frau in Dallas, Texas, die ich vor Kurzem kennenlernte. Sie schrieb im Jahr 2016, weil sie wollte, dass Obama eines ihrer Familienerbstücke sah, einen Brief, den ihr Vater im Jahr 1943 an Präsident Roosevelt geschrieben hatte.

Ich will Ihnen schon seit einiger Zeit schreiben. Jetzt frage ich mich besorgt, ob dieser Brief Sie erreichen wird, ehe Sie aus dem Amt scheiden. ... Ich bin zutiefst besorgt darüber, dass Donald Trump für das

Amt des Präsidenten kandidiert. Ich hoffe wirklich, dass er nicht gewählt wird. Ich befürchte, dass unser Land in die Vergangenheit zurückfallen wird, falls dies geschehen sollte. ... Mein Vater wurde in Deutschland geboren und kam mit achtzehn Jahren in die Vereinigten Staaten. Mein Vater wollte unbedingt Bürger der Vereinigten Staaten werden, um in die US Army einzutreten und während des Zweiten Weltkriegs gegen die Deutschen zu kämpfen. ... Er wurde um zwei Uhr morgens von einem Friedensrichter als US-Bürger vereidigt, nachdem dieser Brief in Washington entgegengenommen worden war. Wenn Donald Trump Präsident gewesen wäre, wäre mein Vater wahrscheinlich nicht in die Vereinigten Staaten hereingelassen worden, geschweige denn, dass er als US-Bürger vereidigt worden wäre. ... Nach Kriegsende fand er seine Mutter, die Gefangene im Konzentrationslager Theresienstadt gewesen war. Auch sie konnte nach dem Krieg in die Vereinigten Staaten kommen und lebte fast fünfzig Jahre hier, bis zu ihrem Tod mit 99 Jahren! Leider lernte ich meinen Großvater nicht kennen. Er wurde im Konzentrationslager Auschwitz ermordet.

THE WHITE HOUSE

WASHINGTON

13. Januar 2017

Ms. Patty Ries
Dallas, Texas

Liebe Patty,

Ihr Brief erreichte meinen Schreibtisch, und ich möchte Ihnen dafür danken, dass Sie die Geschichte Ihrer Familie mit mir geteilt haben. Sie und der Brief, den Ihr Vater an Präsident Roosevelt geschrieben hat – was für ein eindringliches historisches Dokument –, haben mich tief bewegt.

Es ist offenkundig, dass Sie einer Familie entstammen, die sich seit Generationen dafür einsetzt, eine offenere, gerechtere Zukunft zu errichten, und Ihr Stolz auf dieses Vermächtnis scheint in jedem Ihrer Worte durch. Ich höre Ihre Sorgen wegen der politischen Gräben in diesem Land. Ich weiß, dass es manchmal den Anschein haben mag, als würden die Lautesten und Zornigsten von uns unsere öffentliche Debatte prägen, aber ich bin der festen Überzeugung, dass die besonnensten und mitfühlendsten Stimmen letztlich obsiegen und das stärkere Amerika schaffen werden, das wir alle verdienen. Von Menschen wie Ihnen zu hören bestärkt nur meinen Optimismus bezüglich der Zukunft unseres Landes.

Nochmals danke, dass Sie mir geschrieben haben und für den Einsatz Ihres Vaters für unser Land. Es ist ein außerordentliches Privileg gewesen, in diesen vergangenen acht Jahren als Ihr Präsident zu dienen, und Ihre Worte – ebenso wie die Ihres Vaters und Ihres Großvaters – werden mich weiterhin begleiten.

Alles Gute

Ich erinnerte mich, wie stolz Patty auf diesen Brief des Präsidenten gewesen ist – wie Bob Melton, wie so viele andere. Sie tat ihn in einen braunen Rahmen und hängte ihn über ihren Computer, ein kostbares Andenken, ein neues Familienerbstück, das jene Sammlung ergänzte, die bis zu der Zeit der Inhaftierung und Ermordung ihres Großvaters in Auschwitz zurückging.

Ich nehme an, in Wirklichkeit war Kolbie die Verfasserin dieses Briefs an Patty und auch der Briefe an Shane Darby, Bob Melton und Donna Coltharp sowie vieler der anderen maschinengeschriebenen Antworten, die ich gelesen hatte. Ich stellte Kolbie keine Fragen zu einzelnen Briefe. Dies hätte bedeutet, dem Weihnachtsmann allzu vorwitzig auf die Pelle zu rücken. Ich erinnere mich, dass Yena mir sagte, einer der Gründe, warum sie und andere Leute in der Korrespondenzabteilung nur ungern mit Außenstehenden über ihre Arbeit sprachen, sei der, dass sie es als ihre Verantwortung ansahen, die Illusion aufrechtzuerhalten. Wie der feierliche Schwur des Zauberers, keine Tricks zu verraten. Verschwiegenheit galt hier als Tugend.

»Jeden Tag aufs Neue kann ich es noch immer nicht recht glauben, dass ich, erstens, hier bin«, sagte mir Kolbie an diesem Nachmittag, »und, zweitens, dass dem Präsidenten so viel an diesen Briefen liegt.«

Es war unmöglich, Kolbie nicht die Daumen zu drücken. Je mehr Zeit ich mit ihr verbrachte, umso mehr dachte ich, dass sich vermutlich niemand besser für diese Zauberkunst eignete als eine Frau mit einem sanften Herzen, deren Glaube an einen Helden noch ungebrochen war.

Ich fragte Kolbie, was sie tun müsse, um den Brief an die Frau in Tulsa fertigzustellen, die über die Schießerei geschrieben hatte, und sie ging zurück zu ihrem Computer, scrollte nach oben, dann nach unten.

»Okay, hier habe ich seine Gedanken in einzelne Abschnitte aufgeschlüsselt«, sagte sie, leicht auf den Bildschirm klopfend. »Sehen Sie? Hier steht: ›Auch ich bin wütend.‹ Und: ›Meine Regierung kann nicht in Einzelfälle eingreifen.‹ Und: ›Aber wir tun dies.‹ Und: ›Niemand sollte befürchten müssen, dass ein Persönlichkeitsprofil von ihm erstellt wird.‹ Und dann schließt er mit: ›Dies sollten Sie tun.‹«

»Im Grunde hat POTUS mir Einleitungssätze gegeben, und ich fülle die Lücken aus«, sagte sie achselzuckend. »Ich studiere Englisch im Hauptfach. Das lernen wir dort.«

Die endgültige Fassung einschließlich aller Anmerkungen ging an Fiona, die sie überprüfte und redigierte und dann an die Praktikanten weiterleitete, die den Drucker bedienten. Dann begutachtete Fiona die Druckfassung, die Ränder, die Makellosigkeit des Druckbildes – keine versehentlichen Punkte oder Kleckse –, bevor sie den Ausdruck schließlich zum Unterschreiben an Obama schickte. Anschließend wurde der Brief versandt, bestimmt für einen Briefkasten in Tulsa und, wahrscheinlich, einen Rahmen an der Wand.

»Wenn es meine Stelle nicht geben würde, würden die Briefe vieler Menschen unbeantwortet bleiben. Sie wissen, was ich meine?«, sagte Kolbie. »Sie würden nicht wissen, dass es dem Präsidenten wichtig ist. Sie würden nicht wissen, dass ihre Stimme zählt. Sie würden einfach nichts *wissen.*«

Ich fragte sie, ob sie jemals Gelegenheit gehabt habe, mit Obama darüber zu reden, wie es sei, seine Stimme zu sein.

»Nein, ich bin ihm nie begegnet«, sagte sie. »Ich meine, er unterzeichnet diese Briefe eigenhändig, und er weiß, dass sie nicht vom Himmel fallen, also weiß er auch, dass es meinen Job gibt.«

Aber mehr wusste er nicht von ihr. Sie sagte mir, dies würde sich jedoch bald ändern. Jedem Mitarbeiter des Weißen Hauses stand ein Abschiedsfoto mit dem Präsidenten zu, das während seiner letzten Monate im Amt aufgenommen werden sollte, und Kolbies Termin war in wenigen Wochen.

»Ich versuche, mich mental darauf vorzubereiten«, sagte sie. »Es ist größer als alles, was ich bislang erlebt habe. Manchmal flippe ich vor Menschen aus, also versuche ich mich vorzubereiten.

Ich werde ihm die Hand geben. Ich werde sicherstellen, dass er weiß, wer ich bin. Ich werde sagen: ›Ich heiße Kolbie, und ich bin Ihre Stimme.‹«

KAPITEL 15

Donna Coltharp und Billy Ennis, 4. August 2016

El Paso, Texas

Billy war fünfzehn, als er zum ersten Mal entführt wurde. Es war ein Samstagmorgen in den 1980er-Jahren, in Anthony, New Mexico, unmittelbar nördlich von El Paso, Texas, wohin die Familie gezogen war, nachdem sie es zu Reichtum gebracht hatte. Billy schlief in seinem Zimmer. Er war ein schmächtiger Junge, der Motocross mochte und der nach den Regeln lebte, die ihm seine Eltern beigebracht hatten: Wenn du geschlagen wirst, schlag härter zurück und behellige nicht deine Eltern damit. Nimm deine Probleme selbst in die Hand.

An diesem Morgen also läutet es an der Tür, und Billy macht auf, und der Typ fragt nach Billys Vater. »Er ist nicht zu Hause«, sagt Billy, und der Typ geht wieder, nur um eine Stunde später mit seinen Kumpels zurückzukommen, die Billy am Schopf packen, durch den Garten zerren und ihn in den Kofferraum eines Autos stopfen. Das Nächste, woran sich Billy erinnert, ist, dass er in einem Haus irgendwo in Mexiko mit Handschellen an ein Bettgestell gefesselt ist und dass ihn jeder Chester nennt.

»Ich heiße Billy«, sagt Billy.

Chester war sein ein paar Jahre älterer Bruder.

Sie hatten den Falschen erwischt. Was das Lösegeld anlangt, war ein Erstgeborener mehr wert. Billy erfuhr sehr viel, einfach durch Zuhören. Diese Situation hatte offensichtlich etwas mit dem boomenden Drogengeschäft seines Vaters zu tun, dessen Ausmaß Billy gerade erst zu erahnen begann. Es war immer eine ziemlich nebulöse Sache gewesen. Ein Menge Müllsäcke, die ins Schlafzimmer hinein- und wieder herausgebracht wurden, um es einmal so zu formulieren. Nach drei Tagen bei den Entführern und noch immer keiner Spur von Lösegeld floh Billy mitten in der Nacht – er trickste den Kerl aus, der den Schlüssel für die Handschellen hatte –, rannte durch die Wüste um sein Leben. Die mexikanische Polizei (die Billys Vater kannte), die ihn aufgriff, setzte ihn an der Grenze ab, wo ihn sein Vater auflas.

Ein paar Wochen später wurde Billy abermals entführt, diesmal nahmen sie ihn und Chester mit. Sie kamen mitten in der Nacht, sie ballerten wild im Haus herum, und sie schlugen seiner Mutter mit dem Kolben eines Maschinengewehrs auf den Kopf, weil sie nicht aufhörte zu schreien. Wieder stopften sie Billy in den Kofferraum eines Autos, in dem es diesmal viel beengter war, weil sie auch Chester da reinpferchten. Wieder fuhren die Kidnapper nach Mexiko. Diesmal fesselten sie Billy an allen vieren und legten ihn mit dem Gesicht nach unten auf eine Couch. Der Typ, der den Schlüssel zu den Handschellen verwahrt hatte, schlug Billy mehrmals, und er sagte ihm, er hätte ihn nicht auf diese Weise hereinlegen sollen. »Du hättest das Gleiche getan«, sagte ihm Billy. »Ich habe nichts getan, was ein normaler Mensch nicht tun würde.« Diesmal waren sie richtig fies. Sie drohten, Billys Mutter umzubringen, und sie verprügelten ihn und Chester. Der Rettung, Tage später, durch die mexikanische Polizei (die Billys Vater kannte) ging eine Schießerei voraus.

Danach war nichts mehr so wie früher. Billy war unglaublich wütend darüber, dass er zweimal entführt worden war, und Chester ebenfalls. Sie wollten Vergeltung. Sie beschafften sich Schusswaffen. Sie glaubten zu wissen, wer hinter den Entführungen steckte, und sie sagten, sie würden ihn kriegen. Ihr Vater bat sie eindringlich, dies nicht zu tun. Ihre Mutter sagte: »Also ich werde euch nicht allein losziehen lassen.« Und so nahm sie ihre 44er und stieg mit ihnen in den Wagen, und dann kam auch noch ihr Dad dazu – alle vier fuhren los zur großen Abrechnung.

Es lief nicht gut. Der Typ, hinter dem sie her waren, war nicht zu Hause, und so nahmen Billy, seine Eltern und Chester die Ehefrau, eine Hausangestellte und zwei Kinder als Geiseln. Sie brachten sie in ein Hotelzimmer. »Ich war ein Arschloch, so, wie ich sie behandelt habe«, meinte Billy im Rückblick. Trotzdem kaufte er ihnen etwas zu essen und Zahnbürsten. Es war ein Fiasko. Alle hatten Angst. Am Ende sperrten sie die Geiseln in einen U-Haul-Transporter und stellten sich. Sein Vater regelte alles. Jeder war in den Drogenhandel verwickelt. Jeder. Niemand erstattete Anzeige. Jeder machte weiter, als wenn nichts gewesen wäre.

»Später wurde mir klar, dass das keine normale Kindheit gewesen ist«, sagte Billy im Jahr 2002 zu Donna Coltharp. Er war mittlerweile dreiunddreißig. Es war die erste Unterhaltung überhaupt zwischen Donna und ihrem Mandanten. Billy rief vom Florence Federal Correctional Institute, einem Gefängnis mittlerer Sicherheitsstufe in Colorado, aus an; sie war gerade im Westlichen Gerichtsbezirk von Texas zur Pflichtverteidigerin ernannt worden, und man hatte sie mit seinem Revisionsverfahren betraut.

»Freut mich, Sie kennenzulernen«, sagte sie, nachdem er sich vorgestellt hatte. »Wie war Ihr Morgen?«

Billy sagte ihr, sein Dad sei sein Zellengenosse und er schnarche, deshalb werde man ihn verlegen.

Donna fragte Billy, wie er zusammen mit seinem Dad im Gefängnis gelandet sei, und Billy fasste in kurzen Worten zusammen, was geschehen war. Er erwähnte die Entführungen, und er sagte ihr, dass er auf der Straße gelebt habe, als er sechzehn geworden sei. Sein Dad war aufgeflogen – »mit zehn Tonnen Marihuana«, wie sich Billy erinnerte – und ging ins Gefängnis. Chester fuhr ebenfalls ein, allerdings wegen irgendwelcher Ganggeschichten, in die er verwickelt war. Da sich Billys Mutter das Haus nicht mehr leisten konnte, zog sie aus, allerdings ohne

Billy mitzunehmen. »Ich war ein Arschloch«, verteidigte Billy seine Mutter. Billy fand ein Plätzchen unter einer Brücke, wo er fortan hauste. In der Schule sagte man ihm, er könne nicht zurückkommen, weil er keine Adresse mehr in dem Bezirk habe. (Er erzählte ihnen nichts von der Brücke.) Er brach in einen leer stehenden Wohnwagen ein und lebte eine Zeit lang dort. Er stahl Lebensmittel. Er lernte einen Mann kennen, der sagte, es gebe einen besseren Weg. Billy brauchte nur ein paar Stunden, um ein Kilo Koks zu verticken. An diesem ersten Tag verdiente er zwölftausend Dollar. Von da an war es Party total.

Billy übersprang jetzt einen Teil seiner Lebensgeschichte und erzählte Donna von den zwei Verurteilungen, die ihn in seine jetzige Lage gebracht hatten. Er sagte, er habe als Teenager unglaublich viel Geld mit dem Verkauf von Koks gemacht. Als er mit Anfang zwanzig aufflog, war er voller Wut, bis ihm klar wurde, dass es das Beste war, was ihm passieren konnte. Im Gefängnis kriegte er mit, was eine normale Kindheit ist. Er wurde clean. Wer mit Drogen handelte, so ging ihm auf, der kam entweder in den Knast oder unter die Erde. Er überprüfte die Theorie, als er rauskam. Es bedurfte eines weiteren Aufenthalts im Bau, bis die Einsicht saß. Nachdem er seine zweite Gefängnisstrafe abgesessen hatte, kriegte er es endlich auf die Reihe. Er suchte sich einen Job. Er bekam einen Sohn.

Bill verpfiff niemanden; vielleicht waren die Polizisten, die 2002 anrückten und sein Haus auf den Kopf stellten, deshalb so sauer. Sie fanden keine Drogen. Sie fanden Windeln und Babyspielzeug, und Billy sagte ihnen, sie sollten die Finger von seinem Sohn lassen.

Sie waren hinter Billys Vater her. Er war seit ein paar Jahren wieder in Freiheit und hatte mit Billys Mutter eine Druckerei aufgemacht. Billy befürchtete, dass sein Vater nichts Gutes im Schilde führte, aber er gab den Polizisten keine Informationen. Als diese schließlich im Rahmen von Ermittlungen gegen das organisierte Verbrechen, der Operation Power Play, seinen Vater und einen Nachbarn hochgehen ließen, nahmen sie Billy im gleichen Aufwasch mit.

»Ich hatte nichts damit zu tun«, sagte Billy. Er gestand, mit Gras gedealt zu haben – sein gelegentlicher »Nebenjob«, wenn er die Miete zahlen musste. Das gab er zu. Er sagte ihnen, dass sie ihn dafür belangen könnten, aber nicht für die andere Sache.

Gegen alle drei wurde Anklage erhoben: Billy, seinen Dad und den Nachbarn. Die Geschworenen erkannten bei allen auf schuldig, nicht aber bei Billy. Bei ihm konnten sie sich nicht einigen. Der Richter wies die Geschworenen an, ihre Beratungen fortzusetzen. Schließlich sprachen die Geschworenen auch Billy schuldig, und wegen seiner Vorstrafen und dem Gesetz, das die zwingende Erhöhung des Strafmaßes bei der dritten Verurteilung vorsieht, verurteilte ihn der Richter zu zweimal lebenslänglich.

»Aufgrund einer Verurteilung wegen eines Drogendelikts«, sagte Donna an diesem Tag am Telefon. Es machte sie fassungslos, dass man für ein Drogendelikt zweimal lebenslänglich bekommen konnte. Sie dachte viel über Vergebung und die Kraft der Fantasie nach. Die lebenslange Verwahrung nicht gewalttätiger Straftäter half der Gesellschaft in keiner Weise.

»Nun, dann wollen wir uns an die Arbeit machen«, sagte Donna.

Im Lauf der Jahre wurden sie immer vertrauter miteinander, auch wenn sie sich nie persönlich begegneten. Alles wurde übers Telefon erledigt. Das ist üblich bei Revisionen vor Bundesberufungsgerichten. Sie plauderten über ihre Söhne, sie hatten beide Kleinkinder. Ihre Söhne kamen zur gleichen Zeit in die Vorschule. Beide Jungen lernten ihre Schuhe zu binden und begannen Sport zu treiben. Donna und Billy tauschten Erfahrungen aus, wie es Eltern zu tun pflegen. Sie wurden jene Art von Freunden, zu der Eltern werden, und sie sprachen über Entwicklungsfortschritte. Donna wusste, dass diese Fortschritte für Billy etwas Theoretisches waren. Sie konnte das Vergehen der Zeit in einer Weise spüren, die Billy versagt blieb, und diese Ungleichheit nagte an ihr.

Der Erfolg von Billys Revision hing letztlich an einer schwarzweißen Kiste. Vor Gericht hatten Polizisten ausgesagt, sie hätten Luftüberwachungsaufnahmen, die zeigten, wie Billy eine Kiste ins Haus seines Vaters trage. Dreißig Kilogramm Kokain waren in einer Kiste gefunden worden. Genauer gesagt: in einer Gateway-Computerkiste. Gateway war damals eine Markenikone. Ihr Logo war eine Holstein-Kuh, und all ihre Kisten trugen große schwarze Kuhflecken. Hat der Mann im Hubschrauber die Flecken gesehen? Er hätte sie erkennen müssen, sagte die Verteidigung. Hatte er stattdessen gesehen, wie Billy eine beliebige Zahl anderer Kisten ins Haus seines Vaters trug? Bei den Beratungen in seinem ersten Prozess blieben die Geschworenen an der Frage der Kiste hängen. Keine Fingerabdrücke oder sonstigen physischen Indizien stellten eine Verbindung zwischen Billy und ihr her – das tat nur die Luftüberwachung. Die Geschworenen verlangten die Kiste zu sehen. »Tut uns leid«, sagte man ihnen. Reinigungskräfte im Gericht hätten die Kiste versehentlich zerstört.

Donna war der Meinung, das fehlende Beweisstück hätte Billy schon damals entlasten müssen, und es sollte ihn definitiv in der Revision entlasten.

Es kam anders.

Es war das Jahr 2005. Sie rief Billy an, um ihm die Neuigkeit mitzuteilen. Die erfolglose Revision hatte sich drei Jahre lang hingezogen.

»Es tut mir so leid«, sagte sie.

Billy sagte, er wolle weiterkämpfen. Es musste *irgendetwas* geben, was sie tun konnten.

Donna hatte keine Ideen mehr. Sie sagte ihm, wir können jederzeit ein Gnadengesuch an den Präsidenten der Vereinigten Staaten richten – das war das Einzige, was ihr noch einfiel.

Anders als seine Amtsvorgänger hatte Obama von seinem Begnadigungsrecht noch keinen Gebrauch gemacht. Es gab Leute, die sagten, er habe mehr Truthähne als Menschen begnadigt. Tatsächlich hatte er bis 2011 keine einzige Strafe umgewandelt, und auch in diesem Jahr blieb es bei einer einzigen Strafherabsetzung. Eine Begnadigung ist Vergebung eines Verbrechens, die gänzliche Aufhebung eines Schuldspruchs, während eine Strafumwandlung den Schuldspruch unberührt lässt, aber das Strafmaß herabsetzt.

Die Vorstellung, der Präsident würde Billys Strafmaß umwandeln, war, wie Donna wusste, reines Wunschdenken. Es war so, wie wenn man hoffte, die Zahnfee würde Wirklichkeit werden. Aber es war das Einzige, was übrig blieb. Und so setzte sie das Gnadengesuch auf, erzählte Billys Geschichte und kontaktierte einen auf Strafumwandlungen spezialisierten Anwalt, mit der Bitte, das Gesuch einzureichen.

Erst spät im Verlauf seiner zweiten Amtszeit vollzog sich in der Frage der Strafumwandlungen ein echter Dammbruch. Am 14. Juli 2015 hielt Obama auf der Tagung der schwarzen Bürgerrechtsbewegung NAACP in Philadelphia seine erste bedeutende Rede zum Thema Strafjustiz. »Die massenhafte Freiheitsentziehung schadet unserem Land, und wir müssen etwas dagegen unternehmen«, sagte er. »Ich werde diesem Problem besondere Aufmerksamkeit schenken, weil die Menschen in unseren Gefängnissen zwar Fehler – manchmal große Fehler – begangen haben, aber sie doch auch Amerikaner sind, und daher müssen wir dafür sorgen, dass sie, nachdem sie ihre Zeit abgesessen und ihre Schuld gegenüber der Gesellschaft bezahlt haben, mehr Möglichkeiten erhalten, ihrem Leben eine neue Richtung zu geben.«

Zwei Tage nach dieser Rede besuchte Obama die El Reno Federal Correctional Institution in Oklahoma. »Wenn sie ihre Jugend beschreiben, dann stellt man fest, dass dies junge Leute sind, die Fehler machten, die sich nicht grundlegend von den Fehlern unterscheiden, die ich gemacht habe und die viele von Ihnen gemacht haben«, sagte er dort. »Der Unterschied ist der, dass sie nicht die Art von unterstützenden Strukturen, die zweiten Chancen und die Ressourcen hatten, die es ihnen erlaubt hätten, diese Fehler zu überleben.«

Er war der erste amtierende Präsident, der ein Bundesgefängnis besuchte. Seine Präsidentschaft neigte sich dem Ende entgegen, und er wollte noch einiges erreichen; er sollte seine Befugnis zur Strafumwandlung für eine Art Reform der Strafjustiz nutzen.

Im Sommer 2015 gewährte Obama 46 Strafermäßigungen, weitere 78 im Dezember 2016 und dann Hunderte mehr, einschließlich 330 am 19. Januar 2017, seinem letzten vollen Tag im Amt. Insgesamt begnadigte er 1927 Personen, die wegen Bundesverbrechen verurteilt worden waren, mehr als die letzten dreizehn Präsidenten zusammengenommen.

U.S. Department of Justice (US-Justizministerium)
Office of the Pardon Attorney (Gnadenstelle)
Washington, D.C.

3. August 2016

Florence
Gefängnisdirektor
Florence FCI
5880 State Highway 67
Florence, CO 81226-9791

Betr. William Edward Ennis
Reg.-Nr. 62601-080
Begünstigter der Strafumwandlung

Sehr geehrter Gefängnisdirektor,

anbei finden Sie eine beglaubigte Abschrift der Anordnung, mit der Präsident Barack Obama die Freiheitsstrafe von William Edward Ennis, Reg.-Nr. 62601-080, herabgesetzt hat. Bitte überreichen Sie dem Insassen beigefügte Anordnung und stellen Sie sicher, dass er beigefügten Empfangsschein ausfüllt, womit er bestätigt, dass er die Anordnung erhalten hat. Der Empfangsschein sollte per E-Mail an USPardon.Attorney@usdoj.gov zurückgeschickt werden.
Danke für Ihre Hilfe.

Mit freundlichen Grüßen

Robert A. Zauzmer
amtierender Leiter der Gnadenstelle

Anlagen

Donna wollte nie Anwältin werden. Sie wollte Literaturprofessorin werden. Sie wollte *Moby-Dick* unterrichten. Das Jura-Studium war mehr die Idee ihrer Mutter gewesen.

Sie war in ihrem Büro, als sie die Sprachnachricht von Billy erhielt. Er weinte. Sie rief ihn sofort zurück, konnte ihn aber nicht erreichen. Sie rief ihre E-Mails ab und fand dort die Liste der neuen Strafumwandlungen, und sie scrollte nach oben und nach unten, um sicherzustellen, dass das, was sie sah, auch wirklich da war.

• William Ennis – El Paso, Tex.
Straferlassverfügung: Freiheitsstrafe herabgesetzt: endet am 1. Dezember 2016.

Sie leitete die Nachricht an alle im Büro, alle im Bezirk, an jeden, den sie kannte, weiter. Sie konnte nicht still sitzen. Sie versuchte immer wieder, Billy zu erreichen. Ein paar Stunden lang versuchte sie zu arbeiten, dann fuhr sie nach Hause. Sie wollte, dass ihr Ehemann mit ihr essen ging. Sie konnte nicht stillsitzen. Sie fragte sich, ob Obama wisse, wie sehr sich Strafumwandlungen auf das Leben der Betreffenden auswirkten. Sie fragte sich, warum er das getan habe. Er würde aus so etwas kein politisches Kapital mehr schlagen können. Sie fragte sich, ob jemand in der Presse sagen würde, es sei richtig, dies zu tun. Wie merkwürdig, wie bizarr ist es doch, dachte sie, dass man in Amerika die Vorstellung habe, Politiker könnten sich einfach außerhalb des Systems stellen und sagen: »Genug ist genug.« All diese Gedanken rasten ihr durch den Kopf, und ihr Ehemann war noch nicht zu Hause, um mit ihr essen zu gehen, und so wollte sie sich schon einen Drink einschenken, um sich selbst zu beruhigen, aber dann kam ihr der Gedanke, ihren Laptop zu öffnen. Sie setzte die E-Mail auf, überschlief sie und überarbeitete sie am nächsten Morgen. Sie wollte es gut machen.

Sie fragte sich, ob es irgendjemand jemals für nötig gehalten hatte, dem Präsidenten zu danken. Wenn jemand in einer Machtposition eine bemerkenswerte Tat vollbringt, dann steht die Tat, nicht die Person, die sie vollbrachte, im Mittelpunkt.

09.11.16
8,5

Von: **Donna Coltharp**

Gesendet: 4.8.2016 12.14 Uhr

E-Mail: [redacted]

Telefon: [redacted]

Adresse: [redacted] San Antonio, Texas [redacted]

Nachricht: Sehr geehrter Herr Präsident,

Sie haben gestern bekanntgegeben, dass die dreimal lebenslängliche Freiheitsstrafe eines meiner ersten Mandanten als Bundespflichtverteidigerin erlassen wird. Sein Name ist William (Billy) Ennis. Niemand, den ich jemals vertreten habe, verdient es mehr, eine zweite Chance zu bekommen. Aus diesem Grund habe ich Billys Fall auch ein Jahr bevor unsere nationalen Projekte zur Umwandlung von Freiheitsstrafen begannen, einem auf Strafumwandlungsrecht spezialisierten Anwalt übertragen.

Billy wuchs mit Eltern auf, die im Grenzgebiet mit Drogen handelten. Als er noch ein Kind war, wurde er zweimal von Leuten entführt, die Drogenschulden von seinen Eltern eintreiben wollten. Als Kind lebte Billy eine Zeitlang unter einer Brücke. Es ist nicht weiter verwunderlich, dass er als junger Heranwachsender zweimal wegen Betäubungsmitteldelikten verurteilt wurde – wobei eines davon eher ein Bagatelldelikt gewesen ist. Dann blieb er sauber. Er konsumierte keine Drogen mehr. Er bekam einen Sohn. Aber er wurde in die Drogengeschäfte seiner Eltern hineingezogen und spielte eine Rolle bei einem dieser Geschäfte. Und das Gericht verurteilte ihn zu dreimal lebenslänglich. Sein Sohn, für den er das Sorgerecht besaß, war noch ein Baby.

Meine Revision gegen das Urteil blieb erfolglos. Aber in den letzten 14 Jahren bin ich mit ihm in Kontakt geblieben. Wir telefonieren mindestens einmal im Monat. Es hat sich in dieser Zeit so viel verändert. Sein Sohn spielt jetzt in der Football-Mannschaft seiner Highschool in El Paso! Seine Mutter starb einige Jahre nach seiner Verurteilung. Billy hat an jedem Programm teilgenommen, das ihm im Gefängnis zugänglich gewesen war, und er genießt den Respekt der Vollzugsbeamten ebenso wie den der anderen Insassen.

Billy verdiente eine zweite Chance. Aber nicht viele Menschen hätten ihm diese gegeben. Ich bin Ihnen zutiefst dankbar dafür, dass Sie den Mut haben, sich der Menschen anzunehmen, die es nach Ansicht der Gesellschaft nicht wert sind, dass man sich ihrer annimmt, und dass Sie nicht nur den Verbrecher sehen, sondern den Menschen, der eine Chance auf Wiedergutmachung verdient. Gestern, der Tag, an dem ich von Billys Strafumwandlung erfuhr, ist der glücklichste Tag, den ich bislang als Pflichtverteidigerin erlebt habe. Ich hatte bereits Mandanten, die freigekommen sind, weil ich sie anwaltlich vertreten habe, (nicht viele!), aber ich hatte noch keinen Mandanten, dem das Geschenk der Begnadigung zuteilwurde, das Sie Billy erwiesen haben.

Billy rief mich gestern, zu Tränen gerührt, an. Ich werde vielleicht nie mehr von ihm hören, aber ich werde weder ihn noch diesen Anruf jemals vergessen. Bitte schließen Sie ihn in Ihre Gebete ein, denn er strebt danach, einen Weg in ein besseres Leben zu finden.

Billy ist Donna nie persönlich begegnet. Heute ist sie in El Paso, weil sie irgendeinen Termin hat, und daher wird er sie endlich persönlich kennenlernen. Er stellt sich vor, dass sie dunkles Haar hat und um die fünfzig ist. Er weiß, dass er zugenommen hat, und er wünschte, er hätte noch Haare auf dem Kopf. In einigen Minuten wird er bereit sein, sich auf den Weg zu dem Treffen zu machen, aber zuvor kann man sich ein wenig umsehen, wenn man will.

Wie Sie sehen können, ist da einiges am Haus zu machen. Als Billy vor ein paar Monaten das Haus zum ersten Mal betrat, hingen die Spinnweben so dicht wie bei der *Addams Family*. Zuerst nimmt er sich die Rohrleitungen und die Elektrik vor. Es ist irgendwie sonderbar, mit siebenundvierzig Jahren wieder in das Haus einzuziehen, in dem man aufgewachsen ist. Billy wohnte hier, bis er dreizehn war, bevor alles aus den Fugen geriet. Es gehörte seiner Großmutter. Als sie starb, hinterließ sie das Haus Billy, obwohl er zweimal lebenslänglich bekommen hatte. Nicht dreimal, wie Donna in ihrem Brief an Obama schrieb. Wenn es um mehrmals lebenslängliche Freiheitsstrafen geht, verliert man leicht den Überblick.

In den Jahren, in denen das Haus leer stand, haben hier immer wieder kurzzeitig Leute gehaust und alles vermüllt. Aber das ist nicht weiter schlimm. Wie man sehen kann, haben sie die Familienfotos nicht angerührt. Hier ist eines von den Ferien, die sie um 1980 auf Knott's Berry Farm verbrachten. Billy ist da vielleicht zehn. Er und Chester und ein Cousin, Billys Mutter und Vater – sie alle sind wie Cowboys gekleidet, vor einer jener Buden, wo man historische Kostüme leihen kann. Das ist Billys Dad mit einem Sheriffstern. Abgesehen von Billy sind alle, die auf diesem Bild zu sehen sind, entweder tot oder im Gefängnis.

Er ist froh, dass er sein eigenes Haus hat. Er konnte einige Male seinen Sohn William sehen. William ist hochgewachsen und super engagiert in der Kirche und in der Schule, sodass er kaum Zeit hat. Er hat Billy einen Hund geschenkt. Sie nannten ihn Zeus.

Billy arbeitet als Dachdecker. Metalldächer. Er weiß es zu schätzen, dass sein Chef ihm eine Chance gibt. Schon nach wenigen Monaten ist er zum Vorarbeiter befördert worden. Er fühlt sich manchmal wie Rip Van Winkle[1]. Heute ist jeder total fixiert auf sein Smartphone. Als er vor fünfzehn Jahren ins Gefängnis kam, gab es nur das Klapphandy. Billy beherrscht das Simsen immer noch nicht richtig. Vor Kurzem hat er sein erstes Starbucks betreten. Seit Kurzem hat er auch eine Freundin. Sie begegneten sich im Supermarkt.

»Kenne ich Sie nicht?«, fragte sie.

»Ich heiße Billy«, sagte er.

»Ennis!«, sagte sie.

Sie kannten einander aus der siebten Klasse, bevor alles passiert war.

Liebe Donna,

danke dafür, dass Sie sich die Zeit genommen haben, mir letzten August zu schreiben. Ich habe Ihre Nachricht persönlich gelesen, und es ist für mich von großer Bedeutung gewesen, Ihre Sichtweise von Billys Fall zu erfahren. Menschen, die Fehler gemacht haben, verdienen es, sich eine zweite Chance erarbeiten zu können, und Geschichten wie die seine verdeutlichen, warum wir unser Strafjustizsystem gerechter und effektiver machen müssen, insbesondere in Bezug auf Drogendelikte ohne körperliche Gewaltanwendung.

Ich bin fest davon überzeugt, dass es ein wichtiger Schritt zur Erneuerung der grundlegenden Ideale Gerechtigkeit und Fairness ist, meine Amtsbefugnis als Präsident auszuüben, um Freiheitsstrafen von Männern und Frauen umzuwandeln, die sich dies verdient haben. Trotzdem bleibt noch viel zu tun, und Ihre Erfahrungen bestäti-

[1] Figur aus der gleichnamigen Kurzgeschichte des amerikanischen Schriftstellers Washington Irving, die in einen Zauberschlaf fällt und nach zwanzig Jahren in einer völlig neuen Welt erwacht (A.d.Ü.)

gen unsere Verantwortung, dafür zu sorgen, dass Menschen, die aus ihren Fehlern lernen, weiterhin Teil unserer amerikanischen Familie sein können.

Nochmals vielen Dank für Ihre anregende Botschaft. Ich bin ungemein dankbar für den Dienst, den Sie seit vielen Jahren als Pflichtverteidigerin leisten. Ihre Botschaft wird mich weiterhin begleiten.

Mit freundlichen Grüßen
Barack Obama

Als Billy das Büro in El Paso betritt, isst Donna gerade ein Stück Geburtstagstorte. Beide sind verlegen. Ihre Blicke weichen einander aus. Sie bietet ihm von dem Kuchen an. Sie sagt, hinten gebe es auch noch Quesadillas. Sie hat das Gefühl, ihn füttern zu müssen.

»Wie geht es Ihrem Sohn?«, fragt sie.

»Wie geht es Ihrem Sohn?«, fragt er.

Sie bringen sich gegenseitig auf den neuesten Stand und beginnen bald, einander Bilder zu zeigen.

»Er sieht genauso aus wie Sie!«

»Ich bin ziemlich auseinandergegangen.«

»Sie sehen fantastisch aus.«

Er erzählt ihr, dass er zum Vorarbeiter befördert worden sei; 17 Dollar 50 pro Stunde sei für El Paso ziemlich gut. Sie sagt ihm, auch sie sei befördert worden, zur stellvertretenden Bundespflichtverteidigerin. »Es ist seltsam. Aber ich schätze, es lohnt sich.«

»Durchaus.«

»Stimmt.«

»Jedenfalls ...«

Manchmal ist es schwer, Worte zu finden.

»Ich möchte, dass Sie wissen, dass ich alles, was Sie für mich getan haben, sehr zu schätzen weiß«, sagt er schließlich.

»Sie haben dafür gesorgt, dass ich optimistisch bleibe«, sagt sie und öffnet ihre Arme.

»Es tut mir leid«, sagt er über seine Tränen, und sie hält ihn.

»Es tut mir leid«, sagt sie.

Es sind jetzt mehr Tränen der Freude bei ihnen beiden.

»Es ist schwer zu glauben, wie gut das Leben manchmal sein kann«, sagt sie.

KAPITEL 16

Wahltag

Am Wahltag hatte Hillary Clinton laut *New York Times* eine Chance von 85 Prozent, nächste Präsidentin der Vereinigten Staaten zu werden. Die Wahrscheinlichkeit, dass Frau Clinton verlor, entsprach ungefähr der Wahrscheinlichkeit, mit der Cristiano Ronaldo einen Elfmeter verschießt. Laut der Nachrichtenwebsite FiveThirtyEight hatte sie eine Siegeswahrscheinlichkeit von 71 Prozent und würde, laut Prognose, 302 Wahlmännerstimmen erhalten.

Yena und andere Mitarbeiter der Korrespondenzabteilung waren auf dem Weg in Laceys Wohnung, wo sie sich die Wahlergebnisse gemeinsam ansehen wollten. Der Champagner war schon kalt gestellt. Sie würden feiern, wenn auch die Feierlaune ein wenig gedämpft wäre. Denn der letzte Amtstag der Regierung Obama, der 19. Januar 2017, wäre auch der letzte Arbeitstag für diese Mitarbeiter der Korrespondenzabteilung. Sie könnten sich unter der neuen Regierung natürlich auf freie Stellen bewerben, aber es gab keine Garantien für irgendetwas; dieses Team brach auseinander, und alle wussten das.

Im letzten Monat war die Vorbereitung auf die Stabsübergabe ein Schwerpunkt ihrer Tätigkeit gewesen. Fiona erinnerte sich noch allzu gut an das Jahr 2009; die Mitarbeiter der Korrespondenzabteilung von Bush hatten dem Team Obama so gut wie gar keine Anleitungen hinterlassen. Kein Verfahrensleitfaden, keine Musterbriefe, keine Software, keine Hardware, keinen Computer, keine Telefone … kein Papier. Mike Kelleher hatte ganz von vorn beginnen und die Grundlagen für das legen müssen, was zu seinem »Korrespondenz-Imperium« werden sollte, und Fiona war entschlossen, es den neuen Leuten intakt zu übergeben – mit detaillierten Leitfäden. Sie hatte ihre Mitarbeiter angewiesen, alles zu dokumentieren: jeden Prozess in kleinste Einheiten zu zerlegen, Sortierung, engere Auswahl für die 10LADs (mit Bleistift), thematische Zuordnung, Rote Punkte, politische Briefe, Empfehlungen Sozialarbeiter, Häftlingspost, Kinderpost, Beileidsbriefe, Sitzungen über aktuelle Fragen, das Team für personalisierte Textgestaltung, Algorithmen. Wenn sie die Materialien ordnungsgemäß vorbereiteten, wären sie für die nächste Regierung einsatzbereit. Sie stellte die Materialien in Heftmappen zusammen, und wenn das Übergangsteam dann irgendwann nach der Wahl seine Arbeit aufnehmen würde, würde sie ihnen das Material aushändigen und sie wissen lassen, dass sie jederzeit für Fragen, für Schulungsseminare und für andere Anliegen verfügbar wäre.

Fiona ging nicht zu Laceys Party. Sie wollte sich die Ergebnisse in aller Ruhe zu Hause mit ihrem Ehemann ansehen. Am nächsten Morgen würde sie mit Sicherheit am Rad drehen, warnte sie mich. Sie hatte ihre Mitarbeiter instruiert. Niemand solle sich die Mühe machen, in den Lektüreraum zu gehen. Sie bräuchte alle Praktikanten, alle Freiwilligen, alle Mann und Frau an Deck des E-Mail-Raums. Bedeutende nationale Ereignisse wie Reden zur Lage der Nation erzeugten immer riesige Mengen an E-Mails, und dieses Ereignis – die erste Frau, die zur Präsidentin gewählt würde, der erste schwarze Präsident, der den Stab an die erste Präsidentin übergeben würde – würde mit Sicherheit die Schaltkreise durchbrennen lassen.

Cody Keenan verfolgte die Wahlergebnisse in seiner Wohnung mit seiner Frau und seinen Freunden Ben Rhodes und Dan Pfeiffer. Gegen 2.30 Uhr läutete sein Telefon.

Es war Obama. »Wir müssen diese Stellungnahme für morgen umschreiben«, sagte er.

»Ja, ich weiß«, sagte Cody, und er schaltete den Fernseher aus.

Er löschte seinen Entwurf für die Rede, die Obama am Tag nach der Wahl im Rosengarten halten würde, um Hillary Clinton zu ihrem historischen Sieg zu gratulieren.

Donald Trump hatte die Wahl gewonnen, und Cody fragte sich, was in aller Welt Obama jetzt den Amerikanern aus dem Rosengarten sagen sollte.

Um sechs Uhr früh schickte Cody Obama seine neue Fassung.

»Ein bisschen zu düster«, sagte ihm Obama.

»Ja, ich weiß«, sagte Cody.

Es regnete am Morgen nach der Wahl, und ich traf früh an der Pforte des Weißen Hauses ein. Die Zentrale der Korrespondenzabteilung im vierten Stock des Eisenhower Executive Office Building war noch verwaist, bis auf Fiona, die Papiere sichtete, als ich mich auf die andere Seite ihres Schreibtischs setzte.

»Also«, sagte sie und hob den Blick. Ihr Gesicht war ein wenig verquollen, wie nach einer weitgehend schlaflosen Nacht.

»Also«, setzte sie neuerlich an, während sie einen Stoß Blätter auf der Tischfläche bündig stieß. Es fiel ihr schwer, mir in die Augen zu sehen. Der Himmel vor ihrem Fenster war ein mattes Stahlgrau. Ich hörte das ferne Surren eines Druckers, der hochfuhr. Zu meinen Füßen lag ein nasser Regenschirm.

»Also, Sie haben eine tolle Frisur«, sagte sie.

Ich sagte ihr, nein, sie habe eine tolle Frisur.

»Ach, es ist nur …« Sie schüttelte den Kopf, um ihr Haar zu lockern. Wir sprachen über meine Ponyfrisur.

Frisurgespräche sind eine Zuflucht.

»Es tut mir leid«, sagte sie schließlich und ließ sich in ihren Sessel zurückfallen.

»Es ist nur so, dass Sie der erste Mensch sind, mit dem ich spreche.«

»So geht es mir auch«, sagte ich.

Wir stammelten unbeholfen darüber, dass wir die Wachleute an der Pforte gegrüßt hatten, aber war das wichtig? Nein, ja, nein.

Ich vermute, eine Menge Leute werden sich bis an ihr Lebensende daran erinnern können, wo sie waren, als die Sonne aufging. Der erste Mensch, mit dem sie gesprochen haben. Was sie gesagt haben. Was das bedeutet, der Gedanke an all die Konsequenzen, die das haben würde, die einem klar wurden wie Schläge, eine nach der anderen. *Moment mal, was? Damit hatte niemand gerechnet.* Wie seltsam es sich anfühlte, dass einen die Wirklichkeit überholt hatte und dass man sich jetzt ranhalten musste, um wieder aufzuschließen. Die starke Unlust, sich der neuen Realität zu stellen, fühlte sich zunehmend wie eine Grippe an, die sich ausbreitete.

Der E-Mail-Raum befand sich in einem anderen Gebäude, in dem Nebenbüro drüben an der Straße Jackson Place, und schon bald eilten wir hinüber und gesellten uns zu den Mitarbeitern und den Stimmen der vielen Menschen überall in Amerika, die an diesem Morgen mit den Ergebnissen aufgewacht waren und gedacht hatten: *Heute muss ich an Präsident Obama schreiben.*

Von: Sam K-G
Gesendet: 9.11.2016 8.20 Uhr
Adresse: Granville, Ohio

Nachricht: Sehr geehrter Herr Präsident,

ich bin eigentlich nicht die Sorte Mensch, »die einen Brief an den Präsidenten schreibt«. Denn das erscheint mir vor allem als eine idealistische Geste. Aber heute Morgen bin ich in tiefer Sorge um die Zukunft unseres Landes. Und ich bin mir sicher, das sind Sie auch. Jeder vernünftige Mensch muss es sein. Ich bitte Sie um Folgendes: Bitte tun Sie, was Sie können, um Trump einzuhegen. Alles, was Sie tun können, um diese Katastrophe, die jetzt im Gange ist, abzuschwächen.

Es tut mir leid, dass Ihre Präsidentschaft so enden muss.
Sam

PS: An den Volontär, der dies liest: Das muss bei Ihnen ein verrückter Tag sein. Fahren Sie mit Ihrer guten Arbeit fort!

Fiona brach schließlich an diesem Morgen in ihrem Büro unter Tränen zusammen. Aber sie würde darüber hinwegkommen, es wäre nur eine Frage der Zeit. »Es tut mir leid«, sagte sie mit hängendem Kopf. Sie sprach über ihren Ehemann, Chris. Sie waren frisch verheiratet. Sie erinnerte mich daran, dass Chris in der Korrespondenzabteilung gearbeitet hatte und dass sie sich hier kennengelernt hatten; sie hatten gemeinsam das Schulungsseminar besucht, acht Stunden pro Tag Briefe und Faxe gelesen. Das ist eine Erfahrung, die einen zusammenschweißt, sagte sie.

»Es tut mir leid«, sagte sie erneut.

Viele Leute, die ich während meiner Zeit in der Korrespondenzabteilung kennenlernte, sprachen von dem starken Zusammenhalt. Es erinnerte mich daran, wie Soldaten oder Bergarbeiter über ihre Kameraden sprechen: Gruppen von Menschen an vorderster Front von etwas, das den meisten Menschen verschlossen bleibt. Der Lektüreraum. Wer würde denken, dass so etwas in einem Lektüreraum geschieht?

»Sind Sie bereit rüberzugehen?«, fragte Fiona, und wir beide griffen nach unseren Regenschirmen und Mänteln.

Auf dem Weg nach draußen sah ich Kolbie; sie lehnte mit einer anderen Mitarbeiterin, die sie zu trösten schien, an einer Wand. Sie blickte auf ihre Schuhe hinab und kaute an ihrem Daumennagel.

Jackson Place ist die Straße, die am Weißen Haus entlangführt und die westliche Grenze des Lafayette Squares bildet. Sie wird von Kirschbäumen und stattlichen Reihenhäusern aus Ziegeln, die im 19. Jahrhundert erbaut wurden, gesäumt. Hier wohnten Diplomaten und Würdenträger, unter anderen Henry Reed Rathbone, der Offizier, der in der Loge des Präsidenten im Ford's Theatre neben Abraham Lincoln saß, als dieser ermordet wurde; Rathbone erholte sich nie von diesem Trauma – er wurde verrückt und lebte bis ans Ende seiner Tage in einer Nervenheilanstalt. Auch Präsident Theodore Roosevelt und seine Familie wohnten in einem der Reihenhäuser in Jackson Place, als das Weiße Haus im Jahr 1902 renoviert wurde. Die US-Bundesregierung erwarb diese Immobilien in den 1950er-Jahren, in der Absicht, sie abzureißen und an ihrer Stelle ein Bürogebäude zu errichten. Im Jahr 1962 intervenierte jedoch die First Lady, Jacqueline Kennedy, die sich gegen die Zerstörung dieser hübschen alten Gebäude aussprach, und das Projekt wurde gestrichen. Heute befinden sich eine Reihe von Dienststellen des Bundes in diesen Stadthäusern, deren Räumlichkeiten etwas Heimeliges haben und zwischen deren Wänden schon so manche Intrige gesponnen wurde.

Der E-Mail-Raum befand sich im dritten Stock von Jackson Place Nr. 726; es war ein weiter offener Raum, der früher einmal ein repräsentativer Salon gewesen sein könnte. Die Wände waren hoch, die Fenster waren in Stuckumrahmungen eingesetzt, und die Fensterbänke waren tief. Ansonsten war es eine Aneinanderreihung von Arbeitsplätzen, auf denen Computerbildschirme flimmerten, mit vielleicht fünfzig Personen, die hier hineingezwängt wurden. An beiden Enden des Raums hatten die Aufsichtsführenden ihre Computer auf Kisten gestellt, sodass sie im Stehen arbeiten konnten.

Einen der Aufsichtsführenden werde ich John nennen, allerdings ist das nicht sein richtiger Name. Am Morgen nach der Wahl geschah etwas Seltsames: Einige Leute in der Korrespondenzabteilung baten mich, nicht ihre wahren Namen zu verwenden. So etwas hatte es noch nie gegeben. Es war, als wären alle unter dem Schutzschild von Fiona, Shailagh und Obama gewesen; es war, als wäre die Korrespondenzabteilung ein Kollektiv; was gut für einen war, war gut für alle.

Aber jetzt plötzlich gab es dieses Gefühl eines freien Falls, jeder war auf sich allein gestellt. Menschen mussten um ihre Zukunft bangen – neue Stellen finden, und politische Neigungen würden dabei eine Rolle spielen.

John schickte sich an, ein paar aufmunternde Worte an die versammelten Mitarbeiter und Praktikanten zu richten. »Für viele bricht jetzt eine Welt zusammen«, sagte er. Er war ein junger Mann mit gepflegtem Äußerem und rabenschwarzem Haar. »Aber vergesst nicht: Der Präsident zählt auf uns. Also wollen wir weitermachen. Das ist unsere Aufgabe. Deshalb sind wir hier. Vielleicht ist es heute nur ein bisschen schwieriger ...«

Er sagte ihnen, wenn ihnen die E-Mails an die Nieren gingen, sollten sie einfach an die frische Luft gehen. Er riet ihnen, den Fernseher ausgeschaltet zu lassen. »Es bringt nichts. Es bringt überhaupt nichts zu sagen, wenn diese Person angetreten wäre oder dieses oder jenes getan hätte. *Es bringt nichts.*

Wir alle müssen das zuerst einmal verarbeiten.«

Die Leute im Raum lehnten sich von ihren Bildschirmen zurück, um zuzuhören. Taschentücher wurden herausgezogen. Menschen weinten. Zusätzliche Bürostühle waren hereingerollt worden. Es gab Donuts, Fruchtsäfte und Energieriegel, und als John seine kurze Ansprache beendete, machten sich die Mitarbeiter und die Praktikanten wieder an die Arbeit: Sie lasen und sie redeten, sie lasen weiter und versuchten einander zu trösten.

»Wir müssen unsere Pflicht tun, wir dürfen uns nicht von unseren Gefühlen überwältigen lassen.«

»Hier ist eine Mail von einem vierzehnjährigen Mädchen: ›Sehr geehrter Herr Präsident, bitte helfen Sie mir herauszufinden, was ich tun soll.‹«

»Da schreiben zwei Frauen, die vor vier Jahren geheiratet haben und in dieser Woche ein Baby erwarten und die jetzt Angst haben, ein Kind in diese Welt zu setzen.«

»Gestern Abend saßen wir vorm Fernseher und wir sagten: ›Super, super, oha. Oha!‹ Dann nur betretenes Schweigen. Und schließlich sagte jemand: ›Was sagen wir unseren Briefschreibern? Was machen wir morgen mit der Post?‹ Und dann waren wir alle schlicht von der Rolle.«

»Ich hab gesagt: ›Ich muss mir jetzt einfach die Post ansehen.‹«

»Es beschäftigt dich. Du bist am Boden zerstört, aber du tust wenigstens etwas.«

»Da ist dieses Gefühl der Verantwortung, dass wir weiterhin für die Leute da sein müssen, die sich an den Präsidenten wenden.«

»Ich weiß nicht, was wir all diesen Leuten sagen sollen. Aber wir müssen ihnen etwas sagen.«

»Ich sehe Angst. Überwiegend Angst.«

»Ich habe niemand gesehen, der gesagt hätte: ›Ich bin froh.‹«

»Wir waren so um die zwanzig Leute. Eine Flasche Wein. Wir haben so viel Wodka runtergekippt.«

»Es geht nicht einmal um die Ergebnisse. Es ist die Trauer um das, was gewesen ist.«

»Da hat man scheinbar diese Fortschritte gemacht, und dann plötzlich, von einem Tag auf den anderen, fragt man sich, hab ich mir das alles nur eingebildet und: Was bleibt davon?«

Menschen hatten Fragen an John; sie wussten nicht mehr, wie sie vorgehen sollten. Bei den E-Mails war es das Gleiche wie bei Briefen und Faxen: Jede musste codiert werden. Einwanderung. Israel. Wirtschaft. Die Codes entsprachen den vorformulierten politischen Antwortschreiben, auf die das Schreibteam zurückgreifen konnte und die von den Algorithmen personalisiert werden sollten. Aber an diesem Tag mussten Mitarbeiter neue Codes erfinden: Pro-Wahl, Kontra-Wahl und Vermächtnis.

»Pro-Wahl wären also Aussagen wie ›Donald Trump ist der Beste, und dies ist ein großer Tag für Amerika‹«, sagte John der Gruppe. »Kontra-Wahl wären Aussagen wie ›Ich habe Angst‹«, fuhr er fort. Er stand in der Mitte des Raums, und man spürte, dass er es nicht gewohnt war, seiner Stimme Nachdruck zu verleihen.

»Aussagen wie ›Ich bin ratlos. Ich bin Invalide. Ich bin Mitglied einer LGBT-Familie. Ich weiß nicht mehr, wo mir der Kopf steht.‹ Das ist Kontra-Wahl.

Vermächtnis sind Äußerungen wie ›Ich bin tief enttäuscht über das, was gestern Nacht passiert ist… Ihre Familie ist so wunderbar… Sie haben Großes geleistet.‹ Das gehört in die Rubrik ›Vermächtnis‹. Manches lässt sich vermutlich nicht so eindeutig zuordnen, und ich weiß, es wird hart sein, aber Sie können mir jederzeit Fragen stellen, und lassen Sie uns bitte versuchen, so präzise wie möglich zu sein.«

»Was ist mit Leuten, die eine Überprüfung der Stimmenauszählung verlangen und von Wahlbetrug oder -manipulation sprechen?«, fragte ein Praktikant.

»Wahlbetrug? Sortieren Sie die einfach aus…«

»Wie steht's mit Leuten, die geschrieben haben, bevor die Ergebnisse bekanntgegeben wurden?«, fragte ein anderer. »Wie etwa jemand, der schreibt: ›Ich freue mich auf Präsidentin Clinton‹, wo es doch jetzt feststeht, dass das… nicht so kommen wird.«

»Ja. Wir können die schließen. Wir können die ausschließen.«

»Was ist, wenn jemand schreibt: ›Das Wahlergebnis macht mich nervös. Ich weiß nicht, was ich tun soll.‹?«

»Kontra-Wahl.«

»›Müssen wir das Militär zur Hilfe rufen?‹«

»Kontra-Wahl.«

»›Meine Frau hat keine Papiere. Ich hab drei Kinder. Ich hatte noch nie im Leben so viel Angst.‹«

»Kontra-Wahl.«

»›Ich bin erwerbsunfähig. Ich habe epileptische Anfälle. Werde ich nach wie vor medizinisch versorgt?‹«

»Kontra-Wahl.«

»›Wird er meine Ehe für nichtig erklären? Kann ich weiterhin mit dem Menschen zusammen sein, den ich liebe?‹«

Kontra. Kontra. Kontra.

Das Schreibteam müsste später an diesem Tag eine Antwort-E-Mail auf das Wahlergebnis aufsetzen. Was genau sollte Obama all diesen Leuten sagen?

Drei ältere Frauen in pastellfarbenen Blusen platzten in den Raum herein und baten darum, den Fernseher einzuschalten.

»Schauen Sie sich denn nicht die Rede an, in der Hillary ihre Wahlniederlage eingesteht?«, fragte eine von ihnen.

»Wer sind Sie, wenn ich fragen darf?«, sagte ein Mitarbeiter der Korrespondenzabteilung freundlich.

»FLOTUS![1] Wir arbeiten als Ehrenamtliche für FLOTUS! Könnten wir uns die Rede anschauen?«

Aber der Fernseher war nicht an. Vielleicht würde es die Höflichkeit gebieten, ihn einzuschalten. Sie würden ihn bestimmt einschalten. Aber müssten sie es tun? Man druckste herum, ehe der Fernseher dann eingeschaltet und leise gedreht wurde. Man sah Wolf Blitzer, der auf Clinton wartete, und der Lauftext unten brachte aktualisierte Wahlergebnisse aus Pennsylvania und Ohio und Michigan, und die meisten Leute im E-Mail-Raum wandten sich wieder ihren Bildschirmen zu, den E-Mails und einem Amerika in apokalyptischer Stimmung.

Von: Mr. Martin A. Gleason
Gesendet: 9.11.2016 8.07 Uhr
Adresse: Chicago, Illinois

Nachricht: Herr Präsident, es tut mir leid, dass ich Sie im Stich gelassen habe.

Ich weiß, dass ich nur eine Stimme habe und dass ich nicht jeden unentschlossenen Wähler anrufen oder jeden Demokraten, der für ein nachgeordnetes politisches Amt kandidiert, finanziell unterstützen

[1] First Lady of the United States, die Ehefrau des US-Präsidenten (A.d.Ü.)

konnte. Ich und alle anderen weißen Männer mit einem College-Abschluss, die 2008 und 2012 für Sie stimmten, haben jedoch dadurch versagt, dass wir uns nicht dem strukturellen Rassismus, dem wir die Wahl Trumps zum Präsidenten verdanken, entgegenstellen konnten oder wollten.

Ich habe gegenüber Verwandten, Freunden und Nachbarn Rassismus nicht entschieden genug verurteilt.

Ich habe nicht hart genug für meine amerikanischen Mitbürger gekämpft.

Ich habe nicht in ausreichendem Maße andere Weiße mobilisiert und zur Wahl aufgerufen.

Um dieses Land zu heilen, müssen wohlmeinende Weiße wie ich weiße Rassisten »entwaffnen«. Wir haben weißen Rassisten nicht nur buchstäblich das Gewehr (und die Bombe) gegeben, wir haben auch das Sicherheitsnetz zerrissen, das Sie zu reparieren versuchten.

Es tut mir leid. Wir haben Sie im Stich gelassen.

Wenn Sie aus dem Amt scheiden und ins Zivilleben zurückkehren, werde ich Sie bei allen Aufgaben unterstützen, die Sie übernehmen. Ich werde alles in meiner Macht Stehende tun, um Ihr Vermächtnis zu erhalten.

Mit herzlichem Gruß und tiefer Hochachtung
Martin Gleason

Schließlich musste Fiona die 10LADs aus der Welle von E-Mails herausfischen, die an diesem Tag über sie hereingebrochen war, und einem Mann im Schreibteam, der nicht weit von Kolbies Büro weg saß, war die Aufgabe übertragen worden, die Antwort für ein Amerika in Weltuntergangsstimmung aufzusetzen.

»Ich bin noch nicht sehr weit«, sagte er, vor seinem weißen Bildschirm sitzend. Er wollte nicht, dass ich seinen Namen erwähne. Er war im Haus seiner Eltern in Ohio, wo er an Türen geklopft hatte, um die Leute an die Wahlurne zu bringen, die ganze Nacht über aufgeblieben und war dann zurück nach Washington geflogen. Er hätte nie erwartet, einmal einen solchen Brief schreiben zu müssen.

»Das Schlimmste für mich persönlich ist, dass es sich wie ein Rüffel dafür anfühlt, dass wir versucht haben, einen direkten Draht zwischen den Menschen und dem Präsidenten herzustellen«, sagte er. »Wenn also unsere Aufgabe in diesem Büro darin besteht, den Präsidenten mit den Bürgern in Verbindung zu bringen, dann muss ich mich fragen: Sind wir gescheitert?«

Er sah mich erwartungsvoll an.

»Und ich verstehe es nicht, weil er mehr Zuschriften gelesen hat als je ein Präsident vor ihm«, sagt er. »Er scheint enger mit den Menschen verbunden zu sein als alle anderen Präsidenten in der Geschichte.«

Ich fühlte mich genötigt, ihn daran zu erinnern, dass sich Obama nicht zur Wiederwahl stellte. Clinton war diejenige, die verloren hatte.

»Die Trauer ist noch zu frisch, um die Dinge auseinanderzuhalten«, murmelte er.

Einige Stunden später zeigte er mir den Brief, den er im Namen von Präsident Obama an ein Amerika in Weltuntergangsstimmung aufgesetzt hatte.

Vielen Dank, dass Sie mir geschrieben haben. Ich kann verstehen, dass viele Amerikaner in letzter Zeit ein Gefühl der Unsicherheit hatten. Aber in einem Punkt bin ich mir ganz sicher: Amerika bleibt das großartigste Land der Erde. Was uns heraushebt, ist nicht nur die wirtschaftliche und militärische Macht, sondern es sind auch die Grundsätze, auf denen die Union errichtet wurde: Pluralismus und Offenheit, Rechtsstaatlichkeit, Bürgerrechte und die selbstverständliche Wahrheit – die sich mit jeder Generation immer mehr durchsetzte –, dass wir alle gleich erschaffen worden sind.

Eine Wahl ändert nichts daran, wer wir als ein Volk sind. Das Amerika, das ich kenne, ist scharfsichtig und großherzig – voller Mut und Einfallsreichtum. Obgleich die Politik einen starken Einfluss auf unser Leben haben kann, wurzelte unser Erfolg von jeher in der Bereitschaft unseres Volkes, aufeinander zu achten und sich gegenseitig durch schwere Zeiten zu helfen. Mehr als meine Präsidentschaft oder irgendeine Präsidentschaft sind es der Optimismus und die harte Arbeit von Menschen wie Ihnen, die unser Land zum Besseren verändert haben und die uns weiterhin jene Kraft geben werden, die wir brauchen, um beharrlich weiterzumachen.

Fortschritte kommen nicht leicht zustande, und sie folgen nicht immer einer geraden Linie, aber ich bin der festen Überzeugung, dass die Geschichte sich letztlich in Richtung Gerechtigkeit, Wohlstand, Freiheit und Inklusion bewegt – nicht weil dies unausweichlich ist, sondern weil Menschen wie Sie ihre Meinung offen äußern und unser Land an unseren höchsten Idealen messen. Aus diesem Grund hoffe ich, dass Sie sich weiterhin engagieren. Und ich möchte, dass Sie wissen, Michelle und ich sind dabei an Ihrer Seite.

Nochmals danke dafür, dass Sie mir geschrieben haben. Ganz gleich welchen Herausforderungen wir uns gegenübersehen, gibt es keine größere Form des Patriotismus als den Glauben, dass Amerika noch keineswegs vollendet ist und dass vor uns eine strahlendere Zukunft liegt.

Mit freundlichen Grüßen

Barack Obama

Ich konnte Yena draußen auf dem Flur hören. Sie lachte und scherzte mit einigen anderen Leuten des Schreibteams; ihre gute Laune schien nicht zu dem zu passen, was gerade passiert war. Yena war die Art Mensch, die man sich beim Begräbnis seiner Mutter wünschen würde. Sie versuchte, der Situation etwas Positives abzugewinnen.

»Ist das nicht total cool?«, sagte sie. »Ich denke, wir haben eine echte Chance, uns total auf die Botschaft des Präsidenten zu konzentrieren. Aber mehr noch, das hier ist dieses einfach unglaubliche Amerika. Also: Was für eine Chance! Was für eine Ehre! Ihr wisst, was ich meine? Nämlich: Juchhu, was für eine Ehre! Was soll's? Es hat mir Spaß gemacht!«

Sie erzählte mir, sie habe Fiona geholfen, das Übergangsmaterial zusammenzustellen. Sie sagte, sie sei zuversichtlich, dass das neue Team ihre Arbeit für die Briefschreiber fortführen werde.

»Die Regierung Obama hat sich diese Mühe gemacht, um die Geschichten von Menschen zu hören«, sagte Yena. »Warum sollten sie uns nicht treffen wollen und das nicht weiter ausbauen?«

Ich fragte sie, was sie machen wolle, wenn sie hier fertig sei. Sie sagte, sie wolle ein Aufbaustudium machen, lernen, wie man bei Geiselnahmen Verhandlungen führe. Die Arbeit in der Korrespondenzabteilung habe den Anstoß dazu gegeben. Jener Brief, von dem sie mir bei unserer ersten Begegnung erzählt hatte, über die Mutter und ihren entführten Sohn – das habe etwas mit ihr gemacht. Lacey hatte ein ähnliches »Erweckungserlebnis«; sie wollte beruflich mit Veteranen arbeiten. Bei ihr war der Auslöser der Brief von Ashley über ihren Vater und die Schusswaffen und die Schießerei. Kolbie wusste noch nicht, was sie als Nächstes machen wollte. Irgendetwas mit Sprache, irgendetwas mit Kindern und der Macht der Sprache. Fiona sagte, sie wolle sich eine Zeitlang auf ihre Ehe konzentrieren.

Ich schaute bei Fiona vorbei, um nachzusehen, wie weit sie mit den 10LADs war. Sie saß bereits auf dem Sofa, mit ihrer Auswahl auf dem Schoß. »Ich habe ein bisschen Reispudding gegessen«, sagte sie und rang sich ein Lächeln ab. Die E-Mails waren ausgedruckt worden, und sie blätterte die Seiten durch, wobei sie auf die Reihenfolge achtete. »Ich denke, es wird ihn in der gleichen Weise treffen, wie es uns getroffen hat, ein Stapel von Stimmen mit breiter Themenpalette.« Sie sprach leise, während sie die E-Mails sortierte, hauptsächlich zu sich selbst. »Menschen, die sich Sorgen um andere machen«, sagte sie und hielt ein paar hoch. »Menschen, die sich Sorgen um sich selbst machen«, sagte sie über eine andere Gruppe, und als sie durch war, setzte sie sich auf.

»Das ist Nummer eins«, sagte sie und zeigte mir die E-Mail. Der Schreiber bejubelte Trumps Sieg. Er sagte, Obama solle ein Feuer machen und all seine Verordnungen sowie die Liberalen, die das Land zugrunde richteten, reinwerfen und zusehen, wie sie verbrennen.

»Es ist eine Einleitung, denn es fühlt sich ungefähr so an, wie der Tag begonnen hat«, sagte Fiona, und ich spürte, dass sie keine Lust hatte, ihre Auswahl zu rechtfertigen.

»Und dann gefällt mir der persönliche Ton dieser E-Mail als Nummer zwei«, sagte sie, worauf sie ihre Auswahl mit der Zufriedenheit eines Autors durchging, der die Endfassung eines Werks las. »Sie ist mit jemandem verheiratet, der anders gewählt hat als sie. Aber sie werden weiterhin eine Familie sein. Ich finde es passend, eine so emotionale und erhebende Zuschrift ziemlich weit oben zu platzieren.

Diese da fand ich bewegend. Er spricht nicht über sich selbst. Sondern er sagt, ich hoffe, Sie werden dies mit der Macht, die Sie besitzen, für andere tun.

Auf ihn folgt jemand, der in einer finanziellen Notlage ist. Ich finde, das ist jemand, dessen Stimme gerade jetzt wichtig ist.

Dies ist jemand, der behindert ist – eine Gruppe, die sich selbst als verwundbar empfindet.

Der da ist unglaublich. Was für ein Typ. ›Ich werde Sie bei allen Aufgaben unterstützen, denen Sie sich widmen.‹

Das da ist ein Trump-Unterstützer, der sich rechtfertigt. ... Da gibt es ein paar schwerverdauliche Stellen. Aber er ist jemand, der sich freiwillig meldet, und er will mitteilen, wer er ist und warum er dieses Ergebnis wollte. Und er ist wirklich verärgert über die Anwesenheit von Einwanderern in den USA.

Auf ihn folgt jemand, der an einer Technologie arbeitet, die er für potenziell gefährlich hält.

Da ist jemand, der von der Regelung über den Abschiebungsschutz profitiert.

Diese Mail kommt dann zum Schluss. Weil ich glaube, viele Leute fragen sich jetzt: *Was sagen wir heute unseren Töchtern?*«

Sie ordnete die Briefe. Sie checkte ihr Telefon. Sie drehte an dem Deckel der Wasserflasche, die sie immer dabeihatte. »Ich werde sie abgeben. Und sie werden eingescannt und herumgeschickt werden.«

Einige Wochen später erhielt Fiona einen Anruf von Rob Porter, der als Stabssekretär des Weißen Hauses für den gewählten Präsidenten, Donald Trump, angestellt worden war. Er ersuchte um ein Treffen, und Fiona ging hin. Er stellte Fragen über den Lektüreraum, wie dort gearbeitet würde, und Fiona erzählte ihm von den Übergangsmaterialien, den Heftmappen, und sie tat ihr Bestes, um ihm einen guten Überblick zu geben.

»Zehn Briefe am Tag«, sagte sie, als wäre dies ganz selbstverständlich ein fester Bestandteil der Tagesordnung. Es werde vom Präsidenten *erwartet*, seine Post zu lesen und sie zu beantworten. Rob machte sich Notizen. Das Treffen dauerte ungefähr zwanzig Minuten. Er sagte, jemand werde sich nochmals mit ihr in Verbindung setzen, um weitere Informationen einzuholen.

Niemand tat es.

Briefauswahl 2016

09.11.16
fi 1

Von: **james**

Gesendet: 9.11.2016 12.12 Uhr

E-Mail:

Telefon:

Adresse:

Nachricht: Fangen Sie an zu packen! Bereiten Sie sich darauf vor, ein großes Freudenfeuer zu sehen, vielleicht im Gemüsegarten, wo Trump Obamacare und die meisten Ihrer Dekrete verbrennen wird. Sie können sich das zusammen mit all den anderen Liberalen, die versucht haben, das Land zu zerstören, von Ihrer neuen Residenz aus ansehen.

Von: **Alessandra Shurina**

Gesendet: 9.11.2016 8.08 Uhr

E-Mail: [redacted]

Telefon: [redacted]

Adresse: [redacted] Tallahassee, Florida [redacted]

Nachricht: Präsident Obama,

heute Morgen ist mein Herz gebrochen. So ist es, scheinbar irreparabel gebrochen. Ich gebe mir größte Mühe, nicht in dem Schmerz zu zerfließen, den ich verspüre, und meine Empörung im Kummer in etwas Produktiveres zu verwandeln. Ich habe eine fünf Monate alte Tochter, und dies ist nicht die Welt, in der sie aufwachsen sollte – bitte sagen Sie mir, dass es etwas gibt, was ich tun kann, um das in Ordnung zu bringen. Den Schlag zu dämpfen. Wie kann ich mich einbringen? Was raten Sie mir zu tun, damit wir ALLERHÖCHSTENS vier Jahre lang einen faschistischen Demagogen als Präsidenten haben? Ich bin bereit, mein Leben dem Dienst an einer Sache oder für einen Kandidaten zu widmen, wenn dies verspricht, nicht nur Trump, sondern auch die hasserfüllten Prinzipien, die seiner Wahl zugrunde lagen, zu besiegen. Das ist ein Weckruf für mich gewesen. Wählen allein genügt nicht. Ich muss etwas TUN. Bitte, Präsident Obama, sagen Sie mir, was ich tun soll.

Von: **Amanda Bott**

Gesendet: 9.11.2016 2.29 Uhr

E-Mail:

Telefon:

Adresse: Rochester, Washington

Nachricht: 8. November 2016

Sehr geehrter Präsident Obama,

am Wahlabend vor acht Jahren schrieb ich einen Brief an meine ungeborenen Kinder, in dem ich ihnen mitteilte, wie stolz ich sei, eine der Millionen von Amerikanern gewesen zu sein, die für Sie stimmten. An diesem Abend vergoss ich Tränen vor Freude, Stolz und Glück. Heute vergieße ich Tränen der Sorge. Ich weine um mein schönes Land mit seinen großartigen Idealen. Ich weiß nicht, wie ich vier Jahre mit einem Hassprediger im Oval Office überstehen soll. Zum ersten Mal in meinem Leben habe ich Angst um mein Land. Schreckliche Angst. Ich habe zwei wunderbare Töchter. Die eine ist zwei Jahre alt und die andere fünf, und sie verdienen es, eine Zukunft zu haben, und mir ist aufrichtig und ernsthaft bange, dass es mit diesem Mann im Amt keine Zukunft geben wird. Er hat die Fähigkeit, Kernwaffen zu stationieren, und er hat gesagt, er werde sie einsetzen.

Wie konnten wir nur so tief fallen? Wie konnte das geschehen? Vor acht Jahren stimmten wir für Hoffnung und heute Abend stimmten wir für Hass. Wie ist das möglich? Vor acht Jahren stimmte ich für Sie, weil ich mir von Ihnen Führungsstärke erhoffte. Heute bitte ich Sie, mich zu führen. Bitte, Herr Präsident, sagen Sie uns, was wir jetzt als Nation tun können.

Sagen Sie mir, was ich als Bürgerin und Mutter tun soll. Was kann ich tun, jetzt, wo dieser Mensch Oberbefehlshaber der größten und mächtigsten Streitmacht der Erde ist? Muss ich Briefe an die Führer der Welt schreiben, um mich zu entschuldigen und zu erklären, dass wir wirklich keinen nuklearen Holocaust wollen? Sollte ich an die Staatschefs jedes Landes der Erde schreiben und mich für die nächsten vier Jahre entschuldigen und sie bitten zu verstehen, dass dieser Hetzer nicht für uns spricht? Aber tut er es wirklich nicht?

Wir haben ihn gewählt. Wir haben ihn gewählt, für uns zu sprechen. Wir hörten den Hass und die Vorurteile und die Wut und den Fanatismus. Wir sahen, wie er Behinderte und Kriegsgefangene und Gold-Star-Familien verspottete – Menschen, die sowohl Republikanern als auch Demokraten von jeher heilig waren, und dennoch stimmten wir für ihn. Möge Gott uns beistehen, dass wir für ihn stimmten. Möge Gott uns allen beistehen.

Von: **Ms. Nicole Davis**

Gesendet: 9.11.2016 0.37 Uhr

E-Mail:

Telefon:

Adresse: Tobyhanna, Pennsylvania

Nachricht: Hallo, Präsident Obama, danke für alles, was Sie für unser Land getan haben. Während Ihrer Amtszeiten habe ich mich sicher gefühlt und sicher, meine Tochter großzuziehen. Jetzt trete ich in eine Phase ein, in der ich Angst habe, mit Trump zu überleben. Ich bin behindert, ich leide an Epilepsie. Trumps Bemerkungen über Behinderte haben Menschen gegen Personen wie mich aufgebracht. Ich befürchte, dass er Menschen wie mir schaden wird, ist das eine begründete Furcht? Ich habe einfach Angst und wäre für jegliche Art von Beruhigung dankbar, dass er mir wegen meiner Erkrankung nicht wehtun kann. Herzlichen Dank.

Von: [redacted]

Gesendet: 9.11.2016 0.01 Uhr

E-Mail: [redacted]

Telefon: [redacted]

Adresse: [redacted]

Nachricht: Herr Präsident,

zunächst einmal danke für alles, was Sie getan haben. Ich bin so stolz, dass ich Sie meinen Präsidenten nennen darf. Ich habe eine so gewaltige Achtung vor Ihnen als Ehemann und Vater. Als ich die Wahlergebnisse sah, bin ich in Tränen ausgebrochen. Meine Frau hat keine Papiere. Ich habe drei Kinder. Ich hatte in meinem Leben noch nie eine solche Angst. Ich weiß, dass Sie jetzt kaum Einfluss auf die Reform des Einwanderungsgesetzes nehmen können, aber vielen Dank dafür, dass Sie sich bemüht haben. Wir haben versucht, ihren Status in Ordnung zu bringen, aber ich weiß nicht, was jetzt passieren wird. Es besteht jetzt ein sehr hohes Risiko, dass ich von meiner Familie getrennt werde, und das macht mir schreckliche Angst. Ich weiß, dass Sie alles Ihnen Mögliche getan haben, und ich danke Ihnen dafür. Ich bin in den letzten 8 Jahren so stolz auf Sie gewesen, und ich wünsche Ihnen für die Zukunft alles Gute.

Mit freundlichen Grüßen

[redacted]

Von: [redacted]

Gesendet: 9.11.2016 14.17 Uhr

E-Mail: [redacted]

Telefon: [redacted]

Adresse: [redacted] Santiago de los Caballeros [redacted]

Nachricht: Sehr geehrter Präsident Obama,

ich heiße [redacted] Ich stamme nicht aus den Vereinigten Staaten, und ich lebe nicht dort.

Ich weiß, dass Sie sehr wahrscheinlich diesen Brief nicht lesen werden, aber es gibt einige Dinge, die Sie wissen sollten.

Es ist schwer, als Schwuler in einem Land aufzuwachsen, wo alles, was mit Homosexualität zu tun hat, als falsch und beschämend angesehen wird. Todesdrohungen von Eltern, Mobbing in der Schule oder auch einfach nur »Schwulenwitze«, die jemanden mit unserer sexuellen Orientierung oder auch aufgeschlossene Menschen deprimieren.

Sie gaben mir Hoffnung. Als ich gelesen habe, was Sie in Ihrem Land alles für Menschen wie uns getan haben, wurde mir klar, dass die Welt vielleicht doch nicht so schlecht ist, wie es den Anschein hat, dass man vielleicht doch nicht die ganze Zeit in Angst leben und sich verstecken muss. Sie haben mich ermutigt, meinen Weg zu gehen, besser zu werden und selbst den Wandel vorzuleben, den ich in der Welt sehen möchte, in der Hoffnung, dass ich eines Tages in den Vereinigten Staaten leben werde, sodass ich ein normales Leben führen kann.

Zu wissen, dass Ihre Präsidentschaft zu Ende geht und dass dies ein schwerer Schlag für die LGBT-Community sein wird, zerbricht mir das Herz.

Danke, Herr Präsident, für 8 Jahre der Hoffnung, dafür, dass Sie mir geholfen haben, erwachsen zu werden, und dafür, dass Sie Großes geleistet haben, nicht nur für Amerika, sondern auch für den Rest der Welt.

Von: [redacted]

Gesendet: 09.11.1016 9.13 Uhr

E-Mail: [redacted]

Telefon: [redacted]

Adresse: [redacted]

Nachricht: Sehr geehrter Herr Präsident,

ich bin heute Morgen in einem Zustand der Ungläubigkeit aufgewacht. Zum Teil weil ich nur 4 Stunden geschlafen habe, nachdem ich eine ganze Flasche Jägermeister geleert habe, aber vor allem weil Donald Trump zum Präsidenten gewählt wurde.

Meine Familie lebt seit langer Zeit in diesem Land. Meine ältesten Vorfahren kamen an Bord der Mayflower in dieses Land. Sie haben geschuftet und hart für den »amerikanischen Traum« gearbeitet, und die Früchte ihrer Arbeit zeigten sich in ihren Erfolgen. So war insbesondere [redacted] Unterzeichner der Konföderationsartikel [redacted] Abgeordneter beim Kontinentalkongress und [redacted].

Meine Träume von einem glücklichen und wohlhabenden Amerika haben heute einen Dämpfer erfahren. Ich habe heute Morgen einen Spaziergang gemacht, um frische Luft zu schnappen und die frühen Morgenstunden zu genießen. Ich wohne in [redacted], und ich habe keine Vögel zwitschern hören. Hier [redacted] regnete es, passenderweise, wie ich finde, denn es fühlt sich so an, als würde die Welt weinen. Ich halte Kontakt zu Brieffreunden in Großbritannien, und auch sie sind fassungslos.

Ich kann mir nicht vorstellen, wie wir auf dem Weg, den Trump aufzeigt, »Amerika wieder großartig machen« können. Das Amerika, von dem er spricht, ist ein gespaltenes Amerika. Ein Amerika, das Frauen und Afroamerikaner nicht wählen lassen würde, und ein Amerika, in dem ich in Schulen, Büros und Toiletten von anderen getrennt würde … Mir kommt es vor, als würde ich eine frei erfundene (*trumped-up*) Version eines Brettspiels spielen und wir müssten »fünf Felder zurückgehen«.

Ich bin nie zu hundert Prozent mit allem einverstanden gewesen, was Sie gesagt haben. Aber ich bin fest davon überzeugt, dass Sie als einer der bedeutendsten Präsidenten dieses Landes in die Geschichte eingehen werden. Sie haben so viel für die Bürgerrechte und für die Wahrung der Gerechtigkeit getan. Sie haben Ihr Möglichstes getan, damit es den Amerikanern gut geht. Ganz ehrlich, es bricht mir das Herz für Sie und Michelle und Ihre Familie. Es tut mir so leid, dass Sie die nächsten vier Jahre einem wütenden Oompa Loompa[1] mit dünnen Haarsträhnen dabei zusehen müssen, wie er versucht, Amerika »fünf Felder zurückgehen« zu lassen.

Mit den besten Wünschen

1 Angehörige eines fiktiven Pygmäenstamms mit orangefarbenem Teint und grünem Haar in dem Kinderbuch *Charlie und die Schokoladenfabrik* von Roald Dahl (A.d.Ü.)

Von: **Mrs. Katie Lowden Bahr**

Gesendet: 9.11.2016 10.20 Uhr

E-Mail:

Telefon:

Adresse: Madison, Wisconsin

Nachricht: Sehr geehrter Herr Präsident,

als Sie vor acht Jahren die Präsidentschaftswahlen gewannen, war ich voller Zuversicht. Ich war hoffnungsvoll. Ich war tief gerührt, als Sie in der Nacht des Sieges mit Ihrer Frau und Ihren Kindern das Podium betraten. Es war ein so unglaublicher Moment. Als Sie vier Jahre später wiedergewählt wurden, war ich erleichtert. Zwei Monate zuvor war meine erste Tochter zur Welt gekommen. Sie leidet an einem angeborenen Herzfehler. Meine Tochter wird also immer eine Vorerkrankung haben. Gestern Abend sah ich fassungslos mit an, wie unser Land Donald Trump wählte. Ich habe jetzt eine weitere Tochter, und ich bin mir sicher, dass die Art, wie Mr. Trump Frauen behandelt, Sie als Vater zweier junger Frauen ebenfalls mit Abscheu erfüllt.

Ich schreibe Ihnen heute Morgen aus Furcht. Diese Wahl wurde mit Angst gewonnen. Angst vor dem Anderen. Angst vor dem Unbekannten. Angst vor fremden Kulturen, vor der sexuellen Orientierung, vor Gender und vor der Religion. Angst, geboren aus Unwissenheit. Und jetzt habe auch ich Angst. Ich bin in Sorge, wie dies in den nächsten vier Jahren unser Land und die Welt verändern wird. Sie haben mir als Führungspersönlichkeit immer Hoffnung gegeben, und gerade jetzt könnte ich ein bisschen davon gut gebrauchen.

Heute Morgen bitte ich Sie um eines: Stellen Sie in den nächsten beiden Monaten die Weichen, so gut Sie es irgend können. Sichern Sie die nächsten vier Jahre für unser Land. Für das amerikanische Volk, das nicht einmal begreift, was für einen schwerwiegenden Fehler es gemacht hat. Tun Sie, was Sie können, um die Gesundheitsversorgung, die Außenpolitik, die Einwanderung, die Bildung, die Umwelt, Arbeitsplätze und all die anderen wichtigen Errungenschaften abzusichern, die Mr. Trump zunichtemachen will.

Danke für die letzten acht Jahre. Sie werden als einer der bedeutendsten Führer, die unser Land hatte, in die Geschichte eingehen. Ihre Leistungen und Ihr besonnenes Handeln unter Druck sind ein Geschenk für uns alle gewesen.

In Dankbarkeit

Katie Lowden Bahr

18.01.17
fi 1

20. Dezember 2016

Sehr geehrter Präsident Obama,
ich habe fünf Jahre lang als ambulante Pflegekraft in Ihrer Heimatstadt Chicago gearbeitet. Zu meinem Einsatzgebiet gehörten Rogers Park und South Evanston, eines der vielfältigsten Wohnviertel in unserem wunderbaren Land.

Ich bin in mehr fremden Wohnungen gewesen als die meisten Menschen, und ich möchte, dass Sie wissen, dass in jeder afroamerikanischen Wohnung, die ich betreten habe, ein Bild von Ihnen war. Meistens war es die vollständige wunderschöne Familie Obama. Sie haben so vielen Menschen so viel bedeutet – Ihr Anstand, Ihre Intelligenz und Redlichkeit.

Wie so viele andere Menschen bin ich entsetzt und besorgt wegen der Wahlergebnisse. Ich hoffe, Sie werden weiterhin Ihre Stimme erheben und sich für die Werte einsetzen, die uns so teuer sind – den demokratischen Prozess und die Gleichheit aller Menschen. Sie und Ihre Familie sind wirklich großartig, und Sie werden schmerzlich vermisst werden. Ich verüble Ihnen sicherlich nicht, dass Sie eine Pause machen wollen, aber dieses Land braucht Sie weiterhin dringend. Ich hoffe, Sie weiterhin auf der Weltbühne zu sehen, im Kampf für das Gute.

Alles Liebe

Tracy LaRock

Tracy La Rock

Evanston, Ill

Auswahl 03.01.17 8,10

20. November 2016

Sehr geehrter Herr Präsident Obama,

da wir im Januar 2009 nicht die Möglichkeit, die Zeit oder die Energie (oder keines davon) hatten, an Ihrer Amtseinführung teilzunehmen, hat unsere sehr enge Gruppe von Freunden und Nachbarn damals beschlossen, Ihnen zu Ehren einen eigenen Antrittsball zu veranstalten. Wir haben unser Wohnzimmer ausgeräumt, uns in Schale geworfen, Champagner getrunken und die Nacht durchgetanzt. Eltern, Kinder, alle. Mehrere Wochen vor Weihnachten bin ich zu Besuch in Washington, D.C., gewesen (ich stamme ursprünglich von dort), und als ich durch die Union Station schlenderte, sah ich Barack Obama in einem Geschenkladen und wusste, dass ich den perfekten »Party-Geschenkartikel« für unseren Ball gefunden hatte. Bei der Party hängten wir die amerikanische Flagge vom Begräbnis meines Vaters an die Wand des Wohnzimmers (er kämpfte im Zweiten Weltkrieg im Südpazifik) und stellten O(bama) davor auf (siehe das beiliegende kleine Bild: das bin ich mit Ihnen), und Partygäste ließen sich »mit dem Präsidenten fotografieren«. Mein Vater wäre so stolz gewesen, dabei zu sein.

Für den 13. November dieses Jahres hatten wir eine nachträgliche Wahlparty geplant. Wir waren davon ausgegangen, dass es etwas zu feiern geben würde, aber die Wirklichkeit machte uns einen Strich durch die Rechnung. Wir zogen in Erwägung, die Party abzusagen, aber dann wurde uns sehr schnell klar, dass es für uns und für unsere Freunde wichtig wäre zusammenzukommen. Wir holten O vom Dachboden herunter und stellten eine Tafel auf, um »ihnen beizubringen, wie man Abschied nimmt«. (Ich bin ein Fan des Musicals »Hamilton«.) Beigefügt sind Fotos dessen, was wir Ihnen sagen wollen.

Ich bin fest davon überzeugt, dass wir dies durchstehen werden und dass wir am anderen Ende besser herauskommen werden, aber es wird schwierig, erzürnend und in mancherlei Hinsicht traurig sein. Ihr Einfluss auf unser Leben und das Leben unserer Kinder lässt sich nicht ermessen. Meine Tochter ist Lehramtsstipendiatin in North Carolina, und sie ist in ihrem dritten Studienjahr und unterrichtet Mathematik in der sechsten Klasse einer Schule für Kinder aus einkommensschwachen Elternhäusern in Durham: Wenn die Kinder aus den Schulferien zurückkommen, kann sie an ihrem Verhalten ablesen, wer zu Hause genügend zu essen bekam und wer nicht. Sie hat neulich sehr erfolgreich Spenden für den Kauf neuer Schreibtische für ihr Klassenzimmer eingeworben: Die alten brachen vor den Kindern auseinander. Aber sie und ihre unglaublich engagierten Lehrerkollegen sind die Zukunft dieses Landes. (Und ich weiß, sie würden den Besuch eines Präsidenten in ihrer Klasse begrüßen, sollten Sie in der Zukunft einmal Zeit haben …). Wir werden dies durchstehen, nicht zuletzt wegen des Engagements von Menschen wie Millie und ihrer Lehrerkollegen.

Danke für alles, was Sie getan haben. Danke für Ihre Liebenswürdigkeit. Danke dafür, dass Sie uns an Ihrem wunderbaren Familienleben Anteil nehmen ließen. Danke dafür, dass Sie der erste Präsident gewesen sind, den unsere Kinder bewusst miterlebten und der für sie immer der mustergültige Maßstab dafür sein wird, was ein Präsident tun sollte. Ich habe Ihre erste Antrittsrede an die Wand meines Homeoffice geklebt und lese sie immer wieder, um mich davon inspirieren zu lassen. Ihr Haar mag heute ein wenig grauer sein, aber seien Sie sicher, dass Sie sich dieses graue Haar auf ehrliche Weise verdient haben. Danke.

Maureen Dolan Rosen
Chapel Hill, NC

20. November 2016

Übersetzung:

Sehr geehrter Herr Präsident:
»Danke für das, was Sie für meine Söhne getan haben« – Mike Kennedy

Danke dafür, dass Sie Würde, Format und Führungsstärke ins Weiße Haus gebracht haben: Wir werden Sie vermissen.

»Dance me to the end of love«[1]

Ich liebe Sie, Ihre Familie, Ihre Präsidentschaft, Ihre Arbeit für immer

Danke dafür, dass Sie Anstand und Würde ins Weiße Haus gebracht haben!!

Sie und Michelle verkörpern das, was eine Präsidentenfamilie sein sollte. Ich bin so stolz, dass unser Land Sie zweimal gewählt hat.

4 weitere Jahre! Danke für die acht Jahre, in denen wir Ihre wunderbare Familie kennenlernen durften, und dafür, dass Sie uns stolz auf unseren Präsidenten gemacht haben.

Sie inspirieren uns alle – Danke!

Wir werden Sie vermissen!

Danke für eine Präsidentschaft, die so vielen von uns so viel bedeutet hat und dies immer tun wird.

Ich bin so überaus dankbar dafür, dass das Bild, das meine Teenager von dem Amt des Präsidenten haben, von Ihren 8 Jahren geprägt wurde. Sie wissen, was wir haben KÖNNEN und verdienen. Danke für 8 Jahre Integrität und Fortschritt.

Sie und Michelle sind der Inbegriff der Eleganz! Sie machen mich stolz, Amerikaner zu sein & danke für Ihre Würde, Eloquenz, Intelligenz etc.
Wir werden Sie vermissen!!

[1] Song von Leonard Cohen (A.d.Ü.)

BARACK OBAMA

26. April 2017

Ms. Maureen Dolan Rosen
Chapel Hill, North Carolina

Liebe Maureen,

danke für den sehr liebenswürdigen Brief und für die Übermittlung der nachdenklichen Mitteilungen derjenigen, die an Ihrer Party teilgenommen haben. Ihr Optimismus ist ermutigend, und ich teile Ihre Hoffnung für die Zukunft unseres Landes.

Bedenken Sie, dass die amerikanische Geschichte über größere Zeiträume hinweg eine stetige Vorwärtsbewegung aufweist. Und auch wenn es manchmal den Anschein hat, dass auf zwei Schritte vorwärts immer ein Schritt zurück folgt, bin ich zuversichtlich, dass wir, solange engagierte und leidenschaftliche Bürger wie Sie ihre Stimme erheben und sich ernsthaft bemühen, die Werte zu verteidigen, die uns zu dem machen, was wir sind, weiter voranschreiten werden.

Nochmals danke, dass Sie an mich denken. Als Ihr Präsident zu dienen war die größte Ehre meines Lebens – es war jedes graue Haar wert! Bitte richten Sie Millie aus, dass ich stolz auf das bin, was sie im Unterricht leistet. Ich wünsche Ihnen und Ihren Lieben alles Gute.

Mit freundlichen Grüßen

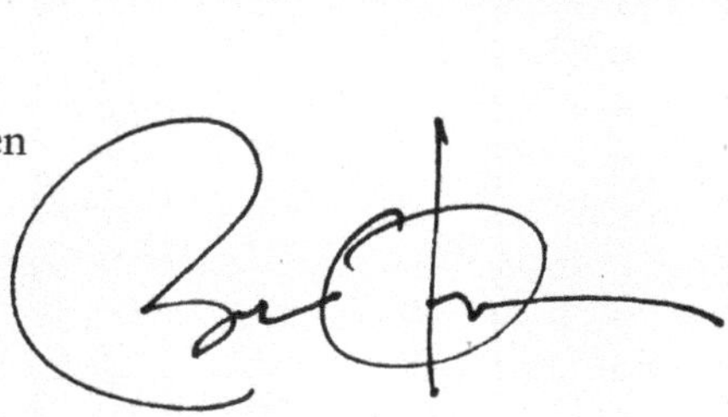

18.01.17

6. Dezember 2016

Jaconita, New Mexico

Sehr geehrter Präsident Obama,

ich habe heute Ihre Rede in Florida gehört und war beruhigt. Ich habe mich gefragt, was Sie an dem Tag nach der Wahl gemacht haben, um Ihre Wunden zu salben. Ich habe an diesem Tag einen Apfel-Cranberry-Streuselkuchen gebacken und die Hälfte davon gegessen. Zwei Freunde von mir besuchten einen Salsa-Kurs. Eine Nachbarin las den Roman »Hillbilly-Elegie« bis in die frühen Morgenstunden und stürzte sich dann darauf, ihren Garten für den Winter schlafen zu legen. Eine befreundete pensionierte Lehrerin in Washington ging, wie geplant, zu ihrer Klavierstunde und hat dann auf dem Heimweg Halt gemacht, um sich eine Flasche Bourbon zu kaufen (normalerweise trinkt sie ein Gläschen Portwein in der Abenddämmerung).

Zuerst verzichtete ich darauf, mir die Nachrichten anzusehen. Dann sagte ich mir, wenn ich schon vor die Hunde gehen sollte, müsste ich darauf vorbereitet sein. Dann beschloss ich, aufmerksam hinzusehen, den Brief zu schreiben, den ich schon lange in meinem Kopf aufsetze, und dann, bei Bedarf, per Post zu versenden. Ich bin 84, kann auf 25 Jahre mit froh dreinblickenden Kindern in überwiegend heruntergekommenen Klassenzimmern und mit klapprigen Computern zurückblicken und hoffe, dass diese Kinder die wichtigste Lektion gelernt haben, die ich ihnen beibringen konnte: Fairness und objektives Denken.

Danke dafür, dass Sie die Werte verkörpern, für die unsere wahrhaft gerechte Nation eintritt. Danke der ganzen Familie Obama dafür, dass sie uns ein Vorbild ist, dem wir nacheifern sollten. Die Geschichte wird es gut mit Ihnen meinen, Herr Präsident. Ich bin dankbar dafür, dass ich Ihre Präsidentschaft noch erleben durfte.

Mit freundlichen Grüßen

Roberta Fine

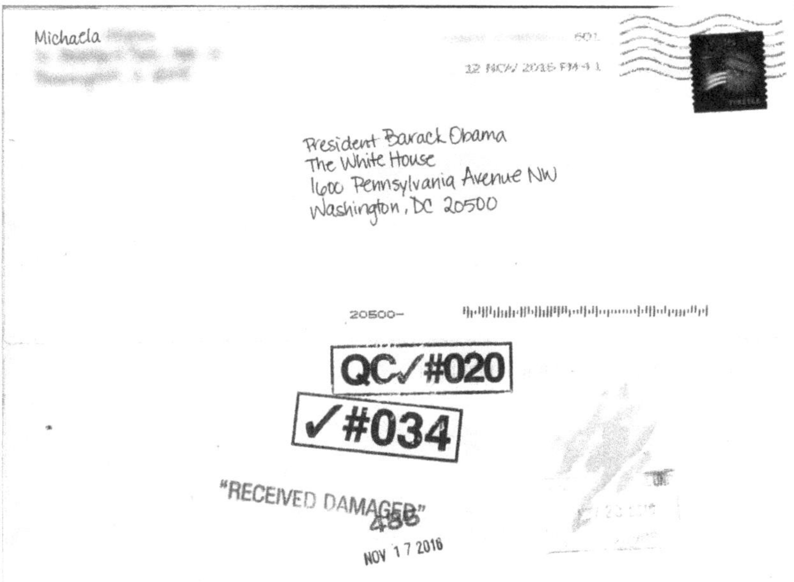

Michaela [illegible]

601
12 NOV 2016 PM 4 1

President Barack Obama
The White House
1600 Pennsylvania Avenue NW
Washington, DC 20500

20500-

QC✓#020

✓#034

"RECEIVED DAMAGED"
486
NOV 17 2016

04.01.17
f13

Auswahl

Sehr geehrter Herr Präsident,

ich schreibe Ihnen am Morgen nach der Wahl nach einer ruhelosen Nacht und zwei Stunden Schlaf. Ich erinnere mich, dass es mir heute vor acht Jahren, als bekannt gegeben wurde, dass Sie die Wahl gewonnen hatten, ganz anders ging. Ich war in meinem ersten Studienjahr auf dem Community College, ich ging über einen vereisten Innenhof in meinen Schneestiefeln, mit einem breiten, stummen Grinsen auf dem Gesicht, und jede geschlossene Tür, an der ich vorbeikam, öffnete sich wie von Zauberhand. Dieser Moment war so voller Hoffnung. Es sollten vier weitere Jahre vergehen, ehe das DACA-Programm mein Leben verändern würde.

Ich wurde auf den Philippinen als Tochter zweier hart arbeitender Eltern mit College-Abschluss geboren. Wir lebten in Manila, hatten ein Haus, zwei Autos und einen Hund, den ich über alles liebte. Alle paar Jahre machten wir in Chicago Urlaub. Auf einer der ersten Reisen, ich war damals vier, fiel für April ungewöhnlich viel Schnee. Eine meiner frühesten Erinnerungen ist, dass ich mit einer behandschuhten Hand ein wenig Schnee nahm und mit ins Haus brachte, wo er innerhalb von nur zwei Minuten schmolz. Es war mein erster Schnee. Vielleicht war dies der Moment, in dem ich mich in diesen Ort verliebte.

Als mein Vater gezwungen war, in den Vorruhestand zu gehen, und keine Arbeit mehr fand, versuchten meine Eltern ein Jahr lang, mit seiner Abfindung und dem Sekretärinnengehalt meiner Mutter über die Runden zu kommen. Im Jahr 2000 beschlossen sie, alles zurückzulassen und in den Staaten einen Neuanfang zu wagen. Obgleich wir über meine Großeltern mütterlicherseits ein Visum beantragten, führten das mangelhafte Einwanderungssystem und die extrem langen Bearbeitungszeiten dazu, dass wir nach Ablauf unserer Visa alle drei ohne Papiere dastanden. Was nun folgte, waren die 16 härtesten Jahre unseres Lebens. Ständig wechselnde Arbeitsplätze und verpasste Gelegenheiten, das Studium, das ich nicht aufnehmen konnte, die Stellenangebote, die ich ablehnen musste, tagelanges untätiges Herumsitzen zu Hause zwischen Hoffnung und Bangen, Niedergeschlagenheit und Angst, die selbst gewählte Einsamkeit (Freunde hätten zu viele Fragen gestellt), der Verlust der Krankenversicherung, das Leben ohne finanzielle Rücklagen, die Zwangsversteigerung unseres Hauses, schließlich die Scheidung meiner Eltern. Der Kummer jener Jahre steckt mir noch immer so sehr in den Knochen, dass ich bezweifle, jemals darüber hinwegzukommen.

Ich war erstaunt, wie schnell ich dann von einem »illegalen Ausländer« zu einem »vollwertigen Menschen« wurde. Innerhalb von zwei Monaten nach der Genehmigung meines DACA-Antrags (auf Abschiebungsschutz) hatte ich eine Sozialversicherungsnummer, lernte (mit 23), wie man (richtig) fährt, bekam einen Führerschein und einen Teilzeitjob. Innerhalb eines Jahres ergatterte ich dann eine Ganztagsstelle bei einer Firma, für die ich noch heute arbeite (ohne den Wochenendjob aufzugeben). Ich begann, wieder Freundschaften zu schließen. Ich schmiedete Zukunftspläne, die Weiterbildung und den Erwerb neuer Kompetenzen einschlossen. Ich war froh, Miete, Steuern und Rechnungen zahlen zu können. Ich beklagte mich scherzhaft darüber, dass es mich ermüde, sieben Tage die Woche zu arbeiten – während ich mich insgeheim darüber freute. Ich erfreute mich an den kleinsten Kleinigkeiten meines Alltags. Ich war ein wirklicher Mensch, mit dem Luxus alltäglicher Probleme eines wirklichen Menschen. Ich habe dieses Geschenk nicht vergeudet. Ich habe jedes kleine bisschen davon genossen.

In den letzten vier Jahren nahm mein Leben einen ruhigen und vorhersagbaren Verlauf. Aber heute habe ich große Angst. Als ein früher DACA-Empfänger, dessen Schutzstatus zweimal verlängert wurde, ist alles, wofür ich gearbeitet habe, jetzt in Gefahr. Ich bin hier aufgewachsen. Dies ist und wird immer meine Heimat sein. Aber heute bin ich mit dem Gefühl aufgewacht, niemandem trauen zu können, und ich konnte kaum etwas essen und brachte kein Wort heraus. Es ist sehr schwer, optimistisch zu bleiben, aber je mehr ich mich umsehe, umso deutlicher erkenne ich, wie ein Unterstützernetzwerk entsteht, und damit wächst meine Hoffnung. Die Mühen, die wir auf uns nehmen mussten, haben uns Einwanderer (ob mit oder ohne Papiere) mit einer Kraft und einem Elan erfüllt, die sich nicht auslöschen lassen. Wir sind hier. Bitte geben Sie uns nicht auf.

Bevor ich zum Schluss komme, möchte ich, dass Sie wissen, dass ich, egal was geschieht, dankbar für alles bin, was mir das DACA-Programm ermöglicht hat. Nach dieser Wahl hätte ich weder den Mut noch den Willen weiterzumachen, wäre da nicht die Zuversicht, die ich diesem Programm, meiner Bildung und meinen Erfahrungen verdanke. Eines Tages werde ich meinem Kind beibringen, wie wertvoll Mitgefühl, Opferbereitschaft und harte Arbeit allen Widrigkeiten zum Trotz sind. Und, wer weiß, vielleicht wird sie eines Tages Präsidentin werden.

Mit großer Bewunderung und Hochachtung

Michaela

Darin M. Reffitt

Wilmington, DE

Präsident Barack Obama
c/o Fiona Reeves
Korrespondenzabteilung des Präsidenten
Raum 412
Eisenhower Executive Office Building
1650 Pennsylvania Avenue, NW
Washington, D.C. 20502

9. November 2016

Herr Präsident,

ich habe Ihnen am gleichen Tag vor acht Jahren geschrieben, die viel zu schnell vergangen zu sein scheinen, und doch fühlt es sich so an, als läge ein ganzes Menschenalter dazwischen. Ich schrieb am Tag nach der Wahl von 2008, und ich fühlte mich geehrt, als ich vor Kurzem erfuhr, dass mein Brief als einer der zehn ausgewählt wurde, die Ihnen täglich zur Lektüre vorgelegt werden.

Bei allem, was in den Jahren seither geschehen ist, erwarte ich nicht, dass Sie sich an meinen Brief oder meine konkrete Situation erinnern. Aber ich habe Sie an jenem Tag zu Ihrem Wahlsieg beglückwünscht und erläuterte, dass ich – während mein Herz vor Stolz überschäumte, dass Sie zu unserem 44. Präsidenten gewählt worden waren – am nächsten Morgen nach dem Aufwachen aus den Nachrichten erfuhr, dass Referenden, die die Entziehung bzw. die Vorenthaltung von Rechten für meine LGBT-Brüder und -Schwestern zum Gegenstand hatten, in Kalifornien, Florida, Arizona und Arkansas erfolgreich waren. Anschließend berichtete ich Ihnen von dem Autounfall meines Partners und davon, welche dramatischen Folgen die Tatsache, dass gleichgeschlechtliche Paare in den USA nicht heiraten können, für uns hatte, angefangen von Versicherungen über Mobilfunkanbieter bis zu Krankenhäusern.

Ich schüttete Ihnen mein Herz aus über die frustrierenden Erfahrungen, die ich machte, als ich immer wieder hörte, dass ich als sein Partner keine Rechte hätte, in der Hoffnung, meine Erfahrungen würden Ihnen eindringlich vor Augen führen, warum diese Sache so unglaublich wichtig ist.

Und jetzt, wo ich weiß, dass Sie meinen Brief tatsächlich im ersten Monat Ihrer Präsidentschaft gelesen haben, hoffe ich, dass er in irgendeiner Weise zu Ihrem Sinneswandel in Bezug auf die gleichgeschlechtliche Ehe beigetragen hat und dass meine Geschichte etwas mit Ihrer Entscheidung zu tun hat, den Defense of Marriage Act (Gesetz zur Verteidigung der traditionellen, heterosexuellen Ehe) nicht zu unterstützen. Ich klammere mich heute an diese Hoffnung, weil das Einzige, was mich heute davon abhält, wegen des gestrigen Wahlergebnisses in Verzweiflung zu versinken, die Hoffnung ist, dass ein Mensch tatsächlich etwas bewirken kann.

Denn ich werde weiterkämpfen und bin entschlossen, etwas zu bewirken.

Aber in diesem Brief geht es nicht um mich. Es geht um Sie. Ich schreibe Ihnen heute, um Ihnen zu danken. Um Ihnen für so vieles zu danken, was Sie in den vergangenen acht Jahren getan haben, und für die Integrität, Würde und die Klasse, die Sie in das Amt des Präsidenten gebracht haben. Ihnen zu danken, weil Sie in jeder Hinsicht den Glauben, den ich 2008 in Sie setzte, bestätigt haben und mich stolz darauf machten, dass ich Ihren Wahlkampf ehrenamtlich unterstützt hatte.

Es sind keine leichten acht Jahre für diejenigen von uns gewesen, die Sie unterstützten. Zuerst mussten wir Sie bei denjenigen verteidigen, die davon überzeugt waren, dass Sie ihnen die Schusswaffen wegnehmen, uns in einen sozialistischen Staat verwandeln und unsere Wirtschaft zerstören würden. Stattdessen haben Sie die Wirtschaft gestützt, uns aus der schwersten Finanzkrise seit der Großen Depression herausgeführt und für die Menschen gekämpft, die nicht auf der Sonnenseite des Lebens stehen. Unter Ihrer Führung konnten wir Millionen bedürftiger Menschen, die keinen Zugang zur Gesundheitsversorgung hatten, versichern, sahen wir den Dow Jones auf Rekordhöhen steigen und erlebten wir die längste Phase des Beschäftigungswachstums überhaupt.

Aber dann mussten wir Sie auch gegenüber den Menschen verteidigen, die Ihnen gewogen waren und Sie gewählt hatten, aber dann der Meinung waren, dass Sie nicht genug täten; Menschen, die entweder nicht verstehen, dass ein Präsident nicht allmächtig ist, oder die sahen, wie Sie versuchten, mit dem anderen politischen Lager zusammenzuarbeiten, und die Kompromisse und Verhandlungen als Schwäche betrachteten, statt als integralen Bestandteil des politischen Prozesses, wie er von unseren Gründervätern ausgestaltet worden war. Wir mussten erklären, warum schrittweise Veränderungen besser sind als gar keine Veränderungen; dass man manchmal nicht die perfekte Lösung bekommt, aber immerhin eine Verbesserung und sich dann weiterbemüht.

Voller Schrecken mussten wir zusehen, wie die Republikaner im Kongress jede Initiative blockierten, uns an den Rand eines Staatsbankrotts brachten und sich weigerten, etwas gegen die sich immer weiter ausbreitende Epidemie von Waffengewalt in unserem Land zu unternehmen. Wir vergossen Tränen mit Ihnen, als Sie sich im Anschluss an einen Amoklauf nach dem anderen mit bewegenden Worten an die Nation wandten, während Ihre Gegner zu unserer großen Bestürzung nicht anerkennen wollten, dass Sie echte Trauer und Sorge zum Ausdruck brachten.

Sie haben Sie bei jeder Gelegenheit verleumdet, aber unsere Liebe blieb unerschütterlich, denn wir wussten, dass Sie weiterhin für das kämpfen würden, was richtig und gerecht und selbst für die Bedürftigsten unserer Bürger fair war.

Und durch all dies brachten Sie Ehre und Würde ins Weiße Haus.

Ich habe viele Freunde in anderen Ländern, Menschen, die mir aus eigener Erfahrung bestätigen könnten, wie viel Sie und Ihr Team – insbesondere Außenministerin Clinton – getan haben, um das Ansehen unserer großartigen Nation im Ausland wiederherzustellen. Ich erinnere mich an eine Reise, die wir 2003 nach Italien machten und auf der unsere Gruppe von Amerikanern wegen der Situation im Irak geschnitten wurde, und zwar so sehr, dass ich den Leuten schließlich sagte, wir seien Kanadier, um nicht übers Ohr gehauen und angeschnauzt zu werden. Aber all das haben Sie korrigiert, und Sie haben dafür gesorgt, dass wir wieder eine Nation geworden sind, die in der ganzen Welt hohes Ansehen genießt.

Und aus irgendeinem Grund sind Sie immer positiv geblieben. Sie sind nie auf das Niveau mancher Menschen herabgesunken, die das Gefühl haben, sie müssten auf jeden persönlichen Angriff und jede vermeintliche Beleidigung reagieren. Und das ist vielleicht das Erstaunlichste überhaupt.

Ich kann mir nicht im Entferntesten vorstellen, wie man sich fühlen muss, wenn man selbst oder wenn die eigene Familie auf die gehässige Art und Weise angegriffen wird, wie es bei Ihrer Familie online und in den sozialen Medien der Fall gewesen ist. Ich bin mir sicher, dass Sie als ein liebevoller Vater Ihr Bestes taten, um Ihre Töchter gegen die hasserfüllte Rhetorik abzuschirmen, die sich gegen Ihre Familie richtet. Aber ich weiß, dass sie das irgendwann einmal zwangsläufig mitbekommen haben, und ich kann nur annähernd den herzzerreißenden Schmerz ermessen, den es Ihnen bereitet haben muss, als Sie sahen, wie weh es ihnen tat, als Sie ihnen erklärten, es gebe Menschen, die einfach so hassten, dass sie für den Rest ihres Lebens gegen Diskriminierung kämpfen müssten und dass man es auch dann, wenn man der mächtigste Mann der Erde wird, nicht überwinden kann beziehungsweise dass dies für manche Menschen keine Rolle spielt – Menschen, die sich nie damit abfinden werden, dass ein Mensch wegen seiner Hautfarbe nicht minderwertig ist.

Erst als Ihre Frau – der Inbegriff an Eleganz und Klasse als unsere First Lady – auf dem Parteitag der Demokraten das Mantra teilte »*When they go low, we go high*«, »Wenn sie sich von ihrer schlechtesten Seite zeigen, zeigen wir uns von unserer besten«, bemerkte ich, wie Sie dafür sorgten, dass Ihre wunderbaren Töchter die ganze Zeit lächelten: Sie gingen mit gutem Beispiel voran. Es ist meine inbrünstige Hoffnung, dass sie eines Tages in Ihre Fußstapfen treten und eine Rolle in unserer großartigen Demokratie spielen werden. Doch was immer sie auch tun werden – ich bin sicher, dass sie Erfolg haben werden, beflügelt von der Leidenschaft und Entschlossenheit ihres Vaters.

Aber Sie haben nicht nur sie inspiriert.

Ich bin sicher, dass Sie heute um Ihr Vermächtnis bangen, befürchten, dass in den nächsten vier Jahren ein Großteil dessen, was Sie in den zurückliegenden acht Jahren erreicht haben, zerstört werden wird. Ich teile Ihre Sorge.

In Lin-Manuel Mirandas [Musical] *Hamilton* fragt Alexander Hamilton: »Was ist ein Vermächtnis? Samen in einem Garten auszusäen, den man nie sehen wird.« Bald darauf erklärt Thomas Jefferson: »Ich schenke ihm das: Sein Finanzsystem ist das Werk eines Genies. Ich könnte es nicht zerstören, selbst wenn ich es versuchte. Und ich habe es versucht.«

Die kommende Regierung mag darauf hinarbeiten, die Fortschritte, die Sie erreicht haben, rückgängig zu machen. Aber die Nachwirkungen dieser Errungenschaften und die Erinnerung an das Land, so wie es heute ist, können sie nicht zunichtemachen.

Ich freue mich, Ihnen mitteilen zu können, dass mein heutiger Ehemann und ich im August 2012 eine Lebenspartnerschaft eingingen, die in eine Ehe umgewandelt wurde, als Delaware 2013 der elfte Bundesstaat wurde, der die gleichgeschlechtliche Ehe einführte. Wir haben heute, zumindest bis auf Weiteres, die gleichen Rechte und Vergünstigungen. Aber 55 Prozent der Amerikaner befürworten heute die gleichgeschlechtliche Ehe und schenken der hasserfüllten Rhetorik, dass sie die Gesellschaft zerstören oder Kindern schaden wird, keinen Glauben mehr. Auch das ist Teil Ihres Vermächtnisses. Die Veränderungen in den Einstellungen und Werten, die Ihre Politik herbeiführte, verschwinden nicht über Nacht.

Und anders als Mr. Hamilton sind Sie noch da und können weitere Samen aussäen.

Ich muss an die grundlegende Güte der Amerikaner glauben, daran, dass der gesunde Menschenverstand schließlich obsiegen wird. Ich bin mir sicher, dass Sie und Außenministerin Clinton und andere Menschen wie Sie Wege finden werden, um etwas Gutes aus dem zu machen, was geschehen ist. Ob es darum geht, die 33 Prozent der wahlberechtigten Amerikaner, die sich nicht für die Stimmabgabe registrieren lassen, dazu zu bewegen, dies zu tun, ob es darum geht, dafür zu sorgen, dass sich mehr Menschen auf lokalen Ebene politisch engagieren, oder ob es darum geht, uns zu befähigen, die Faktoren besser zu verstehen, die uns dorthin brachten, wo wir heute stehen – wir wissen, dass es nicht vorbei ist.

Ich hatte die große Freude, Präsident Clinton auf einer Konferenz im Jahr 2014 reden zu hören. Inspirierend fand ich unter anderem folgende Stelle (mit meinen Worten umschrieben): »Ich reise durch die ganze Welt, und dabei stelle ich immer wieder fest, dass dort, wo sich Menschen auf das konzentrieren, was ihnen gemeinsam ist, statt auf das, was sie trennt, Großes vollbracht wird; dort, wo sich die Menschen auf das konzentrieren, was sie trennt, statt auf das, was sie zusammenführt, sind großartige Leistungen nicht möglich.« Ich war stolz, ihn an jenem Tag persönlich kennenzulernen und ihm die Hand zu reichen, und ich hoffe, auch Ihnen eines Tages zu begegnen und Ihnen die Hand zu reichen.

Bis dahin kann ich nur hoffen, dass die allermeisten Amerikaner bald erkennen, wie sehr uns unser nächster Präsident dazu getrieben hat, uns auf das zu konzentrieren, was uns trennt, und begreifen, dass wir als Nation nicht überleben und Großes vollbringen werden, solange dies der Fall ist.

Und bis dahin werden wir weiter für die Ideale kämpfen, die Sie vor acht Jahren propagiert haben. Wir können es uns nicht erlauben, weniger zu tun. Und ich verspreche Ihnen, dass ich da sein werde, um Sie zu unterstützen und gemeinsam mit Ihnen zu kämpfen, wenn dieser Zeitpunkt in der Zukunft kommen wird.

Danke also nochmals. Ich habe in den letzten 8 Jahren so viel von Ihnen gelernt. Sie haben mich dazu inspiriert, mich mehr zu engagieren und ein besserer Amerikaner zu sein.

Ich bleibe stolz, Sie meinen Präsidenten zu nennen.

Mit freundlichen Grüßen

Darin M. Reffitt

KAPITEL 17

Vicki Shearer, 9. November 2016

Renton, Washington

Gesendet: 9.11.2016 12.11 Uhr
Nachricht:
Sie haben gesagt, morgen würde die Sonne scheinen. Sir, ich lebe in Seattle, WA, und die Sonne scheint nicht. Tatsächlich regnet es. Ich bin so bestürzt über das Wahlergebnis, auf allen Ebenen. Aber am schlimmsten ist die Spaltung, die ich jetzt in meiner eigenen Familie spüre. Mein ältester Sohn ist schwul. Mein jüngerer Sohn ist mit einer legalen mexikanischen Immigrantin verheiratet. Ihre Tochter kam erst vor ein paar Wochen zur Welt. Mein Ehemann, ihr Vater, stimmte für [T]rump[1]*. Ja, so sagt er mir immer wieder, er stehe dazu. Ich habe es verstanden. Aber in meinem Herzen stimmte er gegen unsere Familie. Er hätte einen Namen reinschreiben oder nichts auf seinem Wahlschein ankreuzen können, wie es angeblich George W. Bush getan hat. Ich war so fest davon überzeugt, dass meine Familie sich bei Ihnen als Präsident in guten Händen fühlte. Dieses Gefühl habe ich jetzt nicht mehr …*

Vicki hat ihr ganzes Leben in Renton, südlich von Seattle, verbracht, davon die letzten siebzehn Jahre auf dieser kleinen Ranch. In den hängenden Blumentöpfen wachsen überwiegend Petunien, und es ist unschwer zu erkennen, dass sie sich nicht an ein bestimmtes Farbschema hält. Hauptsache: Farbe! Eine

1 *rump* heißt Hinterteil, Arsch (A.d.Ü.)

Explosion der Farben. Tim hat letztes Jahr ein automatisches Bewässerungssystem installiert, und aus diesem Grund sehen sie so gut aus. Gartenarbeit ist ihre körperliche Ertüchtigung. Dies und ihr morgendlicher Spaziergang durch die Nachbarschaft, einfach um sich umzusehen, was sich so tut.

Bevor alle anderen kommen, möchte Vicki, die Anfang sechzig ist, weich und rundlich mit kurz geschnittenem dunklem Haar, gern ein paar Dinge über Tim sagen.

»Tim ist ein Gentleman. Selbstverständlich liebt er unsere Kinder und unsere Familie. Er geht gelassener an die Dinge heran. Er ist rationaler, und ich bin emotionaler.«

Sie möchte, dass Tim selbst erläutert, warum er so wählte, wie er es getan hat. »Er hat es mir hundertmal erklärt, und ich kann es noch immer nicht hören.«

Vicki und Tim sind seit einundvierzig Jahren verheiratet. Sie lernten sich kennen, als sie an einem Sommernachmittag aus der Highschool kam. Sie erzählt Leuten immer, wie sehr ihn ihr nagelneues Auto beeindruckt habe. (»Es war ein Volkswagen Golf«, wird Tim sagen. Das Auto habe ihn nicht beeindruckt.) Sie wollten miteinander reden. Sie fuhren zur Space Needle[1]. Sie redeten und redeten. »Du bist der erste Mensch, der hört, was ich sage«, sagte er. »Wer hört das nicht gern?«, sagte sie.

Vicki hat von Paaren gehört, die sich nach der Wahl von 2016 scheiden ließen. Von Familien, die auseinanderbrachen. Von Schwestern, die Brüder mieden, Cousins, die ausgeladen wurden, Schwiegereltern, die verstummten oder abtauchten. Vicki glaubt nicht, dass es in ihrer Familie so weit kommen könnte, aber sie gibt zu, dass es eine Belastung ist.

»Diese Nacht war traurig und deprimierend und grau und dunkel und alles andere als fröhlich.« Sie und Tim waren zu Hause und verfolgten die Nachrichten. Bedenken Sie, dass wir hier an der Westküste sind, sodass alles drei Stunden früher ge-

1 Aussichtsturm in Seattle (A.d.Ü.)

schieht. Sie beide waren zu diesem Zeitpunkt ziemlich sauer. Sie verpassten Bernie. Die ganze Sache mit Bernie, der auf diese unschöne Weise verschwand – das brachte sie beide gegen die Demokratische Partei auf. Das ist traurig, denn sie waren eigentlich überzeugte Demokraten. So hatte Vicki zum Beispiel am Wahlabend 2008 einen Obama-Kuchen gebacken. (Sie ist bekannt für ihre Thementorten. »Kuchen machen glücklich.«) Es war eine Erdbeer-Heidelbeer-Torte. Sie hatte versucht, ein Porträt von Barack in die Kruste zu ritzen, aber sie hat das Kinn verpfuscht – »zu breit!«. Alle meinten scherzhaft, Michelle hätten die großen Ohren gefallen, weil sie wussten, dass Michelle Barack gern wegen dieser Ohren aufzog. Jeder in der Familie nannte den Präsidenten einfach nur »Barack«.

Am Wahlabend 2016 hatte Vicki keine Lust, einen Kuchen zu backen. Sie wollte Hillary Clinton gewinnen sehen und es hinter sich bringen; sie war kein Fan von ihr. Sie war von sich selbst enttäuscht, dass sie sich von jeder noch so kleinen Wendung im Wahlkampf derart gefangen nehmen ließ. Was für eine Zeitverschwendung! Alles war so hässlich. Es hielt sie von der Gartenarbeit ab. Tim arbeitete in der Asphaltfabrik. Viele der Männer in seinem Team sind Republikaner, also hat das vielleicht dazu beigetragen.

Aber eigentlich hat sie nicht die geringste Ahnung, wie das passieren konnte. Eines Tages hat sie aufgeblickt und ihr wurde klar, dass sie mit einem Trump-Wähler verheiratet war. Ein Fremder in ihrem eigenen Zuhause. *Wie konnte es so weit kommen*?

Sie hatte ein paar Wochen vor dem Wahltag herausgefunden, dass Tim ein Trump-Wähler war, als er nämlich – man stelle sich das vor! – Briefwahl beantragte und – man stelle sich das wirklich einmal vor! – sie diejenige war, die die Unterlagen an jenem Tag zur Post brachte. Das macht das Ganze doppelt und dreifach schwer. *Sie hatte es buchstäblich in ihrer Hand*. Sie stand vor diesem Briefkasten und druckste herum. Sie hätte den Brief nicht einwerfen müssen. Tim hätte es nie erfahren. Sie dachte an Geheimnisse. Sie dachte an die Jungs. Das Boot. Das Angeln und das Wandern und all die Liebe. Das glücklichste Leben, das sie sich erhoffen konnte. Sie zog die Briefkastenklappe auf und schloss die Augen, und dann schnipste sie ihn aus dem Handgelenk schnell weg. Sie hatte es getan.

Ein Votum gegen ihre Familie. Ein Votum gegen sie als Frau. Gegen Neil, der schwul war. Gegen Nick und seine Frau Dani, aus Mexiko. Auch gegen Isla. Und gegen den Hund, wenn sie noch einen gehabt hätten. Wie verkraftet eine Familie so etwas? Wie ein Land? Lager stehen sich unversöhnlich gegenüber, Menschen verraten einander, Verdächtigungen und Hass greifen um sich.

Am besten das ganze Fiasko vergessen. So dachte Vicki am Wahlabend, als sie mit Tim die Ergebnisse im Fernsehen verfolgte. Hillary Clinton würde gewinnen, und Trump wäre weg vom Fenster, und das Vergessen könnte beginnen.

Aber dann wurden blaue Bundesstaaten plötzlich rot, und Vicki konnte es nicht glauben, und sie ging ins Bett. Zog sich die Decke über den Kopf. Tim kam später rein. Sie weiß nicht, wie spät es war.

Eine Besonderheit ihres Hauses ist die Tatsache, dass im Wohnzimmer kein Fernseher steht. Das ist von jeher die Regel gewesen. Ein Wohnzimmer dient dem Gespräch und dem Zusammensein. Es ist klein, gleich neben der Küche, ein weicher beigefarbener Teppichboden und zwei Sofas, die um einen Beistelltisch ein L bilden. Die meisten Dekoartikel sind Handarbeiten von Vicki, gerahmte Stickereien, Gefäße mit Trockenblumen. Tim hat ein schmales Brett an die Wand genagelt, sodass Vicki niedliche Miniaturhäuschen, -scheunen und -kirchen in einer Reihe darauf ausstellen konnte – ein heiteres kleines Städtchen.

Neil, der ältere Sohn, trifft als Erster ein. Er ist achtunddreißig, hochgewachsen, mit Vollbart, eine graue Kappe, das gleiche Lächeln wie seine Mutter. Er weiß, was er heute im Wohnzimmer erreichen will. Er will kein Blatt vor den Mund nehmen. Seit der Wahl sind sechs Monate vergangen, und sein Dad soll wissen, dass es ihm immer noch wehtut, wem er seine Stimme gegeben hat. »Dass er für jemanden gestimmt hat, der *mich* verurteilt«, sagt Neil. »Und ich weiß, das ist rein egoistisch gesprochen. Es bedeutet nicht, dass es richtig oder falsch ist. Es bedeutet lediglich, dass es wehtut.«

Neil hat Sachverhalte schon immer gut erklären können. Aus diesem Grund liebt er die Arbeit mit Kunden bei der Versicherungsgesellschaft. (Selbst die trockene Sprache von Versicherungsverträgen hat ihre Nuancen.) Bei der Erläuterung von Sachverhalten geht es um mehr als bloße Wissensvermittlung; es geht darum, sich in diejenigen einzufühlen, die etwas noch nicht richtig verstehen. Neil lernte dies auf unsanfte Weise, gleich nach dem College, als er sich mit der Frage herumquälte, wie er seinen Eltern sagen sollte, dass er schwul war. Es lief nicht glatt. Aus dem Nichts traf eine Postkarte eines Freundes ein, deren Inhalt sich auf einen Typen bezog, der Neil gefiel. Seine Mutter stieß zufällig darauf. *Wie bitte?* Sollte sie mit Tim darüber sprechen? Es gab viel Geheimniskrämerei, Fassungslosigkeit und Scham.

Neil kapselte sich ab und zog schließlich nach Olympia. Er wollte sich nicht verstecken – ob seine Eltern dies verstanden oder nicht. Schon bald vermisste er sie. Er fragte sich, ob dieses Gefühl mit der Zeit verblassen würde. Das tat es nicht. Nach etwa sechs Jahren hielt er es nicht mehr aus, und er beschloss, sich mit seinen Eltern auszusöhnen. Seine Gesten waren zunächst großspurig – noble Abendessen, abendliche Streifzüge durch Lokale der Stadt –, aber eine war irgendwie unpassender als die andere.

Schließlich beschloss Neil, einfach einmal pro Woche nach Hause zu kommen. Jeden Freitag, komme, was da wolle, ganz egal, wie das Gespräch in der Woche davor gelaufen war oder in welcher Stimmung sie auseinandergegangen waren. Es gab immer einen nächsten Freitag. Das nahm den Druck weg. Sie lernten sich neu kennen. Das liegt vielleicht zehn Jahre zurück. Heute erscheint es geradezu lächerlich zu glauben, es hätte jemals ein Problem gegeben.

Als Nächstes treffen Nick und Dani ein. Nick arbeitet mit Tim in der Asphaltfabrik. Als Nick klein war, spielte er mit einer G.I.Joe-Actionfigur. »Er ist ein echter Junge!«, pflegte seine Großmutter zu sagen. (Neil hatte eine Raggedy-Ann-Puppe.) Die Leute sagen noch immer, Nick und Neil sähen einander so ähnlich wie Zwillinge, bis hin zu den Kinngrübchen, nur dass Nick inzwischen einen kahl rasierten Schädel und keine Kappe hat, sodass man jetzt einen Unterschied sehen kann.

Nick und Dani haben letztes Jahr geheiratet. Dani bestreitet das Gespräch fast allein, was Nick super findet.

Sie hat so viel Schwung in diese Familie gebracht. So flucht zum Beispiel sonst niemand in der Familie. (»Sie kann ganz schön Leben in die Bude bringen«, sagt Tim.) Dani war zwölf, als sie und ihre Familie Mexiko verließen. Sie hatten CDs auf der Straße verkauft, um sich Lebensmittel leisten zu können. Es dauerte fünfzehn Jahre, bis sie US-Staatsbürger wurden. »Sie haben uns durch die Hölle gehen lassen.« Sie ist eine große und kräftige Frau mit üppigem schwarzem Haar, das sie zur Seite gekämmt hat, und sie lacht gern, und sie sitzt hier auf der Couch und hält Isla, die jetzt acht Monate alt ist. Isla hat die gleiche Gesichtsfarbe wie Nick – helle, durchscheinende Haut. Als Dani sie zum ersten Mal sah, sei sie froh gewesen, dass Isla diese Hautfarbe gehabt habe. Hell. Es werde ihr das Leben leichter machen. Vicki erträgt es kaum, so etwas zu hören.

Tim betritt den Raum als Letzter. Er ist etwas korpulenter als Neil und Nick, mit Glatze in der Kopfmitte und weißen Haarbüscheln an den Seiten. Er ist ein unscheinbarer Typ, wie man ihm in jedem Baumarkt über den Weg laufen könnte. Er ist der Mann, der einen in der Schlange vorlässt, wenn man nur ein paar Sachen hat. Wenn er in ein paar Jahren in Rente geht, will Tim hier in diesem Haus und dieser schönen Gegend bleiben. Die freie Natur, all die Freizeitaktivitäten. Er wird dann auch unter der Woche Dinge unternehmen. Keine Grenzen. Die ganze Region ist mittlerweile rappelvoll mit Menschen, Geld und riesigen Villen. Aber das war gut fürs Asphaltgeschäft, immerhin.

Wie dem auch sei: Es ist Zeit, sich den Dingen zu stellen. Der Tatsache, wem Tim seine Stimme gegeben hat, und den Verletzungen, die dies verursacht hat. Eine Familie muss sich dem stellen. Amerika muss sich dem stellen.

Vicki zieht einen Stuhl heran, sodass sie einen guten Blick auf alle hat, die sich auf den Sofas versammelt haben. Sie haben im örtlichen Feinkostladen eine Fischplatte bestellt – geräucherten Lachs, Käse, Kräcker –, die gleich geliefert werden sollte.

»Weißt du, ich habe das als ein Votum gegen unsere Familie empfunden«, sagt Vicki an Tim gewandt. Diese Worte äußert sie nicht zum ersten Mal.

»Ich habe mich gefragt: Mit wem bin ich eigentlich verheiratet?«

»Ich weiß, es gibt Menschen, die wie Internet-Trolle abgestimmt haben«, bemerkt Neil und blickt hinüber zu seinem Vater. »›Die Wahl ist sowieso Augenwischerei. Also ruinieren wir sie noch ein bisschen mehr und *stimmen für einen Reality-TV-Star*!‹«

»Er war gegen alles, wofür wir als Familie stehen«, sagt Dani, haut damit in die gleiche Kerbe wie ihre Vorredner.

»Was mich gestört hat, war, dass Trump dich *nicht* gestört hat. Er hat dich nicht gestört!«

»Er hat Menschen, die noch unschlüssig waren, sich als Rassisten zu bekennen, ermuntert. Er gab ihnen grünes Licht. Und, verdammt, jetzt sind die Dämme gebrochen.«

»Dieser Zynismus – Trump ist eine zynische Wahl. Und ich glaube einfach nicht, dass du zynisch bist, Dad.«

»Er ist ein Bauernfänger. Er hat Amerika reingelegt. Einige

Leute glauben, das würde ihn zu einem bedeutenden Geschäftsmann machen. Er ist ein Bauernfänger und ein Rüpel. Ich habe dich für intelligenter gehalten – ich *weiß*, dass du intelligenter bist.«

Tim hat die Arme fest verschränkt, seinen Blick starr auf eine Stelle auf dem Teppichboden gerichtet.

»Mir wird bewusst, dass ich hier der Buhmann bin«, sagt er. »Aber das muss jetzt mal aufhören.«

Nick möchte kurz über ein damit zusammenhängendes Thema sprechen. Er würde gern eine Vorstellung davon vermitteln, was für eine Hölle sein und Danis Haus am Wahlabend gewesen ist.

»Danis Mutter wohnte bei uns, und die beiden gerieten aneinander«, sagt Nick.

»Heftigst aneinander«, sagt Dani. Sie erzählt bereitwillig, was vorgefallen ist, so oft wie nötig, wenn es ihr hilft… das zu verarbeiten. »Wir haben also ferngesehen«, sagt sie, »und meine Mutter kommt ins Zimmer. Auch mein Vater ist da. Und ich sage: ›Ich kann es einfach nicht glauben, dass dieses Arschloch gewonnen hat.‹ Worauf sie sagt: ›Also wir haben ihn gewählt.‹«

»Und ich nur: ›*WAS?!*‹«

Sie holt tief Luft, rutscht auf der Couch nach vorn, als bräuchte sie die richtige Position, um eine große Menge heißen Dampfs zu sammeln und dann abzulassen. Isla ihrerseits rührt sich nicht. Sie schlummert unbeeindruckt weiter, während ihre Mutter auf Touren kommt.

»Denn bis dahin hatte es sich nur um *seine* Familie gedreht«, fährt Dani fort. Sie spricht schnell, ein Redefluss, der Menschen mitreißt. »Diese ganze Zeit dachte ich, *ich kann es immer noch nicht glauben, dass Nicks Vater für Trump gestimmt hat. Seine ganze Familie verkörpert das, was Trump bekämpfen will.* Als mir meine Eltern dann sagten, sie hätten für ihn gestimmt, konnte ich das schier nicht fassen: *Was macht ihr? Er will uns nicht hier!* Mein Bruder hat noch nicht die US-amerikanische

Staatsbürgerschaft. Als er jünger war, hatte er Ärger mit einer Ex-Freundin. Also sage ich meiner Mutter: ›Kapierst du eigentlich, dass der Präsident, den du ins Weiße Haus gewählt hast, wahrscheinlich deinen Sohn abschieben will?‹ Ich konnte sehen, wie die Glühbirne in ihrem Kopf aufleuchtete. Ich sagte: ›*Dieser Typ will deinen Sohn abschieben!*‹ Und sie darauf: ›So habe ich das noch nie gesehen.‹ *Und was hat er deines Erachtens die ganze Zeit über vorgehabt*? Seit zwei Jahren hören wir, dass Mexikaner Vergewaltiger sind. Wir sind Kriminelle. Wir sind Drogenhändler. Wir sind alle Mögliche. *Was wird er deiner Meinung nach tun*? Worauf sie sagt: ›Ich habe ihn einfach für einen guten Geschäftsmann gehalten.‹ Und ich sage: ›Erklär's mir bitte.‹ Ich meine, ich konnt's einfach nicht fassen. Selbst mein Dad hat gesagt: ›Sollten wir gehen?‹ Sogar Nick hat gesagt: ›Schalt mal einen Gang runter.‹«

»Es war ziemlich krass«, sagt Nick.

»Ich mache mir ständig Sorgen um meinen Bruder«, fährt Dani fort. »Ich sag ihm immer wieder: ›Du brauchst einen Plan B.‹ Geh nach Kanada oder Belgien. Und wenn meine Mutter jetzt mit mir über Politik redet, wie etwa: ›Hast du gesehen, was Trump gesagt oder gemacht hat?‹, dann antworte ich nur: ›Fang bloß nicht damit an. Du hast nicht das Recht, ihn runterzumachen. Es ist *deine* Schuld. *Leute, die nichts über die Kandidaten wissen, haben dieses Arschloch zum Präsidenten gemacht.*‹«

»Sie ist noch immer krass drauf«, sagt Nick.

Es läutet an der Tür. Es ist der Mann mit dem Fisch. Eine Verschnaufpause für alle, Tüten werden geöffnet, Teller klirren. Vicki richtet die Speisen an, damit es hübsch aussieht: die Zitronenpfefferfilets breitet sie fächerförmig an den Seiten aus, den mit braunem Zucker geräucherten und den Erlenholz-geräucherten Lachs platziert sie in der Mitte, ein Ring von Rosmarin- und Sesamkräckern am Rand entlang.

In einer Ecke an der hinteren Wand des Wohnzimmers hängt der Brief, den Vicki als Antwort auf ihr Schreiben, das sie am Morgen nach Trumps Wahl aufsetzte, von Obama erhielt. »Bedenken Sie: Obgleich die Politik einen starken Einfluss auf unser Leben haben kann«, lautete der auf White-House-Briefpapier ausgedruckte Brief, »wurzelte unser Erfolg von jeher in der Bereitschaft unseres Volkes, aufeinander zu achten und sich gegenseitig durch schwere Zeiten zu helfen – ob es regnet oder schneit.«

»Eine persönliche Antwort zu bekommen«, sagt Vicki, »hat mich ermuntert. Es gab mir das Gefühl, gehört zu werden, und das Gefühl, dass es da draußen noch menschliche Güte gibt. Dass er mir einen Moment seines Tages gewidmet hat. Dass es einen Platz für mich gab ...«

Dagegen hatte ihr Ehemann ihr nach der Wahl ein ganz anderes Gefühl vermittelt, was niemandem entgangen war.

»Ein ehemaliger Präsident, der einen Brief schreibt, wirklich«, sagt Tim und deutet darauf. »Ein bisschen abgehoben, finde ich. Und schwerverdaulich.«

Vicki wirft ihm einen warnenden Blick zu: *Lass Obama außen vor.*

Das hat nichts mit Barack zu tun. Hier geht's um Trump.

»Man kann nicht über den Präsidentschaftswahlkampf sprechen, ohne die Personen einzubeziehen, die daran teilnahmen«, versetzt Tim.

Hier geht's nicht um Trump. Hier geht's um Hillary.

»Also ich bin für Hillary«, sagt Neil, »und damit in diesem Raum wohl ziemlich allein.«

Eindeutig ziemlich allein. Sowohl Nick als auch Dani haben widerstrebend für Hillary gestimmt, und Vicki, die für sich zu dem Schluss gelangte, keiner der beiden Kandidaten verdiene ihre Stimme, hat überhaupt nicht gewählt. Sie weiß, dass ihr Entschluss, nicht zur Wahl zu gehen, ihre Stimme schwächt. Jeder weiß das, aber niemand, nicht einmal Tim thematisiert es, obwohl er es für sich ausschlachten könnte. *Achte deine Mutter*, lautet die unausgesprochene Maxime in diesem Haus.

»Ich bin mit der Demokratischen Partei so was von durch«, sagt Tim. »Ich hätte das lautstärker äußern sollen. Ich habe deshalb so gewählt, wie ich es getan habe, weil ich einen anderen Kandidaten verhindern wollte. Es war ein Protest gegen die Kandidatin der Demokraten. Das war es – genau das ist es gewesen.«

Tim ist der Meinung, dabei sollte man es jetzt bewenden lassen. Was gibt es mehr dazu zu sagen? Eine Protestwahl. Kann man es dabei bewenden lassen? Warum sind alle noch immer so verärgert darüber? Ein anderer würde vielleicht rausstürmen. *Ihr benehmt euch lächerlich. Ich habe meinen Teil gesagt. Kommt damit klar.*

»Glaubst du, du hättest das anders gesehen, wenn wir ein Swinging State[1] gewesen wären?«, fragte Nick seinen Vater. Wenn dies Ohio, Florida oder Pennsylvania gewesen wäre, hätte sein Vater doch bestimmt … verantwortungsbewusster … gewählt.

»Nein«, sagt Tim, »nicht mit Hillary Clinton. Ich fand ihr Programm viel zu überholt, und sie steht für nichts – sie steht nur für sich selbst.«

»Aber das tut Trump doch auch«, sagt Dani.

»Diesbezüglich gibt es für mich überhaupt keinen Unterschied zwischen beiden«, sagt Tim.

»Das ist wirklich faszinierend«, sagt Neil. »Also ihre Erfahrung in diesem Job, als Politikerin, zählt überhaupt nicht?«

»Es war eine Richtung, in die ich nicht gehen wollte«, sagt Tim. »Es spielt keine Rolle, wie schnell du bist, wenn du in die falsche Richtung gehst.«

»Trumps fehlende Erfahrung – spielte das für dich ebenfalls keine Rolle?«, fragt ihn Neil.

[1] US-Bundesstaat, in dem sich die beiden großen Parteien ein Kopf-an-Kopf-Rennen liefern und der Wahlausgang daher knapp ist. (A.d.Ü.)

»Die einzige Voraussetzung ist es, ein Bürger dieses Landes zu sein«, sagt Tim. »Ich bin nicht der Meinung, dass Karrierepolitiker besser qualifiziert sind, um mich zu vertreten.«

»Ich versuche einfach zu verstehen«, sagt Neil. »Trumps Plan für das Land ist also der bessere Plan gewesen?«

»Ich war der Meinung, er als Person wäre nicht so wichtig«, sagt Tim. »Aber bitte nicht noch mehr vom Gleichen. Ich wollte nicht mehr vom Gleichen.«

»Es ist also, als würdest du Auto fahren«, sagt Neil, sich an den Rand des Sofas vorbeugend. Er ruckt mit den Armen, wie wenn er über eine holprige Straße führe, während er diesen Vergleich vorträgt: *Verstehe ich dich richtig? Du willst Folgendes sagen, Dad.* »Du fährst mit dem Auto, und du siehst, dass du fast kein Benzin mehr hast, also fährst du das Auto gegen die Mauer und sagst: ›Also brauche ich kein Benzin mehr, weil ich ja stehengeblieben bin!‹«

»Tut mir leid, wenn dich das dermaßen verärgert«, antwortet sein Vater.

»Ich muss an den Ausbruch des Mount St. Helens denken«, sagt Vicki.

Isla wacht auf und strampelt mit den Beinchen.

»Möchte noch jemand Fisch?« Keiner will mehr Fisch.

Vielleicht muss sich Tim einfach nur entschuldigen, zugeben, dass er einen schrecklichen Fehler gemacht hat. Denn Vicki ist sichtlich wütend, und Neil arbeitet sich an seinem Vergleich ab, und Nick wirft Rettungsleinen aus, und Dani ist gekränkt. Wie bringt man das wieder in Ordnung? Vielleicht müssten sich unabhängige Wähler in ganz Amerika nur entschuldigen, unabhängig davon, ob sie glauben, etwas falsch gemacht zu haben, oder nicht.

Isla umklammert den Daumen ihrer Mutter mit ihren Fingerchen und zieht ihn hin und her. Dani rüttelt an ihrem Knie – »juchhe!« –, während die anderen zusehen.

»Ich finde es interessant, dass der gegenwärtige Zustand

unserer Politik jeglichem Gemeinschaftssinn absolut zuwiderläuft«, sagt Tim. »Links und Rechts stehen sich unversöhnt gegenüber.«

»Jemandem seine Stimme zu geben bedeutet nicht, dass all unsere Probleme gelöst werden«, meint Neil. »Wir haben am falschen Ende begonnen. Selbst wenn Sanders gewählt worden wäre, stellt sich die Frage, was er als Einzelner ausgerichtet hätte.«

Darin sind sich alle im Raum einig. Man braucht einen Ausgangspunkt. »Ich vergleiche das mit einem großen Schiff, das ein wirklich kleines Steuerruder hat«, sagt Tim. »Wenn man es bis zum Anschlag nach einer Seite dreht, ändert das Schiff nur ein wenig seine Richtung. Der Präsident hat nur begrenzte Macht.«

»Ich glaube, wenn Hillary heute an der Macht wäre und sich mit den Russen eingelassen hätte, gäbe es einen zehnmal lauteren Aufschrei«, sagt Neil.

»Sie wäre mittlerweile schon rausgeflogen«, sagt Dani. »Sie wäre schon ihres Amtes enthoben worden.«

»Es wäre also ähnlich viel Zeit vergeudet worden«, sagt Neil.

Jeder gibt sich Mühe, so zu tun, als ob es in Ordnung wäre. Trump ist eine Zeitverschwendung. Hillary wäre eine Zeitverschwendung gewesen.

Vielleicht?

»Was hat dir Barack geschrieben?«, sagt Tim zu Vicki und deutet wieder auf den Brief. »Es wird alles ins Lot kommen. Er glaubt daran. Ich glaube das auch. Demokratie ist chaotisch. Und sie ist laut.«

Vielleicht.

»Und was ist mit den Aufnahmen aus der Fernsehsendung *Access Hollywood*?«, fragt Vicki. Darüber kommt sie einfach nicht hinweg. »Was hast du gedacht, als du diese Aussage gehört hast?«, fragt sie Tim. »Als er das über Frauen gesagt hat?«

»Zu hören, dass er diese Art von Maßstäben hat, hat mich überhaupt nicht überrascht«, sagt er.

»Aber das, was er gegen *Frauen* gesagt hat«, wiederholt Vicki. »Es hat mich unheimlich verletzt.« Spielt das für ihn keine Rolle?

»Es ist wirklich übel, dies laut auszusprechen«, sagt Tim. »Aber es gibt gewisse Ausdrücke, die einige Leute an der Ostküste benutzen. Nimm nur das Beispiel von Howard Stern[1]. Es ist in New York typischer und weiter verbreitet als hier bei uns. Sie haben eine andere Kultur. Ich habe nie großartig darüber nachgedacht.«

»Ich weiß nur, wie sehr du Frauen respektierst und wie höflich du bist«, sagt Vicki. »Und ich hätte gedacht, dass dich das vor den Kopf stoßen würde.«

»Das hat es getan«, sagt Tim. »Der Kerl ist ein Schwein.«

Diese Erklärung scheint einen Großteil der Spannung in diesem Raum zu beseitigen.

»Erinnerst du dich, dass wir uns den Women's March im Fernsehen angeschaut haben?« Vicki sagt dies, wie um die Tatsache zu überprüfen, dass Tim Trump für ein Schwein hält.

»Ich hab einen Anstecker gesehen, und ich hätte mich so gefreut, wenn du ihn getragen hättest. Darauf stand: ›Hör Auf, Meine Frau Zu Beleidigen‹.«

»Ich würde diese Anstecknadel gern tragen«, sagt Tim.

Was für eine Erleichterung. Tim ist nach wie vor der Tim, den sie kennen und mögen.

Aber Moment mal: Tim hat *absichtlich* für ein Schwein gestimmt?

Was ist nur mit ihm los?

Isla schreit unvermittelt los. »Sie hat Hunger«, sagt Nick. »Ich muss ihr die Windeln wechseln«, sagt Dani. Sie steht auf und trägt Isla ins hintere Schlafzimmer, das Schreien wird leiser, als sie den Flur hinuntergeht. »Niiiiick!«, ruft Dani dann, und

[1] US-amerikanischer Talkradio-Moderator, bekannt für seine provokanten, obszönen Äußerungen (A.d.Ü.)

schon springt Nick auf und ebenso Vicki, die beide nach hinten gehen, um zu helfen.

Während aus dem Hintergrund Babygeschrei zu hören ist, lehnen sich Neil und sein Vater auf der Couch zurück, ihre Köpfe sind auf gleicher Höhe – über ihnen das Wandregal mit den aufgereihten kleinen Häuschen. Beide haben die Beine in der gleichen Weise übereinandergeschlagen, als würden sie sich gegenseitig nachahmen. Es ist wieder wie alle Freitage zuvor. Hier im Wohnzimmer. Jeden Freitag hatten sie sich hier zusammengefunden, ganz gleich, was passiert war, ganz gleich, wie das Gespräch in der Vorwoche verlaufen war oder wie sie auseinandergegangen waren. Sie haben sich gegenseitig neu kennengelernt.

»Ich respektiere dich, und ich liebe dich«, sagt Neil schließlich. »Aber da ist noch immer dieser Moment, diese Wahl, ich versteh's nicht. Und ich wundere mich darüber. Ich weiß, wie intelligent du bist und wie fürsorglich du bist und wie bereitwillig du teilst und schenkst. Aber verstehst du, weshalb ich mich einfach frage: *Wieso?*«

»So ging es auch Dani«, sagt Tim. »So ging es deiner Mutter. Euch allen ist es so gegangen.«

»Also ich denke, es ist mutig von dir, dass du darüber sprichst, wie du abgestimmt hast«, sagt Neil. »Das hat nichts Heimtückisches. Das habe ich verstanden.«

»Ich messe dem nicht die gleiche Bedeutung zu wie ihr, und ich werde das nie tun. Und ich werde auch meine Einstellung dazu nicht ändern.«

»Mich interessiert die Tatsache, dass Menschen, die das Gefühl hatten, nicht gehört zu werden, jetzt das Gefühl haben, gehört zu werden«, sagt Neil. »Und was das für sie bedeutet.«

Dabei geht es nicht um Barack oder um Trump oder um Hillary. Es geht um Wiederaufbau.

»Ich habe nicht gewusst, dass sie das Gefühl hatten, nicht gehört zu werden«, fährt Neil fort. »Es ist nicht so, dass es mich nicht interessiert hätte. Ich war vielleicht selbstgefällig, aber ich habe es nicht gewusst.«

»All diese Leuten äußern heute freimütig ihre Meinung, und vor einem Jahr hat das keiner von ihnen getan«, sagt Tim. »Hoffentlich werden sich gute Menschen erheben und kluge Anführer finden, die das Ganze in eine vernünftige Richtung lenken.«

»Ich bin froh, dass wir an einen Punkt gelangt sind, wo wir weiterhin über Ideen diskutieren können«, sagt Neil. »Diese Wahl hat mich verändert. Ich habe nicht im Entferntesten geahnt, wie anders ich mich danach fühlen würde. Ich fühle mich anders in dieser modernen Welt.«

Als Dani mit festen, schnellen Schritten und einer frisch gewickelten Isla auf dem Arm zurückkommt, mit den anderen im Schlepptau, hat sich die Stimmung im Zimmer vollkommen gedreht. Als hätte sich die Sonne vorübergehend verfinstert. Aber das hängt in diesem Fall nicht damit zusammen, dass sich die Erde um ihre Achse dreht, sondern es ist ausschließlich das Ergebnis menschlicher Bemühungen. »Menschen, die, wie wir, so enttäuscht oder auch verstört sind wegen des Abstimmungsverhaltens anderer Familienmitglieder oder auch wegen der Art und Weise, wie diese gegenwärtig über Politik sprechen«, sagt Neil zu der Gruppe, »sollten einander zuhören und offen zugeben, wenn sie einander nicht verstehen. Ich glaube, gerade jetzt will jeder, dass man ihm zuhört. Ich denke, selbst Trump will das. Ich glaube, er will einfach, dass jemand zu ihm sagt: ›Sie sind der Präsident!‹ Zu bestätigen, dass er es geschafft hat. Von Mensch zu Mensch kann ich mit jemandem mitfühlen, der gehört werden will.«

»Juhu! Ich stimme dir zu«, sagt Dani. »Ich liebe dich.«

»Ich mag diesen etwas albernen Spruch: ›Vergebung macht Spaß‹«, sagt Neil. »Je mehr ich verzeihen kann, desto mehr kann ich Dinge genießen, weil ich nicht so gefangen bin. Der Streitpunkt muss nicht das Ende des Dialogs sein. Er kann der Anfang von etwas Neuem sein.«

»Nun, ich habe es Nick gesagt«, sagt Dani, »ich habe gesagt: ›Du musst dich bei deinem Dad entschuldigen.‹ Wir müssen verständnisvoller sein. Wir müssen vorankommen. Und ich habe das Gefühl, dass wir uns wacker geschlagen haben. Wir sind vorangekommen, oder?«

»Ich denke schon«, sagt Vicki.

»Wir sind noch immer wütend«, sagt Dani. »Aber nicht aufeinander.«

»Ich bin nicht wütend auf irgendjemanden in diesem Zimmer«, sagt Vicki. »Ich bin wütend auf die Situation.«

»Streit ist ein Weg, seine Liebe zu zeigen«, sagt Neil. »Solange man dranbleibt. Man muss weiterarbeiten.«

»Ich habe den Brief, den du geschrieben hast, ziemlich erbarmungslos gefunden«, sagt Tim zu Vicki, nachdem die anderen gegangen sind. »Bin ich der Einzige, den du den Wölfen zum Fraß vorwirfst, wenn du E-Mails schreibst?«

»Ich habe sonst niemandem geschrieben«, sagt sie. »Ich habe nur an Barack geschrieben. Es war eine sachliche Darstellung. Ich habe ihm gesagt, dass du gegen unsere Familie gestimmt hast, als hätte er mir gegenübergesessen. Es war, als hätte ich mich einem Freund anvertraut.«

KAPITEL 18

Obama in Jeans

Fiona sagte mir, sie sei nervös, und als ich sie fragte, warum, brach sie in Lachen aus, nach dem Motto: *Was für eine bescheuerte Frage.* Es war ein windiger Tag im März 2018, und wir waren in meinem Hotelzimmer, drauf und dran, aufzubrechen zu unserem Treffen mit Obama in seinem Büro, das er nach Ende seiner Präsidentschaft in Washington unterhält.

Nach ihrem Ausscheiden aus dem Weißen Haus hat Fiona ein Kind bekommen. Sie und ihr Ehemann Chris, den sie gleich zu Beginn ihrer Arbeit in der Korrespondenzabteilung kennengelernt hatte (er war für die Bearbeitung der Zuschriften zuständig, die Drohungen gegen den Präsidenten enthielten), hatten das Baby Grace genannt.

Die bloße Tatsache, dass sich Obama nach Ende seiner Präsidentschaft zu einem Gespräch bereit erklärte, sagt vermutlich mehr aus als alles, was er an diesem Tag äußerte. Nach dem Ende seiner Amtszeit hatte er sich weitgehend aus dem öffentlichen Leben zurückgezogen, für seine Stiftung und an seinem Buch gearbeitet und sich nicht zu den immer heftigeren Auseinandersetzungen, die die neue politische Landschaft Amerikas kennzeichneten, geäußert. Wie Bush hatte auch Obama einen klaren Schnitt vollzogen und die präsidiale Bühne verlassen, mochten die Dinge auch noch so sehr aus dem Ruder laufen, mochte die neue Regierung die Errungenschaften der alten auch noch so sehr zu zerstören suchen, mochten auch noch so viele seiner Anhänger ihn anflehen, er möge eingreifen und Amerika irgendwie vor der Herrschaft eines Tyrannen retten.

Seitdem er aus dem Amt geschieden war – vor mehr als über

einem Jahr –, hatte er lediglich drei Interviews gegeben: eines über seine ersten beruflichen Erfahrungen als Community Organizer, ein weiteres, das David Letterman aus dem Ruhestand holte, und ein drittes mit Prinz Harry.

Und jetzt würde er ein weiteres geben: ein Gespräch über den Lektüreraum.

Den Lektüreraum mit der Postlady.

Es ist nicht so, dass er und Fiona befreundet gewesen wären, ganz und gar nicht. Die Distanz zwischen einem Präsidenten und der Person, die den Lektüreraum leitet, entspricht der zwischen einem König und einem Diener, einem Rockstar und einem Roadie. Wenn Fiona und Obama eine Beziehung hatten, dann war es eine weitgehend leise, beschränkt auf eine violette Mappe ganz hinten in seinem täglichen Aktenordner, eine archivierte Auswahl an Stimmen, ein paar vereinzelte Anmerkungen, an den Rand gekritzelt: BEANTWORTEN, BEANTWORTEN, BEANTWORTEN. Ich erinnerte mich an das, was Fiona gesagt hatte; es war, als würde man ein Tablett unter einer Tür durchschieben.

Sie und Obama hatten sich zuvor einige Male getroffen, vor allem für Presse-Fototermine, und er hatte sie in den letzten Tagen seiner Präsidentschaft ins Oval Office gerufen, um ihr für ihre Dienste zu danken. Sie sagte mir, auch vor jenem Treffen sei sie nervös gewesen. »Ich dachte viel darüber nach, wie ich ihm danken wollte, und dann gehst du rein, und er wirft dich völlig aus der Bahn, und du vergisst, was du sagen wolltest. Er gab mir einen Brief. Er hatte ihn gefaltet, und das fiel mir auf. Denn wir falten seine Briefe nie.«

»Wir sprachen über den unglamourösen Teil der Arbeit im Weißen Haus, wobei die Idee des Dienens im Mittelpunkt stand.« Er hat sie umarmt. »Er drückt die Leute gern«, sagte sie.

Ich fragte sie nach einem Brief, den sie ihm einst geschrieben hatte. Sie war durch eine Sitzung zur »Empathieförderung« im Rahmen eines Seminars für Mitarbeiter der Korrespondenzabteilung dazu inspiriert worden. Die Frage lautete: »Was würden

Sie sagen, wenn Sie dem Präsidenten schreiben würden?« Die Mitarbeiter teilten sich in kleine Gruppen auf, und sie tauschten ihre Briefe untereinander aus. Es ging nicht darum, diese Briefe tatsächlich dem Präsidenten zukommen zu lassen. Fiona hatte ihre in eine Mappe gesteckt, und das war's dann.

Wollte sie ihm diese vielleicht heute überreichen?

»Oh, die braucht er nicht«, sagte sie in schroffem Ton, und dann machte sie sich an ihrem Mantel zu schaffen und ging zur Tür. Sie holte tief Luft und atmete dann langsam aus.

Wieder fragte ich sie, warum sie nervös sei. »Was ist das Schlimmste, was passieren könnte? Dass es Ihnen die Sprache verschlägt? Dass Sie etwas sagen, was Sie bedauern könnten?«

Einen Moment lang blieb sie stehen und sah mich an. Ich hatte vergessen, wie groß und rund ihre Augen waren; ein Mensch könnte in diese Augen hineinsteigen.

»Dass ich in Tränen ausbrechen werde«, sagte sie. Sie griff in ihre Manteltasche, zeigte mir die Bündel Toilettenpapier, mit denen sie sich gewappnet hatte, bevor sie das Haus verließ.

»Ach, um Himmels willen.« Ich ging in die Toilette, nahm eine Handvoll Zellstofftücher, faltete sie und überreichte sie ihr.

Die Suite war hell, luftig und farbenfroh. Große Bilder des Pazifischen Ozeans schmückten den Wartebereich, zusammen mit edlerem Zierrat – das Paar Boxhandschuhe von Muhammad Ali, das er im Speisezimmer des Oval Office ausliegen hatte, ein Replikat der Vince Lombardi Trophy[1]. Wenn man durch den breiten mittleren Flur zu Obamas Büro ging, näherte man sich einem Foto von Martin Luther King Jr., das deutlich sichtbar am Ende des Gangs hing. Das Bild zeigte King von hinten, vor einer Menschenmenge stehend – den Standpunkt des Sprechers, nicht des Zuhörers.

[1] Vince Lombardi Trophy ist der Pokal, den der Sieger des Superbowls der American-Football-Liga NFL gewinnt. (A.d.Ü.)

Viele der Mitarbeiter, insgesamt zwölf, hatten schon im Weißen Haus für Obama gearbeitet, und die meisten von ihnen kannten Fiona; sie kamen aus ihren Büros heraus, um sie zu grüßen: »Wie geht's Chris? *Wie geht's dem Baby?*« Und Obama wirkte wie einer von ihnen, wie ein älterer Arbeiter, der mal pausiert; plötzlich war er unter uns, mit breitem Lächeln, sagte, er habe gerade seine March Madness Brackets[1] ausgefüllt und habe ein gutes, sehr gutes Gefühl richtigzuliegen. Erst wenn man ihm persönlich gegenübersteht, wird einem klar, wie hoch aufgeschossen er wirklich ist; er wirkte fit, sogar jugendlich, er hatte das Haar superkurz geschnitten, sodass all die neuen grauen Haare, die ihm bekanntermaßen während der Präsidentschaft gewachsen waren, weniger hervorstachen. Mit ausgestreckten Armen ging er auf Fiona zu und erkundigte sich nach ihrer Familie, und sie ließ sich verlegen umarmen.

»Mir geht's super. Ihr geht's super. Uns geht's bestens …«

»Da haben wird gerade eine Babywelle«, sagte Obama und spielte damit auf eine Mitarbeiterin an, deren Entbindung unmittelbar bevorstand. »Das ist wirklich toll. Ich habe all diese Mitarbeiter, die mit mir anfingen, als sie um die zwanzig waren. Und jetzt bekommen sie alle ihre ersten Kinder. Das ist toll. Und eine ganze Reihe von ihnen hat sich während des Wahlkampfs oder im Weißen Haus kennengelernt. Aber bis jetzt hat noch niemand ein Kind Barack genannt …«

»Viele Briefschreiber haben es getan«, sagte Fiona, vielleicht so leise, dass er es nicht gehört hat.

»Das enttäuscht mich ein bisschen«, fuhr Obama lachend fort. »Ich denke mir: ›Kommt schon, Leute!‹«

Wir folgten ihm in sein Büro. Es war ein großer Raum, der in dunkelgelben und braunen Farbtönen gehalten war, erdig, warm

[1] Turnierbaum für die US-Hochschulmeisterschaften im College-Basketball; die Wahrscheinlichkeit für durchgehend richtige Tipps ist extrem niedrig. (A.d.Ü.)

und einladend. Keine Effekthascherei. Er bot uns einen Platz auf der Couch an, während er selbst sich in den Sessel an deren Ende sinken ließ. Er trug Jeans und ein oben aufgeknöpftes hellblaues Hemd. Er legte die Füße auf den Couchtisch und schlug die Beine an den Knöcheln übereinander: Alles in allem das Porträt eines entspannten Menschen. Pete Souzas Fotoband lag auf dem Couchtisch; überall waren Familienbilder, auf Beistelltischen, an den Wänden; und auf Obamas ausladendem Schreibtisch auf der anderen Seite des Raums türmten sich Papiere, Stapel, Bücher – ein Ort der Geschäftigkeit. Er erwähnte das Buch, an dem er arbeitete, sagte, es sei ... schwierig. »Das Schreiben ist wirklich schwer, mühsam. Es ist – jeder denkt, Sie wissen schon ... Aber es ist Arbeit. Es ist, als müsste man die ganze Zeit Hausaufgaben machen. Ja, es ist hart.«

»Übrigens sollte ich Ihnen, Fiona, sagen, dass wir noch immer jedes Jahr 250 000 Zuschriften erhalten. Das ist eine ganze Menge«, sagte er, nachdem wir es uns bequem gemacht hatten.

»Es hat mich wirklich gefreut, als Emily mir erzählt hat, dass Sie auch nach dem Ausscheiden aus dem Amt noch immer Post bekommen«, sagte Fiona. »Die Menschen haben Ihnen nicht einfach nur in Ihrer Eigenschaft als Präsident geschrieben – also der Person, die gewählt worden ist, nach dem Motto: Meine Probleme sind jetzt seine. Vielmehr sind viele Menschen wohl überzeugt davon, dass *Sie an sie glauben*. Und daher verwundert es nicht, dass sie Ihnen weiterhin schreiben.«

Ich fand, dass Fiona ihr Lampenfieber gut verbarg beziehungsweise dass sie es bereits überwunden hatte. Sie war nicht die Postlady. Er war kein König. Ich erzählte Obama, Fiona habe die an ihn weitergeleitete Post mit einem Tablett verglichen, das unter einer Tür hindurchgeschoben werde, und ich fragte ihn, ob er selbst jemals das gleiche Gefühl einer stillschweigenden Beziehung zu den für ihn gänzlich fremden Personen in der Korrespondenzabteilung gehabt habe.

»Ich habe schon recht früh nach meinem Amtsantritt gelernt,

dass dieses Amt die Menschen um dich herum verändert«, sagte er. »Sie beobachten dich unentwegt und taxieren deine Reaktionen und – du kannst sagen, wie's läuft. Und aus diesem Grund hat es mir gefallen, dass Fiona und die anderen Mitarbeiter im Büro nicht dadurch gehemmt oder eingeschränkt waren, dass sie sich den Kopf über Fragen zerbrachen wie: *Was würde ihm gefallen?* Oder: *Was würde er wollen?* Obwohl sie viel aussieben mussten, haben sie versucht, mir Briefe zukommen zu lassen, die repräsentativ für die momentane Stimmungslage im Land waren, für die Emotionen, die in all den eingehenden Briefen deutlich zu spüren waren.«

Mir fiel auf, dass er drüben bei seinem Schreibtisch an der Wand denselben gerahmten Brief aufgehängt hatte, der im Flur zwischen seinem privaten Arbeitszimmer und dem Oval Office hing. Natoma Canfield aus Medina, Ohio, hatte eine Krebserkrankung überlebt und Obama 2009 einen Brief über ihre explodierenden Krankenversicherungsprämien geschrieben; Obama hatte gesagt, sie erinnere ihn an seine Mutter, die im Alter von zweiundfünfzig Jahren an einer ähnlichen Krebserkrankung gestorben sei. Dieser Brief war für ihn eine Mahnung gewesen, in seinem Einsatz für die Gesundheitsreform nicht nachzulassen.

»Ich wies sie lediglich an, dass jedes Paket repräsentativ sein sollte«, fuhr er fort. »Natürlich erwartete ich nicht, dass es perfekt sein würde. Es bedeutete nicht, dass von jeweils zehn Briefen zwei positiv und zwei negativ und drei neutral und einer witzig sein musste. Es sollte nicht derart schablonenhaft sein. Aber das war der eine Punkt, auf dem ich bestand – dass es mir nichts bringen würde, wenn ich nur Geburtstagsglückwünsche sehen würde. Und ich denke, dass es ihnen auf diese Weise hervorragend gelungen ist, mir ein Stimmungsbild Amerikas zu vermitteln.«

»Das lag nicht nur an mir«, sagte Fiona. »Es war das Verdienst der ganzen Gruppe. Und die Mitarbeiter in dem Büro hatten ganz verschiedene Hintergründe. Wir hatten unsere ehrenamtlichen Mitarbeiter. Und es waren auch einige ältere Menschen darunter. Wir hatten also viele verschiedene Personen, die am Auswahlprozess beteiligt waren, viele Menschen, die interpretierten, was ›repräsentativ‹ bedeutete.«

»Ich glaube, dass dies auch mit einer Kultur zu tun hatte, die wir bereits zu einem frühen Zeitpunkt des Wahlkampfs zu entwickeln versuchten«, sagte er. »Wir setzten nämlich großes Vertrauen in die Fähigkeit einer Gruppe junger Leute, uns ein aussagekräftiges und umfassendes Meinungsbild von den Menschen, mit denen sie in Kontakt waren, zu liefern. Ob das auf Wahlkampftouren, auf den sie um Stimmen warben, oder im Büro war.«

Dies war ein Thema, das an diesem Tag während des Gesprächs mehrfach aufkommen sollte. Die Kontinuität. Die zu Beginn des Wahlkampfs aufgestellten Werte wurden von Menschen wie Fiona, die anfangs vielleicht nicht einmal richtig verstanden haben, was sie zum Mitmachen brachte, aufrechterhalten und weitergegeben.

»Also das ist Marnie«, sagte ich, legte eine Aktenmappe auf den Couchtisch und griff hinein. Die Mappe enthielt einige der Briefe, über die ich sprechen wollte, sowie Fotos, die bei Treffen mit Briefschreibern aufgenommen worden waren.

»In Vorbereitung auf dieses Treffen habe ich die Briefe und die Antwortschreiben nochmals durchgelesen«, sagte Obama. »Ich habe mir den Wortlaut nicht gemerkt …« Ich fragte mich, wie ich ihm sagen sollte, dass es doch völlig in Ordnung sei, dass er sie sich nicht eingeprägt hatte. (Warum sie sich einprägen?) Er legte Wert darauf, seine Hausaufgaben wirklich gut zu machen.

Ich griff nach einem Foto und überreichte es ihm. »Marnie Hazelton«, sagte ich. Er musterte es eingehend. Auf dem Foto saß Marnie hinter ihrem großen, eindrucksvollen Schreibtisch in einem Verwaltungsbüro der Roosevelt Union Free School District, eines Schulbezirksamts im Bundesstaat New York, und sie sah genauso aus wie eine typische leitende Schulinspektorin.

»Sie ist ein Beispiel für eine Person, die an Sie geschrieben hat, um Sie um Hilfe zu bitten«, sagte ich. »Und Ihre Antwort – die Worte ›Ich drücke Ihnen die Daumen‹ – hat sie immer bei sich getragen. Sie hat sie der Moderatorin der Quizshow *Who Wants to Be a Millionaire?*, Meredith Vieira, laut vorgelesen.«

»Ich habe das nicht mitbekommen!«, sagte er. »Das ist cool.«

»Aber sie versagte. Sie hat eine Frage verhaun. Es ging um eine pädagogische Neuerung.«

»Oh.«

»Aber jetzt ist sie *leitende Schulinspektorin* für den gesamten Schuldistrikt!«

»Das ist toll!«

»Ich frage mich, ob Sie eine Vorstellung davon haben, was diesen Menschen Ihre Antworten bedeuten«, sagte ich.

»Ich glaube, wenn jemand einen Brief schreibt und eine Antwort bekommt, dann hat er das Gefühl, gehört zu werden«, sagte er, nachdem er gründlich über meine einfache Frage nachgedacht hatte. Ich kannte Obama damals schon so gut, dass mich sein außerordentlich langsames Sprechtempo nicht überraschte, trotzdem bewunderte ich es nach wie vor. Er ist ein bedächtiger Mann, der Dinge gewissenhaft durchdenkt. Es ist nicht wie bei jemandem, der sich selbst gern reden hört oder der plaudert, weil er das Bedürfnis verspürt, die Zuhörer in seinen Bann zu schlagen; er ist kein *Mansplainer*, kein selbstherrlicher Besserwisser. Vielmehr ist er jemand, der wirklich in die Tiefe geht. Jemand, der seine Hausaufgaben auswendig lernen würde. Seine Worte sind präzis, und die Sätze sind … gehaltvoll. Als könnte man sie mit Wasser versetzen, und sie würden immer noch … dichter und weitreichender.

»Und insbesondere in den Jahren 2009, 2010 und 2011 haben viele Menschen wirklich schwere Zeiten durchgemacht«, sagte er. »Und viele Menschen haben sich in ihrer Not allein gefühlt.

Sie verloren ihre Häuser, oder sie wandten sich an einen Bankangestellten und dieser sagte: ›Wir können nichts für Sie tun. Sie werden Ihr Haus verlieren.‹ Oder sie erhielten ein Kündigungsschreiben, und sie verloren ihren Arbeitsplatz, und sie gehen von einem Bewerbungsgespräch zum nächsten, und es tut sich nichts. Im Lauf der Zeit haben Menschen dann schnell das Gefühl, unsichtbar zu sein, so, als würde ihnen niemand Beachtung schenken. Und daher gelangte ich zu der Überzeugung, dass sie sich in diesen Kämpfen vielleicht etwas weniger einsam fühlen würden, wenn ich sie zumindest wissen lassen könnte, dass ich sie sah und hörte.«

Ich fragte mich, ob diese Äußerungen Fiona vielleicht nach ihren Zellstofftüchern greifen lassen würden. Diese natürliche Liebenswürdigkeit. Sie ist eine Zierde jedes Menschen, aber wie sehr erst eines Präsidenten!

»Ich habe während meiner Präsidentschaft gelernt, dass das Amt des Präsidenten ein enormes Gewicht hat«, fuhr Obama fort. »Und leider ist mir das in den tragischen Momenten, in denen ich trauernde Familien besuchte, besonders klar geworden. Manchmal lebten sie in Regionen, wo – ich glaube, man kann das durchaus sagen – ich nicht besonders viele Stimmen bekam. Wissen Sie, nach einem Tornado oder einer Flut oder einem Amoklauf. Und es war unverkennbar, dass meine Anwesenheit dort für diese Familien bedeutete, dass sie wichtig waren. Ihre Angehörigen waren wichtig. Ihr Kummer wurde ernst genommen. Er wurde gesehen und gewürdigt.

Das habe ich meine gesamte Präsidentschaft hindurch immer wieder erlebt«, sagte er.

Ich dachte an Präsident George W. Bush und daran, dass er dieser besonderen Pflicht eines Präsidenten im Gefolge des Hurrikans Katrina nicht nachgekommen war und wie sehr dieses fehlende Mitgefühl für Flutopfer seiner ganzen Präsidentschaft geschadet hat. Ich dachte daran, dass Bill Clinton das Gegenteil war; er war ein Präsident, der dick auftrug. »Ich spüre

Ihren Schmerz«, sagte er und biss sich leicht auf die Unterlippe. Menschen machten sich deshalb über ihn lustig oder misstrauten ihm zumindest. Vielleicht meinte er es nicht ernst. Vielleicht war nichts dahinter. An Clinton blieb dieses »vielleicht« hängen.

Ich glaube nicht, dass es Obama genauso erging. Was immer die Leute über seine Präsidentschaft dachten, man sah in ihm jedenfalls einen Mann, der eine gehörige Portion Empathie in das Amt brachte.

Aber seit wann ist Empathie eine notwendige Voraussetzung für einen Präsidenten? Mitgefühl, die Fähigkeit, mit anderen Mitleid zu empfinden, ist vielleicht die grundlegende Erwartung, die wir an jeden guten Nachbarn und erst recht an jede bedeutende Führungspersönlichkeit haben. Obama war der erste moderne Präsident, der diese Messlatte höher legte. »Empathie«, sagte er in *Hoffnung wagen*, »steht im Zentrum meines Moralkodexes und er prägt mein Verständnis der Goldenen Regel (des kategorischen Imperativs) als ein Verhalten, bei dem nicht nur Mitgefühl oder Wohltätigkeit gefordert sind, sondern etwas Schwierigeres, nämlich dass man sich in einen anderen hineinversetzt und die Welt mit seinen Augen sieht.«

Während seiner Präsidentschaft forderte er es von sich selbst – was war das 10LADs-Experiment wenn nicht eine tägliche Ermahnung daran, die Welt so zu erleben, wie es andere tun? –, und er schien zu erwarten, dass sein Aufruf zur Empathie zu all denjenigen durchsickern würde, die in seiner Regierung Dienst taten.

»Dieser Wunsch, Gehör zu finden«, sagte ich über seine Reaktion auf Marnies Hilferuf. »Die Botschaft, dass der andere wichtig ist. Sie schien ein zentrales Anliegen Ihrer Regierung zu sein.« Ich sagte ihm, Pete Rouse habe berichtet, wie sich diese Einstellung unter den Mitarbeitern ausgebreitet habe. Wenn die Post wichtig war, waren auch die Leute, die sie lasen, wichtig. Ich sagte Obama, es sei die Botschaft, die so viele Menschen, so viele Briefschreiber und *Freunde der Briefe*-Mitarbeiter der Regierung im Verteiler der an den Präsidenten gerichteten Post immer wieder unterstrichen hätten, als ich mit ihnen sprach. »Du bist wichtig.«

»Ich glaube noch immer daran«, sagte er.

Es lässt sich schwer etwas gegen Empathie sagen. Es ist ein überaus bewundernswerter Charakterzug. Es ist Papst Franziskus. Es ist ein zentraler Grundsatz des Christentums. Es ist eine Haltung, die religiöse Führer auf der ganzen Welt vorgelebt und ihren Anhängern gepredigt haben.

Mitgefühl macht einen zu einem guten Menschen. Aber macht es einen auch zu einem guten Präsidenten? Im Jahr 2009 war Obama von Konservativen heftig dafür angegangen worden, dass er die Forderung nach Empathie zu weit getrieben habe, als er sagte, dass ein Richter am Obersten Gerichtshof der Vereinigten Staaten vor allem diese Eigenschaft besitzen müsse. »Meiner Ansicht nach ist die Fähigkeit zur Empathie, diese Fähigkeit, die Hoffnungen und Nöte anderer Menschen zu erkennen und zu verstehen, eine zentrale Voraussetzung, um zu gerechten Entscheidungen und Ergebnissen zu gelangen.« Konservative hatten es »den Empathie-Standard« genannt – Obamas persönlichen Lackmustest – und behauptet, die Richterin am Obersten Bundesgericht, Sonia Sotomayor, sei von Obama aufgrund dieser abscheulichen »Gefühlsduselei« ausgewählt worden. »Empathie«, sagte Senator Orrin Hatch aus Utah, sei »ein Codewort für einen aktivistischen Richter«. Sie sagten, wenn sich Richter auf ihre persönlichen Erfahrungen stützten, würde dies zu subjektiven Interpretationen von US-Gesetzen führen. Dabei sollten wir unparteiische Richter haben, denn sie haben einen Eid darauf abgelegt, den Grundsatz der Gleichheit vor dem Gesetz zu befolgen und sich nicht von willkürlichen persönlichen Präferenzen beeinflussen zu lassen. Das Wort »Empathie« tauche in der US-Verfassung nicht auf.

Außerdem könnte man behaupten, Obamas Empathie habe den Trumpismus hervorgebracht. Das Gegenteil ist der Fall. Wir hatten jetzt einen Präsidenten, der keine Mühen scheute, um uns daran zu erinnern, wie gleichgültig ihm die Nöte der Bedürftigen waren.

War dies lediglich eine Frage des Stils? Ein fürsorglicher, nachdenklicher Präsident im Gegensatz zu einem ungezügelten und lümmelhaften Präsidenten? Vielleicht gibt es kein Kontinuum von Führungsstilen, und Menschen ziehen abwechselnd den einen oder den anderen vor. Das ist jedoch schwer vorstellbar. Wollen wir einen Präsidenten, der sich nicht um Menschen schert?

»Woher kommt das überhaupt?«, fragte ich Obama – dass ein Präsident Empathie als einen seiner Leitwerte ansieht.

»Ich glaube, dass sich in diesem ganzen Prozess des Briefschreibens und seiner Bedeutung eine grundlegende Vision dessen widerspiegelte, was wir im Wahlkampf erreichen wollten und was ich im Amt des Präsidenten und mit meiner politischen Philosophie erreichen wollte«, sagte er. »Diese grundlegende Überzeugung hat vermutlich mit meinen beruflichen Anfängen als Community Organizer zu tun. Einfach herumgehen und Menschen zuhören. Sie nach ihrem Leben fragen und was für sie wichtig gewesen ist. Und wie sie dazu gekommen sind, das zu glauben, was sie glauben. Und was sie ihren Kindern weitergeben wollen.«

Als er diese Worte äußerte und begann, in die Tiefe zu gehen, blickte er geradeaus, auf eine Stelle irgendwo in der Nähe seiner Füße, die er auf den Beistelltisch gelegt hatte – er trug braune Lederstiefel, wie die Desert Boots, die die Jungs, die ich in der siebten Klasse gekannt hatte, immer trugen.

»Ich habe dabei gelernt, dass jeder eine ganz besondere Geschichte zu erzählen hat – man muss einfach nur aufmerksam genug hinhören«, sagte er. »Eine strukturierende Geschichte. Darüber, wer sie sind und welches ihr Platz in der Welt ist. Und sie sind bereit, sie mit dir zu teilen, wenn sie das Gefühl haben, dass sie dich wirklich interessiert. Und das ist letztlich der Klebstoff, der Beziehungen festigt und Vertrauen stiftet und Gemeinschaften zusammenhält. Und es ist – zumindest meiner Überzeugung nach – auch der Klebstoff, der Demokratien am Laufen hält.«

»Zuhören«, sagte ich.

»Ja«, sagte er, und er sah zu mir auf, in meine Augen, als würde er auftauchen, um Atem zu schöpfen.

»Ich will nicht behaupten, dass dies von Anfang an die Leitlinie meiner Kandidatur gewesen ist«, sagte er. »Aber ich bin schon der Auffassung, dass dies ein wichtiger Bestandteil der Philosophie unseres Wahlkampfs gewesen ist. Ich glaube, dass wir auf diese Weise Iowa gewonnen haben: Wir hatten eine große Zahl junger Leute, die solche Beziehungen knüpften, weil sie Menschen zuhörten. Unser Erfolg verdankte sich nicht dem Umstand, dass wir ein politisches Programm verkauften, oder auch nicht dem, dass wir *mich* verkauften. Er verdankte sich der Tatsache, dass junge Leute in einer Ortschaft, in der sie nie zuvor waren, von Haus zu Haus gingen, mit den Leuten sprachen und ihnen zuhörten und ihnen das Gefühl gaben, gesehen zu werden. Und sie schufen die Arten von Bindungen, die Menschen dazu bewogen, dann mitmachen zu wollen.«

Mir war klar, dass er über Fiona und alle die jungen Leute wie sie sprach, die an Türen geklopft hatten. Ich sah zu ihr hinüber. Sie hatte die Augenbrauen hochgezogen. Ich wollte fragen: Was für ein Gefühl löst das in dir aus? (Ich weiß gar nicht, wie es kam, dass wir uns hier gerade beinahe Richtung Psychotherapiesitzung bewegten.)

Ich kam noch einmal auf das Bild von Marnie auf dem Tisch zu sprechen. Sie trug einen schwarzen Anzug, und ihre Hände waren akkurat auf einem Schreibtisch gefaltet, der von Papierstapeln, Post-it-Notizen und Aktenordnern bedeckt war – ein Arbeitsplatz nicht unähnlich Obamas Schreibtisch auf der anderen Seite des Raums. Neben dem Schreibtisch hing eine Kopie von Obamas Antwort an sie. »Ich drücke Ihnen die Daumen.«

»Gerade wenn ich an jemanden wie Marnie denke«, sagte er, »war es wichtig, weil ich, ausgehend von dem, was sie geschrieben hatte, ziemlich sicher darauf vertraute, dass dies ein vorübergehender und kein dauerhafter Zustand wäre.«

Während er weiterhin über seine Korrespondenz mit Marnie sprach, wurde mir klar, dass er sich nicht auf das »Ich drücke Ihnen die Daumen« konzentrierte – was für mich und für Marnie und für Meredith und ein Livepublikum und alle Leute vor den Fernsehern der wichtige Teil war. Nein, Obama konzentrierte sich in seiner Antwort an Marnie auf das Blabla, auf das »Was-ein-Präsident-sagen-*sollte*«.

Ich weiß, dass die Aussichten momentan nicht sehr ermutigend sind, aber die Nachfrage nach Lehrern und Menschen mit Ihren Fähigkeiten wird auch wieder steigen, sobald sich die Wirtschaft erholt und die staatlichen Budgets wieder aufgestockt werden.

»Zu Beginn der Großen Rezession hatten die Bundesstaaten und die Kommunen mit massiven Einnahmeausfällen zu kämpfen«, sagte Obama. »Und ein zentrales Anliegen des Recovery Act[1] war es, den Bundesstaaten und Schulbezirken die notwendigen Gelder zukommen zu lassen, damit sie nicht in großer Zahl Lehrer, Feuerwehrleute und Polizisten entlassen mussten. Und angesichts dessen, was Marnie beschrieb, war ich überzeugt davon, dass Marnie, sofern sie durchhalten würde, mit Sicherheit bei irgendeinem Schulbezirk im Land wieder eine Anstellung finden würde.«

Der Recovery Act. Diese Notiz über das Daumendrücken für Marnie bezog sich auf den American Recovery and Reinvestment Act? Seiner Auffassung nach war das offensichtlich so. Es ging nicht einfach nur darum zu sagen: »Ich habe Sie gehört« oder »Ich fühle mit Ihnen« oder auch »Ich drücke Ihnen die Daumen«. Vielmehr lautete seine Botschaft: »Halten Sie durch, ich hab's verstanden.«

[1] American Recovery und Reinvestment Act von 2009; bedeutendes staatliches Konjunkturprogramm (A.d.Ü.)

»Es geht nicht darum, dass die Kraft der Empathie der Weisheit letzter Schluss ist«, sagte er. »Denn auch nachdem man jemandem zugehört oder ihn besucht hat, hat der- oder diejenige noch immer ein konkretes Problem. Sie haben ihr Haus verloren. Sie haben ihren Arbeitsplatz verloren. Sie haben eine andere Haltung zur Abtreibung. Sie sind der Meinung, dass man die Truppen zu früh aus Afghanistan abzieht und, womöglich, die Opfer verrät, die die Gefallenen gebracht haben. Da sind all diese konkreten Probleme, die real sind. Und es gibt echte Konflikte und Entscheidungen, die man treffen muss.«

»Aber diese Form des Teilens von Erfahrungen und Empathie und Zuhören schafft die Voraussetzungen, die es uns dann erlauben, ein sinnvolles Gespräch zu führen und unsere Differenzen und Herausforderungen zu sortieren«, sagte er, »und zu besseren Entscheidungen zu gelangen, weil wir alle anhören konnten. Jeder hat das Gefühl, dass er Gehör gefunden hat, sodass er selbst dann, wenn eine Entscheidung getroffen wird, mit der er nicht hundertprozentig einverstanden ist, das Gefühl hat, *eingebunden gewesen zu sein. Das Gefühl: ›Das ist mir nicht einfach übergestülpt worden.‹«*

»Also jetzt hören Sie sich genauso an wie Neil«, sagte ich.

Er wusste selbstverständlich nicht, wer Neil war. Neils Mutter, Vicki Shearer, hatte in ihrem Brief an den Präsidenten seinen Namen nicht erwähnt.

Ich zog Vickis Brief heraus. Es ging um die Familie, die nach der Wahl von 2016, als einer von ihnen, der Vater, scheinbar gegen die Interessen der restlichen Familie, für Trump gestimmt hatte, versuchte, weiterhin zusammenzuhalten. Ich hatte ein Foto von allen, wie sie um die Couch im Wohnzimmer versammelt waren. »Das da ist Neil«, sagte ich und zeigte mit dem Finger auf ihn. Ich sagte Obama, alle Mitglieder der Familie Shearer seien Obama-Fans durch und durch. »Als Sie im Jahr 2008 die Wahl gewannen, hat Vicki eine Obama-Torte gebacken.«

Ich hatte auch ein Bild der Torte dabei.

»Oh, was für eine hübsche Torte«, sagte Obama, nach dem Bild greifend. »Ausgezeichnet. Danke für die Ohren da…«

»Vicki dachte, Michelle würden die Ohren gefallen.«

»Das sieht sie ganz richtig.«

Ich lese ihm einige der Dinge vor, die Neil über die transformative Kraft des Zuhörens gesagt hat.

> »Menschen, die, wie wir, so enttäuscht oder auch verstört sind wegen des Abstimmungsverhaltens anderer Familienmitglieder oder auch wegen der Art und Weise, wie diese gegenwärtig über Politik sprechen, sollten einander zuhören und offen zugeben, wenn sie einander nicht verstehen. Ich glaube, gerade jetzt will jeder, dass man ihm zuhört. Ich denke, selbst Trump will das. Ich glaube, er will einfach, dass jemand zu ihm sagt: ›Sie sind der Präsident!‹ Zu bestätigen, dass er es geschafft hat. Von Mensch zu Mensch kann ich mit jemandem mitfühlen, der gehört werden will.«

»Genau«, sagte Obama. (Die Stelle über Trump, der Bestätigung braucht, kommentierte er nicht.) »Aus diesem Grund wollte ich die Vorstellung, dass Empathie – die Fähigkeit, sich in jemand anderen hineinzuversetzen – irgendwie alle Spaltungen und Konflikte in diesem Land beseitigt, korrigieren. Das ist Wunschdenken. Richtig aber *ist*: Wenn ein Mensch Anerkennung erfährt und sein Standpunkt als für ihn wahr bestätigt wird, dann ist er eher bereit, sich zu engagieren. Und er ist offen für die Sichtweisen anderer Menschen, sodass er irgendwann vielleicht sogar einmal sagt: ›Hm. So habe ich das noch nie gesehen. Vielleicht muss ich meine Sicht auf gewisse Dinge doch überdenken.‹

Fiona wird sich daran erinnern, dass einige meiner Lieblingsbriefe von Menschen kamen, die entschieden anderer Meinung waren als ich. Gut, Sie nennen mich einen Idioten. Nun, ich möchte, dass Sie wissen, dass hier am anderen Ende jemand ist, der Ihnen zuhört, und hier erläutere ich Ihnen, warum ich so gehandelt habe. Und ich verstehe, warum Sie so denken, aber hier sind einige Gegenargumente, über die Sie einmal nachdenken können.

Ich habe immer gehofft, dass diese Briefe zirkulieren würden, wissen Sie? Dass es ganze Gemeinschaften oder Familien oder Schulen gab, wo sich Menschen die Antwortschreiben durchlesen würden und sagten: ›Huh. Ich bin noch immer anderer Meinung als er, aber die Tatsache, dass er sich die Mühe machte zurückzuschreiben – das finde ich jetzt doch interessant.‹ Und vielleicht eröffnen sich dann einige neue Möglichkeiten. Vielleicht nicht sofort. Vielleicht in der Zukunft. Vielleicht hat ein Kind so ein Schreiben gesehen und denkt: ›Huh, da sitzt ja wirklich ein Menschen im Weißen Haus. Und wenn du etwas zu sagen hast, dann sollte er dir tatsächlich zuhören.‹«

»Meines Erachtens hat das oft funktioniert«, schaltete sich Fiona ein. »Und manchmal kam es wieder zurück, und man hat persönlich ein Anschlussschreiben erhalten: Nachdem man einen handschriftlichen Brief an jemanden geschickt hat, der anderer Meinung war, schrieb diese Person zurück und sagte entweder ›Ich bin nach wie vor anderer Ansicht, und zwar aus folgenden Gründen‹ oder ›Wissen Sie was? Ich würde meine frühere Aussage gern korrigieren.‹ Und in anderen Fällen, in denen nichts mehr zurückkam, erfuhren wir in unserem Büro, dass ein Brief in einem Lehrerzimmer ausgehängt worden oder Gespräche im kleineren Kreis durch etwas angeregt wurden, was mit einer ziemlich wütenden spätabendlichen E-Mail begonnen hatte.«

»Es ist ein wechselseitiger Prozess«, sagte Obama. »Ich möchte betonen, wie wichtig und nützlich dies für meine Arbeit war.

Es gab ziemlich viele Briefe, die kritisch waren und bei denen ich mir bei der Lektüre sagte: ›Also das ist nicht fair. Ich glaube nicht, dass das stimmt. Sie wissen das offensichtlich nicht.‹ Aber es gab auch Briefe, bei denen ich mir sagte: ›Ich verstehe das Argument.‹ Und ich habe die Stelle mit einem Kringel markiert, und ich schrieb an den Rand: ›Stimmt das?‹ oder ›Können Sie mir erklären, warum das so ist?‹ oder ›Warum bringen wir das nicht in Ordnung?‹.«

Wir sprachen an diesem Tag noch über zwei weitere Briefe, und beide bestätigten das, was er gerade gesagt hatte – wie sehr ihm die Briefe geholfen hätten, seinen Job zu erledigen. Es überrascht mich, wie sehr er dies betonte, auch wenn es mich wohl nicht hätte überraschen dürfen. Ich erinnerte mich, dass er es bei unserem letzten Gespräch, als er noch im Weißen Haus war, erwähnt hatte. Wir sprachen über einige der Briefe, die er nach der Wahl von 2016 erhalten hatte. »Es gab eine Menge Angst und Traurigkeit, auf die ich reagieren musste«, sagte er an diesem Tag. »Ich erinnere mich an eine Zuschrift, die lautete: ›Packen Sie Ihre Sachen, weil wir, Gott sei Dank, alles, was Sie getan haben, rückgängig machen werden; es kommt keine Sekunde zu früh‹, etwas in der Art. Ich glaube nicht, dass ich darauf geantwortet habe.«

Ich erinnere mich, dass ich ihn dann gefragt habe, was er dem gewählten Präsidenten, Donald Trump, raten würde, wie er mit Zuschriften umgehen sollte.

Er hatte gelacht. Ich denke, mehr aus Verlegenheit als aufgrund einer Idee, die die Frage in ihm wachgerufen haben mochte, aber ich kann es nicht mit Sicherheit sagen.

»Aber, ähm, es, ach …«, sagte er über die Vorstellung, der gewählte Präsident Trump würde an ihn gerichtete Briefe lesen. »Es ist eine Gewohnheit gewesen, die mir viel gebracht hat. Ich glaube, sie hat für mich funktioniert, weil das etwas war, was ich nicht für einen anderen getan habe. Ich habe es getan, weil es mir, wie Sie sagten, Kraft gab. Also vielleicht wird es in Zukunft auch anderen Kraft geben. Okay?«

Okay. Aber das Wort »Kraft geben« habe ich nie benutzt.

Ich erinnere mich, dass ich mich fragte, wie dieses Wort aufgetaucht war.

»Ich kann die Gesetze und die politischen Maßnahmen und die Errungenschaften herunterbeten«, sagte er. »Aber eines der Dinge, die mich mit Stolz erfüllen, ist die Tatsache, dass ich mich in diesem Amt ... nicht selbst verloren habe.«

Wie alles andere sprach er auch diesen Gedanken langsam, bedächtig aus. Aber vielleicht ist dieses Gefühl, sich in einer solchen Position nicht selbst untreu geworden zu sein, auch so bedeutsam, dass man nicht flüchtig darüber hinweggehen kann.

»Selbst wenn ich aufgrund der ganzen öffentlichen Kritik heute ein dickeres Fell habe und die Abläufe innerhalb des Regierungsapparats viel besser kenne, bin ich nicht ... zynisch geworden, und ich bin auch nicht verhärtet, und ich glaube, dass diese Briefe etwas damit zu tun haben«, sagte er.

Von der Kraftquelle, die Briefe darstellen, sprach er auch in Bezug auf den Brief von Donna Coltharp. »Sie ist die Pflichtverteidigerin, die Ihnen geschrieben hat, um Ihnen zu danken, dass Sie die zweimal lebenslängliche Freiheitsstrafe ihres Mandanten umgewandelt haben«, sagte ich und überreichte ihm ein Bild.

»Ist das da Billy?«, fragte er.

»Das ist Billy!«, sagte ich. »Und das ist Donna. Sie waren sich zuvor noch nie persönlich begegnet. Sie hatten diesen wirklich wunderbaren Oprah-Moment.«

»Tatsächlich?«, sagte er und sah sich das Foto genauer an, breit lächelnd. »Das ist wirklich super.«

Ich sagte ihm, Billy gehe es hervorragend. Er arbeite jetzt als Dachdecker. Er sei zum Vorarbeiter befördert worden. Er habe eine Freundin. Dank Obamas Straferlass hatte Billy eine zweite Chance im Leben erhalten, und er war entschlossen, das Beste daraus zu machen.

»Das ist wunderbar«, sagte Obama. »Das bedeutet mir sehr viel.«

Ich nannte ihm den Grund, aus dem Donna ihm nach eigenem Bekunden geschrieben hatte. Sie habe ihm vor Augen führen wollen, dass all diese Strafumwandlungen in letzter Minute einen Menschen betreffen; schließlich sei Vergebung ein persönlicher Akt. »Sie wollte Ihnen danken.«

»Das bedeutet mir viel«, wiederholte er. »Ich würde, ganz egoistisch, sagen, dass die vielen Zuschriften von Menschen, die darlegten, wie tiefgreifend eine politische Maßnahme ihr Leben auf ganz konkrete Weise verändert hatte, eine echte Kraftquelle für mich gewesen sind.

Aus den Zahlen geht klar hervor, dass durch den Affordable Care Act zwanzig Millionen Menschen Zugang zu Gesundheitsversorgung erhielten«, sagte er. »Aber das ist nicht das Gleiche wie eine Mutter, die in einem Brief schreibt: ›Mein Sohn ist jetzt krankenversichert. Er ging zum ersten Mal seit zehn Jahren zu einer ärztlichen Untersuchung. Sie entdeckten einen Tumor und haben ihn entfernt. Ihm geht es gut.‹ Und da sagst du dir, schön, *dafür arbeiten wir*.

Und das Gleiche gilt in diesem Fall. Man liest nicht nur, dass Billy Donna kontaktiert hatte, um ihr dafür zu danken, dass er sein Leben wieder aufbauen kann.«

»Als Sie an Donna zurückgeschrieben haben, dankten Sie ihr für alles, was sie getan hat«, sagte ich. »Das hat ihr sehr viel bedeutet. Sie sagte: ›Uns dankt nie irgendjemand.‹«

»Sie hat es verdient«, sagte er. »Es war ein kleines Freudenfest.«

»Eine Dankesspirale.«

»Ein Kreislauf!«

Er sah mir dabei zu, wie ich ein zweites Foto aus meinem Ordner herausnahm. Er neigte den Kopf, als wollte er einen verstohlenen Blick darauf werfen.

»Das ist Marg«, sagte ich und überreichte ihm das Foto.

»Marjorie? Sieh dir Marg an! Marg ist ziemlich hübsch. Mir gefallen auch die Bilder hinter Marg. Und die kleinen Puppen …«

»Sie hat Ihnen geschrieben, um Ihnen mitzuteilen, dass sie Ihnen zuhört.«

»Es ist ein wundervoller Brief.«

Sie schilderte, wie sie versuchte, den Rassismus, der nach eigenem Bekunden ihr Herz vergiftet hatte, loszuwerden. Sie war sich dessen bewusst geworden und wollte sich davon befreien.

»Und jetzt gründet Marg einen Ortsverband der schwarzen Bürgerrechtsorganisation NAACP in ihrer Stadt«, sagte ich.

»Was für eine großartige Geschichte.«

»Sie setzte sich dafür ein. Sie wollte Ihnen das sagen.«

»Es machte mich stolz«, sagte er. »Meine Großmutter, die mich über alles liebte, reagierte anfangs auf junge schwarze Männer, die auf sie zukamen, ähnlich wie Marg.«

Er hielt einen Moment lang inne, ehe er seinen Gedanke zu Ende führte, wobei er auf seine Schuhe starrte. Er hatte gleich zu Beginn seines Präsidentschaftswahlkampfs, in einer Rede, die er 2008 während der parteiinternen Vorwahlen gegen Hillary Clinton gehalten hatte, diese Anekdote über seine Großmutter erzählt. Anschließend war er für seine naive Offenheit bezüglich eines so heiklen Themas wie unbewusste Voreingenommenheit kritisiert worden. In einem späteren Rundfunkinterview versuchte er klarzustellen, was er gemeint hatte, was das Ganze noch kontroverser machte. »Ich wollte damit keineswegs behaupten, dass meine Großmutter rassistische Animositäten hegt«, sagte er zu dem Moderator. »Das tut sie nicht. Aber sie ist eine typische weiße Person, die, wenn sie jemanden auf der Straße sieht, den sie nicht kennt, eine Reaktion zeigt, die von unseren Gewohnheiten geprägt wurde und die nicht weggeht und manchmal der Situation in keiner Weise angemessen ist, und genau so wird mit dem Thema Rasse in unserer Gesellschaft umgegangen.«

»Typische weiße Person.« So etwas solltest du nicht sagen, vor allem nicht als der erste schwarze Kandidat, der jemals für das Amt des Präsidenten kandidierte. Das Wahlkampfteam Clintons fiel über ihn her. Obama war eindeutig ein Neuling bei diesem Spiel.

Als er an diesem Tag schweigend und nachdenklich mit mir und Fiona dasaß, war so etwas wie Reglosigkeit in dem Raum wahrzunehmen, als sollten wir uns nicht rühren. Hinter Obama war ein großes Fenster mit hölzernen Sonnenblenden, die einen Teil des Lichts abhielten. Dahinter war das Rauschen der Märzwinde zu vernehmen. Ich musste daran denken, dass es Menschen gibt, von denen es heißt, sie hätten den Wind in ihrem Rücken, und andere, von denen es heißt, ihnen wehe der Wind ins Gesicht und sie müssten dagegen ankämpfen. Aber hier war jemand, für den weder das eine noch das andere galt. Hier war jemand, der sich von den reißenden Strömungen ringsherum nicht beeindrucken ließ. Die Welt da draußen war in Aufruhr. Aber hier drinnen herrschte vollkommene Ruhe.

Das Zuhören, von dem er gesprochen hatte – acht Jahre lang –, war jetzt Geschichte. All die Briefe, die er während seiner Präsidentschaft erhalten hatte, Millionen davon, waren in den National Archives eingelagert worden. Ich war froh, dass er beziehungsweise jemand in seiner Regierung daran gedacht hatte, sie aufzubewahren. Sie würden weiterleben, Artefakte für eine zukünftige Museumsausstellung. Das sind die Stimmen Amerikas, zwischen 2009 und 2017. Das sind *wir* während der Obama-Jahre: Wir überlebten eine Wirtschaftskrise, eine Gesundheitsreform, mehrere Kriege, Amokläufe, einen Regierungsstillstand, Probleme an unseren Grenzen, Hurrikane, die Verwüstungen des Klimawandels und den ganzen Rest. So sind wir gewesen, und damit ist eine Art Unschuld verbunden, so, wie man immer eine gewisse Unschuld besitzt, wenn man auf sich selbst zurückblickt. Geht man allzu dicht heran, tut es weh, je nachdem, womit man es vergleicht und welchen Maßstab man anlegt.

Es ist immer eine Versuchung, sich in Nostalgie zu ergehen.

Aber die Briefe bieten mehr. Sie entfachen die Fantasie. Sie erinnern uns daran, dass Freundlichkeit wichtig ist (das können wir uns gar nicht oft genug sagen), auch und gerade dadurch, dass sie unter der Regierung Trump nicht mehr angesagt zu sein scheint. Sie erinnern uns daran, dass eine Regierung gute Arbeit leisten *kann* und dass es wirklich Menschen gibt, die sich dem Dienst am Gemeinwohl verpflichtet fühlen. Außerdem lässt sich ihnen detailliert entnehmen, was gewesen ist. Alles, was vor deinen Augen war und was dir vielleicht nicht aufgefallen ist. So hatte ich zum Beispiel bis in die letzten Monate der Präsidentschaft Obamas hinein keine Ahnung, dass es überhaupt so etwas wie einen Lektüreraum gab. Ich hatte nicht gewusst, dass all diese leisen Gespräche zwischen dem Präsidenten und seinen Wählern stattfanden, dass da all diese Menschen waren, die glaubten, sie fänden beim Präsidenten ein offenes Ohr oder sie könnten es sich verschaffen, indem sie ihm schlicht und einfach einen Brief zuschickten. Ich hatte keine Ahnung, dass es ein ganzes Heer von beflissenen Helfern gab, die jeden Tag zum Dienst erschienen, um sicherzustellen, dass das Gespräch nicht abbrach.

Eine Entdeckung wie diese kann einem Hoffnung machen. Wir hatten das schon mal, also können wir es ein weiteres Mal haben. »Und, wissen Sie, gerade jetzt«, sagte Obama zu mir, als er endlich aus seiner Schuhtrance aufschaute und meinen Blick traf, »könnten eine Menge Leute, die in der Vergangenheit mit mir gearbeitet oder für mich gestimmt haben, durch die aktuellen Nachrichten entmutigt werden. Und das ist verständlich. Ich muss immer sorgfältig darauf achten, dass ich mich nicht so anhöre, als wäre ich ein unverbesserlicher Zukunftsoptimist.«

Die Zukunft. Ich hatte dieses Wort nicht laut ausgesprochen. Aber es war selbstverständlich der »Elefant im Raum« – das offensichtliche Problem, das niemand ansprach. Amerika alterte in letzter Zeit nicht würdevoll. Fühlte er sich verantwortlich? Wollte er darauf zurückkommen?

»Man *verdient* sich eine bessere Zukunft«, sagte er. »Es ist harte Arbeit. Und in einem so großen Land mit einer so vielfältigen Bevölkerung ist die Demokratie eine besondere Herausforderung. Und kompliziert. Wir hatten in unserer Geschichte immer wieder auch schlimme, unschöne Zeiten. Und daher ist es wichtig, nicht zu vergessen und anzuerkennen, dass Amerika seine Ideale und höchsten Ziele nicht gleichsam wie von selbst verwirklichen wird.

Aber ich glaube, wenn man hört, dass jemand wie Marjorie in ihrem Alter einen solchen Sinneswandel durchgemacht hat, dann hat man zwangsläufig das Gefühl, dass sich die Mühe lohnt.

Wenn es uns gelingt, solche Momente, solche Kontakte und solche geteilten Geschichten zu vervielfältigen, dann werden wir im Lauf der Zeit besser in dem, was Demokratie genannt wird. Und wir haben alle die Fähigkeit dazu. Das ist nicht die Aufgabe des Präsidenten. Es ist nicht die Aufgabe eines Haufens sachkundiger Entscheidungsträger. Es ist die Aufgabe der Bürger.«

Bürger, ihr seid in der Pflicht.

»Sie sind nicht in Tränen ausgebrochen«, sagte ich anschließend zu Fiona.

»Aber ich hatte zu kämpfen«, sagte sie.

Ich fragte sie, wann. Und warum?

»Die Parallelen zwischen dem Klopfen an Türen und der Beantwortung von Briefen«, sagte sie. »Die Idee, dass wir zunächst sie um etwas bitten und dass sie anschließend uns um etwas bitten.«

Sie sagte, das habe sie tief berührt. »Dass er diesen Zusammenhang selbst herstellt. Wir waren ein Haufen junger Leute, die noch nicht für die Regierung gearbeitet hatten. Wir erhielten seine Unterschrift sozusagen als Geschenk, und man vertraute uns, dass wir schon wüssten, wie wir vorgehen sollten. Und wir improvisierten bis zu einem gewissen Grad; wir beobachten das, was er tat, und ahmten dann diese Werte nach, ohne dass wir irgendwelche Erläuterungen von ihm dazu hörten. Wir konnten nur das Verhalten beobachten. Wir hatten keine Handreichungen erhalten. Es ist also bewegend gewesen, dieses ›Warum‹ dahinter zu hören, und ich glaube, dass unsere Vorgehensweise tatsächlich nicht so falsch gewesen ist.

Er betrachtet Empathie als einen Ausgangspunkt«, sagte sie, »nicht als Schlusspunkt. Und er ging davon aus, dass wir das Herz am rechten Fleck tragen. Außerdem war er der Meinung, dies sei etwas, worauf man stolz sein könne.«

Ich sagte ihr, ich hätte mir trotzdem gewünscht, sie hätte ihren Brief an ihn laut vorgelesen oder ihm diesen wenigstens gegeben.

»Ach, das hat er nicht nötig«, sagte sie.

Sehr geehrter Präsident Obama,

gegen Ende meiner Zeit auf dem College, als ich keinen Plan hatte und keinen Zug in irgendeine Richtung verspürte, schickte mir meine Mutter Kurt Vonneguts Buch *Mann ohne Land* mit einer beiliegenden Notiz, die lautete: »Du und deine Generation, ihr habt eine Menge Reparaturarbeiten zu erledigen!« Ich hatte nicht die geringste Ahnung, wie ich oder auch meine Generation dieser Aufgabe gerecht werden sollten, und ich dachte, dass es typisch für meine Mutter sei, einen solchen Ball, der sich nicht spielen lässt, in mein Feld zu legen.

Ein paar Monate später ging ich in New Hampshire lange Einfahrten hinauf, um – zuerst an heißen und später an verschneiten Tagen – Familienessen zu unterbrechen. Während ich da so vor mich hin schlenderte, wiederholte ich ein paar Sätze mit Ihrer Stimme, so gut ich diese nachahmen konnte. Es war eine schreckliche Nachahmung, aber sie ließ mich über mich selbst lachen und gab mir zugleich Kraft. Mir graute vor jedem unerwünschten Kontakt, der begann mit »Die Vorwahlen sind erst in acht Monaten« und weiterging mit »Sie sind schon zu oft hier gewesen«. Aber ich konnte weitermachen, weil ich das Gefühl hatte, Teil eines größeren Teams zu sein, eines Team, das Sie verstanden, brauchten und das Ihnen am Herzen lag, und eines Teams, das mich besser machte, als ich ohne es gewesen wäre. Die Menschen, die in New Hampshire und in jedem anderen Bundesstaat, den ich besuchte, für Sie zusammenkamen, machten mich so viel besser und stärker, und der Weg, den Sie mir wiesen, lehrte mich, unter anderem, dass ein Klemmbrett ein starker Halt sein kann.

Als dann Ihre Wahlkampfaktivisten für den Super Tuesday und die anschließenden Vorwahlen ausschwärmten, fühlte ich mich selbst von Ihrer Wahlkampforganisation unterstützt, wenn keine anderen Wahlkamphelfer in Sicht waren. Als ich an der Delaware State University auf einer Mülltonne stand, um alle, die in der Schlange standen, wissen zu lassen, dass es keine freien Plätze mehr gab, um Michelle Obama zu sehen, aber dass ich gern ihre Kontaktdaten hätte und mir wünschte, sie würden sich bereit erklären, als Freiwillige Klinken für Sie putzen zu gehen, ließ ich mich von dem Mut anspornen, den ich selbst nicht hatte, aber bei einer ausgesprochen engagierten Mutter aus dem Merrimack Valley gesehen hatte, die an einem sehr verregneten Samstag sechs Monate zuvor sich selbst und ihrem Sohn Müllbeutel als improvisierten Regenschutz übergezogen hatte, sodass sie den ganzen Tag damit verbringen konnten, in ihrer Nachbarschaft Wahlwerbung zu betreiben. Sie hatte mir gesagt, es gebe »immer einen Grund, nichts zu tun«, und sie hatte jeden Samstag zwischen diesem und den Vorwahlen in New Hampshire Klinken geputzt. Als ich mich überfordert fühlte, als ich von einer Kanzel in Akron über die Vorwahlen in Ohio sprach, und mich später als der totale Spaßverderber fühlte, als ich eine Gruppe von Alpha-Studenten, die Ted Kennedy zu einer Rede eingeladen hatten, eindringlich ersuchte, damit aufzuhören, es all den schönen Frauen durchgehen zu lassen, dass sie sich nicht in die Liste eintrugen, wusste ich, dass ich tun konnte, was getan werden musste, weil Kids wie ich sich überall in Amerika total für Sie engagierten, und wir schuldeten es einander, alles zu geben.

Ich war nur eine von vielen, aber gerade das war etwas Wunderbares. Gemeinsam konnten wir tatsächlich etwas tun, was wichtig war. Vor einer der Gehirnoperationen, denen sich meine Mutter unterziehen musste, haben Sie sie einmal angerufen, um ihr alles Gute zu wünschen, und Sie erzählten ihr eine Lüge – Sie sagten ihr, ich sei eine Ihrer besten Wahlkampfhelferinnen. Das war alles andere als wahr, aber es bedeutete ihr so viel, meine Güte. Danke, dass Sie ihr das gesagt haben, und danke, dass Sie eine Bewegung aufgebaut haben, in der es im Grunde nicht darauf ankam, wer der Beste war, sondern darauf, was wir zusammen erreichten. Da waren diese rosa- und blauhaarigen Teenager, die eines Nachmittags in Fond Du Lac, Wisconsin, zusammen mit mir Leute anriefen, um für Sie zu werben – sie standen nicht viele Anrufe durch. Tatsächlich muss ich zugeben, dass sie schließlich Plakate machten, — diese niedrigste aller ehrenamtlichen Tätigkeiten — aber ihre Anwesenheit erinnerte mich daran, dass ich Teil von etwas Größerem war, und dies an einem Tag, an dem ich dies brauchte. Sie gaben mir die Kraft weiterzumachen, wie so viele andere Leute in dieser Zeit.

Als ich mit der Person, die vor Kurzem in meinem Büro anfing, das selbstverständlich Ihr Büro ist, ein Vorstellungsgespräch führte, erzählte sie mir eine vertraute Geschichte, die meinem Eindruck nach viele Menschen im Lauf der Jahre, seitdem Sie erstmals Ihre Kandidatur erklärten, erzählt haben. Sie beschrieb, wie es für sie gewesen war, beim Parteitag der Demokraten im Jahr 2012 zu arbeiten, und die Gründe, die sie dazu bewogen hatten, hörten sich für mich absolut wahr an und sollten Sie mit Stolz erfüllen. Sie sagte, nicht die Arbeit an sich sei erfüllend gewesen, sondern die Tatsache, dass sie mit Menschen zusammengearbeitet habe, die sich gemeinsam für Ihre Präsidentschaft und Ihren Wahlkampf engagierten – Menschen, die leidenschaftlich auf ein Ziel hinarbeiteten und die daran mitwirken wollten, die Dinge zu verbessern. Ich war so glücklich, genau zu wissen, was sie meinte.

Ich danke Ihnen dafür, dass Sie mir diese Erfahrung ermöglichten und dass Sie es mir ermöglichten, so viele Menschen zu einem Teil davon zu machen. Danke dafür, dass Sie mit so vielen von uns in Verbindung getreten sind und dass Sie uns miteinander verbunden haben, und danke dafür, dass Sie mich wieder mit unserem Land und seinem Versprechen in Verbindung gebracht haben. Und vor allem danke dafür, dass Sie mir und so vielen anderen das Gefühl gegeben haben, dass wir wirklich an den Reparaturarbeiten mitwirken konnten, die meine Mutter von uns verlangt hat.

Mit freundlichen Grüßen

Briefauswahl 2016–2017

Zoe E. Ruff
[redacted]
Bath, ME [redacted]

BRUNSWICK, ME
NOV 30 2016
USPS 04011

Mr. President
1600 Pennsylvania Ave. NW
Washington DC
20500

485
DEC 07 2016
✓#016 OC/#006

12.01.17
LH 4

Auswahl
(8M)

Dienstag, 29. November 2016

Sehr geehrter Präsident Obama

Hallo! Ich heiße Zoe Ruff. Ich bin dreizehn Jahre alt, und ich lebe in Bath, Maine. Ich habe Ihnen dieses Gedicht geschrieben, um Ihnen zu zeigen, dass diese Wahl Menschen etwas bedeutet. Ich glaube, dass es letztlich um Stolz geht. Egal, ob jemand für Donald Trump oder Hillary Clinton oder jemand anderen stimmt: Wie man die Ergebnisse aufnimmt, ist genauso wichtig, wie es die Ergebnisse selbst sind. Als starrsinnige Liberale bin ich überzeugt davon, dass die Bürger Amerikas stolz sein sollten. Nicht darauf, dass wir Donald Trump ins Weiße Haus gewählt haben, sondern darauf, dass wir unter dem Namen Obama leben durften. Das ist als solches schon eine Ehre. Sie haben dieses Land Liebe und Freundlichkeit gelehrt, und das kann uns unser zukünftiger Präsident nicht wegnehmen. Wir können die nächsten vier Jahre durchstehen, wenn wir uns nicht unterkriegen lassen und uns von niemandem sagen lassen, was wir tun, an welchen Gott wir glauben oder wen wir wegen seiner Hautfarbe ablehnen sollen. Denn wenn wir dies tun, dann hat er wirklich gewonnen. Und wir können niemanden, der so viel Angst hat wie er, gewinnen lassen. Wir haben zu viel gewonnen, um jetzt einen Schritt zurück zu machen.

Ich wollte Ihnen für alles danken, was Sie für meine Heimat getan haben. Sie waren ehrlich, freundlich und klug als unser Anführer, und ich könnte nicht stolzer sein, Amerikanerin zu sein.

Mit freundlichen Grüßen

Zoe Ruff

Alter 13
8. Klasse

Wahlergebnisse
Ein Abecedarius

Ach, schlurfende Pantoffeln wecken mich auf. Ich stehe auf von meinem
Bett. Mama sieht mich mit verweinten Wangen an. »Schatz, sie hat verloren,
Clinton hat verloren.« Ich presse die Augen zu. Nicht unterdrücken kann ich aber das
Drängende Schluchzen, dessen
Echo aus meinem Hals dringt. Jemand, getrieben von
Furcht, wird diese
Glorreiche Nation anführen, mein
Heimatland. Wie konnten wir das nur zulassen?
Ich zwinge mich dazu aufzustehen. Die Tage sind jetzt gezählt bis zum 20.
Januar, diesem gefürchteten Tag, an dem unserer wahrer Anführer
Kalt rausgeschmissen wird, nicht
Länger in der Lage, unser Land zu dem zu
Machen, was für uns
Notwendig ist. Gerade jetzt kann nur
Obama meine Stimmung heben. Und so
Presse ich den *Home*-Button auf meinem iPad, um mir seine Reden anzusehen, ach, da
Quellen aus den Augen Tränen
Ruhelos – in Sorge, dass meine asiatischen und muslimischen Freunde mich
Schon bald verlassen werden, alles nur wegen
Trump, der
Unfassbar sich der Meinung des Rests der Welt
Verschließt. Ich dachte, ich
Wäre wütend. Aber ich bin nur traurig, dass er Amerika mit seinen

Xenophoben Lügen eine Gehirnwäsche verpasst hat.
Obama war gegen ihn ein weiser
Yogi, ach, käme er doch zurück. Ich sage mir selbst:
»Zoe. Wir können das durchstehen.«

– ZOE RUFF

Dies ist ein Abecedarius. Das Besondere an einem Abecedarius ist die Tatsache, dass der erste Buchstabe jeder Zeile dem Alphabet folgt.

BARACK OBAMA

31. Mai 2017

Ms. Zoe Ruff
Bath, Maine

Liebe Zoe,

danke dafür, dass Du mir geschrieben und Dein nachdenkliches Gedicht mit mir geteilt hast. In den Briefen, die ich von jungen Menschen wie Dir bekomme, erkenne ich die Kreativität und den Patriotismus Deiner Generation, und insbesondere Deine Gedanken zur Wahl und Dein Ausblick auf die Zukunft stimmen mich außerordentlich zuversichtlich in Bezug auf das, was vor uns liegt.

Ich weiß, dass es manchmal den Anschein hat, dass auf zwei Schritte, die wir vorwärts machen, immer ein Schritt zurück folgt. Aber bedenke, dass die Richtung, die unser Land jetzt einschlägt, von engagierten BürgerInnen wie Dir vorgezeichnet wird, die hervortreten und offen aussprechen, woran sie glauben. Und ich bin fest davon überzeugt, dass Du, solange Du Dich intensiv um Deine Bildung kümmerst, Dir hohe Ziele setzt und Dich immer wieder neuen Herausforderungen stellst, einen Beitrag zu einer strahlenderen Zukunft leisten und positive Veränderungen in der Gegend, in der Du lebst, und im Leben der Menschen in Deinem Umfeld bewirken kannst.

Nochmals herzlichen Dank für Dein liebenswürdiges Schreiben. Ich drücke Dir die Daumen bei allem, was Du tust, und ich wünsche Dir das Beste.

Dein Freund

Little Passports

im 8 Years old

Im in 4thgrade

Your my Favorite President

1/3/17

Dear president obama I Know we don't want Donald trump to be president there is one reason I don't want him to be president because he hates muslims and I am a muslim From: a Kid in the united states

www.littlepassports.com

white house
1600 pennsylvania
Ave NW,
washington, DC 20500

FOREVER

Übersetzung:

Ich bin 8 Jahre alt – Ich bin in der 3. Klasse
Sie sind mein Lieblingspräsident
Sehr geehrter Präsident Obama. Ich weiß, wir wollen nicht, dass Donald Trump Präsident wird … es gibt einen Grund, warum ich nicht will, dass er Präsident wird, weil er Muslime hasst und ich bin ein Muslim Von: einem Kind in den Vereinigten Staaten

17.01.17
8,5

PDF Speichern
Lightversion

gesendet via Facebook Messenger
Fallnummer [redacted]

Von: **Jamie Snyder**

Gesendet: 12.1.2017 23.24 Uhr

E-Mail: [redacted]

Telefon: [redacted]

Adresse: [redacted] Los Angeles, Kalifornien [redacted]

Nachricht: Herr Präsident und Frau Obama, ich bin gegenwärtig HOCHschwanger mit meinem zweiten Kind (und ersten Mädchen). Mein Ehemann und ich freuten uns wahnsinnig, als wir entdeckten, dass ihr voraussichtlicher Entbindungstermin auf den Tag fiel, von dem wir annahmen, dass es der historische Tag des Amtsantritts von Hillary R. Clinton sein würde. Wie bestürzt waren wir dann, als klar wurde, dass sie voraussichtlich an dem Tag zur Welt kommen würde, an dem Trump das Amt antritt. Nachdem ich dann vertrauensvoll mit meinem Engel von Geburtshelferin gesprochen hatte, verlegte sie den Kaiserschnitt auf Donnerstag, den 19. Januar. Meine süße Kleine wird also am letzten Tag Ihrer wunderbaren Präsidentschaft geboren werden! Die Familie Snyder hegt die allergrößte Bewunderung und Hochachtung für Sie beide, und wir hoffen, wenigstens einen Bruchteil der großartigen Eltern zu werden, die Sie für Ihre schönen und brillanten Töchter gewesen sind. Wir danken Ihnen für Ihren Dienst und Ihren unerschütterlichen Einsatz für unser Land, und wir werden Sie von ganzem Herzen vermissen. Der Gedanke erfüllt uns mit Freude, dass unsere Tochter ein kleines Andenken an Ihr Vermächtnis sein wird. Danke für alles.

Jamie Snyder

BARACK OBAMA

14. Juni 2017

Mrs. Jamie Snyder
Los Angeles, Kalifornien

Liebe Jamie,

ich habe die E-Mail gelesen, die Sie nur ein paar Tage vor der Geburt Ihrer Tochter geschrieben haben, und ich wollte Ihnen und Ihrem Ehemann gratulieren und Sie wissen lassen, dass mich Ihre Nachricht tief bewegt hat. Es ist unverkennbar, wie sehr Sie Ihre Kinder lieben und wie stolz Sie auf sie sind – Gefühle, die ich selbst gut kenne –, und Ihre freundlichen Worte haben Michelle und mir sehr viel bedeutet. Wir hoffen, Ihre Familie konnte in den letzten Monaten wertvolle Zeit gemeinsam verbringen.

Ich weiß, dass jetzt für viele eine Zeit großer Ungewissheit angebrochen ist. Aber ich bin zuversichtlich, dass wir einer glänzenden Zukunft entgegensehen, solange Eltern wie Sie und Ihr Ehemann sich weiterhin darum bemühen, ihren Kindern die gleichen Werte, die gleiche Selbstlosigkeit und den gleichen Gemeinsinn zu vermitteln, die aus Ihrer E-Mail sprechen. Seien Sie versichert, dass Michelle und ich Ihnen allen von Herzen das Beste wünschen – mögen Ihr Sohn und Ihre Tochter reifen und gedeihen.

Noch einmal danke – für alles.

Mit freundlichen Grüßen

19.01.17
SA

7.44 Uhr
5. Dezember 2016
Marietta, GA

Sehr geehrter Präsident Obama,

ich schreibe diese Zeilen an dem sprichwörtlichen Küchentisch, nachdem ich meine beiden Söhne (13, 16 J. alt) zur Schule geschickt habe. Das letzte Mal habe ich vor 40 Jahren einen Brief an einen Präsidenten geschrieben; damals war ich 7 Jahre alt und lebte in Alabama. Damals schrieb ich an Jimmy Carter, aus Freude darüber, dass ein Mann, zu dessen Wahlkampftour mich meine Eltern mitgenommen hatten, ins Weiße Haus eingezogen war. Er wirkte auf mich so liebenswürdig, und es gab so viele Dinge, die ich als kleines Mädchen mit ihm teilen wollte. Und was für ein Wunder: Er schrieb mir zurück. Vielleicht hat dies dazu beigetragen, dass ich im Lauf der Jahre weniger zynisch* – oder dass ich zu einer lebenslangen** Demokratin geworden bin, was in einem Staat wie Alabama hart gewesen ist. Jch greife jetzt zu einem Füller, um einem anderen Präsidenten – Jhnen – zu schreiben, weil ich zutiefst dankbar für den Dienst bin, den Sie unserem Land geleistet haben, und ich hielt es für wichtig, dass Sie wissen, wie viel Gutes Jhre Präsidentschaft im Leben nur einer Familie, die in Marietta, Georgia lebt, bewirkt hat.

*gegenüber dem Staat und dem, was er an Guten verkörpern kann

**stolzen

und dass ich es Ihnen schriftlich mitteile

Als Sie sich zum ersten Mal um das Amt bewarben, im Jahr 2008, war mein Mann, mit seiner gesamten Abteilung, von CNN entlassen worden. Dies geschah im Frühjahr, und wir hatten keine Ahnung, dass die gesamte Wirtschaft am Zusammenbrechen war. Jch arbeitete als Lehrerin (und tue dies noch immer, auf einem College), und er bekam Arbeitslosengeld, dessen Bezugsdauer dankenswerterweise auf fast ein Jahr verlängert wurde. Diese mageren Zeiten waren beängstigend, aber Ihr Wahlsieg und Ihre Präsidentschaft und Ihre persönliche Liebenswürdigkeit und Ihr Anstand vermittelten uns die Gewissheit, dass die Zeiten besser werden würden. Wir konnten für unseren jüngsten Sohn einen Platz in einer kostenlosen Vorschule ergattern, Geld sparen und unser Haus behalten (wie haben die Hypothekenraten immer als Erstes bezahlt). Mein Mann fand schließlich wieder eine Anstellung, bis das Unternehmen pleiteging, er bezog erneut Arbeitslosengeld (glücklicherweise war dieses Sicherheitsnetz noch immer da). Schließlich bekam er im Jahr 2011 einen guten Job, und er ist seither ununterbrochen berufstätig. Die ruhige, entschlossene Art, mit der Sie uns durch die Rezession führten, gab uns Hoffnung (für uns weit mehr als nur ein Schlagwort), und ich war dankbar für jeden Tag, den meine Söhne mit Ihnen im Weißen Haus* aufwuchsen, mit Ihnen als dem mustergültigen Vorbild eines Präsidenten. Unsere Familie steht heute viel besser da als zu der Zeit, als Sie das Amt antraten – zwei gute Jobs, ausreichende Altersrücklagen** und Kinder, die einen Präsidenten mit einem guten Herzen und einer Arbeitsmoral und einer Vision, die ihr Leben besser machte, kannten. Es ist zweifellos eine Untertreibung zu sagen, dass es nicht leicht gewesen ist, mit dem Widerstand (durch den Kongress) klarzukommen, aber wir alle haben gespürt, dass Sie die Menschen an die erste Stelle gesetzt und konkrete Schritte unternommen haben, um unser Leben besser zu machen.

Danke! Danke! Danke!

*und auch Michelle!

**Ihre beständige Wirtschaftspolitik hat dies ermöglicht

das sind echte Tränen ☺ (der Dankbarkeit)

Ich weiß nicht, ob ich jemals wieder zwei Präsidenten so sehr lieben werde, wie ich Sie und Jimmy Carter geliebt habe, aber ich hoffe, dass all Ihre Nachfolger so viel Gutes tun können wie Sie.

Hochachtungsvoll
Lynn Murray Luxemburger

Barack Obama

19. Juni 2017

Ms. Lynn Murray Luxemburger
Marietta, Georgia

Liebe Lynn,

danke dafür, dass Sie sich im Dezember letzten Jahres die Zeit genommen haben, mir zu schreiben, nachdem Sie Ihre beiden Söhne zur Schule geschickt hatten. Ich habe Ihren Brief am letzten Abend meiner Präsidentschaft gelesen und möchte, dass Sie wissen, wie sehr mich Ihre Geschichte berührt hat.

Menschen wie Sie und Ihr Ehemann haben mich jeden einzelnen Tag meiner Präsidentschaft in Gedanken begleitet. Sie haben recht, dass »Hoffnung« mehr als nur ein Schlagwort ist: Sie ist das, was so viele Menschen diese schwierigen Zeiten durchstehen ließ. Sie hat auch mir die Kraft zum Weitermachen gegeben. Es bedeutet sehr viel zu wissen, dass unsere Maßnahmen so vielen hart arbeitenden Familien wie der Ihren geholfen haben. Es freut mich zu hören, dass es Ihnen besser geht.

Von meiner Familie an Ihre: Danke – für alles.

Ihnen die besten Wünschen von uns.

Mit freundlichen Grüßen

06.01.17
8.5

5.12.2016

Sehr geehrter Präsident Obama,

ich möchte mich bei Jhnen entschuldigen.

Es steht außer Frage, dass wir sehr unterschiedliche politische Standpunkte haben. Es gibt nur wenige Dinge, bei denen wir einer Meinung sind, was die Politik und die Führung der Regierung angeht.

Aber ich habe einen Fehler gemacht. Jch habe es zugelassen, dass meine Uneinigkeit mit Jhnen auf meine Sichtweise von Jhnen als Person abgefärbt hat. Jch habe Sie verachtet, und ich habe die schlechte Meinung, die ich von Jhnen hatte, anderen mitgeteilt.

Das war falsch und unchristlich. Jm Lauf der Jahre habe ich dann genauer hingesehen. Und ich erkannte, wie sehr ich mich geirrt hatte. Wir sind noch immer in vielen Dingen unterschiedlicher Meinung. Aber Sie, Sir, sind ein Patriot. Jch bewundere Sie mittlerweile als einen Mann mit Grundsätzen, einen Mann mit einem guten Herzen, einen Mann mit einem unglaublichen Sinn für Humor, einen Familienmenschen, einen gläubigen Menschen und einen Mann, der dieses Land liebt. Jch habe gesehen und gelesen, dass Sie unsere Streitkräfte und den Secret Service mit Respekt behandeln. Jch habe noch bei keinem anderen Politiker so viel echte Demut gesehen.

Jch unterstütze entschieden Jhre Politik der Öffnung gegenüber Kuba. Jch begrüße Jhre Jnitiative in der Krebsbekämpfung. Jn manchen Dingen sind wir uns also einig.

Sie werden mir nie begegnen. Vermutlich werden Sie diesen Brief nie zu Gesicht bekommen. Aber ich habe Sie falsch und viel zu streng beurteilt. Mein Glaube und meine Mutter erzogen mich dazu, Fehler zuzugeben und die Person, die ich verletzt habe, um Vergebung zu bitten. Und so hielt ich dies für den besten Weg, dies zu tun: eine von Hand geschriebene Entschuldigung.

Da ist sie nun also. Ich möchte Ihnen danken. Danke für Ihre Vorbildlichkeit als Vater, als Ehemann und als Mann. Danke, Herr Präsident, für Ihren Dienst für dieses großartige Land.

Ich bete dafür, dass Gott Sie und Ihre Familie immer und auf all Ihren Wegen segnet.

Mit freundlichen Grüßen

Patrick O'Connor
Akron, OH

Rust Eddy
[redacted]
Canton, NY [redacted]

SYRACUSE NY 130
07 DEC 2016

The President of the United States of America
The White House
1600 Pennsylvania Ave NW
Washington, DC 20500

485
DEC 15 2016
✓ #039

13.01.17
8,5

Hoffnung ist ein gefiedertes Ding. E. Dickinson

Sehr geehrter Herr Präsident,

Grenzen scheinen dieser Tage groß in Mode zu sein, wobei es vor allem darum geht, sie zu befestigen und zu verstärken. Es ist ein Geschenk meines Lebens gewesen, dass ich es über Grenzen hinweg leben durfte. Jch bin ein weißer Mann, der seit 26 Jahren mit einer schwarzen Frau verheiratet ist. Wir leben in der Kleinstadt Canton, ganz im Norden des Bundesstaates New York. Meine Frau, Dr. Sheryl Scoles, unterrichtet Sprachpädagogik an der School of Education der State University of New York, Potsdam. Mein Leben pendelt zwischen den beiden Welten von Hillary und Trump: Sheryls Kreis von Akademikern und den örtlichen Freunden und Bekannten in der Kleinstadt, die sozusagen ein repräsentativer Querschnitt der Trump-Wähler sind. Unnötig zu erwähnen, dass es mir in den letzten Tagen mehr als ein bisschen schwergefallen ist, beide Welten unter einen Hut zu bringen, und die »Grenzüberschreitung« erlebte ich eher als Fluch denn als Segen.

Seien Sie versichert, dass Jhre Stärke und Jhr Mitgefühl, Jhre Entschlossenheit und Jhre Empathie, Jhre intellektuelle Neugierde und Jhre Fähigkeit zu staunen uns durch Jhre gesamte Präsidentschaft hindurch inspiriert haben und, was noch wichtiger ist, in Jhrem Vermächtnis nachwirken werden: Sie werden uns weiterhin dazu ermuntern, niemals aufzugeben.

Danke, Sir

Rust Eddy and
Sheryl Scales

13.01.17
8,5

Hoffnung ist ein gefiedertes Ding. E. Dickinson

Sehr geehrter Herr Präsident,

Grenzen scheinen dieser Tage groß in Mode zu sein, wobei es vor allem darum geht, sie zu befestigen und zu verstärken. Es ist ein Geschenk meines Lebens gewesen, dass ich es über Grenzen hinweg leben durfte. Jch bin ein weißer Mann, der seit 26 Jahren mit einer schwarzen Frau verheiratet ist. Wir leben in der Kleinstadt Canton, ganz im Norden des Bundesstaates New York. Meine Frau, Dr. Sheryl Scoles, unterrichtet Sprachpädagogik an der School of Education der State University of New York, Potsdam. Mein Leben pendelt zwischen den beiden Welten von Hillary und Trump: Sheryls Kreis von Akademikern und den örtlichen Freunden und Bekannten in der Kleinstadt, die sozusagen ein repräsentativer Querschnitt der Trump-Wähler sind. Unnötig zu erwähnen, dass es mir in den letzten Tagen mehr als ein bisschen schwergefallen ist, beide Welten unter einen Hut zu bringen, und die »Grenzüberschreitung« erlebte ich eher als Fluch denn als Segen.

Seien Sie versichert, dass Jhre Stärke und Jhr Mitgefühl, Jhre Entschlossenheit und Jhre Empathie, Jhre intellektuelle Neugierde und Jhre Fähigkeit zu staunen uns durch Jhre gesamte Präsidentschaft hindurch inspiriert haben und, was noch wichtiger ist, in Jhrem Vermächtnis nachwirken werden: Sie werden uns weiterhin dazu ermuntern, niemals aufzugeben.

Danke, Sir

Rust Eddy and
Sheryl Scales

Auswahl 04.01.17 f,4

Charlotte Blome

[redacted]

Crystal Lake, Il

[redacted]

18. November 2016

Präsident Barack Obama
Weißes Haus
1600 Pennsylvania Avenue NW
Washington, DC 20500

Sehr geehrter Herr Präsident,

in dieser Zeit der Ungewissheit möchte ich mit Ihnen einen kleinen Lichtblick teilen, der bestimmt kein Einzelfall ist.

Wir sind eine multiethnische Familie, die in dem rötesten (also republikanischsten) County in der Metropolregion Chicago lebt. Ich bin eine Weiße. Mein adoptierter Sohn Noah ist schwarz. Seine Schule wird ganz überwiegend von Weißen besucht. Letztes Jahr wählte ihn seine 7. Klasse zu dem Schüler, der die besten Chancen hat, einmal Präsident der Vereinigten Staaten zu werden, obwohl er sie daran erinnerte, dass er gebürtiger Äthiopier ist. Das störte sie nicht. In diesem Jahr kandidierte er als Schülersprecher und wurde gewählt.

Oberflächlich betrachtet mag dies als etwas Unbedeutendes erscheinen, aber ich glaube nicht, dass dies vor 20 Jahren an einer typischen, zu 98 Prozent weißen Schule möglich gewesen wäre. Noah ist vermutlich der erste schwarze Schülersprecher an seiner Junior High School, aber ich habe den Eindruck, dass es für ihn und seine Mitschüler so normal ist, dass es nicht einmal eigens erwähnt worden ist! Er hat in seinen 13 Jahren schon einiges an rassistischen Vorurteilen erlebt, aber nie von Gleichaltrigen. Nicht einmal in einem konservativen County wie unserem. Ich schreibe dies vor allem Ihnen zu (es ist auch ein wenig sein Verdienst, denn er ist ein guter, fleißiger Junge!).

Daher möchte ich Ihnen und der First Lady dafür danken, dass Sie die Weichen richtig gestellt haben. Wir werden Sie sicherlich vermissen.

Mit tiefer Dankbarkeit und Hochachtung

Charlotte Blome

Barack Obama

4. Mai 2017

Ms. Charlotte Blome
Crystal Lake, Illinois

Liebe Charlotte,

danke für Ihr Schreiben. Sie haben unverkennbar einen wunderbaren jungen Mann großgezogen, und ich kann verstehen, wie stolz Sie auf Noah sind.

In dem, was Noah alles erreicht hat, spiegelt sich eine Idee wider, die den Kern der Verheißung unserer Nation ausmacht: Dass in Amerika alle Menschen in der Lage sein sollten, das aus ihrem Leben zu machen, was sie wollen – unabhängig von der Farbe ihrer Haut oder dem Land, aus dem sie kommen. Ihr Bericht über seine Erfahrungen in der Schule stimmt mich für die Zukunft unseres Landes überaus hoffnungsvoll.

Nochmals vielen Dank. Ihnen und Ihrer Familie alles Gute.

Mit freundlichen Grüßen

Barack Obama

4. Mai 2017

Mr. Noah Blome
Crystal Lake, Illinois

Lieber Noah,

Deine Mutter hat mir geschrieben und mir berichtet, was Du in der Schule alles erreicht hast – meine Glückwünsche, dass Du zum Schülersprecher gewählt worden bist! Deine Mutter ist ganz offensichtlich sehr stolz auf Dich, und Du sollst wissen, dass ich es auch bin.

Ich hoffe, Du wirst Dich in Anbetracht von Herausforderungen daran erinnern, dass dem, was Du erreichen kannst, keine Grenzen gesetzt sind. Solange Du die Leidenschaft und Entschlossenheit behältst, die Dich so weit gebracht haben, und weiterhin große Träume träumst, kannst Du dazu beitragen, positive Veränderungen zu bewirken – in Deiner Schule, in Deiner Umgebung und in unserer ganzen Nation.

Ich gratuliere Dir nochmals – und viel Glück bei Deinen neuen Aufgaben. Ich drücke Dir die Daumen und wünsche Dir alles erdenklich Gute.

Mit freundlichen Grüßen

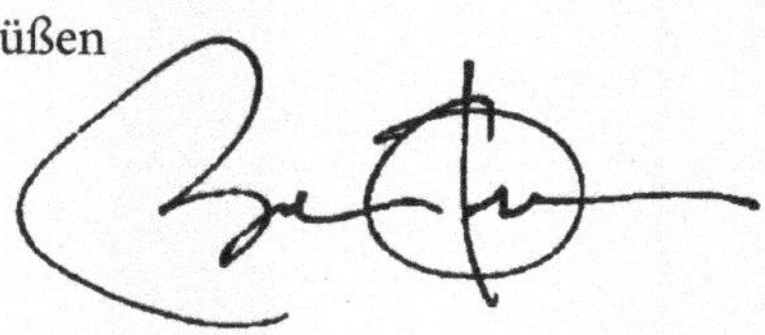

Von: **Mr. Joshua David Hofer**

Gesendet:

E-Mail:

Telefon:

Adresse: Bloomington, Nebraska

Nachricht: Ehrenwerter Präsident Obama,

Sehr geehrter Herr Präsident, ich weiß es zu schätzen, wie hart Sie arbeiten, und als ehemaliger Soldat verstehe ich, wie Dinge, die Sie glauben, durch das Militär gegen Sie verdreht werden. Am traurigsten ist der Hass auf die muslimische Welt und die Spaltung, auf die unser Land zusteuert. Ich spüre, Sie sind Präsident Abraham Lincoln, und ich sehe, wie sich die Geschichte gegen die Hautfarbe wiederholt. Ich diente in jungen Jahren bei den Streitkräften, und da ich aus Nebraska bin, habe ich gelernt, dass es so etwas wie Rasse nicht gibt. Die Leute, die sich heute noch um mich kümmern, haben eine andere Hautfarbe. Ich denke, Amerika ist geschützt und muss sehen, was Veteranen seit dem Beginn des Kriegs gegen den Terrorismus gesehen haben. Wir brauchen mehr Werbespots, die uns anleiten und andere Sichtweisen darstellen, wie es Südkorea tut, um für seine jüngere Jugend seine sozialen Bräuche zu bewahren. Ich glaube wirklich an das, was Sie tun, aber weil ich Soldat war, sah ich, wohin das Geld floss, um Pakistan (Terrorismus) und Iran zu unterstützen. Ich glaube, wenn Sie als Präsident eine Rede halten, muss Amerika verstehen, wie das Leben in einem Land, das sich im Krieg befindet, aussieht. Ich habe Fotos von einem Mädchen, das mich an meine Schwester erinnerte, als ich im Jahr 2003 im Irak den Verstand verlor. Ich werde mich nie verlassen, aber ich wollte Leben für sie verändern. Ihr Land hat sie so sehr unterdrückt, dass sie hungerten. Ich gab ihr Schokolade und alles mögliche Zeugs, aber dann erkannte ich den Fehler in meinem Verhalten. Als ich versuchte, ihr zu helfen, machten Killer, weil sie eine Frau war, an ihr ein Exempel. Als wir abzogen, sah ich, dass ein anderes Kind sah, was ich getan habe. Sie kümmerte sich auch um ihren jüngeren Bruder. Er wurde totgetrampelt, und sie wurde die Straße hinuntergeschleift. Ich hüte ihr Bild bis heute bei mir. Ich sah weder Muslim noch Christ, ich sah den Menschen. Wenn du jemanden unterdrückst und seine Familie umbringst, wächst er in einer Welt des Hasses auf. Ich glaube, ich kann meinem Land viel mehr bieten als Soldat außer Dienst, aber in dieser neuen Welt, wo man in Privilegien hineingeboren wird, ist es schwer für einen Veteranen, der aus seinen Albträumen schreit, sie sollen weichen. Dieses Land ist so voller Hass, dass es mich umbringt. Ich sehe nicht Schwarz und Weiß, ich sehe meine Brüder. Mir wurde Unrecht angetan, und Sie sind der Einzige, der mir helfen könnte, darüber hinwegzukommen. Wie Menschen, die wütend sind, habe ich das Gefühl, dass mir Unrecht angetan wurde, außer von Vorgesetzten im Militär.

11.01.17
f.1

PDF Speichern
Lightversion

Von:	**Mr. larry wright**
Gesendet:	11.1.2017 7.17 Uhr
E-Mail:	
Telefon:	
Adresse:	Greensboro, North Carolina

Nachricht: Herr Präsident,

8 Jahre lang wurden Sie geliebt, gehasst, unfair behandelt und beschimpft. 8 Jahre lang haben Sie gesungen, getanzt, geweint und uns in einer erstaunlichen Weise zur Ehre gereicht, als Rassismus und Hass an Gottes Tür klopften. Sie waren ein Muslim, Terrorist, Mischling, Afrikaner, aber nie Amerikaner. Sie helfen zwei Branchen, die kurz vor dem Zusammenbruch standen, und Sie holten dieses Land aus der schlimmsten Rezession seit Jahren heraus. Wir haben gesehen, wie Ihr dunkles Haar grau wurde, wir haben gesehen, wie Ihre Kinder heranwuchsen und zu hübschen jungen Frauen wurden, und Ihre Gattin ist die Frau, die von vielen Frauen weltweit am meisten bewundert wird. Ihrer Frau gebührt Dank dafür, dass sie allen Frauen, vor allem aber schwarzen Frauen, das Gefühl zurückgegeben hat, stolz auf sich sein zu können. Sie haben Menschen die Gelegenheit gegeben, sich zu versichern und unbesorgt zu sein, was die Sicherheit dieses Landes anlangt. Bestimmt gibt es Dinge, auf die Sie nicht stolz sind und die Sie gern in Ordnung bringen würden, wenn Sie könnten, aber wir alle haben in unserem Leben Dinge, die wir gern in Ordnung bringen würden. Zum Abschluss würde ich gern dieses sagen. Es wird vielleicht keine zweite Person wie Sie im Weißen Haus geben, es wird

vielleicht keine zweite Familie wie Ihre im Weißen Haus geben, und es wird vielleicht nie mehr ein so gut eingespieltes Team von Ehemann und Ehefrau geben wie Sie und Ihre Frau, die im Weißen Haus eine skandalfreie Zeit verbrachten. Das eine, was vermisst werden wird, wenn Sie diese Tür hinter sich schließen, wird Mr. Barack Obama sein, unser 44. Präsident der Vereinigten Staaten.

Von: **Marjan Schneider Carasik**

Gesendet: 24.12.2016 12.36 Uhr

E-Mail:

Telefon:

Adresse: Ithaca, New York

Nachricht: Sehr geehrter Herr Präsident,

danke dafür, dass Sie für die Rechte von Palästinensern und Israelis eintreten. Antworten auf alle Fragen liegen irgendwo in der Mitte.

Ich bin das Kind und Enkelkind von jüdischen Flüchtlingen, die schweres Leid durchmachten, bevor sie nach Amerika kamen. Es schmerzt mich sehr zu sehen, dass Palästinenser manchmal genauso schlimm misshandelt werden, wie Mitglieder meiner Familie misshandelt wurden, bevor sie in diesem Land eintrafen.

Ich danke Ihnen für den Mut, den Sie durch Ihre Haltung zum Ausdruck bringen. Dies macht Sie nicht zu einem Antisemiten, sondern zu einem Anwalt der universellen Mitmenschlichkeit.

Mit großer Bewunderung und Zuneigung und Dank

Marjan S. Carasik

Ithaca, N. Y.

18.01.17
8/10

Herr Präsident und Frau Obama,

ich kann Jhnen gar nicht sagen, wie sehr ich Jhre Arbeit im Weißen Haus in den letzten 8 Jahren geschätzt habe.

Als Tochter von Einwanderern und farbige Frau haben mir Jhre Amtshandlungen sehr viel Hoffnung gegeben. Danke dafür, dass Sie ein Amerika anführten, das inklusiv war und das sich nach Gerechtigkeit sehnte.

Jch habe im Jahr 2008 an Jhrer Amtseinführung teilgenommen. Jch habe noch immer viele der kitschigen Andenken, die Pepsi in jener Woche verteilte. Jch erinnere mich, dass es eiskalt war und die Kälte mir Tränen des Schmerzes in die Augen trieb. Jch erinnere mich, dass ich 4 Stunden lang am Air and Space Museum festsaß, während wir auf unseren Charter-Bus warteten. Jch wurde in jener Woche ungefähr dreimal von lateinamerikanischen Nachrichtensendern interviewt. Jn allen dreien brach ich in Tränen aus, als ich erklärte, Jhre Präsidentschaft habe meine Träume wahr werden lassen.

Jetzt, wo Sie aus dem Amt scheiden, möchte ich, dass Sie wissen, dass es sich gelohnt hat. Es war all die Angriffe von Fox News wert. Es war es wert, Muslime zu ehren und ihnen Respekt zu zollen. Es war es wert, für die Rechte von Frauen einzutreten. Gegen Ungerechtigkeit zu protestieren. Die Tötung von Schwarzen durch die Polizei zu betrauern.

Jhr Mut und Jhre Demut als Anführer dieser Nation werden schmerzlich vermisst werden. Aber nicht in Vergessenheit geraten. All die Stimmen, die dank Jhnen nicht länger schweigen – wir stehen alle zusammen, und wir sind bereit, uns geschlossen für Gerechtigkeit, Einheit und Gleichberechtigung einzusetzen.

Wenn Sie das Weiße Haus verlassen, sollten Sie zuerst einmal Urlaub machen. Trinken Sie einige Margaritas für mich. Wir werden hier sein und für das Gute kämpfen, bis Sie zurückkommen.

Mit tiefer Zuneigung

Mary-Beth Johnson

Milwaukie, OR

BARACK OBAMA

14. Juni 2017

Mrs. Mary-Beth Johnson
Milwaukie, Oregon

Liebe Mary-Beth,

danke dafür, dass Sie in dem Brief, den Sie mir geschrieben haben, Ihre Gedanken über die letzten acht Jahre, einschließlich meiner ersten Amtseinführung, mit mir teilten – ich stimme Ihnen da zu; es war die Mühe wert.

Ihre freundlichen Worte haben mich berührt, und Ihre Entschlossenheit, sich weiterhin zu engagieren, Ihre Stimme zu erheben und daran mitzuwirken, unsere Werte zu verteidigen, die uns zu dem machen, was wir sind, inspiriert mich. Bitte seien Sie versichert, dass Michelle und ich Ihnen dabei als Mitstreiter zur Seite stehen, wie wir es immer getan haben, um für ein Amerika zu kämpfen, von dem wir beide wissen, dass es möglich ist.

Nochmals danke, dass Sie mir geschrieben haben – Ihnen meine besten Wünsche.

Mit freundlichen Grüßen

Frank Heimbecker
De Forest, WI
21 DEC 2016 PM 5 L
FOREVER

President Barack +
First Lady Michelle Obama
The White House
1600 Pennsylvania Ave
NW, Washington, D.C.
20500

✓#023
QC✓#020
485
DEC 30 2016

19.01.17
8/10

Präsident Barack +
First Lady Michelle,

diese schlichte Karte wird Sie vermutlich nicht erreichen. Jch möchte Jhnen für die letzten acht Jahre danken. Es ist mir eine Ehre gewesen. Als Sie anfingen, hatten Sie nur einen Teil meines Herzens, jetzt, wo Sie scheiden, gehört es Jhnen ganz.

Frank [illegible]

De Forest, Wisconsin

BARACK OBAMA

19. Juni 2017

Mr. Frank Heimbecker
De Forest, Wisconsin

Lieber Frank,

am letzten Abend meiner Präsidentschaft habe ich die von Hand geschriebene Karte gelesen, die Sie mir geschickt haben, und ich möchte mich dafür persönlich bei Ihnen bedanken. Ihre freundlichen Worte haben mich tief bewegt. Ihre Gedanken über mich sind sehr schmeichelhaft, aber seien Sie versichert, dass die Ehre ganz meinerseits gewesen ist – es war das Privileg meines Lebens, Ihnen als Präsident dienen zu dürfen.

Es gibt zweifellos bedeutende Momente in den letzten acht Jahren, an die wir uns immer erinnern werden, aber das, was ich von Menschen wie Ihnen gehört habe, gab mir Tag für Tag die Kraft zum Weitermachen. Mein Herz war immer wieder tief angerührt von den täglichen Akten der Menschlichkeit, in denen das Wesen des amerikanischen Volkes zutage tritt, und jetzt, da ich mir ein wenig Zeit nehme, um innezuhalten und über all das nachzudenken, was wir zusammen vollbracht haben, möchte ich Ihnen versichern, dass mich Ihre aufmerksame Geste immer begleiten wird.

Mit freundlichen Grüßen

Nachwort

Benjamin Durrett (Seite 10), achtundzwanzig, ist verheiratet und lebt in Oregon. Er arbeitet als Bürokaufmann für eine Wassergesellschaft, und er gehört keiner politischen Partei an.

Trotz ihrer unterschiedlichen Ansichten darüber, was gutes Regieren bedeutet, schätzte **Richard Dexter** (Seite 12) Obamas Antwortschreiben auf seinen Brief und möchte es an seine Töchter weitergeben.

Jeri Harris (Seite 16) hielt ihr Versprechen, während der beiden Amtszeiten Obamas jeden Tag für ihn zu beten. Sein Brief hängt in einem Rahmen an der Wand ihres Wohnzimmers. Nach der Wahl von 2016 schrieb sie einen Brief an Präsident Trump, in dem sie ihm mitteilte, dass sie auch für ihn beten werde.

J. Martin Ball (Seite 19) starb im Jahr 2011. Seine Tochter, Natasha, erinnert sich an den Tag, an dem ihr Vater an Obama schrieb – ihr Sohn wurde an diesem Tag 18 Monate alt. Ihr Vater war überglücklich, weil er wusste, dass sein Enkel unter einem schwarzen Präsidenten aufwachsen würde.

Shailagh Murray (Seite 23) schreibt nicht so viele Briefe, wie sie ihres Erachtens schreiben sollte. Sie denkt oft an Bobby Ingram und die Tausenden von Amerikanern, deren Geschichten in Heftmappen in ihrem Büro im Westflügel des Weißen Hauses weiterlebten und deren Stimmen und Überzeugtheit eine wegweisende Kraft für sie waren.

Jeden Tag gegen 15 Uhr beobachtet **Bobby Ingram** (Seite 37) seine Katze Babbitt, wie sie auf die Terrasse hinter dem Haus hinaustritt, aufs Geländer hüpft und beginnt, kleine Happen Katzenfutter davon herunterzuschubsen. Das Futter fällt in den Hof darunter, wo BooHiss, die fette Schildkröte, schon ungeduldig darauf wartet. »Babbitt ist einfach fasziniert davon«, berichtet Bobby.

Linette Jones (Seite 51) ist froh, dass sie ihre wütende E-Mail auf Obama abfeuerte, und sie würde dies wieder tun; sein Antwortschreiben hat sie beruhigt. Ihre Tochter Sophia, die in Kabul stationiert gewesen war, als Linette an den Präsidenten schrieb, ist wohlbehalten nach Hause zurückgekehrt und lebt jetzt in der Nähe ihrer Mutter in Florida.

Michael Powers (Seite 54) erlaubte Mitarbeitern des Weißen Hauses, seinen Brief zusammen mit dem Antwortschreiben Obamas zu veröffentlichen. Die Briefe tauchten auf einem konservativen Blog auf, wo Obamas handschriftliches Antwortschreiben unter den Top-Ten-Fauxpas, die er während seiner ersten sechs Monate im Amt beging, firmierte. (Er schrieb *advice* [Ratschlag] falsch oder hat zumindest das »c« nicht ordnungsgemäß gerundet.)

Kenny Jops (Seite 68), zweiundzwanzig, hat im Jahr 2018 sein Studium an der Northwestern University mit einem Doppeldiplom in Mathematik und Umweltwissenschaften abgeschlossen.

Fiona Reeves (Seite 88) arbeitet für eine Kommunikationsfirma der Demokraten, und ihr Ehemann, Chris Liddell-Westefeld, sammelt Zeitzeugeninterviews für die Barack Obama Presidential Library. Ihre Tochter Grace hat einen gerahmten Brief von Obama an der Wand ihres Schlafzimmers hängen. Ihre Eltern berichten, dass Grace jede Gelegenheit nutzt, um mit ihnen Haustürwahlkampf zu machen.

Yena Bae (Seite 92) setzt ihr Studium in dem Fach Internationale Sicherheit an der Columbia University fort. Sie ist eine häufige Gastgeberin von Weinabenden, Abendessen und geselligen Beisammensein, bei denen weiterhin Geschichten von #teamlittlepeople geteilt werden.

Thomas und JoAnn Meehans (Seite 101) Sohn, Daryl, nannte eine seiner Töchter nach Colleen.

Pete Rouse (Seite 114) gefällt es, dass die jungen Menschen, die unter »der Obama-Erfahrung« volljährig wurden, sich weiterhin zivilgesellschaftlich engagieren. Er verbringt viel Zeit mit Buster, seiner Maine-Coon-Katze, die mittlerweile zwölf Kilogramm wiegt – aus diesem Grund hat Pete sie auf Diät gesetzt.

Mike Kelleher (Seite 120) arbeitet im Verbindungsbüro der Vereinten Nationen bei der Weltbank in Washington, D.C. Außerdem ist er ein professioneller Komponist, Arrangeur und Musiker; sein 2015 herausgebrachtes Jazzalbum *Mélange* ist in Zusammenarbeit mit seiner Frau Karin, einer klassischen Violinistin, entstanden.

Laura King (Seite 132) ist jetzt rechtskräftig mit Lisa verheiratet.

Robert B. Trapp (Seite 134) ist nach wie vor leitender Redakteur der *Rio Grande Sun.*

Der pensionierte U.S. Air Force Statt Sergeant **Robert Doran** (Seite 136) fand heraus, dass seine Verlobte, Jana, vor ihrem Tod ihre Blutdruckmedikamente nicht eingenommen hatte; sie waren unerschwinglich für sie. SSgt Doran gab Obamas Antwortschreiben auf seinen Brief an Janas Töchter.

Chana Sangkagalo (Seite 145) ist mit seinem beliebten Friseurladen in Rhode Island noch immer sehr erfolgreich.

Regina Bryant (Seite 147) erhielt von Michelle Obama ein Rezept für einen vegetarischen Bohnen-Dip. »Stark gewürzt!« Ihr Brief und die Antwort der Obamas werden in einem Album für ihre Tochter, Caitlin, aufgehoben.

Jason Hernandez' (Seite 150) lebenslange Freiheitsstrafe wegen eines Drogendelikts wurde am 19. Dezember 2013 von Präsident Obama erlassen. Er lebt in Dallas, wo er ein Buch über das Justizsystem schreibt und wo er Insassen von Bundesgefängnissen, die lebenslange Freiheitsstrafen verbüßen, dabei hilft, Gnadengesuche zu stellen.

Sandy Swansons Brief (Seite 153) hat eine Wahlkampfmitarbeiterin so berührt, dass sie der Familie eine Pizza schickte, und anschließend rief Präsident Obama sie aus der Air Force One an, um ihr zu danken.

Bill Oliver (Seite 157) und seine Frau Sandra sind jede Woche in ihrem Haus Gastgeber eines Philosophiekreises. Quique beabsichtigt, eine Kochschule zu besuchen. Quiques Ehefrau Rebecca belegt gegenwärtig auf dem College Vorbereitungskurse für das Medizinstudium. Bill und Quique sprechen täglich miteinander.

Im Juli 2016 schied **Darin Konrad Brunstads** (Seiten 183) Ehemann, Senior Master Sergeant David Lono Brunstad, zweimaliger Träger der Auszeichnung »Pilot des Jahres«, nach zweiundzwanzigjährigem Dienst aus dem Militär aus. Zur Feier dieses Tages flogen Darin und David in einem F-15-Kampfjet. Sie sind heute Pflegeeltern.

Marnie Hazelton (Seite 188) beginnt ihr viertes Berufsjahr als leitende Schulinspektorin des Roosevelt Union Free School District. Im Jahr 2018 zeigte sie ihren Brief an Präsident Obama einer dritten Klasse, um zu verdeutlichen, wie wichtig es ist, gut zu schreiben.

Erv und Ross Uecker-Walker (Seite 203) feierten am 30. November 2018 den einundsechzigsten Jahrestag ihres Zusammenseins und ihren vierten Hochzeitstag.

Jordan Garey (Seite 216) lebte in elf Pflegefamilien, bevor ihn seine beiden Väter adoptierten. Er wurde für das Ostereierrennen 2015 ins Weiße Haus eingeladen und traf dort die First Lady.

Im Juni 2014 wurde **Danny Garvin** (Seite 218) zu einem Empfang im Weißen Haus eingeladen, bei dem der LGBT Pride Month gefeiert wurde. Danny starb 2015. Er wurde in mehreren Publikationen für seinen Aktivismus und seine Teilnahme an den Demonstrationen gegen Polizeigewalt vor der New Yorker Schwulenbar *Stonewall Inn* geehrt.

Tom Hoefner (Seite 221) ist ein nichtberufstätiger Vater, der sich um seine beiden Töchter kümmert. Am Wochenende arbeitet er in einem Wohnheim für Behinderte, und er schreibt am zweiten Band einer mehrteiligen Abenteuerkomödie mit dem Titel *The Unlikely Adventures of Race & Cookie McCloud*. Er sucht nach wie vor eine Vollzeitstelle in seinem Berufsfeld.

Bob Melton (Seite 224) verliest den Brief, den er von Präsident Obama erhielt, weiterhin bei den monatlichen Dienstagstreffen der Ortsgruppe der Demokratischen Partei in Burke County, North Carolina. Er lebt mit seiner Frau Tammy in dem Haus, das seit fünfundzwanzig Jahren ihr Heim ist; sie fahren gern mit Strandbuggys herum und setzen sie instand.

Shelley Muniz (Seite 230) hat das Buch *Eagle Feathers and Angel Wings: Micah's Story* geschrieben, in dem sie die Krankheitsgeschichte ihres Sohnes und ihre Kämpfe mit der Krankenversicherung beschreibt.

Nachdem **Ronn Ohl** (Seite 233) seinen Brief an Obama geschrieben hat, erhielt der Freund seines Sohnes, der jetzt vierunddreißig Jahre alt ist, Abschiebungsschutz, was ihm erlaubte, eine Green Card – dauerhafte Aufenthaltserlaubnis – zu bekommen, den Führerschein zu machen, das College zu besuchen und einen Vollzeitjob zu ergattern.

Joelle Graves (Seite 243) wurde zu einer E-Mail-Freundin einer Mitarbeiterin der Korrespondenzabteilung, die ihr mitteilte, Obama sei von ihrem Brief so gerührt, dass er ihn seiner Familie in der Residenz des Weißen Hauses vorgelesen habe. Joelle schrieb später einen Brief an die Königin von England, die ebenfalls persönlich antwortete.

Marjorie McKinney (Seite 246) renovierte ihr Haus, um ihre Tochter Rachel und ihre Enkeltochter bei sich aufzunehmen. Sie besucht jetzt regelmäßig den Gottesdienst in Junaluska, einem der ältesten von Schwarzen bewohnten Stadtteile der Region.

Ashley DeLeon (Seite 260) verlobte sich im Mai 2018, am selben Tag, an dem sie ihr Studium an der University of North Carolina Wilmington mit einem Master in Meeresbiologie beendete. Die Liebe zum Meer hat sie von ihrem Vater.

Lacey Higley (Seite 262) arbeitet für den United States Digital Service im US-Veteranenministerium. Sie entwickelt und modernisiert digitale Werkzeuge, die es Veteranen erlauben, sich einen Überblick über Leistungen, die ihnen zustehen, zu verschaffen, diese zu beantragen und zu protokollieren.

Ein Jahr nachdem sie ihren Brief an Obama geschickt hatte, wandten sich **Alisa Bowman** (Seite 280) und ihr Transgender-Sohn an den örtlichen Schulausschuss, um sich für die Rechte von Transschülern einzusetzen. Im Jahr 2017 wurde Alisa in den Ausschuss gewählt, der anschließend ein umfassendes Diskriminierungsverbot erließ, das die Gender-Identität von Schülern schützt. In 2018 schrieb Alisa einen weiteren Brief an Obama; sie sagte, die Wut ihres ersten Brief sei ihr jetzt »peinlich«. »Sie gaben mir den Mut, selbstbewusster aufzutreten«, sagte sie ihm.

Reverend Christine G. Reisman (Seite 282), die Pastorin der Newbern Christian Church in Newbern, Virginia, und ihr Ehemann bezogen am 9. November 2016, einen Tag nach den Präsidentschaftswahlen, eine neue Eigentumswohnung. Der Möbelspediteur, der ihren gerahmten Brief von Obama einpackte, schrieb »**Zerbrechlich! Historisches Dokument! Brief von Obama!**« viele Mal auf den Karton.

Aufgrund ihres Briefs an Obama wurde **Sue Ellen Allen** (Seite 285) eingeladen, die Rede zur Lage der Nation im Jahr 2016 als Gast in der Loge der First Lady zu verfolgen, wo sie Justizministerin Loretta Lynch traf. Sue Ellen erzählte der Justizministerin von ihren Bemühungen, die Kultur der Inhaftierung in ihrem Heimatstaat zu verändern. »Können Sie sich das vorstellen? Ich als Schwerverbrecherin treffe Loretta Lynch?«

Mary Susan Sanders (Seite 291) ist Autorin von drei Büchern, darunter *Solo*, über den Verlust ihrer Partnerin, der Künstlerin und Holzschnitzerin Kathy Ruth Neal. Mary Susan hat mit Kathys Farben die kleine Jockeyfigur auf ihrer Terrasse angemalt.

Delaney (Seite 293) schickte ein Dankschreiben zurück an Präsident Obama mit einem Aufkleber oben auf der Seite, auf dem stand: »Ins Herz geschlossen«.

Gretchen Elhassani (Seite 295) arbeitet als Drehbuchautorin für die Georgia Film Company.

Sheryl Cousineaus (Seite 299) Nachbar, der auf der Obstplantage half, bleibt nach seiner Abschiebung in Mexiko. Er fährt Taxi. Seine Tochter, Janitzka, arbeitet in der Nähe von Sheryl bei einer Immobilienfirma.

Heba Hallak (Seite 302), zwanzig, studiert Biochemie an der Drew University. Sie will einmal Kinderärztin werden.

Cody Keenan (Seite 311) hilft Präsident Obama, sein nächstes Buch vorzubereiten.

Im Mai 2018 hatte **Shane Darby** (Seite 318) ein geheimnisvolles Päckchen in der Post. Es kam von einem anonymen Piloten, der zusammen mit Cristina gedient hatte. In dem Päckchen befanden sich eine amerikanische Flagge, eine Mütze und ein Aufnäher mit Cristinas Name darauf, zusammen mit einem Zertifikat der 494th Expeditionary Fighter Squadron der U.S. Air Force mit dem Datum des 4. Mai 2018 – ihres Geburtstags. »Diese Flagge wurde voller Stolz an Bord einer F-15E Strike Eagle bei einem Kampfeinsatz über Syrien und dem Irak zur Unterstützung der Operation Inherent Resolve mitgeführt. Geflogen im Andenken an: Cristina Danielle Silvers. Ihr Lächeln war kraftvoll und echt.«

William Johnson (Seite 338) wurde auf Bewährung aus dem Gefängnis entlassen. Er betreibt mit seinen Söhnen einen Heimwerkerladen.

Yvonne Wingard (Seite 342) studiert an der Brown University Gesundheitswissenschaften, ist Mitglied im Studentenausschuss und arbeitet als Studentenberaterin.

Anne Bunting (Seite 344) zeigte ihren Herztransplanteuren den Brief von Präsident Obama. Jetzt, vier Jahre nach ihrer Operation, geht sie gern wandern und auf Reisen.

Alex Myteberi (Seite 346), acht Jahre alt, hat in seinem Schlafzimmer ein Weißes Haus aus LEGO-Bauklötzchen stehen, das niemand berühren darf. Er nimmt Klavierunterricht.

Myriah Johnson (Seite 353) bemüht sich weiterhin darum, im Andenken an ihren Sohn, U.S. Army Specialist Alexander Johnson, die Öffentlichkeit für das Problem des Suizids von Veteranen zu sensibilisieren.

Noor Abdelfattah (Seite 357) wurde zu einem Festessen zu Ehren muslimischer Amerikaner und zur Begehung von Eid al-Fitr, dem Fest des Fastenbrechens, das das Ende des Ramadans markiert, ins Weiße Haus eingeladen.

Madison Drago (Seite 359), sechzehn, bekam eine Antwort von Präsident Obama, der ihr riet, auf ihre Eltern zu hören. Sie ließ sich dennoch die Nase piercen. »Und vieles mehr«, berichtet ihre Mutter.

Kolbie Blume (Seite 365) arbeitet in der Abteilung Medienarbeit der Association of International Educators, der größten gemeinnützigen Organisation im Bereich internationale Bildung und Austausch. Sie hat Fiona Reeves' Baby, Grace, ein Geschenk gemacht: eine gerahmte kalligrafische Zeichnung mit einem Zitat aus der Ansprache Hillary Clintons am 9. November 2016. »An alle kleinen Mädchen: Zweifelt niemals daran, dass ihr wertvoll und mächtig seid und jede Chance und Gelegenheit auf der Welt verdient, um eure Träume zu verfolgen und zu verwirklichen.« Sie hängt an der Wand in der Nähe von Grace' Kinderbett, gleich neben dem Brief, den Obama an Grace schrieb.

In **Patty Ries'** (Seite 371) Haus kam es im Januar zu einem verheerenden Brand, bei dem sie fast alles verlor. Aber einige Fotos und Schriften ihres Vaters sowie seine Army-Entlassungspapiere wurden unversehrt aus den Trümmern geborgen. Patty kam es wie ein Wunder vor, als das Werk ihrer seit Langem verstorbenen Großmutter. »Ich überlebte ein Konzentrationslager. Du wirst das durchstehen«, glaubte sie ihre Großmutter sagen zu hören.

Billy Ennis (Seite 377) hat eine weitere Lohnerhöhung in seinem Job als Dachdecker bekommen. Er ist noch immer mit der Frau liiert, der er im Supermarkt über den Weg lief und die er aus der siebten Klasse kannte. Er telefoniert jede Woche mit seinem Dad, der nach wie vor im Gefängnis ist. Als Billy sah, dass sein Teenagersohn bei den Leichtathletik-Meisterschaften des Bundesstaates den vierten Platz belegte, brach er in Tränen aus. Sein Sohn nannte ihn ein »großes Baby«.

Nachdem Präsident Obama sie in seinem Brief ermuntert hatte, »sich weiterhin zu engagieren«, nahm **Alessandra Shurina** (Seite 413) ihr Studium an der Florida State University wieder auf, machte ihren Abschluss und begann ein Aufbaustudium in Politik- und Staatswissenschaften.

»Auch auf die Gefahr hin, rührselig zu klingen, würde ich sagen, dass diese ganze Sache meinen Glauben an die Menschen und an dieses Land erneuert hat«, sagte **Maureen Dolan Rosen** (Seite 425) über die persönliche Antwort, die sie von Präsident Obama auf ihren Brief bekam.

Roberta Fine (Seite 429) macht es großen Spaß, Blumen zu pflanzen und ihren Gemüsegarten zu pflegen. Sie ist stolze zweifache Urgroßmutter.

Vicki und Tim Shearer (Seite 441) haben sich ein Wohnmobil gekauft und gehen jetzt oft zusammen campen.

Joshua Hofer (Seite 509) diente zehn Jahre im Militär. Er erinnert sich daran, dass er an Einsätzen gegen Menschenhändler in Südkorea teilgenommen hat. Er leidet an den Spätfolgen eines Schädelhirntraumas.

Mary-Beth Johnson (Seite 514) bewahrt den gerahmten Brief Obamas in der Nähe ihres Betts auf, gleich neben einem kalligrafischen Kunstdruck mit dem Satz: »Ich bin mit euch alle Tage«, einem Zitat aus dem Matthäus-Evangelium. Es macht ihr großen Spaß, ihr Food-Blog *Heart of Celebration* zu schreiben.

Präsident Obama erhält noch immer jede Woche fünftausend Briefe.

Danksagung

Briefe an Obama entstand aus einem Artikel für das *New York Times Magazine*. Mein langjähriger NYT-Redakteur und Freund Mike Benoist ermunterte mich dazu, am Ball zu bleiben und etwas Größeres daraus zu machen. Mein Dank an Mike dafür, dass er von Anfang an davon überzeugt war, dass in dem Lektüreraum wahre Schätze lagerten, an Jake Silverstein für seine Unterstützung und Bereitschaft, diese öffentlich zu präsentieren, und an Präsident Obama für seine großmütige Reaktion auf den Artikel, für die Zeit, die er sich genommen hat, um sich mit mir zu treffen – und dafür, dass er mir erlaubte, mich durch seine Post zu graben.

Dieses Buch ist ein Gemeinschaftsprojekt durch und durch. Fiona Reeves hat seine Ausrichtung von Anfang an entscheidend geprägt; ihr ruhiger und entschlossener Dienst für den Präsidenten und für das Land hat mich unglaublich beflügelt, und meine Dankbarkeit für ihre Anleitung ist grenzenlos. Die Rechercheurin Rachel Wilkinson war von Anfang bis Ende dabei, und ich hätte dieses Buch ohne sie nicht schreiben können. Ihre Einfühlung und ihre Intelligenz sind auf jeder Seite dieses Buches zu spüren, und ich bin ihr zutiefst dankbar. Mein Dank geht auch an den Audio-Producer Erin Anderson, der zusammen mit Rachel kreuz und quer durchs Land gereist ist und mit Menschen über ihre Briefe gesprochen (und diese Gespräche mitgeschnitten hat) und der viele redaktionelle Entscheidungen maßgeblich beeinflusst hat. Danke auch den übrigen Mitarbeitern von Cement City Productions – Tim Maddocks, Erin Kello, Tyler McCloskey, Rachel Mabe, Rachel Brickner –, deren Anstrengungen die

Maschinen am Laufen hielten. Außerdem möchte ich Michael Lewis dafür danken, dass er mir half, den Mut zu finden, dieses Buchprojekt in Angriff zu nehmen.

Ein Dankeschön an Eric Schultz, den engsten Berater Obamas nach Ende seiner Präsidentschaft, für sein Vertrauen und seine Unterstützung und für die sehr angenehme Zusammenarbeit mit ihm; an Kommunikationsdirektorin Katie Hill für ihre Freundlichkeit und ihre unermüdliche Bereitschaft, Material zur Verfügung zu stellen; Mike Kelleher für seine profunden Einsichten und seine Großzügigkeit; Shailagh Murray für ihren Weitblick und ihre Anregungen; und alle Mitarbeiter des Lektüreraums, die ihrer Arbeit so beflissen und engagiert nachgingen und die mir halfen, Briefschreiber im ganzen Land ausfindig zu machen. Es wurde alles unternommen, um Informationen, aus denen sich die Identität der Person erschließen lässt, aus den Briefen zu tilgen, deren SchreiberInnen Anonymität erbaten, und aus denjenigen, deren VerfasserInnen nicht erreichbar gewesen sind; bei Zuschriften aus dem Archiv unter obamawhitehouse.archives.gov wurde die Erlaubnis zum Abdruck vor der Veröffentlichung in diesem Buch eingeholt, und ich danke diesen Briefschreibern (insbesondere Emily, deren Brief auf der Rückseite des Buchumschlags erscheint), die ihre Worte und Geschichten für das Vermächtnis Obamas und die historische Dokumentation und Rezeption zur Verfügung stellten.

Meine Agentin, Elyse Cheney, hat sich unglaublich für das Buch ins Zeug gelegt. Mein Dank an sie und alle Mitarbeiter der Agentur, insbesondere Alex Jacobs, Alice Whitwham, Claire Gillespie und Natasha Fairweather.

Andy Ward bei Random House ist der Typ Lektor, von dem jeder Schriftsteller träumt; er stand mir beim Schreiben partnerschaftlich zur Seite, war fordernd und machte dadurch das Endergebnis besser, als man es sich hätte träumen lassen. Im Lauf meiner langen beruflichen Laufbahn hat er meinen Büchern und Artikeln den Feinschliff gegeben, und wie immer finde ich nicht

die passenden Worte, die das ganze Ausmaß meiner Dankbarkeit zum Ausdruck bringen könnten. Ich möchte dem ganzen Team bei Random House für seine Unterstützung danken, insbesondere Susan Kamil und Tom Perry, und den Herstellerinnen Chayenne Skeete und Loren Noveck für ihre heroischen Anstrengungen, Anna Bauer für das hübsche Cover, Debbie Glasserman für die innere Buchgestaltung, Matthew Martin für den Schutz des Werks und Cindy Murray für ihre kreative PR-Arbeit für das Buch.

Unglaubliche Unterstützung erhielt ich von Kollegen an der University of Pittsburgh, und ich möchte ihnen meinen besonderen Dank für die Arbeit, die sie leisten, aussprechen. Pat Gallagher, Rektor der Universität, gab mir hilfreiche Anregungen für dieses Projekt, und die Verwaltungsdirektorin und Prorektorin Patty Beeson sowie der stellvertretende Verwaltungsdirektor Dave DeJong haben mich immer wieder ermuntert. John Cooper, stellvertretender Prorektor für Forschung, hat mich begeistert unterstützt; mein aufrichtiger Dank an ihn und an Kathy Blee, Dekanin der Dietrich School of Arts and Sciences, und an Don Bialostosky, Dekan des Fachbereichs Englisch, für seine Freundlichkeit und großzügige Unterstützung. Ich danke meinen Kollegen des Programms »Förderung der Schreibkompetenz«, insbesondere Peter Trachtenberg, Michael Meyer und Maggie Jones, die während meiner Abwesenheit für mich einsprangen. Mein besonderer Dank gilt meinem langjährigen Freund Kit Ayars, der das Steuerruder am Center for Creativity übernahm, als ich eine Auszeit nahm, um dieses Buch zu schreiben.

Ich möchte meinem Ehemann Alex danken, dessen Liebe und Unterstützung die ganze Arbeit erst möglich machten, und meinen Töchtern Anna und Sasha, die meine Abwesenheit während all dieser Zeit intensiver einsamer Textarbeit ertrugen.

Schließlich möchte ich all den Briefschreibern danken, die mir die Erlaubnis gaben, ihre Briefe abzudrucken, und die mir das Privileg gewährten, ihre bemerkenswerten Geschichten zu hören und öffentlich zu machen.

Briefnachweis

Antworten von Präsident Obama, die er nach seiner Präsidentschaft geschrieben hat, werden mit freundlicher Genehmigung des Büros von Präsident Obama abgedruckt. Bei Briefen aus den Archiven in obamawhitehouse.archives.gov wurde die Genehmigung zum Abdruck eingeholt, bevor sie in diesem Buch veröffentlicht wurden.

Brief von Dare Adewumi, abgedruckt mit freundlicher Genehmigung von Dr. med. Dare A. Adewumi.
Brief von Sue Ellen Allen, abgedruckt mit freundlicher Genehmigung von Sue Ellen Allen.
Brief von Adam Apo, abgedruckt mit freundlicher Genehmigung von Adam Y. Apo.
Brief von J. Martin Ball, abgedruckt mit freundlicher Genehmigung von Natasha Ball-Madkins.
Brief von Dawn Benefiel, abgedruckt mit freundlicher Genehmigung von Dawn Marie Benefiel.
Brief von Charlotte Blome, abgedruckt mit freundlicher Genehmigung von Charlotte J. Blome.
Brief von Amanda Bott, abgedruckt mit freundlicher Genehmigung von Amanda Bott.
Brief von Alisa Bowman, abgedruckt mit freundlicher Genehmigung von Alisa Bowman.
Brief von Darin Konrad Brunstad, abgedruckt mit freundlicher Genehmigung von Darin Konrad Brunstad.
Brief von Regina Bryant, abgedruckt mit freundlicher Genehmigung von Regina Bryant.

Brief von Anne Bunting, abgedruckt mit freundlicher Genehmigung von Anne Bunting.

Brief von Marjan Carasik, abgedruckt mit freundlicher Genehmigung von Marjan Carasik.

Brief von Donna Coltharp, abgedruckt mit freundlicher Genehmigung von Donna F. Coltharp.

Brief von Sheryl Cousineau, abgedruckt mit freundlicher Genehmigung von Sheryl L. Cousineau.

Brief von Ellen Crain, abgedruckt mit freundlicher Genehmigung von Ellen F. Crain, MD, PhD.

Brief von Shane Darby, abgedruckt mit freundlicher Genehmigung von Shane Darby.

Brief von Nicole Davis, abgedruckt mit freundlicher Genehmigung von Nicole M. Davis.

Brief von Madison Drago, abgedruckt mit freundlicher Genehmigung von Madison Drago und Susan Drago.

Brief von Benjamin Durrett, abgedruckt mit freundlicher Genehmigung von Benjamin Durrett.

Brief von Rust Eddy, abgedruckt mit freundlicher Genehmigung von Rust Eddy.

Brief von Gretchen Elhassani, abgedruckt mit freundlicher Genehmigung von Gretchen Elhassani.

Brief von Rebekah Erler, abgedruckt mit freundlicher Genehmigung von Rebekah Olson Erler.

Brief von Samantha Frashier, abgedruckt mit freundlicher Genehmigung von Samantha Frashier.

Brief von Jordan Garey, abgedruckt mit freundlicher Genehmigung von Jordan Garey, Matthew Garey und Jeremy Garey.

Brief von Danny Garvin, abgedruckt mit freundlicher Genehmigung von Debra Carey.

Brief von Martin A. Gleason, abgedruckt mit freundlicher Genehmigung von Martin A. Gleason, MS.

Brief von Joelle Graves, abgedruckt mit freundlicher Genehmigung von Joelle Graves.

Brief von Heba Hallak, abgedruckt mit freundlicher Genehmigung von Heba Hallak.

Brief von Jeri Harris, abgedruckt mit freundlicher Genehmigung von Jeri L. Harris.

Briefe von Marnie Hazelton, abgedruckt mit freundlicher Genehmigung von Dr. Marnie Hazelton.

Brief von Frank Helmbecker, abgedruckt mit freundlicher Genehmigung von Frank Helmbecker.

Brief von Jason Hernandez, abgedruckt mit freundlicher Genehmigung von Jason Hernandez.

Brief von Tom Hoefner, abgedruckt mit freundlicher Genehmigung von Tom Hoefner.

Brief von Patrick Allen Holbrook, abgedruckt mit freundlicher Genehmigung von Patrick Allen Holbrook.

Brief von Bobby Ingram, abgedruckt mit freundlicher Genehmigung von Bobby Ingram.

Brief von Mary Beth Johnson, abgedruckt mit freundlicher Genehmigung von Mary Beth Salguero Johnson.

Brief von Mrs. Myriah Lynn Johnson, abgedruckt mit freundlicher Genehmigung von Mrs. Myriah Lynn Johnson.

Brief von William A. Johnson, abgedruckt mit freundlicher Genehmigung von William A. Johnson.

Brief von Linette Jones, abgedruckt mit freundlicher Genehmigung von Linette St. Pierre Jones.

Brief von Kenneth Jops, abgedruckt mit freundlicher Genehmigung von Kenneth P. T. Jops.

Brief von Dane Jorgensen, abgedruckt mit freundlicher Genehmigung von Dane Austin Jorgensen.

Brief von Sam KG, abgedruckt mit freundlicher Genehmigung von Sam KG.

Brief von Laura King, abgedruckt mit freundlicher Genehmigung von Laura A. King.

Brief von Tracy LaRock, abgedruckt mit freundlicher Genehmigung von Tracy LaRock, R.N.

Brief von June M. Lipsky, abgedruckt mit freundlicher Genehmigung von June M. Lipsky.

Brief von Lynn Luxemburger, abgedruckt mit freundlicher Genehmigung von Lynn Luxemburger.

Brief von Kelli McDermott, abgedruckt mit freundlicher Genehmigung von Kelli McDermott.

Brief von Marjorie McKinney, abgedruckt mit freundlicher Genehmigung von Marjorie J. McKinney.

Brief von Thomas Meehan und JoAnn Meehan, abgedruckt mit freundlicher Genehmigung von Thomas und JoAnn Meehan.

Brief von Bob Melton, abgedruckt mit freundlicher Genehmigung von Bob Melton.

Brief von Michaela, abgedruckt mit freundlicher Genehmigung von Michaela.

Brief von John Mier, abgedruckt mit freundlicher Genehmigung von John M. Mier.

Brief von Judge Donald William Molloy, abgedruckt mit freundlicher Genehmigung von Judge Donald William Molloy.

Brief von Timothy Mullin, abgedruckt mit freundlicher Genehmigung von Timothy Mullin.

Brief von Shelley Muniz, abgedruckt mit freundlicher Genehmigung von Shelley Muniz.

Brief von Alex Myteberi, abgedruckt mit freundlicher Genehmigung von Valbona Myteberi.

Brief von Patrick O'Connor, abgedruckt mit freundlicher Genehmigung von Patrick J. O'Connor.

Brief von Ronn Ohl, abgedruckt mit freundlicher Genehmigung von Ronn G. Ohl.

Brief von Lisa Okamoto, abgedruckt mit freundlicher Genehmigung von Lisa Okamoto.

Brief von William C. Oliver, abgedruckt mit freundlicher Genehmigung von William C. Oliver.

Brief von Nell Ovitt, abgedruckt mit freundlicher Genehmigung von Nell Ovitt.

ANHANG

Brief von Susan Patterson, abgedruckt mit freundlicher Genehmigung von Susan Jones Patterson.

Brief von Rebecca, abgedruckt mit freundlicher Genehmigung von Rebecca.

Brief von Darin Reffitt, abgedruckt mit freundlicher Genehmigung von Darin M. Reffitt.

Brief von Christine G. Reisman, abgedruckt mit freundlicher Genehmigung von Reverend Christine Reisman.

Brief von Patty Ries, abgedruckt mit freundlicher Genehmigung von Patty Ries.

Brief von Maureen Dolan Rosen, abgedruckt mit freundlicher Genehmigung von Maureen Dolan Rosen.

Brief und Gedicht von Zoe Ruff Copyright © Zoe Ruff, 2016, abgedruckt mit freundlicher Genehmigung von Carter und Anita Ruff.

Brief von Mary Susan Sanders, abgedruckt mit freundlicher Genehmigung von Mary Susan Sanders.

Brief von Melina S., abgedruckt mit freundlicher Genehmigung von Melina S.

Brief von Vicki Shearer, abgedruckt mit freundlicher Genehmigung von Vicki Shearer.

Brief von Alessandra Shurina, abgedruckt mit freundlicher Genehmigung von Alessandra Shurina.

Brief von Jamie Snyder, abgedruckt mit freundlicher Genehmigung von Jamie L. Snyder.

Brief von Sandra Swanson, abgedruckt mit freundlicher Genehmigung von Sandra Swanson.

Brief von Heather Wells, abgedruckt mit freundlicher Genehmigung von Heather Wells.

Brief von Larry Wright, abgedruckt mit freundlicher Genehmigung von Larry Wright.

Brief von Yolanda, abgedruckt mit freundlicher Genehmigung von Yolanda.